理科中考改革导向的前瞻性研究

邢红军　主编

中国科学技术出版社
·北　京·

图书在版编目（CIP）数据

理科中考改革导向的前瞻性研究/邢红军主编．—北京：中国科学技术出版社，2020.1

ISBN 978－7－5046－8453－0

Ⅰ.①理…　Ⅱ.①邢…　Ⅲ.①中考－教育改革－研究－北京　Ⅳ.①G632.474

中国版本图书馆 CIP 数据核字（2019）第 250217 号

策划编辑　王晓义
责任编辑　李　尊
封面设计　孙雪骊
责任校对　邓雪梅
责任印制　徐　飞

出　　版　中国科学技术出版社
发　　行　中国科学技术出版社有限公司发行部
地　　址　北京市海淀区中关村南大街 16 号
邮　　编　100081
发行电话　010－62173865
传　　真　010－62179148
投稿电话　010－63581202
网　　址　http://www.cspbooks.com.cn

开　　本　710mm×1000mm　1/16
字　　数　470 千字
印　　张　24.75
版　　次　2020 年 1 月第 1 版
印　　次　2020 年 1 月第 1 次印刷
印　　刷　北京荣泰印刷有限公司
书　　号　ISBN 978－7－5046－8453－0/G·843
定　　价　64.00 元

序

中共十八届三中全会通过的《中共中央关于全面深化改革若干重大问题的决定》提出："推行初高中学业水平考试和综合素质评价。"2016年9月18日，教育部印发《教育部关于进一步推进高中阶段学校考试招生制度改革的指导意见》，全面部署推进中考改革。指导各地推行初中学业水平考试和学生综合素质评价制度，逐步建立基于学业水平考试成绩、结合综合素质评价情况的招生录取机制，促进学生健康成长、全面发展。指导地方开展改革试点，组织开展交流培训。随后，全国各地区相继推出中考改革方案。这表明，中考改革已成为我国基础教育改革与发展的重要着力点之一。

2016年5月，北京新中考改革方案出台，2018年北京市将全面开启新中考模式。新中考将在考试内容、考试方式、选考科目等方面作出重大变革，以适应未来教育的发展。由于2016年入学的初中一年级学生将成为首批进入新中考的学生，因此初中教学与考试已经开启了面向全国新课标下的新中考模式。北京市初中师生客观上需要对新中考改革的导向拥有系统、明晰的理解、认识，并进行实践。

在理科中考及其导向下的教学中，"实验与探究题""科普阅读题"等近年来出现的"新题型"已经对传统的中考试题与备考教学产生了前所未有的重大冲击。目前的改革突出了科学探究能力、实验能力、科学阅读能力、科学知识面，以及部分科学思想方法的考查，对传统理科中考“复杂计算”“大题压轴”的模式及其影响下的教学作出了重要突破。然而，如何在当前中考重大改革的背景下进一步明确未来的发展思路与实践操作模式，就有必要作出系统的、前瞻性的研究。

为此，笔者牵头申报了北京市社会科学基金项目（北京市教育委员会社科计划重点项目）“北京市理科中考改革导向的前瞻性研究”（项目号 SZ20171002815），经过 3 年的研究，在北京市理科中考考查方式的历史演变、北京市理科中考理论考查方式的改进、北京市理科中考实验考查方式的改进、北京市理科中考对学生能力与核心素养的考查方式、北京市理科中考改革对理科教学方式的影响与改进路径等方面取得了重要进展。本书即是这个项目成果的一部分。

参与本书编写的有：北京市第十九中学的李杰老师、北京市第十二中学的侯爱琴老师、北京中医药大学的陈清梅副教授、北京市朝阳区教育研究中心的袁光秀老师、北京师范大学教育部基础教育质量监测中心的翟彦芳老师、北京市汇文中学的靳萱老师、北京市一六一中学的周栩君老师、河北省香河县第一中学的高悦老师、辽宁交通大学的陈晓琳老师、北京工业大学实验学校的蔡晓华老师、首都师范大学教育学院博士研究生龚文慧。

是为序。

邢红军

于首都师范大学教师教育学院

2019 年 8 月

目　录

第一章 中考理科命题改革的前瞻性理论研究

第一节 北京市中考化学考查方式的研究与前瞻

随着基础教育改革的不断推进，中考改革也在不断完善。影响中考改革深入发展的因素有很多，其中一个重要因素是评价方式。不同的评价方式对中考改革方向产生不同的影响。有鉴于此，本文基于化学学科能力理论，研究了北京市近10年的中考化学命题的考查方式与思路演变，希望在当前中考重大改革的背景下，明晰北京市中考改革的未来发展思路，明确化学学科核心素养的培养策略。

一、化学学科能力理论

近年来，学科能力和核心素养成为基础教育领域研究的热点话题。所谓学科能力，是指学生顺利进行相应学科的认识活动和问题解决活动所必需的、稳定的心理调节机制，包括对活动的定向调节和执行调节①。主要表现为学生在面对特定的问题情境和研究对象时，能够运用学科核心知识和经验顺利达到目的。王磊在国内外化学学科能力已有研究成果的基础上，构建了以学习理解、应用实践和迁移创新为导向的化学学科能力框架，从核心学科知识、核心学科活动经验和学科认识方式3个维度，揭示了化学学科能力的内涵构成②。其表现模型如图1－1所示。

---

① 王磊．学科能力构成及其表现研究——基于学习理解、应用实践与迁移创新导向的多维整合模型［J］．教育研究，2016（9）：83－92．

② 王磊，支瑶．化学学科能力及其表现研究［J］．教育学报，2016（8）：46－55．

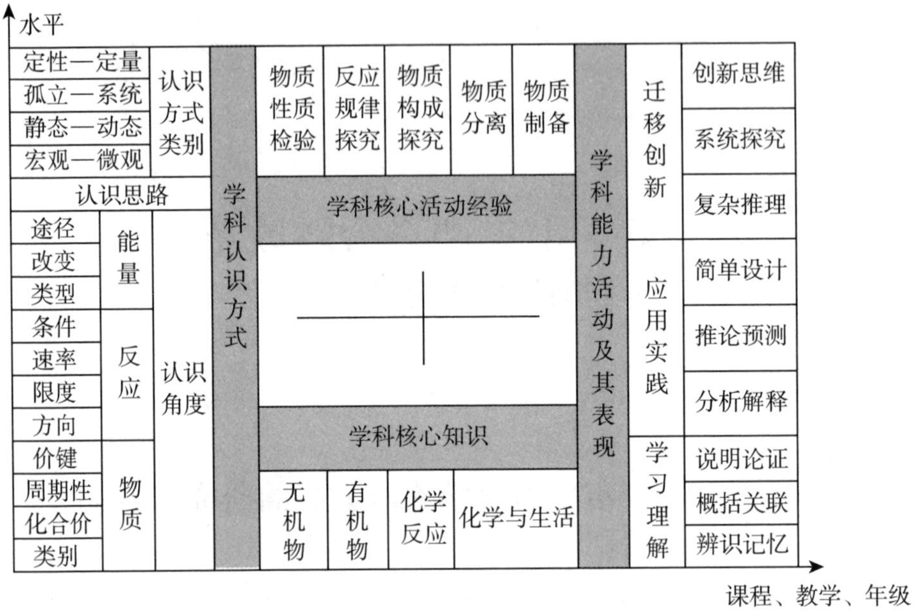

图1-1 化学学科能力的内涵构成及其活动表现模型

在上述模型中，学科核心知识和活动经验是学科能力发展的基础；学科认识方式是学科能力发展的内涵；学科能力活动类型是学科能力发展水平的外在表现。进一步，模型从学习理解能力、应用实践能力和迁移创新能力三方面，对中学生化学学科能力表现进行了界定。本节据此对近10年北京市中考化学命题进行评价。

二、北京市中考化学考查方式的演变

北京市中考化学试题以《义务教育化学课程标准》为依据，分选择题和非选择题，考试总分为80分，考试时长为100分钟。试题内容紧扣课程标准且立足基础，坚持能力立意，体现以学生发展为本的理念，力求对初中化学教学有良好的导向作用，为评价学生的初中化学学业水平和高一级学校选拔测试提供客观、公正的依据①。本文依据化学学科能力理论，从考查形式、考查内容、情境素材的选取及问题呈现方式等方面，对北京市近10年中考化学命题的演变趋势进行分析。

---

① 范宏琍，秦拖秀，赵卫平．关注生活 重视实验 夯实基础 提升能力——2011年山西省中考化学命题思路解读［J］．教育理论与实践，2011（9）：15－18.

（一）基于选择题的中考化学命题的演变趋势研究

近10年，北京市中考化学命题的选择题逐步降低分值，具体数据统计如表1－1所示。

表1－1　北京市中考化学选择题统计

年　份	2006年	2007—2008年	2009—2014年	2015—2017年
试题数	35	30	25	20
比例/%	43.75	37.5	31.25	25

义务教育阶段的化学课程是科学教育的重要组成部分，应体现启蒙性和基础性。这需要给学生提供未来发展所需的最基础的化学知识和技能，使学生能从化学角度初步认识物质世界，提高学生运用化学知识解决简单问题的能力，这种能力主要表现在学生对基础知识的掌握程度上。选择题作为一种简单的评价形式，主要考查学科核心基础知识，但其考查方式直接，往往凭借记忆就可以获得不错的分数，难以达到选拔性考试应有的区分度要求，也难以考查学生高层次的化学学科能力。

由表1－1可见，北京市中考化学命题逐渐减小了选择题的比重，因此就减小了学生随机性得分的可能性。同时，试题注重情境设置的转变，在内容选取上增加了与生命健康和日常生活关系密切的知识，对理论知识的考查更加多样化，减少了对纯粹化学物质和化学反应的考查，注重引导学生形成认识物质世界和自然现象的观念，发展学生对化学学科的基本理解。同时，注重从化学视角思考社会和生活问题，关注学科之间的综合和联系，这有助于学生形成迁移创新、实践应用的认知结构，从而体现中考化学引导学生更好适应现代社会生活、关注身边化学问题、学会从化学视角洞察现实问题，促进学生核心素养发展的趋势。

（二）基于非选择题的中考化学命题的演变趋势研究

1. 2006—2014年非选择题分析

从2015年起，北京市中考化学非选择题有了大的变化。2006—2014年的非选择题均由填空题、实验题和计算题3部分组成，各题型的分值占总分数的比例如图1－2所示。

（1）填空题

由图1－2可见，2006—2014年填空题所占比重在增加。填空题包含5个小题，每个小题都有一个确定的主题，如2012年的主题分别为：钙元素对人

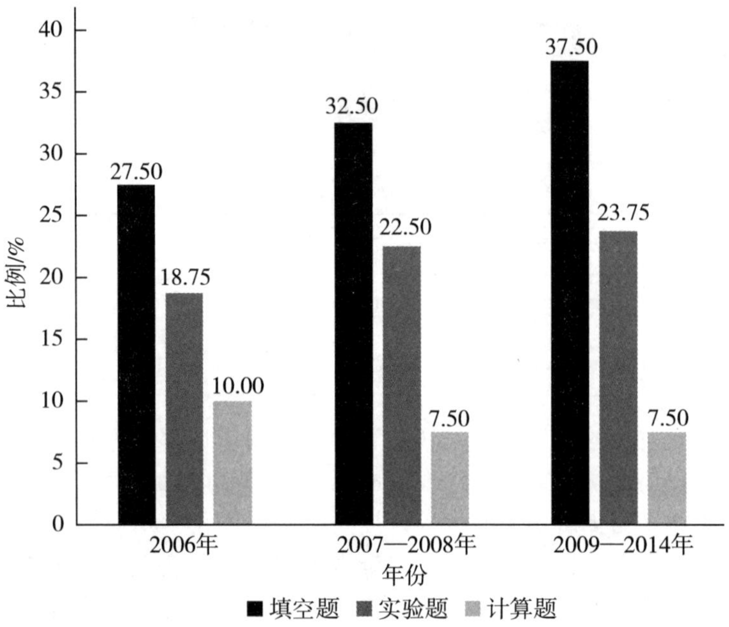

图 1-2　2006—2014 年非选择题各题型分值占总分的比例

类生命和生活具有重要意义；能源、环境与人类的生活和社会发展密切相关；海洋为人类提供了宝贵的自然资源；金属在生产和生活中有广泛的应用；有限的元素可组成种类繁多的物质。每个主题均紧密联系社会生活设置若干问题。填空题作为非选择题考查的重点，分值比重上升幅度较大，围绕化学学科核心知识考查学生对化学的认识方式和学科能力。其中“身边的化学物质”所占比例较大，但缺少开放性。而“物质构成的奥秘”“化学反应”等内容属于中学化学知识框架体系中的理论部分，需要从本质上认识物质的结构、变化和性质，试题中常会涉及且难度适中。

（2）实验题

2006—2014 年的 3 个实验题均围绕课程标准编制，着重考查了实验装置、重要的化学反应、基本的实验操作等。分值的变动主要体现在最后一个探究实验，由 2006 年的 6 分变为目前的 8 分，考查方式由探究实验步骤到开放性的物质性质检验、物质构成。前两个实验以教科书中的基本实验为基础，考查基本实验仪器的识别、实验室制取气体方法、物质分离、检验物质的方法和现象等，需要学生审清题意、明确实验目的、理解实验原理，充分提取和利用题目中所给的信息，进行合理的猜想与假设。在实际教学过程中，实验的功能是其他教学手段无法取代的，“纸笔测验”的实验可以考查学生的辨识记忆、概括关联、分析解释、推论预测、创新思维等学科能力，但不能考查学生的动手操作能力。

（3）计算题

计算题重点考查化学方程式的计算，是占比重最低的一种题型。虽然可以考查学生的逻辑推理能力，利用数学知识解决化学问题的能力，但在考查化学能力方面存在局限性，不利于学生从多角度、多层次去思考问题。例如，2012 年的一道计算题“氢气是最清洁的燃料，计算 200 g 氢气完全燃烧消耗氧气的质量”，学生只需根据化学反应方程式利用质量守恒定律就可以解决，没有化学现象作背景，舍去了运用化学思想分析化学事实和现象的程序，过于重视计算的熟练和技巧。这也是导致学生创造能力匮乏的一个重要原因。

2. 2015—2017 年非选择题分析

2015 年北京市中考化学命题发生了重大变革，尤其是非选择题部分有了较大改变，将往年的填空题、实验题和计算题改为生活现象解释、科普阅读理解、生产实际分析、物质组成和变化分析、实验原理分析、科学探究、实际应用定量分析。2016 年又增加了一种新题型即基本实验。2015—2016 年非选择题各种题型分值占总分的比例如图 1－3 所示。

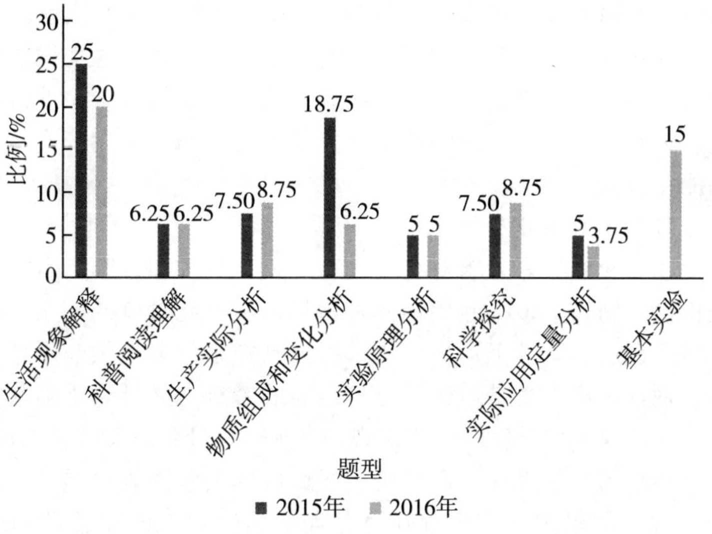

图 1－3　2015—2016 年非选择题各种题型分值占总分的比例

（1）生活现象解释

生活现象解释包含了 4 个小题。每个小题围绕主题设置若干个填空题，重视在生活实际和现实情境中取材，如首都博物馆文物材料的鉴别、能源利用与社会可持续发展、对海洋温差发电技术的研究等，使学生认识到化学在人类文明形成和发展中的重要价值，了解我国能源的现状和应用前景，认识化学物质的不当利用对人类生活和社会可持续发展所带来的危害，理解化学在推进技术发展中的积极作用，从而引导学生形成运用化学知识解决社会现实问题的意识。

（2）科普阅读理解

科普阅读理解是一个新题型，虽然所占分值不多，试题难度也不大，但科普阅读是学生学习化学知识的重要途径，既包括化学领域的最新进展，又包括社会生活最新的报道，学生可以从中拓展学科视野，深化对化学知识的了解。例如，2016 年关于方便面传闻的科普短文、2015 年关于制作的泡菜中是否含有亚硝酸盐的科普短文，可以帮助学生树立正确的价值观，引导他们在日常生活中学会利用化学知识解决问题。因此，这类题型在中考中的价值不可小觑，甚至应当适当增加比重。

（3）生产实际分析

生产实际分析注重考查化学在工业生产中的实际应用，如废水的处理与利用、烟道废气的再生产加工、工业冶炼金属、金属材料的应用等。常采用工艺流程图直观生动地再现了工业生产的工艺流程。例如，2015 年关于利用嗜热细菌氧化黄铜矿（主要成分是 $CuFeS_2$）生产铜和绿矾的流程；2016 年关于用闪锌矿（主要成分是 ZnS、FeS）冶炼锌的工业流程。这类试题考查了学生的综合分析能力、观察能力、思维能力，以及获取信息、加工信息和应用信息解决实际问题的能力，能够帮助学生了解更多的工业生产实际过程，具有较好的能力价值。

（4）物质组成和变化分析

物质组成和变化分析要求对物质进行分析、推理和判断，凸显独特的构思和考查价值。例如，2015 年给出几种常见物质可能含有的元素，其中的一种物质与氧气在点燃条件下反应，要求根据已知条件补全微观示意图。命题视角独特、别具一格，既是对化学符号书写的考查，又是对化学反应实质的深层次考查，体现出化学反应中“宏观—微观—符号”三重表征的思维方式。该题型不是传统的文字表述，而是用相互反应的关系图表述题意，将化学知识的考查蕴含在图示中，从而较好地考查了学生知识的完整性和思维的缜密性①。

（5）实验原理分析

实验原理分析主要考查学生的实验操作技能、实验数据的分析和处理、实验现象的解释或者实验方案的再设计等。例如，2015 年实验原理分析题

---

① 王荣桥．解读中考化学识图题［J］．化学教学，2015（1）：87－91.

涉及的两个实验：实验一用锌与稀硫酸反应制氢气，描述检验装置气密性良好的现象、化学反应方程式及实验结束时的操作；实验二测定气体含量，利用已知量计算气体的体积分数。考查学生对实验原理、实验过程的熟练程度，但纸笔测验不能测量和评价学生的操作能力，这是应当特别指出的。

（6）科学探究

科学探究即提出问题、查阅资料、猜想与假设、进行实验、解释与结论、反思与评价，在掌握探究实验的原理、了解探究实验的基本过程和方法基础上完成对应的题目。科学探究可以分为制备性探究（如有关 O_2、CO_2实验室制取气体的新方法、新装置、新现象的探究）、未知成分与已知成分的探究、化学基本原理的探究（如指示剂变色、化学反应的实质探究等）。科学探究题以教科书中的基本实验为基础进行延伸和拓展，注重对实验猜想、实验过程的评价，通过定量分析计算的方法评价实验结果，能考查学生的科学探究能力和科学素养。

（7）实际应用定量分析

实际应用定量分析是传统形式下的计算题。该题型可以拓展增加开放性，将化学现象以文字叙述的方式呈现，为学生提供一个真实的情景，拓展学生对化学学科的认识方式和认识思路。它在考查学生对化学反应及计算熟练程度的同时，也可以有效考查学生的应用实践能力和迁移创新能力。

（8）基本实验

基本实验作为新增题型，考查了实验室用高锰酸钾制取氧气，并验证氧气的化学性质；去除粗盐中泥沙的实验过程和步骤；溶液酸碱性的检验；设计实验研究物质的溶解现象等。与科学探究不同的是，该试题侧重考查实验的目的、原理、化学反应方程式，对经典实验进行了重组与创新，体现了化学学科的特点。

三、反思与展望

纵观北京市近 10 年中考化学命题的特点和变化，结合化学学科能力理论，本文对中考化学考查方式进行反思与展望。

（一）融入原始问题，发展学科能力

北京市近 10 年中考化学试题缺乏一定的开放性和灵活性，虽然试题是从实际问题出发，但大多是经过简化、抽象加工过的，容易导致学生对化学学科产生错误认识。对此，笔者认为，在化学教学和试题中融入原始问题可以

促进学生化学学科能力的发展。所谓原始问题，是指自然界及社会生活、生产中客观存在、能够反映科学概念、规律本质且未被加工的典型科学现象和事实①。重视从生活中引入精心选择出的真实素材，减少问题的条件、改变问题的设问角度可以形成原始化学问题。例如，在食品包装中常有一个内含固体的包装袋，其作用是做吸氧剂，它的主要成分是什么呢？学生在解决问题时需要从多个角度去探索，并提出各种各样的检验方法②。学生会经历概念关联、迁移创新、推理论证等过程，从而深化对知识的理解，发展分析能力，形成解决问题的新思路。

（二）发展核心素养，强化素养考查

学科核心素养是最具学科本质的素养。与化学学科特征对应的核心素养体系包括微宏结合、变化可控、服务社会、同类相似、实验探究③。中学化学教学要培养学生的核心素养，需要设置真实的问题情境来强化物质结构性质的联系，突出反应原理，重视化学思维的指导，注意科学伦理教育。近年来，北京市中考化学试题注重背景内容的选取，尝试从多方面考查学生的化学素养，这种命题取向是值得肯定的。进一步，在化学核心素养的要求下，北京市中考化学命题还需要从学生已有的知识和生活经验出发，从科学技术、科普宣传、新闻报道中挖掘与化学核心素养有关的素材，将化学核心素养融入具体的事实和问题中，并在试题中以恰当的方式呈现，从而强化对化学学科核心素养的考查。

（三）突破纸笔测验，彰显学科特色

化学学科具有独特的思维方式，单纯的纸笔测验难以达到对学生化学能力的真正测量。北京市中考化学试题有实验探究题，但纸笔测验容易使学生在学习过程中走向“背实验”的误区。因此，为了让学生进行真实的科学探究，在实践操作中启迪思维，真实地感受化学变化的特征、化学反应的类型、化学变化中的能量变化，以及质量守恒定律和化学反应的表示方法等内容，就必须思考在中考化学考试中引入实验操作考试的可行性。因为只有采用现场操作考试，才能把学生的实验能力考查出来，并对初中化学教学产生良好的引导作用。

---

① 邢红军．物理教学论［M］．北京：北京大学出版社，2015：209－228.

② 王保强，田加才，王银行，等．化学教学中融入原始问题的价值及策略［J］．化学教育，2014（11）：23－26.

③ 房宏．中学化学核心素养的构成体系与培养策略［J］．中小学教师培训，2016（6）：5－8.

第二节　初中生物结业命题的能力取向研究与前瞻

随着基础教育课程改革的推进，进一步规范和改进中考命题显得尤为重要。通过对初中生物结业水平考试命题的研究，寻找有利于学生发展的评价方式，达到通过考试改革促进课程改革的目的。有鉴于此，本节依据生物能力理论对中考生物命题进行分析和前瞻性展望。

一、生物学科能力理论①

北京师范大学生命科学学院王健根据布卢姆的认知结构理论、加涅的学习过程信息加工模式，通过分析和比较 PIZA、TIMSS、NAEP 3 个大型的国际科学测评项目，构建了由学习理解、实践应用和迁移创新 3 个能力要素构成的生物学科能力体系模型。

学习理解能力是一项最基本的生物学学科能力，能力水平最低，要求学生能提取认知结构中短期或长期的记忆节点（生物学概念、原理或学说等），这是学习过程中信息输入后所引起的认知结构变化。学习理解能力通常涉及原型情境，例如，学生在教科书中学习过的情境、课堂教学中学习或体验过的情境，或者生活中接触过的情境等。

实践应用能力是指信息初级输出的能力，比学习理解能力的认知要求高。要求学生能在熟悉的科学情境中应用事实性知识、概念性知识和程序性知识，如生物学知识及其之间的相互关联、生物学过程、生物学概念和科学方法等。其主要特点是直接应用和情境的熟悉性。

迁移创新能力是生物学科能力中认知水平最高的能力，属于高阶信息输出范畴。与简单应用相比，迁移创新要求学习者能够灵活运用核心知识，通过系统性思维等高级思维方式，基于多个认识角度分析、预测陌生情境中的问题。其突出特点表现在问题情境是陌生和复杂的。

生物学科能力的 3 个要素进一步被划分为 9 个维度，各个维度的内涵如表 1－2 所示。

---

① 王健，王聪，刘志爽．生物学科能力及其表现研究［J］．教育学报，2016（4）：64－72.

表 1－2　中学生物学科能力要素构成及内涵

能力要素		内　涵
学习理解	回忆识别	从长期记忆中提取具体知识或活动经验原型；识别或确认关于事实、关系、过程和概念的准确表述、原型和程序经验
	概　括	对自然现象和数据等进行正确分类，并分析、提炼和描述各类别的共同本质特征
	概念扩展	展示相互关联的原理或概念之间的关系，展示原理的不同表征形式和数据模式之间的关系（如语言、符号、图表等）
直接应用	科学解释	运用科学概念、原理等解释观察到的结果或自然现象
	简单推理	基于证据，结合对核心知识的理解，检验假设或得出研究问题的结论，体现因果关系
	简单设计	借鉴与已学内容相似的研究方案，回答科学问题或检验假设；或补充完善研究方案，如补充对照实验，分析研究目的等
创新迁移	复杂推理	运用核心知识，经过多角度分析和多步推理，通过系统性思维判断变化结果
	远联系建立	对活动经验原型进行基于学科内部或学科间的远迁移，建立不同知识、相关表征之间的联系，综合知识、概念和程序以得出结论、发现新的知识或规律
	科学实践	利用核心知识或活动经验原型，通过科学思维，在陌生的情境下，解释或解决新颖的科学问题或者联系较远的问题

生物学科能力表现的描述遵循以下原则：与课程标准中的内容标准具有一致性；涵盖学科核心知识和能力；描述清晰，具有可操作性；具有水平等级性。实证检验证实，生物学科能力模型是成立的，测评结果显示，从 7 年级到 12 年级，学生的生物学科能力由简单到复杂，能力表现逐渐上升。有鉴于此，本文运用生物学科能力理论，检验随机挑选的 10 套试题，以判断其考查了学生生物学科能力的具体程度。

二、初中生物结业水平考试的能力表现分析

依据生物学科能力理论，笔者选择 10 套 2016 年生物结业考试试题进行分析。试题来自安徽省桐城市、黑龙江省哈尔滨市、湖北省宜昌市、湖南省张家界市、山东省潍坊市、四川省乐山市、重庆市万州区、新疆生产建设兵团、福建省泉州市、河北省保定市。

（一）选择题的能力取向评价

研究发现，选择题均以单项选择题的形式呈现，主要包括辨识选择、阅读选择、最佳选择、图解选择、归类选择、填空选择和排序选择。根据生物学科能力理论，得出单项选择题考查生物学科能力的研究结论如表 1－3 所示。

表 1－3　单项选择题考查生物学科能力的研究结论

地　区	维　度								
	学习理解			直接应用			创新迁移		
	回忆识别	概括	概念扩展	科学解释	简单推理	简单设计	复杂推理	远联系建立	科学实践
安徽省桐城市	12	9	3	7	13	1	4	0	1
福建省泉州市	12	3	11	7	10	2	2	3	0
湖北省宜昌市	18	6	1	1	14	0	0	0	0
河北省保定市	7	5	5	4	5	1	2	2	1
山东省潍坊市	12	8	7	4	13	1	0	0	0
四川省乐山市	8	2	1	1	4	0	0	0	0
重庆市万州区	12	1	0	0	3	0	0	0	0
新疆生产建设兵团	17	7	2	4	9	0	0	0	0
湖南省张家界市	10	5	1	2	12	0	0	0	0
黑龙江省哈尔滨市	16	7	0	0	16	1	0	0	0
各维度总计	124	52	32	30	99	6	8	5	2

由表 1－3 可知，各地区命题对学生生物学科能力的考查存在较大差异。湖北省宜昌市、四川省乐山市、新疆生产建设兵团和湖南省张家界市的试题主要考查回忆识别能力、概括能力和简单推理能力，少部分题目考查学生的概念扩展能力和科学解释能力，简单设计能力和创新迁移能力所包含的 3 个能力要素都没有考查；安徽省桐城市、福建省泉州市、河北省保定市和山东省潍坊市的试题主要考查学习理解能力，对简单设计能力和创新迁移能力所包含的 3 个能力要素很少或几乎没有考查；重庆市万州区和黑龙江省哈尔滨市的试题主要考查回忆识别能力、概括能力和简单推理能力、简单设计能力，对概念扩展能力、科学解释能力和创新迁移能力所包含的 3 个能力要素都没有考查。此外，安徽省桐城市、福建省泉州市和河北省保定市的试题对生物学科能力的考查比较全面，湖北省宜昌市、山东省潍坊市、四川省乐山市、重庆市万州区、新疆生产建设兵团、湖南省张家界市和黑龙江省哈尔滨市的

试题仅考查了生物学科能力的少数维度，有多个维度并没有考查。

整体来看，单项选择题对回忆识别能力、概括能力、概念扩展能力、科学解释能力和简单推理能力的考查较为可行，对简单设计能力、复杂推理能力、远联系建立能力和科学实践能力的考查力有不逮。因此，这样的命题不利于发展学生的推理能力、综合运用所学知识的能力、有效总结的能力、严密的表述能力和发散思维能力，需要进一步改善。

（二）填空题的能力取向评价

按照相同的研究方法，笔者得出了填空题考查生物学科能力的研究结论，如表1－4所示。

表1－4　填空题考查生物学科能力的研究结论

地　区	维　度								
	学习理解			直接应用			创新迁移		
	回忆识别	概括	概念扩展	科学解释	简单推理	简单设计	复杂推理	远联系建立	科学实践
安徽省桐城市	2	0	0	0	2	0	2	0	0
福建省泉州市	5	3	1	2	2	0	1	2	0
湖北省宜昌市	5	2	0	0	3	0	0	0	1
河北省保定市	3	2	3	3	2	0	1	1	0
山东省潍坊市	6	4	0	1	6	1	1	0	0
四川省乐山市	3	2	0	1	2	0	0	0	0
重庆市万州区	4	2	0	1	2	0	0	0	0
新疆生产建设兵团	5	2	0	2	2	0	0	0	0
湖南省张家界市	2	1	0	2	5	0	1	0	0
黑龙江省哈尔滨市	8	1	0	0	4	0	0	0	0
各维度总计	43	19	4	12	30	1	6	3	1

由表1－4中可知，福建省泉州市、河北省保定市和山东省潍坊市的试题对能力要素的9个维度考查范围较广，基本每个维度均有考查，而其余7个地区的试题仅考查9个能力要素中的3～5个，即考查的能力要素范围较窄。安徽省桐城市的试题对学习理解、直接应用和创新迁移3个能力要素均有考查，但在学习理解中仅考查了回忆识别能力、直接应用中仅考查了简单推理能力、创新迁移中仅考查了复杂推理能力；湖北省宜昌市的试题主要考查学习理解中的回忆识别能力和概括能力、直接应用中的简单推理能力、创新迁移中的科学实践能力；四川省乐山市、重庆市万州区、新疆生产建设兵团和

湖南省张家界市的试题主要考查生物学科能力 3 个维度中的前 2 项，即学习理解中的回忆识别能力和概括能力、直接应用中的科学解释能力和简单推理能力。

整体而言，各地区填空题倾向于考查学生的回忆识别能力、概括能力、科学解释能力和简单推理能力，对生物学科能力中的第三个要素——创新迁移能力均没有考查。由此可见，填空题的设置并不能全面考查学生的推理能力、发散思维能力和综合运用所学知识的能力，因此，也就无法考查学生新旧知识的迁移和联系情况。

（三）实验探究题的能力取向评价

实验探究题虽然在整个试卷中所占分值不大，题目的难度处于中等水平，但一直占据重要的地位。实验探究题一般包括提出可探究性的科学问题、建立猜想或假设、回答探究实验的目的、设计探究实验的方案、回答探究实验的结论、评价探究实验方案和处理探究实验相关数据或现象。

在研究选取的 10 个地区试题中，河北省保定市和重庆市万州区的试题没有设置实验探究题，其他 8 个地区均有涉及。下面具体分析安徽省桐城市 2016 年中考生物实验探究题对生物学科能力的考查情况，题目如下。

某同学进行“二氧化碳是光合作用必需的原料吗?”的探究实验，设计了如图 1－4 所示的 3 组密闭装置（提示：装置中的氢氧化钠溶液能吸收二氧化碳，碳酸氢钠溶液能释放二氧化碳）。据图分析回答：

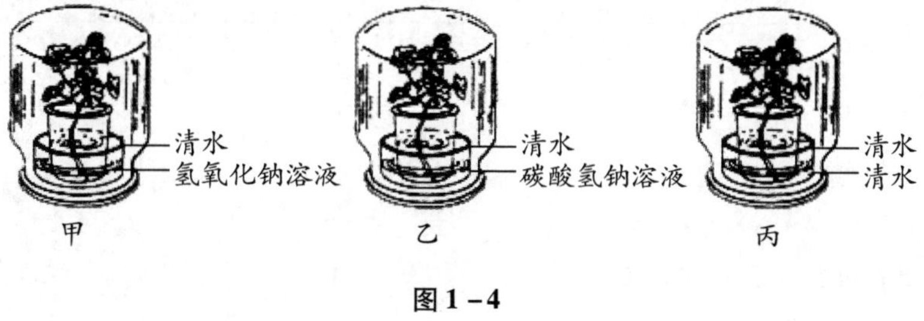

图 1－4

（1）本实验的变量是________。为确保只有一个变量，在装置选取、溶液用量、枝条大小和生长状态等方面，应尽量保持________。

（2）本实验的预期是：____组枝条生长最好，丙组次之，____组枝条生长最差。将装置都放在湿度适宜、光照充足的地方，分别观察和记录 3 组装置中枝条的生长状况。如果实验结果符合预期，说明二氧化碳是光合作用的原料。

（3）枝条的光合作用在其叶肉细胞内______中进行。有同学认为，枝条在进行光合作用时不进行呼吸作用，是否正确？________。

(4) 某温室大棚中安装了一种仪器，这种仪器的作用与装置中碳酸氢钠溶液的作用相似，能释放二氧化碳，增加大棚中二氧化碳的浓度，提高农作物的效率，从而提高产量。生产上，提高农作物产量的措施还有很多，如：夜晚时通过降低大棚内的温度来降低农作物______的强度，减少有机物消耗，达到增产目的等。

该探究实验是探究“光合作用所必需的原料”实验的一种变形，考查学生对探究实验“光合作用所必需的原料”的回忆识别能力和远联系建立能力。其中，问题（1）、（2）主要考查学生的概括能力和简单推理能力，要求学生通过阅读题干，从中寻找有用信息，分析3组实验装置的异同，进行简单推理，从而得出正确答案；问题（3）主要考查学生对课本知识的回忆识别能力；问题（4）要求学生能够抓住描述问题的关键性话语，回忆课本知识并将其迁移到问题中，通过科学思维，在新的问题情境下解决新的科学问题，主要考查学生的回忆识别能力、远联系建立能力和科学实践能力。

根据生物学科能力，得出了实验探究题考查生物学科能力的研究结论，如表1-5所示。

表1-5　实验探究题考查生物学科能力的研究结论

地区	维度								
	学习理解			直接应用			创新迁移		
	回忆识别	概括	概念扩展	科学解释	简单推理	简单设计	复杂推理	远联系建立	科学实践
安徽省桐城市	1	1	0	0	1	0	0	1	1
福建省泉州市	0	1	0	1	0	1	1	0	0
湖北省宜昌市	1	1	0	0	1	1	1	0	0
河北省保定市	—	—	—	—	—	—	—	—	—
山东省潍坊市	0	0	1	0	1	1	0	1	0
四川省乐山市	0	1	0	0	1	0	0	0	0
重庆市万州区	—	—	—	—	—	—	—	—	—
新疆生产建设兵团	0	2	0	1	2	2	1	1	0
湖南省张家界市	0	0	0	1	1	0	0	0	0
黑龙江省哈尔滨市	2	1	0	2	2	0	0	1	0
各维度总计	4	7	1	5	9	5	3	4	1

由表1-5可知，四川省乐山市和湖南省张家界市的试题对生物学科能力要素考查较少，四川省乐山市的试题仅考查了概括能力和简单推理能力，湖

南省张家界市的试题仅考查了科学解释能力和简单推理能力；其他 6 个地区的试题几乎每个维度均有考查。从“各维度总计”中可以看出，8 个地区考查侧重点不同，主要考查学生的回忆识别能力、概括能力、科学解释能力、简单推理能力和远联系建立能力，而对概念扩展能力、复杂推理能力和科学实践能力的考查则寥寥无几。

三、北京市生物中考命题改革的建议与前瞻

在研究的基础上，对北京市生物中考命题改革提出如下建议。

（一）注重生物学科能力的多维度考查

研究表明，各地区试题对于生物学科能力的考查情况均不乐观。大部分试题考查学生的学习理解能力和直接应用能力，很少考查学生的创新迁移能力，这样就可能导致“重知识轻能力，重应用轻创新”的倾向，反映在教学层面，就可能导致学生简单机械的背诵知识，而创新能力和学习迁移能力并没有得到实质提高。

有鉴于此，北京市生物中考命题应全面考查生物学科能力，不仅考查知识的回忆识别能力和概括能力，还应该考查复杂推理能力，实验的简单设计能力、各部分知识的远联系建立能力和科学实践能力。特别是实验探究题的命题，应注重考查学生的逻辑推理能力和创新发散思维，让学生在掌握、理解、应用所学知识和方法的过程中提高生物学科能力。

（二）重视真实情景下的实验操作考查

研究表明，纸笔测验并不能真正考查学生的实验操作能力。因此，北京市生物中考应思考将纸笔测验改为真实实验操作的可行性，这不仅可以考查学生的实验探究能力，同时也能培养学生的实验操作技能。

生物是一门建立在实验基础之上的学科，实验在教学过程中扮演着重要的角色。《义务教育生物课程标准》明确指出，中学生物教育是生物科学素养的养成教育。新课标强调培养学生的科学探究精神、动手实验能力和创新意识①。因此，在新课程理念的指导下，应为学生创设真实的实验操作平台，通过真实的生物实验操作，培养学生的动手操作能力，加强对所学知识的理解和应用，进而引导学生进行探究学习。

---

① 李志红．探索新课标背景下的初中生物实验操作考核［J］．中国教育技术装备，2012（11）：20－23.

（三）发挥“核心素养”的导向功能

生物核心素养是指学生在接受生物学教育过程中逐步形成的适应个人终身发展和社会发展所需要的必备品格和关键能力，是学生通过学习生物学内化的、带有生物学科特性的品质，是学生科学素养的关键成分。生物学核心素养由4个要素组成：生命观念、理性思维、科学探究、社会责任①。目前，初中生物学科会考主要考查学生的学习理解能力、获取信息的能力、实验与探究的能力、综合运用知识的能力，而这四项能力并不能完全涵盖生物核心素养的四项要素。因此，只有在中考生物命题中体现核心素养，才能真正发挥中考生物的选拔与导向功能。有鉴于此，北京市生物中考命题方式及题目编制需要与生物核心素养保持一致，将教学和测评统一起来，从而最终达到发展学生生物核心素养的目的。

第三节　北京市中考物理命题改革的前瞻性研究

2016年5月，北京市新中考改革方案出台，2018年将全面开启中考新模式。新中考将在考试内容、考试方式和选考科目等方面作出重大变革，以适应未来首都基础教育发展的需要。如何正确把握中考物理命题方向？如何发挥中考物理命题的导向作用？如何通过中考对学生的物理能力进行有效评价？显然，这些都是亟待研究和探讨的重要问题。

一、北京市中考物理命题的回顾与梳理

通过梳理发现北京市近10年的中考物理题型主要包括：单选题、多选题、填空题、作图题、实验探究题、简答题、科普阅读题及计算与论述题。重大变化主要体现在题型的转变及试题难易程度的突变上。主要表现为以下几点：①2007年将作图题合并入实验探究题；②2009年取消简答题；③2015年增加科普阅读题；④2016年取消填空题；⑤2017年增加实验选择题。

从整体来看，北京市中考物理试题的难度在下降，尤其是2015年的试题难度突然下降。北京市中考物理命题的这些变化呈现了怎样的发展趋势？这些改变是否真正有利于提高北京市初中物理教学质量？本节将对此进行深入

① 吴成军. 基于生物学核心素养的高考命题研究［J］. 中国考试，2016（10）：25－31.

分析与讨论。

采用文献研究法，在中国知网上以“北京”“中考物理”为关键词进行搜索，发现仅有2篇以北京市中考物理为主题的文章。《2015年北京市中考物理试题分析及思考》① 一文对2015年北京市中考物理试题进行了分析，包括题量、题型、知识点，文章最后对初中物理教学提出了建议；《从北京中考看电阻的测量方法》② 一文总结了北京市中考电阻测量实验的考查方法，给出了实验教学策略的建议。

对比其他省市中考物理试题研究发现，《天津市近十年中考物理试题的研究》③ 一文以2004—2014年天津市中考试题为研究对象，从题型、知识体系分布两个角度进行了研究。《近年大连市中考物理试卷整体分析》④ 一文从题型结构、试卷信度与效度、试卷难度及总分频率分布4个方面评价了试卷质量。这些研究从宏观角度进行了定量分析，但缺少扎实的理论依据，经验性较强，没有反映出试题对学生物理能力的考查。

有鉴于此，本文选取合适的“理论标尺”，系统梳理10年来北京市中考物理试题，从理论上初步分析北京市中考物理命题的能力取向，并为新中考改革背景下的中考物理命题提供建设性意见。

二、北京市中考物理考试说明与物理能力理论对比分析

为了选取合适的“理论标尺”分析北京市中考物理试题，首先研究了北京市中考物理考试说明，发现其能力要求包括：观察能力、实验探究能力、初步的分析概括能力、运用物理知识解决简单问题的能力⑤。

与之相对应，另一种物理能力理论则包括观察、实验能力，物理想象能力，物理思维能力，物理运算能力，运用物理知识和物理方法的能力⑥。下面将对这些物理能力进行界定。

（1）观察、实验能力：观察物理现象的能力；利用仪器、设备控制或模拟物理现象或过程以重复研究物理规律的能力。

---

① 赵雪露．2015年北京市中考物理试题分析及思考［J］．北京教育学院学报（自然科学版），2015（4）：44－49.

② 公丽云，彭聪．从北京中考看电阻的测量方法［J］．教育实践与研究（B），2016（9）：74－78.

③ 王秀梅．天津市近十年中考物理试题的研究［D］．天津：天津师范大学，2015.

④ 邹丽华．近年大连市中考物理试卷整体分析［J］．大连教育学院学报，2012（2）：23－25.

⑤ 北京教育考试院．北京市高级中等学校招生考试考试说明（2017）［M］．北京：北京理工大学出版社，2017.

⑥ 邢红军，陈清梅．物理能力的基本理论研究［J］．首都师范大学学报（自然科学版），2006（4）：27－32.

（2）物理想象能力：建立空间位置关系的能力；形成物理图景的能力；构成理想化形象的能力。

（3）物理思维能力：包含分析、综合、抽象、概括、比较、判断、假设、推理、直觉、想象等思维能力。

（4）物理运算能力：运用数学对物理问题进行分析与处理的能力。

（5）运用物理知识和物理方法的能力：运用物理概念、物理规律和物理方法的能力。

通过对比分析北京市中考物理考试说明的能力要求及物理能力理论，笔者发现，在思维能力考查方面，考试说明仅仅要求学生具备初步的分析概括能力，而思维教学应包含多方面的能力①，由此判断考试说明对思维能力的要求较低；物理想象能力是物理能力的重要组成部分，是物理智慧中最活跃的成分，是创造的源泉，而考试说明并未提及物理想象能力；科学方法是物理教育的重要组成部分，方法是通向能力的桥梁，能力既依赖于知识，更依赖于方法，在某种意义上，方法本身是能力的一部分②。然而，考试说明并未将科学方法纳入能力考查的范围。

笔者认为，以物理能力理论作为中考物理命题的标准更合适。因此，本研究将以物理能力理论为标准，研究北京市中考物理命题的能力取向。

三、北京市中考物理命题的能力取向研究

以“物理能力理论”为标度，对北京市2006—2016年中考物理试题对学生物理能力的考查情况进行研究。将观察、实验能力细化为观察能力、设计实验能力、动手操作能力；将物理思维能力细化为逻辑思维能力和直觉思维能力；将物理运算能力细化为精算与估算能力、理解和应用函数图像能力和定量计算与定性分析能力；将运用物理知识和科学方法的能力划分为运用物理知识能力和运用物理方法的能力。

总体来看，北京市中考物理命题的能力考查维度包含了观察能力、设计实验能力、逻辑思维能力、物理运算能力及运用物理知识的能力，但对逻辑思维能力及运用物理知识能力的考查力度较大，其他物理能力考查较少。由于纸笔测验考查方式的局限，中考物理命题无法对学生的动手操作能力和直觉思维能力进行考查，这也从侧面反映了初中物理教学重知识轻方法、重逻辑思维轻直觉思维的教育现状。

---

① 邢红军. 中小学思维教学的深化研究［J］. 课程·教材·教法，2016（7）：33－39＋75.

② 浙江省教育学会·中学物理教学分会. 高中物理方法教育研究［M］. 杭州：浙江教育出版社，1995：2.

下面研究各个题型所考查的能力取向及题型变化趋势。

1. 选择题命题研究

选择题多用于考查学生对物理现象的认识、对概念的辨析、对知识应用的分析。通过分析单选题及多选题的能力考查情况，笔者发现，选择题侧重于考查逻辑思维能力、物理观察能力和物理情境构建能力；物理运算能力考查较少，物理实验能力和物理直觉思维能力均未考查。通过比较10年中考物理试题的能力考查情况，发现选择题能力考查结构总体上较为平稳，其中对物理运算能力的考查自2010年起下降。这种变化表明，北京市中考物理命题开始弱化物理运算能力的考查。

2. 填空题命题研究

填空题主要考查学生对物理原理与应用的对应关系。自2016年起，填空题退出北京市中考物理试卷。通过横向比较填空题在各个能力维度的考查情况，发现其侧重考查逻辑思维能力和物理运算能力，对物理观察能力和物理想象能力考查较少，对物理实验能力和物理直觉思维能力均未考查，物理能力考查范围较为局限。因此，笔者认为填空题的取消符合中考物理命题的发展规律。

3. 作图、实验题命题研究

作图题要求学生能够再现与表达物理规律，实验题主要考查学生对仪器、仪表的认读、运用和实验规则的使用，要求学生能够观察现象、处理数据、依据实验记录分析、判断、总结、概括。作图、实验题着重考查学生的观察、设计实验和逻辑思维能力，对于物理想象和直觉思维考查较少，对于物理运算能力的考查较为平稳。值得关注的是，近两年的实验题开始考查想象能力，尤其体现在创新实验题中。局限于纸笔测验，物理实验题只能考查观察及设计实验能力，不能考核操作能力，因此，并不能完全评价学生实验的真实水平。

通过梳理，笔者发现作图题在2007年开始并入实验探究题。由于作图题在电学中可以与实验题结合起来考查学生的电路连接能力，因此，将作图与实验题合并，符合物理命题的逻辑性。2017年增加了实验选择题。实验选择题是将原有的实验填空题、作图题或实验解答题改编为选择题形式。

例如2017年第20题：

图1－5所示的四个光路图中，MM'为平面镜，PO为入射光线，ON为法线，入射角$\angle PON$等于60°，其中符合光的反射定律的光路图是（　）。

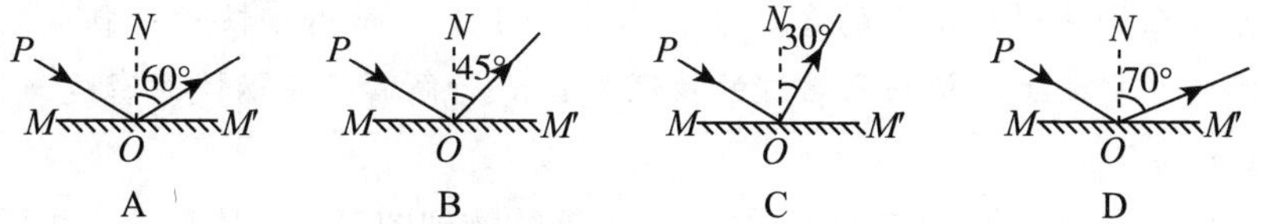

图1－5

该题考查学生对光的反射定律基础知识的掌握，是对作图题的改编。不要求学生动手画图，仅能考查学生的观察能力和简单分析能力，不能充分考查学生的实验能力。因此，笔者认为，实验选择题的增加不一定能取得良好效果。

4. 计算论述题命题研究

计算题以考查学生的逻辑思维和物理运算能力为主，通过分析发现，近10年的物理计算题对这两种物理能力的考查是比较好的。然而，每年的计算题都给出了直观的图示来辅助解答，虽然考查了学生的观察能力，但是无法对物理想象能力、直觉思维进行评价。

例如2016年42题：

如图1－6所示是用动滑轮运送建筑材料A的示意图，在卷扬机对绳子的拉力作用下，使重800 N的建筑材料A在50 s的时间里，匀速竖直上升了10 m。在这个过程中，动滑轮提升建筑材料A所做的有用功为$W_{有}$，卷扬机对绳子的拉力F做功的功率为200 W。绳重可忽略不计。求：

（1）有用功$W_{有}$；

（2）动滑轮匀速提升建筑材料A的机械效率η。

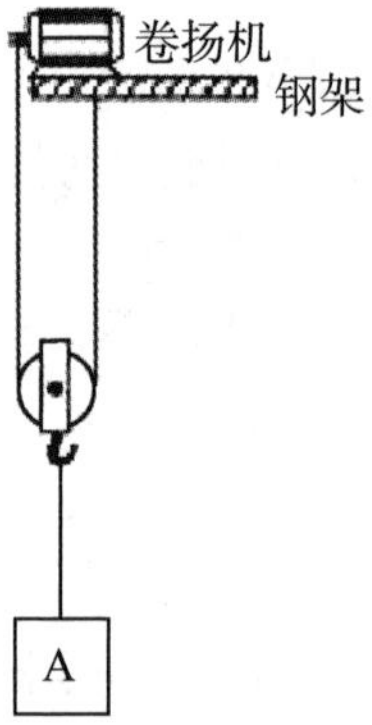

图1－6

该题考查了学生对有用功、总功、机械效率的理解和简单运算。该题分为两问，问题（1）考查学生简单运用物理知识的能力和物理运算能力；问题（2）考查了学生的逻辑思维能力和物理运算能力，要求学生通过分析进行简单推理和计算得出正确答案。笔者认为，该题的直观图可以去掉，可以仅用文字描述题干，让学生运用物理想象自主构建物理情景，依靠直觉思维提取头脑中的已有知识解决问题。这样就可以留给学生一定的想象和思考空间，从而对学生的物理想象能力和直觉思维能力进行考查。

5. 简答题命题研究

简答题通常是围绕物理现象或通过阅读一段背景资料，借助问题的形式要求考生书面简述的一种题型。简答题能够考查学生较高层次的能力，包括物理想象能力、直觉思维能力和逻辑思维能力。

例如2007年第38题：

为什么钢铁材料制成的金属块在水中会下沉，而用钢铁材料制成的轮船却能漂浮在水面上？请用所学过的物理知识进行解释。（钢铁的密度$=7.9\times10^3\ kg/m^3$）

学生在解答该题时需要形成漂浮和下沉的物理图景，并依靠直觉思维迅速提取头脑中相应的物理概念和规律，之后运用提取的信息进行逻辑推理和分析。

然而，北京市中考物理命题从2009年开始取消简答题。由于简答题源于真实情景，能够考查学生的直觉思维能力及分析概括等多种逻辑思维能力和想象能力，因此，笔者认为取消简答题并不是中考物理命题的正确方向。

6. 科普阅读题命题研究

科普阅读题包括以科技前沿为背景和以科学方法为背景两种类型，要求考生利用题干提供的信息，进行比较、判断、推理、分析，解释所提出的问题。通过梳理发现，科普阅读题自2015年进入北京市中考物理试卷，主要考查学生的物理想象和逻辑思维能力，考查学生在一定时间内快速提取信息的能力及运用物理知识的能力，是对学生物理能力的综合考查。由此看来，科普阅读题的出现是北京市中考物理命题的必然趋势。

四、北京市中考物理命题的建议与前瞻

1. 中考物理命题应加强物理方法的考查

《义务教育物理课程标准》要求在过程与方法维度培养学生的能力。因此，中考物理命题应重视考查学生应用物理方法的能力。初中生应掌握的物理方法包括：演绎推理法、假设法、隔离法、等效法、理想模型法、转换法、比例法、图示法、整体法、极值法、控制变量法、对称法、图像法和类比推理法①。

通过对北京市中考物理试题的梳理，笔者发现，目前试题中考查的物理方法主要为控制变量法，其他方法涉及甚少，说明对物理方法的考查较为狭窄，建议增加物理方法的考查力度。这样不仅可以全面考查学生的物理能力，而且可以强化物理科学方法教育的意识，从而有效引导物理教学走向健康发展的道路。

2. 中考物理命题应引入原始物理问题

所谓原始物理问题，是指对自然界及社会生活、生产中客观存在且未被加工的物理现象的描述，而习题则是物理现象经过一定程度抽象后加工出来的练习作业。原始物理问题来源于真实生活，以文字描述的方式呈现，不提供任何数据，答案开放性较强，学生很难通过模仿来解决。2009年之前的中考物理简答题便是定性的原始物理问题。

原始物理问题的解决包括7个表征过程：定向表征、抽象表征、图像表征、赋值表征、物理表征、方法表征和数学表征，能够考查学生思维的深刻

---

① 廖伯琴，毋小勇，陈峰，等. 中学物理课程改革的目标与实施［M］. 北京：高等教育出版社，2003：53.

性、独创性、批判性、灵活性。在中考物理命题中引入原始物理问题，可以全方位考查学生的物理能力，对于选拔人才具有很好的区分度。由此看来，在北京市中考物理命题中引入原始物理问题是未来的发展方向。

3. 中考物理实验命题应当突破纸笔测验

近年来，北京市中考物理实验分值不断增加，但其考查形式仍然停滞于纸笔测验，无法考查实验能力中的关键部分——实验操作能力。因此，建议北京市中考物理命题引入实验操作考试。这是因为，实验操作考试能够真正考查学生的实验能力，引起学生对实验操作的重视，加强动手能力的训练。

研究发现，越来越多的省市在中考中加入了实验操作考试，其中，部分省市将操作考试成绩计入中考总分，如辽宁省大连市、山西省晋中市、安徽省、河南省郑州市等①。通常由县（市）教育行政部门统一组织实施，采用现场集中测试，包括选择实验仪器、实施实验方案、分析实验现象、处理实验数据、完成实验报告和整理实验用品等，考生按照考号顺序，提前抽签确定考试题目，在准备室设计实验方案、待考，操作结束后，由监考教师当场打分，当场向考生公布成绩。有条件的考场安装录像监控系统，并有纪检人员巡视，监督考场纪律。展望未来，可以利用现代技术手段，如 DIS 实验传感器，实现实验操作的数字化监控，实现实验操作监考的无人化和即时性。因此，中考加入实验操作考试是未来中考物理命题的发展方向。

第四节　北京市中考数学命题的研究与展望

随着基础教育的全面深化改革，中考数学命题在考查学生数学能力方面也发生重要转变，其中一个重要取向就是突出考查数学能力。有鉴于此，本节通过对北京市中考数学命题现状的分析，为全面优化中考数学对学生数学能力的考查做理论准备，为初中数学教学改革提供依据。

一、中考数学命题现状研究与理论基础

（一）数学中考命题研究现状分析

以“中考”一词在“中国期刊全文数据库”中进行“主题”检索，检索

① 周婷婷. 中考物理实验操作考查内容及特点分析［D］. 重庆：西南大学，2012.

结果显示“共计 73274 条”，再以“中考数学”一词进行检索，发现共计 11529 篇文献，这些文献从不同角度论述了与“中考数学”相关的问题。

对所检索的期刊论文进行深入研究后发现，大多数论文是对中考数学试题的整理分类，旨在帮助学生提高解题技巧①②；或者研究中考数学命题规律，预测命题发展方向，提出应试策略③④；或者侧重分析数学知识和数学思想的变化，提出学习建议⑤⑥。考查数学能力的研究存在许多不足。

在“硕博士论文数据库”中以“中考数学”为检索词进行检索，显示共有 189 篇。有一部分论文探讨中考数学命题的分析与研究，如首都师范大学的侯春霞⑦、东北师范大学的马海琳⑧、南京师范大学的朱建明⑨等。另有一部分论文是对中考数学题型及教学指导的研究，如重庆师范大学邓莎莎的《中考数学阅读理解题的特征及教学策略研究》，还有对中考数学试题的试卷结构及数学思想的研究。

以“中考数学能力”为主题，在“中国期刊全文数据库”进行检索，显示共有 924 篇，绝大部分文章是基于中考数学试题分析数学能力如何考查，如邓全齐的《中考数学如何考查数学能力》，苑建广的《精心雕琢命题方式 切实考查数学能力——2011 年特色中考数学试题的分类赏析》。搜索北京市中考数学命题的研究文章，仅有王亮亮 2015 年在《数学通报》第 1 期和第 8 期发表的文章⑩⑪，对考试的评价功能进行了解析，对数学能力考查进行了实践探究。

通过文献梳理可以看出，目前中考数学命题的研究相对不足，缺乏利用数学能力理论定量分析的研究。有鉴于此，本节基于数学能力理论，对中考数学命题进行系统研究，为数学中考命题改革提供参考。

---

① 李明树. 探析中考数学压轴题的发展趋势及解题对策［J］. 亚太教育，2015（5）：151.

② 封三妮. 谈谈中考数学三类试题的答题技巧［J］. 学周刊，2015（6）：183.

③ 代超群，张新全. 中考数学平面几何创新题探析——从一道中考压轴题谈起［J］. 科教文汇，2016（3）：112－113.

④ 段雨鑫. 中考题中数学生活化试题特征和应对策略研究［D］. 重庆：重庆师范大学，2016.

⑤ 朴昌虎 从“双基”到“四基”，从“两能”到“四能”的转变［J］. 延边教育学院学报，2016（12），63－66.

⑥ 段雨鑫. 初中数学课程标准与中考数学试卷的一致性研究［J］. 北京教育学院学报（自然科学版），2014（9）：21－29.

⑦ 侯春霞. 中考数学试题研究［D］. 北京：首都师范大学，2007.

⑧ 马海琳. 中考数学命题改革及其对教学的影响［D］. 长春：东北师范大学，2006.

⑨ 朱建明. 数学课程标准下的中考研究［D］. 南京：南京师范大学，2005.

⑩ 王亮亮. 数学学科（北京中考）评价的初步探究［J］. 数学通报，2015，54（1）：45－47.

⑪ 王亮亮. 数学学科（ 北京中考）评价体系的实践探究［J］. 数学通报，2015，54（8）：56－59.

（二）数学学科能力理论

数学中考命题按照“注重基础、能力立意”的原则考查学生的数学能力，因此，对于中考数学命题进行能力取向分析尤为重要。

北京师范大学曹一鸣在《数学学科能力及其表现研究》一文中指出：构建数学学科能力表现的测评框架，是数学学科能力研究的一个核心问题。该文概述了丹麦罗斯基特大学 Mogens Niss（莫根斯·尼斯）给出的“数学能力化”模型，结合林崇德对三大能力、5 种思维品质交叉成 15 节点开放动态系统的观点，通过分析和比较 PISA、TIMSS 两个大型国际科学测评框架发现，科学学科能力的基本构成要素具有很大的相似性，涵盖了基本理解、直接应用和高级应用 3 个水平。

研究基于“学习—应用—创新”的学科能力概念和构成要素，提出了数学学科能力表现测评的基本框架：学科内容维度和心智水平维度，如表 1－6 所示。

表 1－6　中学生数学能力要素构成及内涵

能力要素		内　涵
学习理解	记忆观察	是指通过观察，从长时记忆系统中提取与呈现材料一致的知识或提取相关知识，包括再认和回忆
	理解概括	把某些具有一些相同属性的事物抽取出本质属性，推广到具有这些属性的一切事物中，并正确地以多种方式表征数学知识
	说明论证	指学生在记忆、概括的基础上，在知识内部，学生能提取相关知识，选择和运用简单的问题解决策略，使用基于不同信息来源的表征，对其进行直接推理，解释现实的问题
实践应用	分析计算	能在熟悉的数学问题情境中直接应用数学知识进行作图、列式、计算解决问题
	推测解释	在较熟悉的实际任务情境中，学生能提取相关知识，选择和运用简单的问题解决策略，使用基于不同信息来源的表征，对其进行直接推理，解释现实的问题
	简单问题解决	在不熟悉的任务情境中，学生选择、提取有用的数学信息，自行组织数学策略，建立数学模型，解决问题并完整表达解决过程
创新迁移	综合问题解决	知识的综合、方法的多样化及数学思想方法的综合运用
	猜想探究	在开放的问题情境中，借助已有的知识经验，对数学材料进行加工，创造性地解决问题
	发现创新	能从已有知识和技能出发，通过猜想与合情推理构建知识之间的远联系，或提出发现新的好问题

在上述模型中，学习理解能力是基础能力，实践应用能力和创新迁移能力是高阶能力，模型将其划分为 4 个水平，通过分层随机抽样测试，验证数学学科能力模型是成立的。进一步从学习理解能力、应用实践能力和迁移创新能力三方面，对中学生数学学科能力表现进行评价。本节据此对北京市中考数学命题进行能力取向研究。

二、数学学科能力视角下数学中考命题能力取向研究

本节选取北京市 2016 年中考数学试卷，以数学能力理论为标准，分析中考数学命题对数学能力考查情况。

（一）选择题的命题能力取向研究

基于数学学科能力理论，分析了 2016 年北京市中考数学每一道单选题对数学学科能力的考查，具体统计如表 1 – 7 所示。

表 1 – 7　2016 年北京市中考数学选择题数学能力考查情况分析

年　份	维　度								
	学习理解			实践应用			创新迁移		
	记忆观察	理解概括	说明论证	分析计算	推测解释	简单问题解决	综合问题解决	猜想探究	发现创新
2016	2	1	4	1	1	1	0	0	0

由表 1 – 7 可见，北京市中考数学选择题主要考查学生的学习理解能力，这一能力维度占选择题的 70%。学习理解能力指学生在数学学习过程中的记忆、概括和产生联系的过程。其中，对说明论证能力维度的考查占 40%，考查学生在记忆的基础上提取内部知识，选择和运用问题解决策略解释现实问题的能力；同时，对记忆观察能力的考查占 20%，考查学生通过观察回忆数学知识，然后进行再认知；对理解概括能力的考查占 10%，考查学生能在不同事物中抽取数学本质，并以正确的方式表征数学知识的能力。在数学学习过程中，学习理解是基础。北京市中考数学选择题主要考查了学生对核心数学知识的辨识、记忆，并通过回忆事实性知识进行正确计算。

北京市中考数学选择题同时也考查学生的实践应用能力，这一能力维度占选择题的 30%。这一维度主要考查学生基于不同信息进行直接推理的能力，让学生在熟悉的或不熟悉的任务情境中，选择提取相关数学知识解决问题。对实践应用能力的考查涉及分析计算能力、推测解释能力、简单

问题解决能力 3 个子维度，各占选择题的 10%，考查学生直接计算能力、通过推理解决问题并完整表达解决过程的能力。但是，选择题并未对创新迁移能力进行考查。由于选择题考查能力的局限性，不能对复杂情境下解决问题的能力进行全面有效的考查，因此，选择题对数学知识高阶认识输出的考查作用并不突出。

（二）填空题的命题能力取向研究

基于数学学科能力理论，分析了 2016 年北京市中考数学每道填空题对数学学科能力的考查，具体统计如表 1－8 所示。

表 1－8　2016 年北京市中考数学填空题数学能力考查情况分析

年　份	维　度								
	学习理解			实践应用			创新迁移		
	记忆观察	理解概括	说明论证	分析计算	推测解释	简单问题解决	综合问题解决	猜想探究	发现创新
2016	0	1	1	1	2	1	0	0	0

由表 1－8 可见，北京市中考数学填空题主要考查学生的学习理解能力和实践应用两种能力。填空题对于学习理解能力的考查只涉及了理解概括能力和说明论证能力，这两个子维度均各占填空题的 16.7%，与选择题对学习理解能力的考查相比，填空题弱化了对记忆观察能力这一子维度的考查。但是填空题对于实践应用的考查占比很大，占 77%，着重考查学生在给定的数学情境中使用程序化方法提取相关知识分析解释问题的能力。覆盖了分析计算能力、推测解释能力、简单问题解决能力 3 个子维度。其中，考查分析计算能力的题目占 16.7%，考查理解概括能力的题目占 33.4%，考查简单问题解决能力的题目占 16.7%。相比选择题，填空题着重考查学生的实践应用能力，填空题要求学生具有更高的水平，不仅能对知识进行回忆和再认知，还要能够依据法则进行精准计算。

填空题在中考数学试题中的比例不大，但是填空题是基于对数学核心知识的记忆，通过让学生根据少量的提示信息进行数学运算。要求学生在记忆数学核心知识的同时，能够表征数学知识，并能够进行简单的运算。此外，在不熟悉的情境中让学生提取相关知识，通过推理建立数学模型从而解决问题。研究发现，填空题主要是将学生置身于任务情境中，通过选择相应的策略解决问题。

填空题的考查功能基本可以分为记忆、理解和应用，与选择题不同，填空题少了许多提示，在题目的阅读理解上比选择题难度大，这在一定程度上有效地考查了阅读能力、观察和分析能力。相比选择题，填空题要求学生具有更高的水平，不仅能对知识进行回忆和再认知，还能进行依据法则精准计算。同样是由于填空题本身的局限性，几乎不能考查学生的创新迁移能力。

（三）解答题的命题能力取向研究

基于数学学科能力理论，分析了2016年北京市中考数学每道解答题对数学学科能力的考查，具体统计如表1－9所示。

表1－9　2016年北京市中考数学解答题数学能力考查情况分析

年份	维度								
	学习理解			实践应用			创新迁移		
	记忆观察	理解概括	说明论证	分析计算	推测解释	简单问题解决	综合问题解决	猜想探究	发现创新
2016	0	0	1	2	3	3	2	1	1

由表1－9可知，北京市中考数学解答题比较全面地考查了学生的学习理解能力、实践应用能力、创新迁移能力。解答题考查学生的学习理解能力，这一维度仅占7.6%。与选择题和填空题相比，解答题考查数学学科能力主要集中在实践应用和创新迁移。其中，60%从3个维度分别考查了学生的实践应用能力，考查分析计算能力的题目占15.9%，考查推测解释能力的题目占23.1%，考查简单问题解决能力的题目占23.1%。相比填空题，解答题同样对实践应用能力3个子维度进行全面考查，但是解答题主要侧重考查推理解释能力和简单问题解决能力，解答题不仅仅局限在让学生在数学情境中解释现象，而是更加侧重让学生在熟悉或不熟悉的任务情境中解决问题。解答题还考查了创新迁移能力，大约占30%。其中，考查综合问题解决能力的题目占23.1%，考查猜想探究能力和发现创新能力的题目各占7.6%。相比选择题和填空题，解答题比较全面地考查了学生创新迁移能力，侧重考查学生知识的综合、方法的多样化及数学思想方法的综合运用，对学生在开放情境中创造性解决问题并提出新问题的考查所涉及的题目并不多。

下面以2016年北京市中考数学试题第29题为例，对北京市中考数学解答题进行分析。

29. 在平面直角坐标系xOy中，点P的坐标为(x_1, y_1)，点Q的坐标为(x_2, y_2)，且$x_1 \neq x_2$，$y_1 \neq y_2$，若P，Q为某个矩形的两个顶点，且该矩形的边均与某条坐标轴垂直，则称该矩形为点P，Q的“相关矩形”。下图为点P，

Q 的“相关矩形”的示意图。

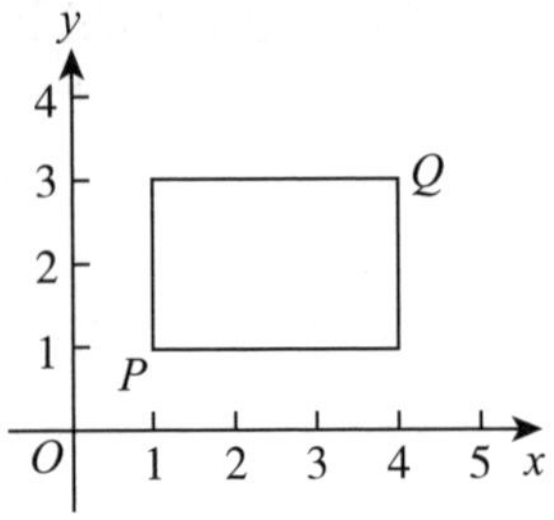

（1）已知点 A 的坐标为（1，0），①若点 B 的坐标为（3，1），求点 A，B 的“相关矩形”的面积；②点 C 在直线 $x=3$ 上，若点 A，C 的“相关矩形”为正方形，求直线 AC 的表达式；

（2）⊙O 的半径为$\sqrt{2}$，点 M 的坐标为（m，3）。若在⊙O 上存在一点 N，使点 M，N 的“相关矩形”为正方形，求 m 的取值范围。

该题目是一道典型的代数与几何综合的题目，主要考查学生的发现创新能力。题中利用平面直角坐标系给出了“相关矩形”的定义，让学生阅读材料，理解“相关矩形”，考查学生在开放的问题情境中，借助已有的知识经验对数学材料进行加工的能力。在（1）的①中，让学生计算“相关矩形”的面积，就是让学生从已有的知识技能出发，通过猜想与合情推理构建知识之间的远联系，创造性地解决“相关矩形”的问题。在（1）的②中，让学生计算直线 AC 的表达式，考查学生创造性解决问题的能力。（2）的问题设置，将代数与几何结合，考查了学生综合解决问题的能力。但是，考题局限在解决问题的层面，并没有让学生提出新的问题。

基于数学能力对解答题进行分析发现，中考数学解答题考查的能力范围广，覆盖面广，而且每一种知识内容可以不同形式的题目对不同的数学能力进行考查。因此，解答题综合考查了数学学科能力，但是发现创新能力的考查还有待进一步加强。

三、北京市中考数学命题的前瞻与建议

本文以数学学科能力为标准，对北京市 2016 年中考数学命题进行分析，在此基础上，对北京市未来中考数学命题进行反思与展望。

（一）中考命题应当引入原始数学问题

原始数学问题是指对数学事实、数学现象的描述。原始数学问题没有标准化答案，学生可以从不同角度，采用不同方法，寻求最佳结果。杨振宁曾说过，“研究原始问题需要从新的角度去考虑，运用特殊的技巧，所以可能会

是一些新理论，新数学结构、新技巧的出发点”。由此可见，原始数学问题在中考数学命题中的重要性。

通过对2016年北京市中考数学命题进行研究，发现中考命题中原始数学问题少之又少，这样就容易让学生陷入“题海战术”导向的学习模式中。数学能力的培养与整体数学思维的培养是初中数学教学的重要目的。因此，在教学中抓住原始数学问题，才能训练学生的数学抽象及数学建模能力，才能更加全面地培养学生的数学素养，并最终达到促进学生全面发展的目的。

（二）中考数学命题应当落实数学能力

数学学科能力是在数学教育发展中长期积淀而成的，包含学习理解能力、实践应用能力、创造迁移能力。依据数学学科特点、学习内容类型与学习智力活动，3个能力又可以细分为9个维度，从而构建起学生数学学科能力测试的框架。数学学科的能力要求是由其学科特点决定的，是人的智能结构中的基础能力之一，将课本中有限的知识转化为能力，对学生产生积极的影响，从而更好地凸显数学教学的本质。

近几年，北京市中考数学命题在内容和形式上进行了一系列的改革，更加注重能力、数学素质、数学思想和方法的考查，发挥了中考数学的积极导向作用，由知识立意转变为能力立意。然而，通过对2016年北京市中考数学命题的研究发现，对数学能力的考查仍然欠缺，有一部分试题仍然停留在知识层面的考查上，并没有完全落实在数学学科能力上，这样的中考数学命题不能完全发挥以能力立意的导向作用。因此，在未来的中考命题中，应该进一步落实数学学科能力，充分发挥中考数学命题的引导与评价作用，从而培养学生的数学素养。

（三）中考数学命题应当关注“核心素养”

数学核心素养反映了数学的本质和价值，核心素养中数学抽象、逻辑推理、数学建模、直观想象、数学运算、数据分析6个要素，是学生数学核心素养的根本，未来将成为数学教学的重点，同时也会成为中考数学命题的评价标准。因此，在中考数学命题中关注核心素养，全面考查学生的数学学科能力，是发挥中考评价功能的重要途径。

学习数学是为了让学生以数学的视角看世界，以数学的思维思考问题，以数学的方法解决问题。基于这种教育理念，中考数学命题应当关注数学教学最本质的目的。因此，中考数学命题应该设置一些问题情境，在这些真实的情境中，让学生借助已有的知识，对数学材料进行加工并解决实际问题，同时又能够提出好的数学问题，这才是中学数学命题应有的境界。因此，中考数学命题应当关注数学核心素养，精心雕琢命题方式，从而全面切实考查初中生的数学能力。

第五节　核心素养视域下的初中生物理能力表现研究

当前，核心素养已成为我国课程教学改革的顶层设计与实施重点。《中国学生发展核心素养》提出，“核心素养”是各学科教育落在学生身上最有价值的必备品格及关键能力，是知识与技能、过程与方法、情感态度价值观的整合；是个体在面对复杂的、不确定的现实问题时，能够发现问题、解决问题的综合品质①。这一理念要求我们应当对传统教学进行深入反思：比如，如何超越传统习题，让学生解决不确定的现实问题？如何评价学生的必备品格及关键能力？显然，这些问题都需要进行深入研究。有鉴于此，在核心素养视域下，聚焦初中生物理能力表现，试图初步回答“个体在面对复杂的、不确定的现实问题时，能够发现问题、解决问题的综合品质”表现，以期为在中学物理教学中落实核心素养提供借鉴。

一、核心素养视域下物理能力表现评价指标

能力是成功地解决某种问题（或完成任务）所表现的良好适应性个性心理特征②。由于不同的基础教育学科具有不同的内涵、结构与表现，所以无法单独依靠一般能力理论促进学生的学科能力发展。因此，研究学科能力就成为落实核心素养的重要议题。针对这一议题，笔者在已有研究的基础上，将“智力—技能—认知结构”一般能力理论中智力包含的思维力、观察力、想象力，技能中包含的操作技能、心智技能，认知结构中的知识与科学方法这7个重要因素③，与物理学的5个基本特征进行交互相关，依据因素分析“从众多变量的交互相关中找出起决定性作用的因素”思想，建构新的物理能力理论：①观察、实验能力；②物理想象能力；③物理思维能力；④物理运算能

① 林崇德. 21世纪学生发展核心素养研究［M］. 北京：北京师范大学出版社，2016：29.

② 林崇德. 学习与发展［M］. 北京：北京师范大学出版社，1999：143.

③ 邢红军，陈清梅. 论“智力—技能—认知结构”能力理论［J］. 首都师范大学学报（自然科学版），2005（3）：41－47.

力；⑤运用物理知识和科学方法的能力①。这种物理能力理论具备扎实的理论基础、科学的研究方法、独到的内涵见解，既具备一般能力要求，又包含物理学科特征，从而较好地体现了物理能力的本质。

由于本研究采用纸笔测试，而观察、实验能力需要借助实验仪器才能进行操作，因此，本研究没有将观察、实验能力纳入物理能力考查目标。

如何有效考查初中生的物理能力？一个重要思路就是要由“抽象知识”转向“具体情境”，注重营造考查形式的真实性。传统教学以学科知识点为核心，传授的知识往往过于抽象，学生难以形成解决实际问题的能力。经济合作与发展组织（OECD）在素养的界定与遴选（Definition and Selection of Competencies：Theoretical and Conceptual Foundations，DeSeCo）项目中指出，核心素养着力解决的是提高学生面对复杂情境下的问题解决能力，使之能够适应飞速发展的信息时代和复杂多变的未来社会②。因此，笔者选择了超越传统物理习题的原始物理问题作为测量工具。这是因为，原始物理问题是自然界及社会生活、生产中客观存在的、能够反映物理概念、物理规律本质且未被加工的典型物理现象和事实，是对物理现象的描述，保留着物理现象的“原汁原味”③，符合核心素养对于“复杂的、不确定的现实问题”的界定。

当厘清研究思路之后，就需要进一步考查原始物理问题各表征层次的关键行为表现，以及物理能力各维度的操作表现，并在此基础上将二者对应起来，从而形成物理能力评价指标。

依据这一思想，笔者首先从原始物理问题的表征层次出发，通过剖析6个表征层次（抽象表征、赋值表征、图像表征、物理表征、方法表征、数学表征）的内涵，寻找对应的具体行为（操作）表现，同时界定物理能力组成要素（物理想象能力、物理思维能力、物理运算能力、运用物理知识的能力、运用科学方法的能力）的具体行为（操作）表现。依据“某个表征的顺利完成需要具备相应的物理能力要素”思路，从而建立运用原始物理问题考查物理能力的评价指标。

研究得到原始物理问题解决各表征层次对应的关键行为（操作）表现，如表1－10所示。

---

① 邢红军，陈清梅．物理能力的基本理论研究［J］．首都师范大学学报（自然科学版），2006（4）：27－33．

② 姜宇，辛涛，刘霞，等．基于核心素养的教育改革实践途径与策略［J］．中国教育学刊，2016（6）：29－32．

③ 邢红军．论原始物理问题的教育价值及其启示［J］．课程·教材·教法，2005（1）：56－61．

表1－10　表征层次对应的关键行为（操作）表现

表征层次	含义解释	各表征关键的行为（操作）表现
抽象表征	抽象表征是原始物理问题解决中学生决定舍弃什么和保留什么的过程，是抓住主要因素，忽略次要因素，把原型转变为模型的过程	将物理现象转变为物理理想模型
赋值表征	赋值表征是学生根据解决问题的要求，设置所需要的物理量，包括常量和变量，有时甚至需要设置一些中间变量的过程	根据解决问题需要自行设置物理量
图像表征	图像表征是学生解决问题过程中画出草图的过程	画出草图
物理表征	物理表征是学生确定解决问题需要使用的物理概念和规律并加以运用的过程	确定解决问题需要运用的物理概念和规律
方法表征	方法表征是学生确定解决问题时需要运用的科学方法（包括思维方法和物理方法）并运用的过程	确定解决问题需要运用的科学方法
数学表征	数学表征是学生在问题解决过程中进行推导时所运用的数学步骤，包括列方程、解方程、进行必要的数学变换过程	运用数学推导，得出结论并作出物理解释

物理能力要素的行为（操作）表现，如表1－11所示。

表1－11　物理能力要素的行为（操作）表现

物理能力要素	物理能力的行为（操作）表现
物理想象能力	①能够建立空间位置关系；②能够形成物理图景；③能够构成理想化形象
物理思维能力	①能够进行分析、综合、抽象、概括、判断、推理、假设、论证等思维活动；②能够进行归纳推理、演绎推理和类比推理；③能够进行直觉思维与逻辑思维活动
物理运算能力	①解决问题时能迅速抓住要害；②能理解公式和图像的物理意义；③会运用数学进行逻辑推理，得出物理结论；④会用图像表达和处理问题；⑤会进行定量计算、定性和半定量分析
运用物理知识能力	能够正确选择并运用物理概念、规律解释现象与处理问题
运用科学方法能力	能够正确运用科学方法迅速抓住问题的要害，找出解决问题的途径

通过将“原始物理问题表征关键行为（操作）表现”与“物理能力要素行为（操作）表现”进行对比，寻找表征层次与物理能力要素之间的本质联

系，从而构建出运用原始物理问题考查物理能力的评价指标，如表 1－12 所示。

表 1－12　物理能力评价指标

表征层次	表征层次的含义解释	对应物理能力要素	物理能力要素行为（操作）表现
抽象表征	原始问题解决中决定舍弃什么和保留什么的过程，是抓住主要因素，忽略次要因素，把原型转变为模型的过程	物理思维能力	恰当地进行抽象思维活动
		运用科学方法能力	正确运用理想化方法，对现象进行物理建模
赋值表征	根据解决问题的要求，设置所需要的物理量，包括常量和变量，有时甚至需要设置一些中间变量	物理思维能力	恰当地进行形象思维活动
		运用物理知识能力	正确建立空间位置关系、形成物理图景
图像表征	学生解决问题过程中画出草图的过程，往往需要形象思维的参与	物理思维能力	恰当地进行假设思维活动
		物理想象能力	正确选择并运用物理概念
物理表征	确定解决问题需要使用的规律并运用	物理思维能力	恰当地进行判断思维活动
		运用物理知识能力	正确选择并运用物理规律
方法表征	确定解决问题时需要运用的科学方法（包括思维方法与物理方法）并运用	物理思维能力	恰当地进行分析思维活动
		运用科学方法能力	正确选用科学方法，迅速抓住问题要害，找出解决问题的途径
数学表征	在问题解决过程中进行推导时所运用的数学步骤，包括列方程、解方程、进行必要的数学变换	物理思维能力	恰当地进行推理思维活动
		物理运算能力	理解公式和数学图像的物理意义、会运用数学进行逻辑推理，得出物理结论

显然，每个表征过程都涉及物理思维活动，说明原始物理问题的解决过程实际上就是学生思维活动的过程，思维活动贯穿问题解决的全过程。并且思维活动必须与其他物理能力要素共同发挥作用，才能顺利完成每一个表征层次。由此可以认为，每个表征对应的两个能力要素是相互依存的。

二、基于核心素养的物理能力测量工具编制

依据原始物理问题表征理论①，通过多次筛选、比较、修改，编制了 4 道初中原始物理问题，如表 1－13 所示。

表 1－13　原始物理问题测量工具

问　题	问题描述
抬箱上楼	两个人一前一后抬着一个质量均匀的木箱走楼梯上楼，是前面的人费力，还是后面的人费力？请推导出相关表达式并进行解释
白炽灯变暗	夜晚用电高峰期，白炽灯常常会发黄，到了后半夜用电低峰时，白炽灯恢复正常发光。请自主设置物理量，定量解释这一现象
密度计刻度	密度计是用来测定液体密度的仪器，它是一个密封的玻璃管。其刻度由贴在玻璃管内壁的刻度纸标出，相邻刻度间的距离不相等。请推导出一个表达式，解释密度计的刻度是按何种规律标定的
鱼缸换水	生活中给鱼缸换水的方法是：用一根较长的软管，将一端插入鱼缸内水面下，另一端低于鱼缸内水面，用嘴将缸内水吸入软管后，水就会自动流出。请推导出相关表达式解释该现象

采取随机抽样方法，从北京市某中学初三年级抽取 66 名学生参与测试。计算表明，测量工具的难度 $H=0.41$，难度适中；区分度 $D=0.56$，区分度优秀；Cronbach's α 系数 $=0.935$，说明测量工具具有较高的内部一致性。而后进行正式施测，被试为随机抽样的北京市某所中学初三年级 80 名学生。评分标准如下。

根据主观试题客观评分化的思想，完成一个表征得 1 分，未能答出或未能完全答对某一表征，则不给分。即每个表征的评分是二分法计分制：或者是 1 分，或者是 0 分②。由于每个问题的解决均包含 6 个表征，故每个题目的满分为 6 分。测量工具由 4 道题目组成，故每个表征的满分为 4 分，测量工具满分为 24 分。

依据"物理能力评价指标"和被试的表征得分，对被试的物理能力进行量化，赋值方式如下。

---

① 邢红军．自组织表征理论：一种物理问题解决的新理论［J］．课程·教材·教法，2009（4）：60－64.

② 邢红军，石尧，胡扬洋，等．初中原始物理问题测量工具：编制与研究［J］．课程·教材·教法，2015（2）：69－73.

若顺利完成某个表征，则对与该表征层次对应的物理能力要素各赋值1分；若未完成此表征，则对与该表征层次对应的物理能力要素均赋值0分。举例说明：若该学生在解决“抬箱上楼”问题中完成了“抽象表征”，则与“抽象表征”对应的“物理思维能力”和“运用科学方法能力”各赋值1分；若该学生未能完成“抽象表征”，则“物理思维能力”和“运用科学方法能力”各赋值0分。

依据赋值规则，每个初中原始物理问题能力要素的总分分别为物理想象能力1分、物理思维能力6分、物理运算能力1分、运用物理知识能力2分、运用科学方法能力2分，物理能力总分为12分。由于测量工具共包含4个原始物理问题，因此物理能力要素的总分分别为物理想象能力4分、物理思维能力24分、物理运算能力4分、运用物理知识能力8分、运用科学方法能力8分，物理能力总分为48分，如表1－14所示。

表1－14　物理能力要素赋分一览

物理能力要素	物理能力要素赋分	百分比/%
物理想象能力	4	8
物理思维能力	24	50
物理运算能力	4	8
运用物理知识能力	8	17
运用科学方法能力	8	17
总　分	48	100

对物理能力量化方式进行两点说明。

（1）完成每一个问题表征层次就是一项任务，学生在原始物理问题的一个表征层次正确运用了一次该能力，并不意味着该能力在其他表征层次中也一定能够正确运用。例如，学生在抽象表征中正确运用了物理思维能力（指抽象思维），并不表明物理思维能力在其他表征中也能够正确运用。因为虽然6个表征都涉及物理思维能力，但不同表征对应着不同的物理思维形式，如抽象表征对应着抽象思维，而赋值表征却对应着假设思维。

（2）由于每个表征层次的完成都涉及物理思维活动，而思维活动必须与物理能力要素共同发挥作用，才能顺利完成问题解决的表征层次。因此，对每个表征来说，缺失与之对应的一个能力要素，另一个能力要素便失去了价值，该表征就无法顺利完成。所以，每个表征对应的两个能力要素是相互依存关系。

三、核心素养视域下初中生物理能力表现

基于上述研究，通过测试与统计得出如下研究结论。

（一）初中生物理能力表现处于较低水平

鉴于5个物理能力要素的满分不统一，为便于进行横向比较，本研究采用归一化处理，把各物理能力要素的满分调整一致，均为100分，从而使物理能力要素可以进行比较，归一化后的被试物理能力要素得分统计如表1－15所示。

表1－15　物理能力要素得分统计表

得分情况	物理想象能力	物理思维能力	物理运算能力	运用物理知识能力	运用科学方法能力
满　分	100	100	100	100	100
平均分	14	25	16	38	22
得分率/%	14	25	16	38	22

结果显示：全部被试的物理能力得分率仅为25%，与传统意义上的合格率相差甚远。从物理能力的组成要素来看，全部被试的物理想象能力得分率为14%，物理思维能力得分率为25%，物理运算能力得分率为16%，运用物理知识能力得分率为38%，运用科学方法能力得分率为22%。可见，被试整体物理能力表现处于偏低的水平。

在全部物理能力表现中，初中生的物理想象能力水平最低，这与已有的研究结果是一致的。

2000年，中国青少年研究中心联合北京师范大学发展心理研究所做过一项名为“我国城市儿童的想象力与幻想”的调查研究。课题组采用美国著名创造力教学研究专家F. E. 威廉姆斯编制的创造倾向测验，在小学三年级到初中二年级中选取1370名学生进行测验。测验包括4个维度：好奇心、想象力、挑战性和冒险性。课题组对创造倾向测验包括的4个维度的平均分（由各维度总分除以题目数得到，平均分为3分）进行比较后发现，好奇心得分数最高，为2.39；挑战性得分居中，为2.28；而冒险性和想象力的得分最低，分别为2.25和2.18[①]。因此，在当前发展学生核心素养的新形势下，如何有效提升初中生的物理想象能力，也就成为物理教学的当务之急。

① 孙云晓，赵霞. 中国儿童想象力危机报告［J］. 少年儿童研究，2009（22）：4－10.

测验中所显示的“初中生运用物理知识能力表现最好”，应该与物理教学注重概念、规律的教学传统有关；运用科学方法的能力表现次于运用物理知识的能力表现，说明在物理教学中进行科学方法教育还应该进一步加强；物理运算能力表现较差，反映出复杂情境下的问题影响了学生的物理运算能力；而物理思维能力表现不好，则真实地反映了初中生的核心素养水平亟待提升。

（二）初中生物理能力表现呈现双峰分布

为了更加全面地反映初中生物理能力的表现情况，将全部被试的物理能力得分做成分布图，如图 1－7 所示。

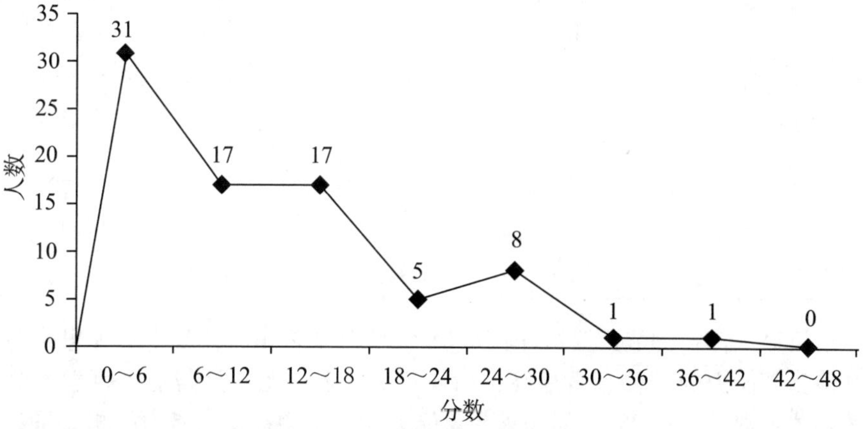

图 1－7　全部被试物理能力分布

由图 1－7 可知，初中生物理能力的分布并不是常见的正态分布，而呈现出双峰分布的态势。有研究显示，中学生解决原始物理问题的表征存在临界区域，不能跨越临界区域的学生认知状态表现为被组织状态，而能够跨越临界区域的学生则表现为自组织状态①。因此，这种双峰分布可以解释为：大部分学生的物理能力处于较低水平（左侧高峰），即被组织状态；小部分学生的物理能力处于较高水平（右侧低峰），即自组织状态；少部分学生处于从较低能力水平向较高能力水平转变的状态（中间低谷），即临界状态。当学生的认知状态处于被组织状态时，他们不能自发、自主地解决问题，需要外界的干预；当学生的认知状态处于自组织状态时，学生可以自主、独立地解决问题而不需要外界干预；当学生的认知状态处于临界状态时，他们在处理原始物

① 邢红军. 自组织表征理论：一种物理问题解决的新理论［J］. 课程·教材·教法，2009（4）：60－64.

理问题的关键表征时具有较强的随机性，如果此时出现外界“微扰”，学生便可以迅速产生解决问题的关键思路。

同时，中学生物理能力呈现“双峰分布”这一特点亦表明，本研究建立的物理能力评价指标对于初中生物理能力具有较好的鉴别功能。

（三）初中生物理能力要素高度相关

为进一步探讨物理能力要素之间的关系，本研究运用 SPSS 19.0 对物理能力得分进行了相关性分析，结果如表 1 – 16 所示。

表 1 – 16 物理能力要素相关性矩阵

物理能力	物理想象能力	物理运算能力	选取物理知识能力	运用科学方法能力
物理想象能力	1	0.866**	0.782**	0.863**
物理思维能力	0.913**	0.919**	0.937**	0.961**
物理运算能力	0.866**	1	0.812**	0.848**
运用物理知识能力	0.782**	0.812**	1	0.841**
运用科学方法能力	0.863**	0.848**	0.841**	1

结果显示：物理能力要素均在 0.01 水平上显著相关；其中物理思维能力与其他物理能力的相关系数最高，均在 0.9 以上，尤其是与运用科学方法能力的相关系数高达 0.961；而物理想象能力与运用物理知识能力的相关系数最低，为 0.782。

从相关性角度可以解释物理想象能力与运用物理知识能力相关系数最低（0.782）的结果。原因在于，物理习题已经对物理现象进行了“去粗取精，去伪存真”的抽象，难以给学生留出太多可供想象的空间；同时，原始物理问题中蕴含的物理知识具有一定程度的隐蔽性，并非像物理习题那样显而易见，因而导致了物理想象能力与运用物理知识能力相关性相对较低的结果。

物理思维能力与其他物理能力因素呈显著相关，则说明物理思维能力是物理能力的核心。换言之，物理能力的形成与发展是物理思维能力与物理想象能力、物理运算能力、运用物理知识能力、运用科学方法能力相互作用的结果。

进一步说明，由于物理能力要素之间均具有较高的相关性，因此研究结果表明，在中学物理教学中促进学生核心素养发展，应当对物理能力要素进行全面、均衡的培养。唯有如此，才能有效地提升中学生的核心素养。

第六节　初中生科学推理能力与原始问题解决能力比较研究

科学推理（scientific reasoning）在皮亚杰（Jean Piaget）的认知发展理论中被首次提出。科学推理涵盖了设计实验、探究学习、推论思辨、证据评估、逻辑论证等活动所需的推理技能和思维技能，这些活动是形成和完善人们对自然界和人文社会的各种概念和理论认知过程的重要步骤①。莱德曼（Lederman）将科学推理定义为归纳思维和演绎思维。归纳思维即概念获得、概念形成和概念图示，演绎思维即基于观察、模型建构和经验证据进行的评价②。克拉尔（Klahr）和邓巴（Dunbar）则认为科学推理即问题解决。

尽管研究者对科学推理的界定还存在分歧，但对科学推理内涵的认识则大致相同。科学推理是个体思维能力发展到一定程度之后具有的推理类型；个体进行科学推理一般采用演绎推理和归纳推理；个体应用科学推理进行假设检验或问题解决。

在引进科学推理测验工具的同时，发端于我国本土的原始物理问题教学理论与教学实践，近年来已成为我国理科教育领域的研究热点。科学推理能力与原始物理问题解决能力有怎样的区别、联系与相关？在理科教育教学中如何应用这些理论？这些问题逐渐成为笔者关注的研究课题。

一、初中生科学推理能力测试与分析

本研究选用两套测量工具，LCTSR 科学推理能力测试量表与初中原始物理问题测量工具。LCTSR 科学推理能力测试量表在国际上得到广泛认可，该量表由加利福尼亚大学安顿 E. 罗森（Anton E. Lawson）设计，主要从 6 个维度对学生的科学推理能力进行测量，包括体积质量守恒推理、比例推理、控制变量推理、概率推理、相关推理、假设演绎推理。初中原始物理问题测验工具分别从抽象、图像、赋值、物理、方法、数学 6 个维度对学生解决原始物理问题能力进行测量③。

---

① Zimmerman C . The development of scientific reasoning skills[Z]. Developmental Review,2000:46 -52.

② Stuessy C L. Path analysis: A model for the development of scientific reasoning abilities in adolescents [J]. Journal of Research in Science Teaching, 1989, 26 (1): 41 -53.

③ 邢红军，石尧，胡扬洋，等. 初中原始物理问题测量工具：编制与研究［J］. 课程·教材·教法，2015，35（2）：69 -73.

原始物理问题测验工具由 4 道题目构成。原始物理问题是对物理现象的描述，题目中不出现物理量，解答问题需要的物理量需要自行设置。采用主观试题客观评分，每个问题均包含抽象、图像、赋值、物理、方法、数学 6 个表征，完成 1 个表征得 1 分，未能答出或未能完全答出，则不给分，即每个表征的评分或者是 1 分或者是 0 分。每个题目满分 6 分，4 道题目满分 24 分，与科学推理能力测试量表的满分一致。

测试对象选取北京市朝阳区初中三年级学生，共计 393 人。分别运用两套测量工具测试，得到测试卷 786 份。其中，无效试卷 10 份，有效试卷 776 份。

表 1 – 17 是 LCTSR 科学推理能力测试成绩统计。

表 1 – 17　LCTSR 科学推理能力测试成绩统计

成　绩	频　次	百分比/%	有效百分比/%	累积百分比/%
5	1	0.3	0.3	0.3
7	3	0.8	0.8	1.0
8	5	1.3	1.3	2.3
9	7	1.8	1.8	4.1
10	19	4.9	4.9	9.0
11	13	3.4	3.4	12.4
12	21	5.4	5.4	17.8
13	25	6.4	6.4	24.2
14	29	7.5	7.5	31.7
15	48	12.4	12.4	44.1
16	46	11.9	11.9	55.9
17	48	12.4	12.4	68.3
18	31	8.0	8.0	76.3
19	27	7.0	7.0	83.2
20	16	4.1	4.1	87.4
21	22	5.7	5.7	93.0
22	13	3.4	3.4	96.4
23	11	2.8	2.8	99.2
24	3	0.8	0.8	100.0
合　计	388	100.0	100.0	

对 LCTSR 科学推理能力测试成绩进行正态分布拟合，如图 1－8 所示。

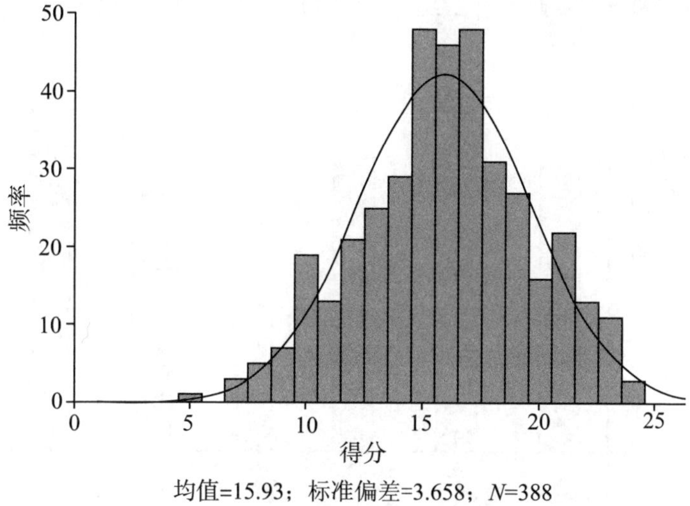

图 1－8　LCTSR 科学推理能力测试成绩的正态分布

由图 1－8 可知，测试成绩满足正态分布，说明测试量表具有较好的信效度，适宜做相关分析。

由表 1－17 和图 1－8 可知，0～4 分数段人数为 0，说明学生的科学推理能力没有过低的。5～12 分数段人数占 17.8%，表明少部分学生的科学推理能力处于较低水平；13～20 分数段人数占 69.6%，表明大部分学生的科学推理能力处于中等水平；21～24 分数段人数占 12.6%，表明少部分学生的科学推理能力已达到较高水平。测试平均成绩 15.93 分，表明初三学生的科学推理能力整体处于较高水平。

对 LCTSR 科学推理能力各维度得分进一步分析，结果如表 1－18 所示。

表 1－18　LCTSR 科学推理能力测试各维度成绩

维　度	体积质量守恒	比例推理	控制变量推理	概率推理	相关推理	假设演绎推理	总　计
满　分	4	4	6	4	2	4	24
平均分	3.719072	3.543814	3.623711	1.237113	1.036082	2.770619	15.93041
得分率/%	92.98	88.60	60.40	30.93	51.80	69.27	66.38

将 LCTSR 科学推理能力测试各维度得分率生成直方图，如图 1－9 所示。

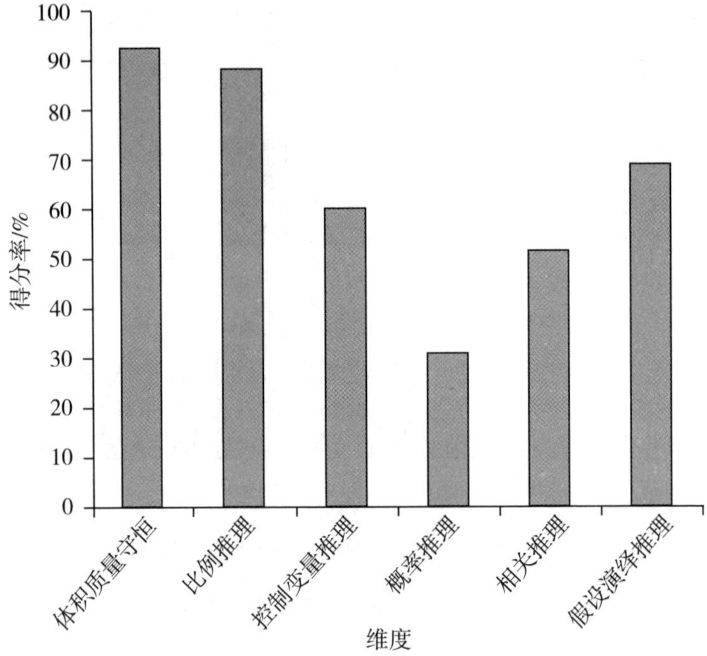

图 1 –9　LCTSR 科学推理能力测试各维度得分率直方图

由表 1 –18 和图 1 –9 可知：

（1）体积质量守恒推理维度得分率为 92.98%，在各维度中得分率最高，表明初三学生已具有很高的守恒推理能力。在 6 种推理能力中，只有守恒推理是具体运算模式类型，其余推理能力均属形式运算模式类型，说明大部分初中生的认知水平已达具体运算阶段。

（2）比例推理维度得分率为 88.60%，仅次于守恒推理维度，表明初三学生已具有较好的比例推理能力。其原因或许在于，我国理科教学对运算训练给予了较高重视，使得大部分学生具有较好的运算能力，因而能够在比例推理维度取得较好成绩。

（3）假设演绎推理维度得分率为 69.27%，对于初中生来说，在这一形式运算阶段的推理维度上的表现已达较好水平。事实上，我国理科教学一直重视逻辑思维训练。因此，初三学生的逻辑思维能力得到了较好发展，从而能够在假设演绎推理维度取得不错成绩。

（4）控制变量推理维度得分率为 60.40%，表明学生的控制变量推理能力一般。令人不解的是，目前中学物理教学对控制变量法的教学是非常重视的，但控制变量推理维度得分却并不理想。究其原因，是因为教师教学中仅让学生了解控制变量法的名称，却没有让学生理解其本质。测试结果显示，初三学生并没有很好地理解和掌握控制变量推理的内涵。

（5）相关推理维度得分率为 51.80%，表明学生的相关推理能力较弱。相关推理需要学生具有整体思维，不仅能够对整体情况进行分析，还须找出整体中各部分间的联系，是更高层次的能力要求，所以学生相关推理维度得分率低也在情理之中。

（6）概率推理维度得分率为 30.93%，表明学生的概率推理能力最差。概率推理要求学生能够理解概率的本质，能解释一些不可预言的、不可确定的观察事实，并能识别变量之间的关系。由于概率知识是高中阶段的教学内容，初中阶段较少涉及，因此导致初中学生的概率推理能力最差。

二、初中生原始物理问题解决能力测试与比较

对原始物理问题测试成绩进行统计分析，结果如表 1－19 所示。

表 1－19 原始物理问题测试成绩统计表

成 绩	频 次	百分比/%	累积百分比/%
0	125	32.2	32.2
1	51	13.1	45.4
2	40	10.3	55.7
3	29	7.5	63.1
4	14	3.6	66.8
5	21	5.4	72.2
6	30	7.7	79.9
7	15	3.9	83.8
8	19	4.9	88.7
9	9	2.3	91.0
10	6	1.5	92.5
11	4	1.0	93.6
12	7	1.8	95.4
13	5	1.3	96.6
14	3	0.8	97.4
15	3	0.8	98.2
16	1	0.3	98.5
17	3	0.8	99.2
18	1	0.3	99.5
19	2	0.5	100.0
合计	388	100.0	

将原始物理问题测试成绩做成直方图，如图 1－10 所示。

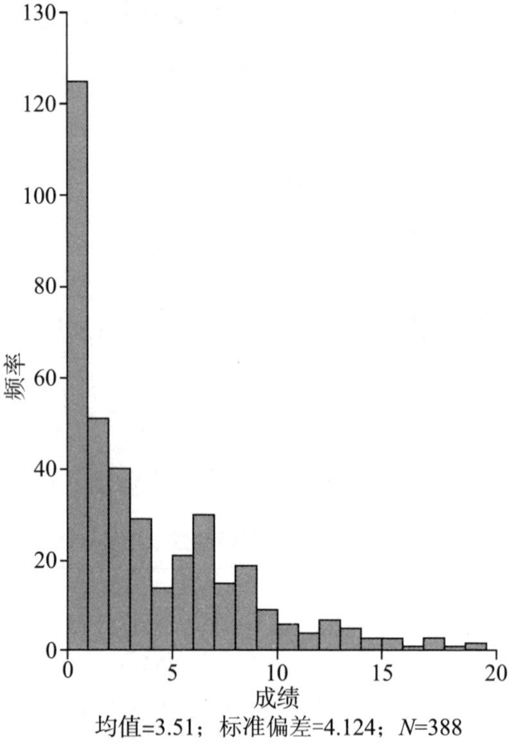

图 1－10　原始物理测试总成绩直方图

由表 1－19 和图 1－10 可知，原始物理问题测试成绩整体偏低，20～24 分数段人数为 0。63.1% 的学生成绩集中在 0～3 分数段，表明大多数学生的物理问题解决能力很差；21.9% 的学生成绩集中在 5～8 分数段，表明这部分学生的物理问题解决能力一般；11.3% 的学生成绩集中在 9～19 分数段，表明这部分学生的物理问题解决能力稍好。

对原始物理问题测试各表征成绩进一步分析，结果如表 1－20 所示。

表 1－20　原始物理问题测试成绩

得分情况	抽象表征	赋值表征	图像表征	方法表征	物理表征	数学表征	总　计
满　分	4	4	4	4	4	4	24
平均分	0.93299	0.56959	0.85567	0.35567	0.48711	0.31701	3.50516
得分率/%	23.32	14.24	21.39	8.89	12.18	7.93	14.60

原始物理问题各维度得分直方图如图 1－11 所示。

以下对 6 个表征得分情况进行分析。

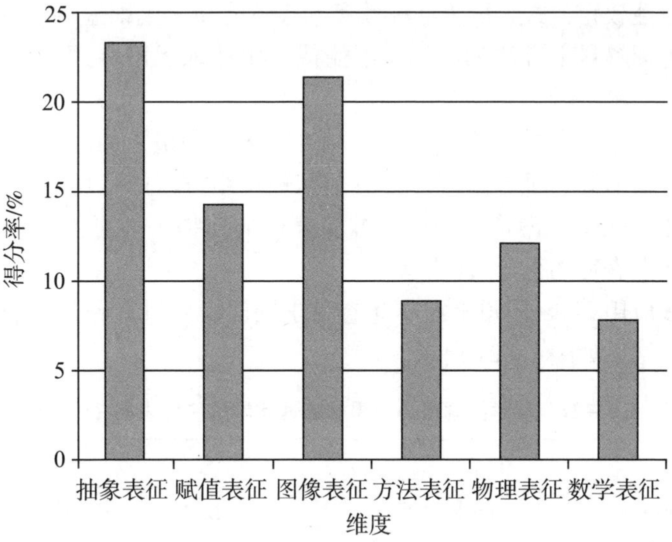

图 1-11 原始物理问题各维度得分直方图

（1）抽象表征得分率为 23.32%，表明近 1/4 的学生具有一定的抽象表征水平。抽象表征是抽取主要因素，忽略次要因素，把问题原型转变成模型的过程，需要运用抽象思维。出现这种结果的原因可能在于，初中物理与生活联系比较紧密，学生对源自生活实际的原始物理问题不太陌生，因此能够在抽象表征维度取得较好成绩。

（2）图像表征得分率为 21.39%。图像表征主要运用形象思维，画出反映事物本质特征的理想化图像。力学内容对学生画受力分析图要求较高，使一部分学生形成利用图像帮助解题的习惯，从而在图像表征维度取得相对较好的成绩。

（3）赋值表征得分率为 14.24%。赋值表征需要运用假设设置物理量，赋值表征是原始物理问题特有的表征，要求学生自主设置物理量，在反复思考的基础上设置出物理量。由于这一表征在传统习题训练中少有涉及，因此导致学生在这一维度表现出低水平。

（4）物理表征得分率为 12.18%。物理表征需要运用判断的思维方法，判断在问题解决中需要运用的物理概念与规律有哪些？是什么？虽然物理知识的识记与应用在我国中学物理教学中一直备受重视，但却是在物理习题解答中应用的，并非在原始物理问题解决中应用，这就导致学生难以在生态化情境中运用物理知识。事实上，只有在解决真实物理问题时能够提取与运用物理知识，才表明学生真正掌握了物理知识。

（5）方法表征得分率为 8.89%。其原因在于，科学方法在中学物理教学中常采用隐性教育方式，由于这种教育方式不能使学生把握科学方法的真谛，不能使学生理解科学方法的内涵，不能使学生熟练运用科学方法，从而导致方法表征得分率很低。

（6）数学表征得分率为7.93%，是6个表征中最差的。数学表征是物理问题解决中的演算、推导过程，背后是推理思维方法的运用。由于只有在正确完成抽象、赋值、图像、物理、方法表征的前提下才可能完成数学表征，从而导致数学表征的得分最低。

进一步应用SPSS 19.0软件，考查科学推理能力和原始物理问题解决能力的相关性。结果如表1－21所示。

表1－21　科学推理能力与原始物理问题解决能力相关性检验

项目	相关性	科学总分	原始物理总分
科学推理总分	Pearson 相关性	1	0.284**
	显著性（双侧）		0.000
	N	388	388
原始物理总分	Pearson 相关性	0.284**	1
	显著性（双侧）	0.000	
	N	388	388

**在0.01水平（双侧）上显著相关

由表1－21可知，$P<0.01$，在0.01水平上有极显著统计学意义，由于$|r|<0.3$，所以科学推理能力与原始物理问题解决能力弱相关，表明原始物理问题解决能力与科学推理能力可能是两种不同性质的能力。

测试显示，科学推理能力测试呈正态分布，是同种智能下的典型分布。而原始物理问题解决能力测试呈双峰分布，可视为两个正态分布的叠加，表明原始物理问题测试可以将科学推理能力同质的群体区分为原始物理问题解决能力不同质的群体。加德纳（Howard Gardner）的多元智能理论提出，每一种智能代表着一种区别于其他智能的独特思考模式。这一理论强调人类智能的多元性，并以此揭示学校教学与测验对智能关照的局限性，进而呼吁一种基于智能多元的因材施教。在多元智能理论的启示下，笔者认为，科学推理能力与原始物理问题解决能力的不相关结果，极有可能表示它们分属不同的智能。因此，对一种智能的干预并不必然导致对另一种智能的影响，这对中学物理教学研究与实践领域带来的启示无疑是巨大的。

过去，人们普遍认为，我国物理教育效能低的原因在于缺乏科学探究。因此，《义务教育物理课程标准》将科学探究作为课程目标，希望借助科学探究提高物理教育的效能。确有证据表明，探究式的教学策略有助于提升学生的科学推理能力①②③。然而，由于科学推理能力与原始物理问题解决能力分属不同的智能，因此对“科学探究”（科学推理）的单纯强调，就可能会造成学生物理问题解决能力培养的落空。这启示我们，对于学生能力结构的复杂性和多维性，还需要进一步深入研究。

三、研究启示

（一）全面促进物理教育方式的生态化

研究表明，本研究选取的初三学生原始物理问题解决能力整体处于较低水平，这反映出目前物理教育的生态化水平较低。目前，初中物理教学中使用的训练材料绝大部分还是习题，已经把原始问题的一些次要细节、非本质的联系舍去，没有物理现象与事实作为背景，甚至完全脱离物理现象，即学生思维的一部分已经被习题编制人员越俎代庖完成了。由于物理教育的生态化强调在自然、真实情境中研究教育规律及学生的心理活动规律，强调提高教育活动的可应用性和普遍适用性，建立合理的教育生态环境，因此，物理教育生态化不仅有助于落实核心素养的要求，还有助于促进人才的迅速成长和发展④。

原始物理问题测验结果启示我们，学生解决真实情境物理问题的能力，极有可能不通过专门训练就不会自动增长，习题解答能力与原始物理问题解决能力之间无法自然迁移。换言之，即使在教学中将习题演练强度与数量提升到极致，也可能无法促进学生解决真实问题能力的发展。由是观之，在物理教育中融入生态化的物理教育思想就显得尤为迫切，即物理教育活动应当在生态化的环境中开展。这一思想首先应该纳入《义务教育物理课程标准》的制订与物理教科书的编写中。在教材编写中，应在例题和习题设计中渗透适量的原始物理问题。在课堂教学中，教师应当适度展开原始物理问题教学，激发学生解决原始物理问题的兴趣，从而让学生真切地感受到物理学的魅力。

---

① Lawson A E, Alkhoury S, Benford R, et al. What kinds of scientific concepts exist? Concept construction and intellectual development in college biology [J]. Journal of Research in Science Teaching, 2000, 37 (9): 996.

② Lawson A E, Johnson M. The validity of Kolb learning styles and Neo – Piagetian developmental levels in College Biology [J]. Studies in Higher Education, 2002, 27 (1): 79.

③ Cavallo A M L. Meaningful learning, reasoning ability, and students' understanding and problem solving of topics in genetics [J]. Journal of Research in Science Teaching, 1996, 33: 625.

④ 邢红军. 物理教育的生态化及其对物理课程改革的启示 [J]. 教育科学研究, 2010 (1): 59 – 61 + 64.

（二）扎实推进核心素养课程目标的落实

当前，培育中小学生的“核心素养”已成为国内外教育改革与发展的趋势。2016 年 9 月，《中国学生发展核心素养》研究成果发布，成为指导我国下一阶段课程教学改革的“顶层设计”。“核心素养”及各学科核心素养将成为统领课程、教学及评价的纲领。如何将“核心素养”“顶层设计”落实成为课堂教学的“底层设计”，即将核心素养理念落实到操作层面，就成为一项非常有价值的工作。在这个意义上，原始问题教学就成为核心素养应用于课堂教学的有效途径。

扎实推进核心素养课程目标的落实，需要循序渐进地加以展开。从一般核心素养到学科核心素养，标志着核心素养的初步落实。目前，新的《义务教育物理课程标准》提出“学科核心素养”主要由“物理观念、科学思维、科学探究、科学态度与责任”四个要素构成。物理观念主要包括物质观念、运动观念、相互作用观念、能量观念及其应用等要素；科学思维主要包括模型建构、科学推理、科学论证、质疑创新等要素；科学探究主要包括问题、证据、解释、交流和合作等要素；科学态度与责任主要包括科学本质、科学态度、社会责任等要素。怎样在物理教学中实施与落实物理核心素养，新的《义务教育物理课程标准》提出应把物理课程中所形成的物理观念和科学思维用于分析、解决现实生活中的各种问题，在解决问题中进一步提高探究能力、增强实践意识、养成科学态度，促进核心素养的形成。

《义务教育物理课程标准》的论述与提法在原则上是没有问题的，但稍显宽泛与笼统，在物理核心素养达成的操作层面有所欠缺。而原始物理问题不仅对问题进行了严格界定，而且给出了抽象、图像、赋值、物理、方法、数学 6 个维度，从而有助于物理核心素养的达成趋于规范和可操作。

（三）高度重视理科教育评价方式的改革

目前，中考作为初中生能力评价的考查方式，既是备受全社会关注的热点，也是教育改革的难点。然而，中考和初中学业评价究竟测试学生的何种能力，能否真正测量学生的能力，仍然需要基于理论与实践的深入研究。

在目前理科中考及其导向下的教学中，“实验与探究题”“科普阅读题”等“新题型”已经对传统中考试题与课堂教学产生了前所未有的冲击。中考命题改革突出科学探究、实验能力、阅读能力、知识积累及科学方法考查，对传统理科中考“复杂计算”“大题压轴”模式及其影响下的教学构成了重要转型。从理论本源上考查，“实验与探究题”“科普阅读题”等“新题型”到底考查了哪些维度，是否与核心素养的要求相一致，是否包含了科学推理能力等，还需要做进一步的实证研究，而不能单纯满足命题形式上的标新立异，还须追问试题形式背后蕴含的素养真谛与本质。只有如此，才能真正实现理科教育评价方式的根本改变。在这个意义上，中考教育评价改革应积极稳健地纳入原始问题命题形式，以此实现核心素养评价的有效性，以及对课堂教学的积极引领。

第二章　北京市中考物理实验命题前瞻性研究

第一节　引　　言

一、研究背景

中共十八届三中全会通过了《全面深化改革若干重大问题的决定》。该文件对基础教育提出了一系列的要求，其中指出应当推进改革初中、高中学业水平考试及综合素质评价。该举措将基础教育改革的目光投向升学考试。与此同时，教育部在《教育部关于进一步推进高中阶段学校考试招生制度改革的指导意见》中指出，各地区应当积极推广初中学业水平考试及综合素质评价制度，逐步建立以学业水平考试、综合素质评价为基础的招录方法。这显示，中考改革已成为我国基础教育改革与发展的重要突破口之一。

不仅如此，新一轮的课程改革正在进行中，核心素养这一概念业已成为国内外的研究热点。唯有把握住核心素养的本质，将其精髓贯彻、融入基础教育中，才能紧跟世界教育的潮流与发展，保持社会发展的原动力。在这一大背景之下，应当将理科中考的改革与核心素养进行关联，中考及初中教学对核心素养的反映与衔接，就成为当前及未来一段时期，需要迫切关注与研究的主题。

传统的理科中考主要将重难点放在对知识与运算的考核上，学生需要运用已经习得的概念与规律，通过大量冗杂的运算对问题进行求解。在以考试为导向的大风气下，教师面对理科中考总是疲于应对，往往将内涵丰富的自然科学简单地删减为“必考物理模型”，难以实现理科教学的初衷。但是，随着近年来出现的“实验与探究题”“科普阅读题”等新型试题，传统中考的模式受到了前所未有的重大冲击，如何在理科中考改革的大浪潮中明确中考改革的发展方向便显得尤为重要。

2016 年 5 月，北京市中考教育改革方案问世：北京自 2018 年起，将会全面开启新中考模式。新中考将在考试内容、考试方式、选考科目等方面作出重大变革，以适应未来教育发展的需求。由于 2016 年入学的初一学生将成为首批进入新中考的学生，因此初中教学与考试已经开启了面向新中考的模式。北京市一线师生在客观上需要对新中考改革的导向拥有系统、明晰的理解、认识。

二、研究目标

本研究的主要目标为以下四点。

（1）对北京市中考物理实验命题现状开展剖析与研究，找寻其命题的特点与方向。

（2）结合 2011 年版《义务教育物理课程标准》与前人的研究文献，建构北京市中考物理实验操作测验评价指标。

（3）通过实证研究方式，评估实验操作测验的可行性与应用价值。

（4）通过本次课题研究的结论，对北京市中考物理实验考查方式提出前瞻性建议。

三、研究意义

1. 理论意义

（1）为北京市理科中考改革搭建理论基础。

（2）构建北京市中考物理实验操作测验评价指标。

（3）对实验操作测验与纸笔测验之间的相关性进行实证研究。

2. 实践意义

（1）为北京市理科中考改革提供前瞻性建议。

（2）为物理实验操作测验提供范例。

（3）革新北京市中考物理实验评价方式，强化物理教师及教育研究人员对物理实验教学的意识，提高中学实验教学的效率，增强学生物理实验意识。

四、研究方法

1. 文献分析法

通过中国知网检索与“中考物理实验操作考试”相关的期刊文献，同时筛选国内外与上述主题相关的文献进行阅读与研究，力图对当前国内外研究现状进行整体评估与分析。利用该研究方法还可以对物理实验、物理实验操作能力、物理实验纸笔测验、物理实验表现性评价等概念进行理论界定；梳理物理能力理论、布卢姆教育目标分类等理论。

2. 文本分析法

基于文本分析法，本研究将对《2017 年北京市中考说明》《义务教育物理课程标准》等相关政策文件进行系统分析，掌握中考对于初中生物理实验能力的评价现状。同时，利用该研究方法对北京市中考物理试卷（2011—2017 年）进行分析，分析维度将基于实验类型、题型、分值、侧重点等内容，对中考物理实验纸笔测验现状进行整体把控。

3. 调查研究法

本研究将构建物理实验操作测验评价指标，同时以评价指标为基础，制订调查问卷，并且基于调查研究法对中学一线物理教师及物理教学研究人员进行问卷调查，确定各项指标权重，最后利用 SPSS 统计分析软件确定指标的信度与效度，为实证研究进行铺垫准备。

4. 实证研究法

在评价指标构建完成后，本研究将择校挑选初中三年级学生，按照操作测验评价指标对学生实验操作进行评价，并且最终对纸笔测验与操作测验的成绩进行相关性的研究。

第二节　文献综述

一、相关概念界定与综述

（一）物理实验

1. 物理能力

能力一词在《现代汉语词典》中被定义为：能胜任某项任务的主观条件；在《简明教育辞典》中被定义为：能力是人们顺利完成某项活动必须具有的一种心理特征。能力一词的多种表述表明，能力从属于个体，是个体顺利完成某项活动必须具有的良好心理特征。能力的核心是思维，能力的高低主要由思维品质（深刻性、灵活性、独创性、批判性和敏捷性）

确定[①]。能力的分类纷繁复杂，通常被分为一般能力与特殊能力。一般能力是指个体在不同活动中所体现出的相同能力，例如记忆、观察能力等。特殊能力是指个体在专业活动中，多种能力有机结合的能力，例如数学、绘画能力等[②]。

本文所涉及的物理能力与物理实验能力即为一种特殊能力，即当个体从事物理（物理实验）专业活动时，所必须具有的多种能力有机结合的能力。根据邢红军的能力理论，思维力是智力的核心；技能是知识和能力沟通的媒介，又分为智力技能与操作技能；认知结构中包含知识与科学方法[③]。邢红军将其能力理论与物理学的 5 个基本特征进行结合，把观察力、思维力、想象力、操作技能、心智技能、知识及科学方法与实验基础、逻辑体系、数学表述、思想方法和应用价值进行交互相关，从而构建了物理能力理论。该物理能力理论包括：①观察、实验能力；②物理想象能力；③物理思维能力；④物理运算能力；⑤运用物理知识和科学方法的能力[④]。

本文认为该物理能力理论建构得当，不仅填补了一直以来物理能力理论所缺少的理论基础，并且将纷乱复杂的概念梳理成一个清晰、简明的理论体系，同时为初中、高中物理教育改革奠定了理论基础，给出了一套有效的理论模型。

2. 物理实验

在物理学中，物理实验占据十分重要的地位。从方法论的角度看，物理实验是人们从外界获取信息、构建理论的重要方式之一。16—17 世纪，伽利略最先创建了一种高效的科学研究方法，即通过观察自然现象提出假设，运用数学与逻辑手段进行推导，再利用实验（真实实验或思维实验）进行验证，最终对假设进行修正[⑤]。正是由于该方法将实验与逻辑推理结合在一起，才开启了近现代物理学研究的大门。正是伽利略的贡献，才使物理实验成为物理学科的基础所在[⑥]。

而今，物理学正在飞速发展，人们已经不能满足于通过简单的物理实验去构建物理理论；在某些前沿领域，“理论先于实验”。在当今的科学环境中，物理实验是否已经不在占据重要的地位了呢？对此，杨振宁在访谈中阐述了

---

① 林崇德. 学习与发展——中小学生心理能力发展与培养［M］. 北京：北京师范大学出版社，2011：134－141.

② 邢红军. 初中原始物理问题教学研究［M］. 北京：中国科学技术出版社，2016：92－93.

③ 邢红军，陈清梅. 论“智力—技能—认知结构”能力理论［J］. 首都师范大学学报（自然科学版），2005（3）：41－47.

④ 邢红军，陈清梅. 物理能力的基本理论研究［J］. 首都师范大学学报（自然科学版），2006（4）：27－32＋38.

⑤ 李艳平，申先甲. 物理学史教程［M］. 北京：科学出版社，2003：100.

⑥ 邢红军. 物理教学论［M］. 北京：北京大学出版社，2015：184.

他自己的看法。他认为，“一个纯理论结构是通过第二部分（理论与实验相结合）和实验联系起来的。纯理论结构如果最后不能与实验联系起来，长时间以后在物理学中就会失去地位，被消灭掉”①。由此可以看出，杨振宁认为物理理论的正确与否，取决于能否与物理实验得出的结论相吻合，物理实验仍然是科研人员在研究自然科学时的重要利器。

什么是物理实验？胡卫平认为，物理实验是物理工作者主动对实验条件进行合理控制，再利用实验仪器与设备，对自然现象有目的、有计划地观测，进而掌握客观事物的发生、发展、变化、相互作用等规律的一种方法②。因此，根据上述定义，物理实验是一种方法，遵循该方法的指引，可以从客观世界中总结理论规律。邢红军认为物理实验，是人们依据研究和学习的目的，通过使用实验器材与仪器，主动控制实验条件，忽略、简化各种偶然因素或者次要因素的干扰，抓住主因，在有利的条件下重复地对物理现象及其规律进行科学研究的活动③。邢红军将物理实验定义为一种人为的活动，其目的不仅是为了研究物理现象及其规律，还认为可以出于学习目的而进行物理实验。与之相仿，王较过教授在《物理教学论》中也将物理实验定义为一种“探求物理现象、物理过程变化规律的科学活动”④。

本书认为物理实验既是一种活动，也是物理研究的重要方法。作为活动，物理实验体现出人们运用科学思维与数理逻辑，借助实验工具对客观世界进行探索的一种行为；作为方法，物理实验是人类探求自然世界运行规律的主要手段之一。

3 种定义均认为：在主观层面，人们对物理实验进行主动设计、控制、测量；在客观层面，物理实验需要借助仪器和设备；其目的是为了研究客观事物的现象和规律。故本书对物理实验进行如下定义：人们以探究自然规律与学习为目的，通过操控器材与仪器，主动进行活动设计，对客观事物与自然现象进行人为控制、模拟与重复，减少干扰因素的影响，在适当的条件下进行定性或定量的测量，用以探求物理规律的人为活动和科学研究方法。

3. 物理实验能力

根据前文所引述的物理能力理论，可以发现物理实验能力是构成物理能力不可缺少的一环。长期以来，我国的物理基础教育一直注重“双基”的夯

---

① 邢红军. 论杨振宁科学思想的教育价值及其对物理教育的启示［J］. 教育研究，1995（7）：58－61.

② 胡卫平，孙枝莲，刘建伟. 物理课程与教学论研究［M］. 北京：高等教育出版社，2007：150.

③ 邢红军. 物理教学论［M］. 北京：北京大学出版社，2015：185.

④ 王较过，李贵安. 物理教学论［M］. 西安：陕西师范大学出版社，2009：221.

实训练，更多地强调运算能力、逻辑推理能力等，认为掌握了物理知识便掌握了物理的全部。甚至在某些学校，物理实验的教学模式是“以讲代做”“以题代练”，过分强调知识系统的灌输，忽视第一手的直观经验，造成学生物理实验能力的低下。痛定思痛后，2011 年开始实施的《义务教育物理课程标准》中指出，物理教学中不可或缺的一环便是实验教学，教师利用物理实验的课程内容能够有效提升初中生的物理实验技能，进一步提升学生的科学素养，使初中生养成良好的科学态度与精神①。由此可以看出，促进初中生物理实验能力的提升，是当前物理教学的重要着眼点。

对于物理实验能力的定义，前人已有过充分的讨论。例如，吴双飞与蒋鸣将物理实验能力定义为与物理实验相关的个性心理特征，促使人们顺利并最后完成实验②③。上述对于物理实验能力的定义是从心理学角度入手，而陈桂芳与周艳丽则从物理实验的过程与目的的角度进行分析，认为物理实验能力是指利用物理实验解释、证明科学理论、利用实验获取对自然事物全新认知的能力④。上述两种方式所进行的定义，均认为个体的物理实验能力是决定最后实验目的能否达成的决定性因素。如果个体的物理实验能力低下，则其成功达成实验目的要求的概率也会更小。

在一个真实物理实验的过程中，个体完成不同实验步骤时所需的物理实验能力是不同的，物理实验能力还需要进一步细化。李春密认为物理实验能力应当包含物理实验的观察能力、物理实验的思维能力和物理实验的操作能力。当前的物理教学中，很多教师并没有注重对于上述 3 种物理实验能力的培养，没有意识到这 3 种实验能力对于物理教育的重要性。李春密认为，在操作过程中能够展现出观察；在完成和实践实验设计的环节中能够展现出操作；设计、观察与分析现象，以及处理实验数据时能够展现出思维。同时，实验能力的重中之重为操作能力⑤。也有学者在乔际平的实验能力模型基础上进行改进，提出物理实验能力为设计能力、动手能力、观测能力、数据处理能力，以及解释能力的有机结合⑥。除此之外，周艳丽、蒋鸣、陈浩等学者均对物理实验能力的分类进行了深入的研究，并且给出了不同的意见，在此不过多阐述。对物理实验能力的上述分类，有的是通过交互相关的方式

---

① 中华人民共和国教育部．义务教育物理课程标准［M］．北京：北京师范大学出版社，2011：28 – 29.

② 吴双飞．高中物理实验探究能力的评价研究［D］．成都：四川师范大学，2011.

③ 蒋鸣．中学物理实验操作技能的形成与培养策略［J］．物理实验，2000（6）：24 – 25.

④ 陈桂芳．中学生物理实验能力的调查与研究［D］．成都：四川师范大学，2007：7.

⑤ 李春密．物理实验操作能力的结构模型初探［J］．学科教育，2002（6）：39 – 42.

⑥ 殷建华，解问鼎．中学生物理实验操作能力测评系统的设计与应用研究［J］．中国电化教育，2016（12）：73 – 77.

得出，有的是通过观察、反思学生实验的方式进行归类、总结得出。

综上可知，初中生在进行物理实验时，每一步都会涉及不同且多元的物理实验能力；也正是由于这些物理实验能力的结合，才使个体成功地完成某项实验。结合前人的工作基础，根据物理实验的一般步骤，笔者认为物理实验能力应当包括：实验设计能力、实验操作能力、实验观测能力、物理分析与论证能力、物理评估能力。

4. 物理实验操作能力

笔者在此处对初中生物理实验操作能力给出如下定义：初中生在物理学习的过程中，根据特定的实验任务与实验目的，利用适当的实验器材与设备，以掌握的物理知识为基础，依靠物理实验这一科学方法，所展现出的完成实验设计的能力。物理实验操作能力在多种物理实验能力中，处于核心位置。

（二）教育目标分类学

1. 教育目标

教育目标是教师在教学活动展开前，提前设定的关于教学活动预期达成的结果①。教育目标的设定应放在教学活动的首位，教育目标作为教学活动的核心，指导教学活动的展开，以及评价标准的确定。它决定教学的结果，同时也确定学生在经历教学活动之后将会完成怎样的转变，以及应该达到的状态。一个良好的教育目标的确立，不但可以增强初中生的学习效果，还能够促进课堂行为和讨论，更对教学的评价和测验有利。

教师具有的不同的学习观（行为主义学习观、认知学习观）将会影响教育目标的设置，以及教育目标的表述方法。持行为主义学习观的梅杰从具体入手，认为教学目标应该“描绘学生展示其成就时所能做的事情，以及你是怎样知晓他是达成这些事的”②。梅杰将教育目标分为三部分，分别为“学生的行为”“行为条件”及“行为标准”。例如，学生利用直尺（行为条件）对铅笔盒的长度进行测量（学生的行为），测量值的误差不超过 0.01m（行为标准）。梅杰所持有的教育目标表述法，强调应该准确知晓学生在学习活动结束后所能够达到的最终行为。他认为，学生在准确地了解清晰的目标后，能够更好地提高自己的成绩，并且可以进行自学。持认知目标表述法的格兰伦德认为应该从一般入手，他认为“教师应当最先以一般的术语（如理解、鉴赏等）表述一个教学目标，然后，列举一些样例行为加以进一步明确”②。他认

---

① 陈玉琨. 教育评价学［M］. 北京：人民教育出版社，2014：10 - 82.

② 陈琦，刘儒德. 当代教育心理学［M］. 北京：北京师范大学出版社，2012：444 - 446.

为，教育的目标应该是“理解”，而不是让学生仅仅止步于定义、识别等具体的行为上。例如，在“牛顿第一定律”教学完成后，教师并不能根据学生对该定义的记忆程度来判定学生是否达到预设的教育目标；相反，教师可以根据学生处理相关样例的完成度，对其是否理解该定义进行评价，进而判别学生是否达到预先确定的教育目标。

综上所述，一方面，教育目标的表述应该清晰，让学生能够清楚教师的意图，以及明晰自己最终应该达到的程度；另一方面，教育目标应该与学习评价联动，使其最终能够利用评价手段对教育目标的开展与完成情况进行评价，对教学行为给出具有时效性的精确反馈意见。

2. 布卢姆教育目标分类

1956 年，由布卢姆主编的《教育目标分类学·第一分册：认知领域》正式出版，随后由不同学者担任主编分别对情感领域与动作技能领域的教育目标进行建立。时至今日，许多各异的教育目标分类都带有布卢姆教育目标分类学的影子。由此可见其影响力之强、之广。

教育目标被布卢姆分解细化为三类，分别是认知目标、情感目标和动作技能目标。这三类行为在日常生活中不是独立运行，而是同时发生作用。

（1）认知目标

认知目标依照《布卢姆教育目标分类学修订版》被细化为 6 类，分别是记忆/回忆、理解、应用、分析、评价、创造，具体如表 2 - 1[①] 所示。

表 2 - 1 布卢姆教育目标认知目标分类

过程类别	相关认知过程	过程类别	相关认知过程
1. 记忆/回忆	1.1 识别	3. 应用	3.1 执行
	1.2 回忆		3.2 实施
2. 理解	2.1 解释	4. 分析	4.1 区别
	2.2 举例		4.2 组织
	2.3 分类		4.3 归因
	2.4 总结	5. 评价	5.1 检查
	2.5 推断		5.2 评论
	2.6 比较	6. 创造	6.1 产生
	2.7 说明		6.2 计划
			6.3 生成

① 洛林·W. 安德森. 布卢姆教育目标分类学修订版（完整版）——分类学视野下的学与教及其测评［M］. 北京：外语教学与研究出版社，2009：23 - 24.

这6级目标分类，由简单向复杂逐渐递进，高阶认知目标是在低阶认知目标基础上逐步演化产生，同时高阶认知目标包含低阶的认知目标。由于完成现实生活中的行为活动需要高层次且复杂综合的技能，所以随着认知技能目标的逐步提升，其真实性也随之变化。针对不同认知目标水平，教师应当依据具体情况，选取适当的评价方式进行评价①。

（2）情感目标

在教学中，除去应当注重提升学生认知领域的目标外，还应当注重培养学生的情感。情感领域教育目标被细化为5类：接受、反应、形成价值观念、组织价值观念系统、价值体系个性化。在评价时，可以运用上述目标对初中生的价值体系进行课前与课后的两次评价；利用两次评价的区别来确定教学活动在多大程度上促使学生向着设想的情感标准进行改进②。

（3）动作技能目标

动作技能其操作性定义为“人类一切可观察到的随意动作”。被归入动作技能领域的行为“都是可观察到的学习者表现出来的、教育工作者旨在使学生掌握的随意动作或动作形式，这些动作或形式是特定课程之教育目的的一个不可或缺的部分”③。动作技能，不仅仅适用于体育、美术等学科，在物理、化学等实验操作中也是同样适用的。实验操作需要学生充分调用身体的官能器官进行动作，提高自身的手眼协调性。

根据哈罗与辛普森所编著的《教育目标分类学·第三分册：动作技能领域》中对于动作技能目标的描述，动作技能目标分为6个层次：反射动作层次、基本-基础动作层次、知觉能力层次、体能层次、技巧动作层次、有意沟通层次④。在同一本书中，辛普森给出了动作技能领域教育目标分类图式（亦有称“辛普森七分类动作技能”）。辛普森认为，简单的层次比较容易达成；随着层次逐渐提升，其复杂程度也会逐渐提升；较低层次的目标，为较高层次的目标的基础。辛普森七分法如表2-2⑤所示。

根据《当代教育心理学》中对于动作技能目标的描述，动作技能目标分为6个，分别是知觉、模仿、操作、准确、连贯、习惯化，具体如表2-3⑥

---

① 陈琦，刘儒德. 当代教育心理学［M］. 北京：北京师范大学出版社，2012：446-448.

② 陈琦，刘儒德. 当代教育心理学［M］. 北京：北京师范大学出版社，2012：448-450.

③ 哈罗AJ，辛普森EJ. 教育目标分类学·第三分册：动作技能领域［M］. 上海：华东师范大学出版社，1989：26.

④ 哈罗AJ，辛普森EJ. 教育目标分类学·第三分册：动作技能领域［M］. 上海：华东师范大学出版社，1989：32-73.

⑤ 哈罗AJ，辛普森EJ. 教育目标分类学·第三分册：动作技能领域［M］. 上海：华东师范大学出版社，1989：155-162.

⑥ 陈琦，刘儒德. 当代教育心理学［M］. 北京：北京师范大学出版社，2012：450-451.

所示。

表 2－2　辛普森动作技能目标七分法

动作技能领域教育目标分类图式	细　类	动作技能领域教育目标分类图式	细　类
1. 知觉	1.1　感觉刺激	3. 指导下的反应	3.1　模仿
	1.2　线索的选择		3.2　试误
	1.3　转化	4. 机制	4.1　机制
2. 定式	2.1　心理定式	5. 复杂的外显反应	5.1　消除不确定性
	2.2　生理定式		5.2　自动化的操作
	2.3　情绪定式	6. 适应	6.1　适应
		7. 创作	7.1　创作

表 2－3　动作技能目标的分类

水　平	举　例
知觉	观摩演示实验后，学生可以感知操作方法与技能，以及正确的操作步骤
模仿	观摩演示实验后，根据一定的行动提示，能够以一定的精确度重复进行该实验，但是操作存在不完善、不规范的地方
操作	学生经过 定的练习，能够按照行动的提示进行实验，但是此时学生的操作依然存在错误
准确	学生经过练习，能够将操作实验中的错误减小到最低
连贯	学生能够按规定顺序准确无误且协调的进行实验操作
习惯化	学生能够自觉地进行实验操作，操作在下意识、有效率且协调的进行

对动作技能的评价通常有两种方式。第一种方式，可以制订一份核查计分单，针对表现过程中的不同维度制订具体的评价标准，之后根据具体表现的过程进行打分，例如体操运动中裁判的打分方式。第二种方式是对最后的作品进行评价打分。一般来讲，某些特定的动作技能对应一种最终的作品，通过对该作品的评价可以间接评价动作技能的掌握程度，例如书法、绘画作品等。

3. 物理实验操作在动作技能领域的教育目标分类

我国对物理实验操作方面的动作技能教育目标已经进行了数十年的研究。例如，山西师大的张军朋，把操作领域实验教学目标分为 4 个层次：模仿操作层次、意识操作层次、定型操作层次、创新层次①。由上述层次可以看出，实验操作技能是逐步递进的，学生在进行物理实验操作时总是先从模仿教师的动作入手，之后经过多次训练，从不熟练进化为熟练，最终能够跳出固有的实验，对原实验进行改进，并依据实践中的具体问题设计不同实验。

杨机衡等人根据辛普森七分类提出了“感知、仿试、技能、技巧、创作”5个层次，每一个层次都对应一个亚层次目标。他的观点是初中生在进行实验操作时，一般只能达到前三级水平，而技巧与创作两个水平很难达到。同时，他将中学物理实验的一般框架分为3个部分，即“实验准备、实验操作、结果处理”。动作技能主要体现在实验操作这一环节②。

朱星等人持有如下观点，即辛普森七分类发展出来的四分类动作技能目标，不仅能够运用至体育、美术和音乐3个学科，还能够运用到中学物理实验操作当中。他定义了4个操作技能目标，分别为“模仿、定式、熟练、迁移”③。可以发现，上述4个层次将七分类中“知觉”“定式”与“操作”进行简化（两者虽均有“定式”，但是对其的定义却不尽相同），并且将“适应”与“创作”整合为“迁移”。周艳丽在其硕士毕业论文中也对上述分类式进行了描述，大致与朱星的论点一致（周艳丽将“迁移”改为“创新”，其含义类似）。同时，周艳丽认为模仿与定式在动作技能目标中属于低层次目标，而熟练与创新则属于高层次目标④。

创设操作能力模型的李春密，把操作能力按照时间阶段细化，分解为：操作定向、模仿、整合、熟练。同时，其将操作能力品质、阶段与过程交互，构建三维模型，形成80多种不同的元素。李春密认为在不同的物理实验操作过程中，学生将会处于操作能力的不同阶段⑤。

（三）评价

1. 评价

肖远军将评价定义为，在对客体的本质、属性、规律等认识的基础上，对客体在多大程度上符合主体需要而进行的判断活动⑥。从该定义可以看出，

---

① 张军朋．中学物理实验教学目标的分类、测量与评价初探［J］．课程·教材·教法，1996（1）：35－38．

② 杨机衡，陶琳．中学物理实验在动作技能领域的教学目标分类体系［J］．学科教育，1997（6）：19－22．

③ 朱星，林木欣．物理实验能力考核研究［J］．华南师范大学学报（自然科学版），1997（1）：101－108．

④ 周艳丽．新课程标准下对中学物理实验评价体系的研究［D］．南京：南京师范大学，2011．

⑤ 李春密．物理实验操作能力的结构模型初探［J］．学科教育，2002（6）：39－42．

⑥ 肖远军．教育评价原理及应用［M］．杭州：浙江大学出版社，2004：34．

评价是一种评价主体对于客体作出判断的活动；人既可以作为评价主体也可以被当成价值客体，物却只能当成被评价的客体。当物体被当成价值客体时，一般是为了评价其是否满足主体的需求；当人被当成价值客体时，一般是为了评价人的价值。布卢姆将评价定义为对客体（想法、材料等）进行价值判断的过程①。施良方也持同样的观点，即评价的目的是判定某个事物的价值②。

2. 学习评价

学习评价，又称学习评定、学业评价，其本质都是“学力评价”。

陈琦等人在其主编的《当代教育心理学》中对学习评定作出了如下定义，即教师对课堂中学生展现出的信息进行收集，并对学习情况进行评判、作出决策，进而给出对学生最适宜的发展的教学设计③。

袁振国将学业评价（即学习评价）定义为，以国家的教育目标为基础，在教学与自学过程中，运用适宜的工具或方式，搜集学生认知行为发生变化的证据，对学生的学习水平给出价值评判的过程④。

通过上述对于学习评价的定义，可以发现以下几点特征。首先，评价的客体均为学生，目的是评判其学习情况。其次，教师是学习评价的主体。最后，评价的依据应该为国家制订的教育教学目标，通过一定的手段（观察法、纸笔测验等方式）进行判断。

学习评价种类与方式根据教育目标的不同又分为认知学习的评价、技能学习的评价，以及情感学习的评价。

在认知学习评价当中，测验是其首要且常用的评价方式之一。教师运用一系列与教育目标相关的任务或者习题让学生进行作答，根据学生对该任务或者问题的表现与作答进行价值评判。依据其目的的不同，测验可以细化为准备性测验与终结性测验等。依据制订方法的不同，又可细化为标准化测验与自编测验等。由于测验的特点，其主要用于进行定量的价值评判。

鉴于技能学习不同于认知学习，故在认知学习评价中常用的纸笔测验并不适合于技能学习评价。在技能学习评价中，常用的方法多为观察法、作品表现法等方式，其中观察法最为常见。由于技能种类的多种多样，学校在教学中进行择优选取训练，在学校教育中经常对于学生的口头语言表达技能、实验操作技能及动作技能进行评价。

---

① 郭雨. 高中物理实验学习评价指标体系的构建［D］. 西安：陕西师范大学，2016：2.

② 施良方. 课程理论——课程的基础、原理与问题［M］. 北京：教育科学出版社，1996：149.

③ 陈琦，刘儒德. 当代教育心理学［M］. 北京：北京师范大学出版社，2012：510.

④ 袁振国. 当代教育学［M］. 北京：教育科学出版社，1998：249.

3. 纸笔测验

测验，俗称考试，即按照考查的目标，要求被试在既定的时间范围内，依照指定的方法，对编订的试题进行应答，依照被试所给出的结果进行打分①。测验作为学业评价形式的一种，自古便经常应用于中国古代科举的制度中。

纸笔测验归属于测验。在考查初中生物理实验的过程中，教师或者教育部门往往利用纸笔测验的形式对学生进行考核。物理实验的纸笔测验往往通过选择题、填空题与简答题等形式，对学生的物理实验知识与技能进行评价的测验工具。纸笔测验具有成本低、试题相对开发容易等优势。除此之外，进行纸笔测验时，被测验者可以同时进行测验，且所需测验时间较短；学生头脑中对于知识的记忆水平及对于概念的理解水平，可以通过纸笔测验进行高效且准确的考查；不仅如此，教师在进行评分时，因为纸笔测验的答案范围相对固定，因此教师可以快速且相对轻松地进行阅卷工作，评分者信度较高。因为纸笔测验具备以上优势特点，所以其在国内与国外的学业评价（既包括需要记忆的概念知识，也包括需要熟练操作的技能）中占据主要地位，当然也包括当前的北京市物理中考。

然而，当前纸笔测验的方式被“滥用”于认知、技能、情感态度的测验，因此纸笔测验也为许多研究人员诟病。海恩和普莱斯曾指出，利用纸笔测验评价方式对学生的探究活动进行考查与评价，就如同通过笔试对篮球运动员的技能进行考查一样，评价的结果大概能够展示出其所掌握的篮球知识，但是却无法获知其篮球打得如何②。传统的纸笔测验可以有效地测量认知学习，然而对于技能、情感态度的学习却无能为力。进行纸笔测验时，往往利用一道题对被测者的物理实验知识与技能进行评价，同时这些题目之间大部分相对独立，关联不紧密，因此纸笔测验只是针对某项物理实验的部分知识与技能进行评价，无法对其进行完整的评价。其一，进行纸笔测验时，物理情景已经被出题人员进行精减，因此纸笔测验的任务真实性相对较差；其二，由于题目设置与题型等原因，导致纸笔测验只能对部分知识与技能进行测验，且考查时设置的物理实验过程均按部就班地进行展开，因此纸笔测验的任务复杂性较低。

4. 表现性评价

20 世纪后期，人们对传统的纸笔测验的有效性产生了质疑，开始转向并采用表现性评价对学生的技能学习进行评价。

---

① 顾明远. 教育大辞典（增订合编本）[M]. 上海：上海教育出版社，1997：873.

② 张雅君. 表现性评价在初中物理科学探究中的应用 [D]. 武汉：华中师范大学，2016.

20 世纪 90 年代，表现性评价被美国国会技术评价办公室表述为，“要求学生创造答案或产品，用以展示其所掌握知识或技能的测验”①。由上述观点可以看出，应用表现性评价对学生的学业状况进行评价时，学生不仅可以提交书面的答案，还可以用制造模型或者进行现场操作的方法展现其自身对所学知识、技能的理解、掌握水平。教师对学生制作产品或者创造答案的过程进行全程监督，并且结合最后的成果进行评价。

美国教育测量专家斯蒂金斯认为，表现性评价是学生利用已经理解、掌握的知识和技能解决问题或者达成任务的过程中，对其行为所进行的评价；表现性任务一般均要求学生在现实生活或者模拟现实的情境中，实际地展示特定的某类技能，或创作作品、成果，同时由能力更高的评价者，凭借直接观察的方式，依照一定的评价标准对学生的技能、作品或者成果进行评价②。首先，表现性评价的任务需要学生运用自己已经累积的知识进行处理，该任务应当从客观实际中来，让学生在“近真”的条件下进行任务处理，表现性评价任务具有较高真实性的特点。其次，在进行任务时，学生不仅需要调用一定量的知识，还需要配合动作技能与心智技能同时进行任务，因此其能够对学生的技能作出评价。最后，评价者利用直接观察的方法对学生在处理任务时的表现进行评价，因此该评价不仅能关注最后任务处理的结果，还可以对任务操作过程作出评价；评价者是依照特定的客观评价标准作出评价，因此可提升评价的信度指标。

张雅君在其硕士论文中对表现性评价做出定义时，除去前文中提到的“近真”环境等条件外还指出，其任务应当具有一定的复杂性，运用表现性评价所考查的技能应当为复杂的高阶技能。如果任务的难度较低，则无法准确衡量学生技能的熟练程度，导致该评价的区分度低下③。

综上所述，在运用表现性的评价方式对学生作出评价时，教师应当首先创设一个“近真”的情景，同时给予学生一个相对复杂且具备一定难度的真实任务，被试需运用所有已经掌握的知识技能，创造性地给出成果或者完成作品；在评价过程中，教师应当对被试进行任务的全过程进行观察，并且依照一定的评价标准对其进行评价，从而准确有效地判断出学生对于知识的记忆及技能的掌握情况。

5. 表现性评价与纸笔测验的区别

综上可见，表现性评价与纸笔测验在多个维度上具有很大的差异。现将

---

① Taras M. Summative and formative: some theoretical reflection [J]. British Journal of Education Studies, 2005, 53 (4): 446-478.

② 罗国忠. 表现性评价在物理教育中的应用 [J]. 物理教学探讨, 2004 (8): 4-6.

③ 张雅君. 表现性评价在初中物理科学探究中的应用 [D]. 武汉: 华中师范大学, 2016.

这些区别列举出来，如表2－4所示。

表2－4　表现性评价与纸笔测验比较

项　目	表现性评价	纸笔测验
真实性	高	低
复杂性	高	低
评估时间	长	短
编制难度	相对较难	相对简单
教师评价信度	相对较低	相对较高
评估维度	技　能	知　识

（四）物理实验评价

1. 物理实验纸笔测验

初中阶段，纸笔测验是对学生进行学业评价时经常用到的测量与评价方式。纸笔测验不仅应用于终结性评价（中考），还广泛应用于形成性评价或阶段性考试之中，是教师掌握学生学习状况的重要方式，同时也是初中升学选拔的标准。

物理实验的纸笔测验评价方式，其主要目标是应用纸笔测验对初中生的物理实验技能作出测量与评价。初中阶段的纸笔测验主要是以笔试的形式对学生进行考查，考查的内容多为实验设计能力、仪器的选择与安装、仪器的调试与操作、实验操作的正确流程步骤、正确叙述实验现象、合理读取数据、合理设计数据表格、运用公式处理数据并作出分析、解释实验现象、评估实验过程等。

物理实验纸笔测验时，题目多为选择题、填空题与简答题等样式。选择题与填空题一般都为客观题，具有标准答案；简答题型，一部分为客观题，具有标准答案，一部分为主观题，需要教师根据经验对其进行评判。

2. 物理实验操作评价

张军朋对实验操作评价给出如下定义，即评价者按照操作领域的目标制订试题，被试则依照试题的要求完成操作①。他指出，在教师评价的过程中可以运用观察或者“口试”等形式，依照特定的评分准则对学生的操作作出相应的评价。操作测验的命题可以为学生实验操作、实验装置的故障排除、仪器数值的读取、选择仪器进行测量等多种形式。评分时，评价者应看被试学

① 张军朋. 中学物理实验教学目标的分类、测量与评价初探［J］. 课程·教材·教法，1996（1）：35－38.

生在操作过程中是否合乎规范，是否达到标准要求。他认为在运用操作测验时，如果考试组织顺当，操作测验的命题适宜，则该评价方式可以较为全面地考查被试的实验操作技能。但是囿于其考核形式，操作测验教师评审工作量大，学生实验操作时易被设备、条件等因素掣肘；同时，由于是教师进行主观观察，所以最终得分的随意性较大，信度不足。

类维平对实验操作考试给出了如下定义，即该考试由教师进行命题，之后利用抽签的方法确定学生操作考试的实验试题，学生按照要求进行实验操作，由评测教师对学生的操作进行现场观察，并给出评价。类维平关于实验操作考试的缺陷的观点，与张军朋教授的观点一致，但是他认为随着学校实验环境的改进，实验操作考试将会进一步发展与完善①。

国内其他学者，如金绪进认为实验操作评价与“评价”的意义保持一致，实验操作评价也是一种价值判断。他认为操作评价的目的是发现学生在实验操作过程中所产生的变化，以及变化的原因，利用动态的视角对学生进行评价②。陈浩等人认为实验操作评价是教师对学生所展现的手脑协作能力给出的价值判断，该评价不应该只针对最后的结果，还应该对学生在实验操作的全过程进行评价。陈浩指出，当前对于学生的学业评价仍采用单一的纸笔测验，不重视过程及在操作过程中学生所展现的操作技能，只关注学生的实验操作结果，致使实验操作被简单地归属为物理知识的附庸③。周艳丽认为，应当把操作过程与技能的评价相联系，注重对学生规定实验的展开状况及技能的掌握状况给予评价，关注良好实验习惯、科学态度和探究能力的培养。由上可以看出，其将实验步骤与实验操作技能分开，同时进行评价，还强调对科学习惯与态度的评价④。

笔者依据对上述观点的分析，认为物理实验操作评价为：评价者以物理课程教学目标为依据进行实验命题，学生根据习得的知识与方法，利用实验设备或仪器进行动手操作，评价者利用观察法等方式，根据评价标准对学生所展示出的实验操作技能进行价值判断。

3. 物理实验操作评价的特点

（1）综合性

区别于纸笔测验的“纸上谈兵”，学生在进行物理实验操作时，不仅需要一定的事实性知识、概念性知识与策略性知识，还需要结合一定的操作技能

---

① 类维平. 物理实验教学技能［M］. 哈尔滨：东北林业大学出版社，2004：98.

② 金绪进. 中学物理实验操作评价研究与实践［D］. 武汉：华中师范大学，2003.

③ 陈浩，吴秋瑛. 基于标准的初中物理实验操作能力表现性评价的构建［J］. 物理教师，2015，36（1）：4－8，15.

④ 周艳丽. 新课程标准下对中学物理实验评价体系的研究［D］. 南京：南京师范大学，2011.

进行实际动手操作，体现的是学生整体综合实验能力。

（2）真实性

实验操作是在真实情境下进行的，其过程不一定会按照预想的情况进行展开，由于实际操作过程中的不确定性，中途可能会遇到一些意料之外的情景，需要学生在真实情境下对存在的问题进行及时处理。

（3）复杂性

学生在进行实验操作时，面临的是一个完整的实验题目，包括前期实验设计回忆（由于考核的实验为《义务教育物理课程标准》中规定的必做实验，故在正常的教学中已经完成了“实验设计”，此时学生只需进行回忆）、选取与连接实验仪器、实验操作、数据处理、结果分析与评估等，而非单独考核某一个实验步骤。学生在进行实验操作时，需要对实验的整体进行考量，故其复杂性程度较高。

（4）实时性

在实验操作评价的过程中，需要评价者利用现场观察的方法对学生的实验操作进行评价。在评价的过程中，需要专门配备教师对学生进行观察打分。由于现场操作时学生操作较快，故应当配备多名教师对同一名学生的实验操作打分，必要时还可以利用录像设备对学生的操作进行录制，以备后期进行评分核对。

（5）主观性

由于现场操作评价是由教师对学生的操作进行主观的价值评判，所以教师的评价具有一定的主观性。故在评价前，教师需集体制订出评价的标准，在操作测验过程中依照评价标准对学生进行评价；在条件允许的前提下，可以多名教师对一名学生进行评价，用以提高评价的信度。

（五）北京市物理中考

1. 物理中考的目的

物理中考是以完成义务教育阶段学业的初中毕业生为对象的考试，其结果既是高级中等学校招生的重要依据之一，也是衡量学生是否达到《义务教育物理课程标准》所规定的学习水平的参考依据①。

2. 物理中考考试内容和要求

北京物理中考是依据《义务教育物理课程标准》为标准进行命题的。物理课程标准指出，中考物理命题时应着重关注对初中物理基础知识和基本技能

---

① 北京教育考试院．北京市高级中等学校招生考试考试说明（2017）［M］．北京：北京理工大学出版社，2017：1.

（即双基）的考查，同时重视考查初中生的基本能力，具体含义如表 2－5① 所示。

表 2－5　基础知识、基本技能、基本能力的内容

内　容	具体项目	考试目标
基础知识	物理现象、物理事实、物理概念、物理规律	“了解”“理解”
基本技能	测量、读数、作图、实验操作	“会”
基本能力	观察能力、实验探究能力、初步的分析概括能力、运用物理知识解决简单问题的能力	

二、国内研究现状

在中国知网上以“物理实验操作”与“评价”为主题进行检索，截至 2017 年 9 月，搜索到与中学（初中）物理实验相关的文献共计 13 篇，其中硕士论文 2 篇、期刊文献 11 篇；以“物理实验操作”与“考试”为主题进行检索，搜索到与中学（初中）物理实验相关的期刊文献共计 38 篇。上述已存文献可以分为 5 类：操作考试内容与特点、操作考试现状分析与反思、操作考试评价指标的建构、物理实验操作考试手段、物理实验操作教学。

第一类为“操作考试内容与特点”的研究，该类中只有西南大学周婷婷的一篇硕士论文有所涉及，如表 2－6 所示。首先该文章对中考物理实验的考查方式进行调研，并对比例与特点进行分析；之后对试题进行数据统计分析，研究试题所涉及的科学探究要素特点及实验比例，进而对实操考试所涉及的实验与《义务教育物理课程标准》中规定必做实验之间的相关性进行讨论。该文章得出的结论是，实验操作考试比例在所调查的地区中高达 87%；“理解密度的概念”等 5 项实验在操作考试中涉及次数最多；实操考试所涉及实验与《义务教育物理课程标准》中规定必做实验之间相关性不显著。

表 2－6　“操作考试内容与特点”类文献

来　源	作　者	单位名称	题　目	年　份
硕士学位论文	周婷婷	西南大学	中考物理实验操作考查内容及特点分析	2012

第二类为“操作考试现状分析与反思”，如表 2－7 所示。本部分文献主要针对当前实验操作考试的现状进行反思，从中发现学生在实验操作过程中

① 北京教育考试院．北京市高级中等学校招生考试考试说明（2017）［M］．北京：北京理工大学出版社，2017：207－208.

及教师在组织实验操作考查过程中存在的问题。例如，王树海认为学生在进行实验操作时，部分学生基本工具使用不正确、操作不规范、背实验和数据、违反实验事实。同时，由于实操考试时间与文化课复习时间冲突，导致学生与教师难以投入精力；实验考题的选取具有随机性，无法准确地评价学生的实验能力。又如，王广泰通过总结一线的实际情况，认为学生存在“实验过程盲目，态度欠严谨”“只求结果，不顾过程”“操作程序不规范，仪器原理似是而非”等问题。他认为，加强实验教学是强化素质教育的必由之路；在实验操作考试中，增添发散性操作试题，可以让学生更好地施展自身的操作技能；物理教育的重点之一，应是培育学生的实验操作能力。再如，肖孝文分别从器材准备方面、学生操作方面，针对学生在 4 个物理实验操作考试中存在的问题进行深入病因分析，认为存在“少数校领导对实验教学缺乏检查”“实验仪器闲置”“学生实验操作活动匮乏”“组织学生临考突击”“重视理论、忽略实操”等问题。他根据现实中存在的问题，提出了 5 点改进意见：①校领导应当提升对实验教学的重视程度，定期检验教学的成果，及时增补实验设备与仪器；②教师应该正视实验教学的现实意义；③教师应该扎实自己的实验教学基本功，主动对学生存在的问题加以指导；④举办教师物理实验操作技能比赛；⑤在教学过程当中，学生应在实验操作前了解实验原理及如何操作。通过对上述文献的分析可以看到，当前有大量的学者对学生在实操考试中存在的问题给予了关注，并且给出了一定的解决方案；但是这些解决方案尚未有实证阶段的验证，其正确性有待数据支撑。

表 2－7　“操作考试现状分析与反思”类文献

来　源	第一作者	期刊名称	题　目	年　份
期　刊	张善贤	物理教学	初中物理实验操作考试的试验	1990
	陈世林	物理教学	初中物理实验操作考试的初步探索	1990
	杭建明	中学物理	初中物理实验操作考核的尝试与思考	1994
	陈国声	学科教育	物理实验操作考试的尝试	1996
	杨　振	中学物理	物理实验操作考试评析	1998
	潘世祥	实验教学与仪器	中学物理实验操作考试的研究与实践	1998
	张建华	中学物理	谈中考物理实验操作训练	2000
	黄　勇	物理通报	中学物理实验操作考试的实践与研究	2001
	王广泰	中学物理教学参考	初中物理实验操作技能考试的现状及对策	2001
	黄庆国	物理教师	谈中考物理实验操作考试	2003
	黄庆国	山东教育	中考物理实验操作考试监考有感	2003

（续　表）

来　源	第一作者	期刊名称	题　目	年　份
期　刊	金　逊	考　试	实验操作考试也要认真阅读试卷	2005
	李永芬	基础教育	初中物理实验操作技能中的一些问题	2005
	任修红	中小学实验与装备	初中学生物理实验操作考试情况调查	2007
	王　洪	实验教学与仪器	农村初中物理实验操作技能考试的现状调查与对策研究	2008
	曹彦华	学生之友	由物理实验操作考试引发的思考	2009
	何新胜	物理通报	物理实验操作考试中值得思考的几个问题	2009
	周月春	实验教学与仪器	对初中物理实验操作考查的几点思考	2010
	李宝银	教学仪器与实验	再谈物理实验操作的考核	2010
	谭孝君	科学咨询	农村初中物理实验操作考试的调查与思考	2011
	钱　洪	中小学实验与装备	浅谈初中物理实验操作考查	2011
	肖孝文	中学物理	管窥中考物理实验操作考核现状 探索提高物理实验教学时效措施	2012
	王树海	科技创新导报	中考物理实验操作考试的反思	2013

第三类为“操作考试评价指标的建构”，其中涉及金绪进的硕士学位论文及7篇期刊论文，如表2－8所示。例如，金绪进在其硕士学位论文中阐述了实验操作评价的含义及实验操作的价值，并且建立了实验操作技能评价指标，并且为了验证指标构建的合理性进行了实证研究，得出“学生实验技能的提高有利于其他学科成绩的提高”“理、化、生实验操作技能成绩相关性高”“实验操作成绩与其他学科成绩相关性较低”等结论。除此之外，在该类别中部分文章着重研究物理实验操作考试的表现性评价。例如，陈浩认为由于当前评价模式以纸笔测验为主，致使实验教学对于实验结果的正误过度推崇，忽视实验过程，且无法良好培育学生的操作技能。他提出表现性任务设计的原则、任务质量的评估指标，以及评价标准设计策略，并且定义了从“优秀”到“不及格”5级表现水平。文章中对于操作能力要素分为4类，分别是“测量仪器使用”“器材组装”“展示操作”及“故障排除”。他认为表现性评价不仅需要教师对学生的操作进行评价，还需要配合学生的自我评价。由上述文献可见，我国已有学者将表现性评价引入中学物理实验操作考查当中，并且建构了评价指标体系。

表 2-8　“操作考试评价指标的建构”类文献

来　源	第一作者	期刊/单位名称	题　目	年　份
硕士论文	金绪进	华中师范大学	中学物理实验操作评价研究与实践	2003
期　刊	季松涛	中学课程辅导	初中生物理实验操作能力及其评价探索	2015
	陈　浩	物理教师	基于标准的初中物理实验操作能力表现性评价的建构	2015
	陈　浩	教育研究与评论	初中物理实验操作能力表现性评价的实践探索	2014
	吴秋瑛	中学物理	中学生物理实验操作能力评价的实践研究	2014
	柳兆胜	中学物理	从实验操作考试谈初中生物理实验能力评价	2014
	吴秋瑛	中学物理	初中生物理实验操作能力及其评价探索	2014
	任巧英	物理通报	物理实验操作能力的多元化评价	2013

第四类为“物理实验操作考试手段”，共有 3 篇文献，如表 2-9 所示。该类文献主要探讨利用教育技术手段或模拟物理实验，或辅助实验操作考试。此类文献与本文关系不紧密，在此不做介绍。

表 2-9　“物理实验操作考试手段”类文献

来　源	第一作者	期刊名称	题　目	年　份
期　刊	殷建华	中国电化教育	中学生物理实验操作能力测评系统的设计与应用研究	2016
	潘世祥	物理通报	大面积进行物理实验操作考试的新方法——电视录像考试	1997
	唐峦石	教学仪器与实验	计算机模拟实现中学物理实验操作考试题型探讨	2001

第五类为“物理实验操作教学”，共有 16 篇期刊文献，如表 2-10 所示。该分类中有大量的文献为物理实验操作专题辅导，与本文所探讨的问题并无关联，在此不做赘述。

表 2-10　“物理实验操作教学”类文献

来　源	第一作者	期刊名称	题　目	年　份
期　刊	张贵亮	科学中国人	合作学习理念下的初中物理教学研究	2017
	范苏宁	实验教学与仪器	在物理实验操作教学中应用微课的启示	2015

（续 表）

来 源	第一作者	期刊名称	题 目	年 份
期 刊	刘荣刚	中学生数理化	物理实验操作考试专题辅导（共8篇）	2010
	刘 勇	理科考试研究	从中考物理实验操作考试谈初中物理实验教学的重要性	2016
	李佩云	中学生数理化	物理实验操作考试专题辅导（共2篇）	2010
	李春捷	中学生数理化	物理实验操作专题辅导	2011
	刘世泉	中学物理	“测定小灯泡的额定功率”在实验操作考试中存在的问题	2010
	韩耀强	物理教师	从操作抽查谈实验教学	1996

三、国外研究综述

国外学者对实验操作技能的重视程度较高且研究较早，各国基础教育中实验操作的考核方式也较为多元化。例如，英国在20世纪80年代便开始进行物理课程改革，1988年英国中学《国家科学课程》目标便将“技能”纳入其中（《国家科学课程》是英国中小学科学教育的纲领性文件）。此时“技能”目标分为3项，分别是“探究和调查”“交流”“科学的作用”，其中第一项的达成目标便包括物理实验。之后，经过多年的教育改革（1989年版、1991年版），英国的科学教育目标从原来的3项变为了4项，其中“实验和调查科学”一直延续了下来。此时，该目标在4个不同的学段（key stage，KS）分别有不同水平的达成目标。例如，在KS4中要求：设计实验程序；获得证据；分析证据，得出结论；评价证据。为使学生适应未来时期逐渐增强的挑战，英国政府加大改革的脚步，《国家科学教育课程标准》也于2000年面世。在“科学探究”这一维度，主要包括科学思想与证据、调查技能两方面，每方面又分为4个阶段。例如，“获取和提出证据”在第四阶段要求学生能够“正确地运用大量仪器和材料，对工作环境进行管理；利用仪器设备进行观察和测量；减少错误，获取可信的证据”等①。由此可见，其对于物理实验操作等领域已经有了深厚的理论基础，对于学生操作实验的具体要求也已经十分完善。

在操作实验评价考核方面，国外的研究也早已枝繁叶茂。例如，美国高中物理实验评价以表现性评价为核心，给予学生具体任务，观察学生在任务完成中的表现，对学生的实验操作技能给予最终评价。这主要包含5方面：

① 胡卫平，孙枝莲，刘建伟．物理课程与教学论研究［M］．北京：高等教育出版社，2007：19－43.

实验安全意识、实验操作技能、概念和定律、分析和总结、情景的应用。在实验操作技能这一项中，需要考查学生的动手能力（观察、测量、使用数据、制作图表、控制变量等）和分析能力①。

再如，英国的普通教育证书考试（GCE），该考试分为一般水平考试（O水平）和高级水平考试（A水平）。实验与探究能力的评价是GCE中A水平考试的重要评价目标，所占比重为12.5%～22.5%（不同的GCE考试服务机构对实验与探究能力的评价比重不一）。英国对学生的实验与探究能力，在学科标准中明确了4项基本要求：选择适当的实验方法，设计和规划实验活动；展示安全而熟练的实验技术；以合适的精度进行观察和测量，并进行科学的记录；应用物理知识解释、说明、评价实验活动，并利用恰当的术语以合适的方式逻辑清晰地表达这些信息。在英国，共有5家考试机构为学生提供GCE的测量。这5家考试机构对实验与探究能力的评价方式主要分为两种："中心评价的课程作业"与"实验考试"。这其中，"评价与资格联盟（AQA）"和"牛津剑桥考试中心（OCR）"所提供的评价方式为课程作业或者实验考试，学生可以在上述两种评价形式中任选1种；"威尔士联合教育委员会（WJEC）"对于考生的评价方式为实验考试加课程作业，学生无法选择评价方式；此外，"北爱尔兰课程考试评价委员会（CCEA）"与"卓越教育委员会（Edexcel）"只利用实验考试评价方式对考生进行评价。上述5家机构中，威尔士联合教育委员会对于实验与探究能力的评价指标权重较高，占比为22.5%。

AQA、OCR与WJEC所利用的课程作业评价方式可以有效弥补笔试对学生知识、能力考查的不全面性，教师在运用该评价方式时具有充分的自主性，能够根据实际情况设定课程作业的数量、类型与长度。在评价时，任课教师需要从"编制计划的能力""实施计划的能力""分析证据得出结论的能力""评价论据和过程的能力"四方面入手，对学生进行综合有效的评价。实验考试的评价方式由闭卷笔试与实验操作考试两部分组成（笔试试题8分，操作试题22分）。笔试试题主要考查学生设计与计划能力，要求考生在给定的物理情境中设计实验；操作试题与笔试试题的侧重点不同，其主要对考生的计划实施能力、分析论据得出结论的能力、评价论据和过程的能力进行重点考查。实验过程中，考生不仅需要挑选仪器、测量数据、分析论据、给出结论，还要求能够利用所获取的数据处理相关物理问题②。由此可见，英国GCE对

---

① 陈娴，梁玲，梁寒冰. 从改革后的新教材看美国中学物理实验教学的主要特点及发展趋势[J]. 课程·教材·教法，2007（4）：92－96.

② 杜明荣，廖伯琴. 实验与探究能力如何评价——以英国GCE物理A水平考试为例[J]. 课程·教材·教法，2007（8）：87－91.

学生的实验技能进行考查时，大部分评价机构并非采取单一的评价方式对学生的物理实验能力进行评价，而是常常运用纸笔测验与表现性评价两种方式对学生的实验能力进行评价；不仅如此，英国极其重视学生的物理实验操作能力，5家考试机构均将实验操作列为其评价的主要手段之一。

除英国GCE考试外，美国教育进步评价项目（NAEP）综合利用纸笔测验与表现性评价①。NAEP利用工作单评价方式对学生的物理实验能力进行评价。工作单评价方式从属于表现性评价，但是工作单评价方式不仅具备表现性评价的优势，还具备纸笔测验的特点。相较于现场观察方式，工作单评价方式成本较低。学生针对某一特定任务进行动手探究实验，并且在工作单上将探究过程和结果记录下来，之后教师参照评价标准对工作单进行评分。工作单分为3类，第一类为充分提示的具体工作单，考查前已将具体的实验过程印在工作单中，学生根据具体的操作过程进行实验。此种方式，可以有效地指导学生的具体操作，但是会抑制优秀学生的发挥。第二类为一般提示的结构性工作单，学生在进行实验探究时可以给予少量提示，最后学生需要将实验过程与结果填写在工作单中。该类工作单具有适量的开放性，适合大部分学生。第三类为无提示的开放性工作单，学生需根据实验目的自主设计实验并完成工作单。该类方式较难，不利于弱势学生的发展①。由于工作单运行成本低，且能够准确记录学生实验过程与结果，并且在实际评价效果上与现场观察相近（可以替代现场观察方式）②，因此，许多国际评价项目均采用该方式来评价学生的科学探究能力与实验操作技能。

日本于2008年修订了《学习指导要领》，在该要领中指出了5项改革的方向，分别为：重视主动积极从事问题解决的方向；重视理科内容系统化的方向；重视语言，培育表达力的方向；充分自然体验、科学体验的方向；联系现实生活、现实社会的方向。在这5项改革方向中，多次提及了对于科学实验的要求，例如其要求学生应当有目的地、有意识地对自然现象进行观察与实验；要求教师在科学教学的过程中，重视观察、实验等活动，带领学生进行自然与实验的体验等。不仅如此，要领还指出学生应当扎实地掌握基础知识与基本技能，充分利用好探究性学习活动等。基于此，日本的学力三要素中提出了“基础的、基本的知识与技能”，着力凸显了“观察、实验的技能”的重要性③。由此可见，理科实验的地位在日本教育中的重要性正在逐年提升，对学生理科实验的评价方式也日臻完善。

---

① 吴芳. 中学物理教学中学生科学探究能力的评定［D］. 金华：浙江师范大学，2005.

② 罗国忠. 初中生科学探究能力评价方式的比较研究［D］. 重庆：西南大学，2007.

③ 钟启泉. 学业评价：省思与改革——以日本高中理科的“学习评价”改革为例［J］. 教育发展研究，2013，33（10）：50－55.

第三节　北京市中考物理实验命题的现状分析

一、中考物理实验的基本情况

（一）初中物理实验的基本要求

通过对《义务教育物理课程标准》的阅读与分析，可以发现课程标准要求初中生应能做到：拟订实验计划与方案、具有控制实验条件的意识、通过实验收集数据的能力、多渠道收集信息的能力等。

在《2017 年北京市高级中等学校招生考试说明》（以下简称《2017 年考试说明》）中，对学生应该掌握的实验技能与实验能力都做了进一步的说明。说明指出：学生应该掌握测量、读数、作图、实验操作等方面的技能；学生应具有观察能力、实验探究能力、初步的分析概括能力，以及运用物理知识解决简单问题的能力等。同时，在说明中规定了学生应掌握的 20 项基本实验技能：①会用刻度尺测量长度；②会用钟表测量时间；③会调节托盘天平，会使用游码，会用托盘天平测量质量；④会用量筒测量体积；⑤会用弹簧测力计测量力；⑥会做力的示意图；⑦会查密度表；⑧会组装简单的滑轮组；⑨会画杠杆的力臂；⑩会根据光的发射定律画光路图；⑪会用液体温度计测量温度；⑫会查熔点表和比热容表；⑬会用电流表测量电流；⑭会用电压表测量电压；⑮会读电能表的读数；⑯会画简单的串联、并联电路图；⑰会连接简单的串联、并联电路；⑱会用滑动变阻器改变电流；⑲会读电阻箱的示数；⑳会用右手螺旋定则判断通电螺线管的磁极或电流方向。

（二）初中物理实验的基本内容

初中物理课程标准中规定了 20 项学生必做实验：①用刻度尺测量长度、用表测量时间；②用弹簧测力计测量力；③用天平测量物体的质量；④用常见温度计测量温度；⑤用电流表测量电流；⑥用电压表测量电压；⑦测量物体运动的速度；⑧测量水平运动物体所受的滑动摩擦力；⑨测量固体和液体的密度；⑩探究浮力大小与哪些因素有关；⑪探究杠杆的平衡条件；⑫探究水沸腾时温度变化的特点；⑬探究光的反射规律；⑭探究平面镜成像时像与物的关系；⑮探究凸透镜成像的规律；⑯连接简单的串联电路和并联电路；⑰探究电流与电压、电阻的关系；⑱探究通电螺线管外部磁场的方向；⑲探究导体在磁场中运动时产生感应电流的条件；⑳测量小灯泡的电功率。

初中物理教科书（人教社版）共分为 3 册：八年级上、下册，以及九年级全一册。初中物理教科书中涉及实验共计 383 个，这些实验分布在“实验”“演示”“想想做做”及“扩展性实验”4 个栏目当中。其中，“实验”栏目由学生自己动手、动脑进行实验，从中学习物理知识，掌握探究方法。八年级上册涉及 13 个实验，八年级下册涉及 13 个实验，九年级全一册涉及 17 个实验。

（1）八年级上册涉及的实验（13 个）①

①用刻度尺测量长度；②用停表测量时间；③测量物体运动的平均速度；④用温度计测量水的温度；⑤探究固体融化时温度的变化规律；⑥探究水沸腾时温度变化的特点；⑦探究光反射时的规律；⑧探究平面镜成像的特点；⑨探究光折射时的特点；⑩探究凸透镜成像的规律；⑪用天平测量固体和液体的质量；⑫探究同种物质的质量与体积的关系；⑬测量盐水和小石块的质量。

（2）八年级下册（13 个）②

①练习使用弹簧和测力计；②探究重力的大小跟质量的关系；③探究二力平衡的条件；④测量滑动摩擦力；⑤研究影响滑动摩擦力大小的因素；⑥探究压力作用的效果跟哪些因素有关；⑦探究流速与压强的关系；⑧探究浮力的大小跟哪些因素有关；⑨探究浮力的大小跟排开液体所受重力的关系；⑩探究物体的动能跟哪些因素有关；⑪探究杠杆的平衡条件；⑫研究定滑轮和动滑轮的特点；⑬测量滑轮组的机械效率。

（3）九年级全一册（17 个）③

①比较不同物质吸热的情况；②连接串联电路和并联电路；③练习使用电流表；④探究串联电路中各处电流的关系；⑤探究并联电路中干路电流和各支路电流的关系；⑥练习使用电压表；⑦探究串联电路中用电器两端的电压与电源两端电压的关系；⑧探究并联电路各支路用电器两端的电压与电源两端电压的关系；⑨探究影响导体电阻大小的因素；⑩练习使用滑动变阻器；⑪探究电流与电压的关系；⑫探究电流与电阻的关系；⑬伏安法测电阻；⑭测量小灯泡的电功率；⑮研究磁场的方向；⑯探究通电螺线管外部的磁场分布；⑰探究什么情况下磁可以生电。

通过上述实验的分析，可以将初中物理实验分为三类：基础仪器测量型

---

① 人民教育出版社课程教材研究所物理课程教材研究开发中心．义务教育教科书物理八年级上册［M］．北京：人民教育出版社，2012：1－124．

② 人民教育出版社课程教材研究所物理课程教材研究开发中心．义务教育教科书物理八年级下册［M］．北京：人民教育出版社，2012：1－88．

③ 人民教育出版社课程教材研究所物理课程教材研究开发中心．义务教育教科书物理九年级全一册［M］．北京：人民教育出版社，2013：1－181．

实验、探究型实验与测量型实验。

基础仪器测量型实验：通过操作基础仪器对某一个物理量进行直接测量的实验，在实验操作过程中不涉及物理知识与规律的应用，例如利用直尺测量长度、利用停表测量时间等实验。

探究型实验：学生运用已经掌握、理解的物理概念与规律，通过物理实验对猜想（未知的物理规律）进行印证的实验，例如探究串联电路电流关系等实验。

测量型实验：借助已有的物理概念与规律，利用物理实验对某一个物理量进行观测的实验，例如测量小灯泡的电功率、测量盐水密度等实验。

根据上述对实验的分类方式，可将《义务教育物理课程标准》中要求必做的 20 个实验进行分类，结果如表 2－11 所示。

表 2－11　20 个必做物理实验的分类①

实验类型	实验名称
基础仪器测量型实验	用刻度尺测量长度、用表测量时间 用弹簧测力计测量力 用天平测量物体的质量 用常见温度计测量温度 用电流表测量电流 用电压表测量电压 连接简单的串联电路和并联电路
探究型实验	探究浮力大小与哪些因素有关 探究杠杆的平衡条件 探究水沸腾时温度变化的特点 探究光的反射规律 探究平面镜成像时像与物的关系 探究凸透镜成像的规律 探究电流与电压、电阻的关系 探究通电螺线管外部磁场的方向 探究导体在磁场中运动时产生感应电流的条件
测量型实验	测量物体运动的速度 测量水平运动物体所受的滑动摩擦力 测量固体和液体的密度 测量小灯泡的电功率

① 中华人民共和国教育部．义务教育物理课程标准（2011 年版）［M］．北京：北京师范大学出版社，2012：51－52.

二、中考物理实验的现状分析

本文选取2011—2017年北京市中考物理试卷，共计7份样本，利用内容分析法对上述样本进行分析。

（一）题型及分值统计

本节将从中考物理实验题的题型与分值角度出发，对7份样本进行统计与分析。中考物理实验题共涉及4类题型：填空题、选择题、作图题、解答题。

（1）填空题

填空题一般给出一定的条件叙述，并在后续的题目中空出答案位置让学生填写，一般答案为数字、字母或者短语。例如："体温计的示数为____℃。"

（2）选择题

选择题一般由条件叙述和多个备选构成，学生先阅读题目给出的条件，再在多个备选中选择正确的1个或多个选项。例如：

下列问题中，属于可探究的科学问题是：（　　）

A. 用"仰仪"这种天文观测仪器观测太阳的位置有什么好处？

B. 声波的波长越大，声波的传播速度越大吗？

C. 编钟发出的声音的音调高低跟编钟的钟体大小有关吗？

D. 家庭电路中电流的频率跟哪些因素有关？

（3）作图题

作图题一般让学生根据题目的要求，利用已学到的物理知识，连接实物图或者画出实验图。例如："为了测量待测电阻阻值，请你只增加两根导线完成电路的连接"。

（4）解答题

解答题通常给出一个完整的物理实验情景或者物理问题，让学生自主设计实验过程、设计表格、处理数据等。例如，"挑选、运用实验器材，制订实验计划，证明：物体所受浮力的大小，与排开水的体积成正比"。

北京市中考物理实验题题型共分为4种，如表2-12所示。

表2-12　北京市中考物理实验题题型分类

试卷年份	实验题总分	题　型	分　值	题　型	分　值	题　型	分　值
2011年	34分（13道）	填空题	25	作图题	1	解答题	8
2012年	34分（13道）	填空题	25	作图题	1	解答题	8

（续 表）

试卷年份	实验题总分	题 型	分 值	题 型	分 值	题 型	分 值
2013 年	35 分（14 道）	填空题	26	作图题	1	解答题	8
2014 年	35 分（12 道）	填空题	29	作图题	1	解答题	5
2015 年	38 分（13 道）	填空题	25	—	—	解答题	13
2016 年	48 分（19 道）	填空题	28	选择题	3	解答题	17
2017 年	51 分（22 道）	填空题	10	选择题	22	解答题	19

整体上又可以分为客观题与主观题两类。客观题包括填空题、选择题、作图题，主观题包括解答题。北京市中考物理实验题题型及分值分布具有如下特点。

（1）实验题分值在 2011—2015 年基本保持稳定；2016 年实验题分值占比开始上升；2017 年实验题分值占比超过卷面总分的 50%。由此可见，中考物理非常注重对物理实验的检验。

（2）解答题分值在 2011—2014 年基本保持稳定；在 2015—2017 年，分值比例逐年增加。

（3）2011—2016 年的实验题基本不涉及选择题题型；2017 年则首次增加了“实验选择题”，并且将分值定为 22 分，占实验题总分的 43.1%，占卷面总分的 22%。

（4）2011—2014 年，实验题都会设置 1 道作图题（位于电学实验题部分，主要为电路实物图连线）。2015 年之后，中考物理实验题则不再设置作图题。

（二）命题内容统计

1. “课程标准”必做实验考查次数统计

本节将对 7 份样本涉及的命题内容进行编码、统计与分析。以《义务教育物理课程标准》中规定的 20 个初中学生必做实验为统计依据，统计 7 份样本中涉及实验的年份与次数（本次统计实验项目以题目整体命题为准。例如，在测量密度实验中，虽然涉及“利用天平测量物体质量”的基础仪器测量实验，但是由于该题目的主要命题方向为测量物体密度，故将该考题划分至测量密度的实验中）。结果如表 2 - 13 所示。

表 2 - 13 中考物理考查必做物理实验统计　　单位：次

实验名称	编 码	2011 年	2012 年	2013 年	2014 年	2015 年	2016 年	2017 年	合计
用刻度尺测量长度、用表测量时间	B1	1		1				1	3

（续　表）

实验名称	编 码	2011 年	2012 年	2013 年	2014 年	2015 年	2016 年	2017 年	合计
用弹簧测力计测量力	B2			1	1		1	1	4
用天平测量物体的质量	B3						1		1
用常见温度计测量温度	B4	1	1	1		1	1		5
用电流表测量电流	B5								0
用电压表测量电压	B6		1						1
连接简单的串联电路和并联电路	B7								0
测量物体运动的速度	B8			1			1		2
测量水平运动物体所受滑动摩擦力	B9								0
测量固体和液体的密度	B10	1	1	1	1	2	1	1	8
测量小灯泡的电功率	B11				1	1		1	3
探究浮力大小与哪些因素有关	B12	1			1			1	3
探究杠杆的平衡条件	B13		1		2		1	1	5
探究水沸腾时温度变化的特点	B14	1		1					2
探究光的反射定律	B15			1			1	1	3
探究平面镜成像时像与物的关系	B16		1		1				2
探究凸透镜成像的规律	B17	1	1	1	1	1	1	1	7
探究电流与电压、电阻的关系	B18					1			1
探究通电螺线管外部磁场的方向	B19	1	1	1	1			1	5
探究导体在磁场中运动时产生感应电流的条件	B20						1		1
总　数		7	7	9	9	6	9	9	56

通过对上述表格与图标的分析可以发现，除 B9 以外，中考物理实验考题基本上对《义务教育物理课程标准》中要求的必做物理实验进行了全覆盖（B5 与 B7 为基本仪器测量型实验，两项实验考查次数为 0，仅代表样本中没

有专门针对该项实验设置的实验题，但是在部分探究型实验或者测量型实验中有所考查，此处认为要求的 20 个必做实验均有涉及）。

考查次数最多的实验为“B10 – 测量固体和液体的密度”，考查次数为 8 次。该项实验属于“物质”主题，对应《义务教育物理课程标准》的内容要求为“1. 2. 3 通过实验，理解密度。会测量固体和液体的密度”。该实验在中考中，不仅考查学生对于该实验操作步骤的记忆、物理概念与意义的正确理解，还会对天平、量筒等物理测量仪器的使用方法与操作规范进行考查。该题目在近 7 年中考试卷中均有涉及。

考查次数较多的实验为“B17 探究凸透镜成像的规律”，该实验考查次数为 7 次，隶属于“运动和相互作用”主题。该实验对应《义务教育物理课程标准》的内容要求为“2. 3. 5 探究并知道凸透镜成像的规律，了解凸透镜成像规律的应用”。该实验所对应的知识点是初中光学中掌握难度最大、记忆内容最多的知识点之一，该实验不仅要求学生掌握物体在不同焦距处所成像的规律，还需要学生能够清晰地掌握如何调节光具座上的光学仪器，以达到规定要求的成像。

2. 非“课程标准”必做实验考查次数统计

本节将对 7 份样本中涉及的“非课程标准必做实验”命题内容进行编码、统计与分析（表 2 – 14）。

表 2 – 14　中考物理考查非必做物理实验统计　　单位：次

实验名称	编码	2011 年	2012 年	2013 年	2014 年	2015 年	2016 年	2017 年	合计
用电能表测量消耗的电能	F1	1		1					2
用电阻箱测量电阻阻值	F2		1			1	1	1	4
研究影响滑动摩擦力大小的因素	F3			1					1
探液体内部压强与哪些因素有关	F4						1		1
测量滑轮组的机械效率	F5					1			1
酒精蒸发温度的变化	F6		1						1
探究固体熔化时温度的变化规律	F7		1		1			1	3
碘升华实验	F8					1			1
比较不同物质吸热的情况	F9							1	1

（续　表）

实验名称	编 码	2011 年	2012 年	2013 年	2014 年	2015 年	2016 年	2017 年	合计
探究电路中电压的关系	F10	1							1
探究串联电路中各处电流的关系	F11						1		1
利用伏安法测量未知电阻的阻值	F12	2	1	1	1		1	1	7
焦耳定律	F13				1	1			2
探究物体的动能跟哪些因素有关	F14							1	1
判断与解决电路故障	F15	1				1			2
提出可探究问题与应用控制变量法	F16						3	4	7
利用表格、图像总结规律	F17	1	2	1			1	1	6
其他类型实验（科技馆等）	F18			1		2	2	3	8
总　数		6	6	5	3	7	10	13	50

通过将上表与《义务教育物理课程标准》进行对比可以发现如下几点。

（1）F1～F14 并非课程标准要求的必做实验，但是在初中物理教科书或者课程标准中均有涉及。例如，2012 年中考物理第 34 题，要求学生设计实验并证明“酒精蒸发过程中吸热”。该考题对应了八年级上册第三章第三节“汽化和液化”中“想想做做”模块中描述的实验。再如，2017 年中考物理第 40 题，要求学生证明：“物体温度变化与比热容相关”，该考题对应了课程标准中 3. 3. 2 中关于比热容的要求。除此之外，F15 既未在课程标准中有所要求，也未在教科书中有所要求。

（2）F16 与 F17 并非考查特定的实验，而是考查在不同实验中的具体实验探究技能。例如，2016 年中考物理第 28 题，要求学生针对 4 幅图片所表现出的生活情境，提出一个可探究的物理问题。

（3）F18 所涉及的实验，并非出自课程标准的要求，也未从物理教科书中取材，而是出自科技馆（或者其他途径）中的物理实验。例如，2017 年中考物理题第 22 题，要求学生根据题目中对于“会发电的衣服”的叙述，选择正确选项；再如，2016 年中考物理题第 36 题，要求学生设计实验，检测电磁屏蔽玻璃能否屏蔽电磁波。

（4）除去 F16、F17、F18 这三类无固定实验的考题，在非课程标准要求的实验中，“F12 利用伏安法测量未知电阻的阻值”实验为最多，考查次数为 7 次。该实验对初中物理电学实验的综合，学生并不仅需要掌握电压表、电流表等基础实验仪器的操作，还需要能够正确连接实验电路图，更要求能够利用欧姆定律、图像法等物理知识与物理方法对测量数据进行进一步的处理与运算，最终得出正确的阻值大小。该考题经常对学生的仪器读数、装置连接与数据运算进行考查。

第四节　物理实验操作测验评价指标

一、物理实验操作考试评价指标的相关理论基础

（一）评价指标的构建原则

1. 导向性原则

根据导向性原则的要求，评价指标应当反映出时代的精神，体现出时代的特征。因此，在构建物理实验操作评价指标时，首要要求便是应与国家教育教学的总目标相吻合；同时，评价指标应结合当代教育理论及一线实际，在实践中起到指挥棒的作用。

2. 独立性原则

独立性原则要求同级评价指标之间应当具有独立性，即指标所涉及的内涵不应该发生重叠。

3. 可行性原则

可行性原则要求评价指标应该切合实际，在现实中能够顺利施行，并且达到预期目的。其一，评价指标应该设计简洁，内容表述应该可操作化，内容指向清晰，容易被评价者与被试理解。其二，在构建评价指标时应当切合实际情况，尽量对测验环境、测验相关人员等因素进行整体考虑，尽量避免外因影响。

4. 科学性原则

科学性原则是指评价指标的构建应该符合相关专业与心理学的要求，构建的过程及指标内容真实、可靠。

（二）评价指标的构建依据

本研究评价指标的构建依据为《义务教育物理课程标准》与《2017 年考

试说明》。

其一，课程标准为教育部组织专家进行制定，代表政府的威权性，以及国家对于当前教育方向的整体把控，显示出国家对于社会发展需求的判断，是集体智慧的结晶。无论学校的治学风格不同、教师的教学风格差异、学生的学习风格多样，教育的最终目的及达成教育目的所经历过程的大方向，都是被课程标准所统摄的。因此，以课程标准为制定评价指标的依据是客观、独立、正确的。

课程标准指出，物理实验与科学探究之间有着密切的联系，是科学探究的重要形式。因此，笔者认为评价指标的构建需要以“科学探究七要素”为基础进行制定。通过对科学探究七要素进行分析可以发现，其本质是科学探究所必须经历的七步过程。结合物理实验操作考试的特点，以及制定评价指标的可行性原则，笔者将实验操作过程确定为：实验器材的识别与选取、实验器材的安装与调试、实验装置的操作与观测、实验数据的记录与处理。

其二，考试说明由北京教育考试院编订，不仅有北京教育科学研究院基础教学研究中心的参与，更有广大一线教师及各区教研员的身影。由此可以看出，考试说明不仅具有很强的教学理论指导性，更有一线经验的加持，是理论与实践的共同产物，具有很强的参考性。

考试说明中明确指出，中考物理不仅重视初中物理基础知识与基本技能，还注重对观察能力与实验探究能力的考查。考试说明在基本技能、观察能力与实验探究能力一栏中规定了相关的考查范围。笔者认为，上述内容是本文构建评价指标的又一有力且可信的指导依据。然而，囿于中考当前仅以纸笔测验为考查形式，方法过于单一，进而导致制定考试说明时需要考虑纸笔测验的劣势，从而不得不调整考查的重点方向，使其考查的内容无法涵盖课程标准的整体。因此，在制定评价指标的过程中，需要充分考量这一点，根据导向性原则对其进行修正。

（三）评价指标的构建方法

本研究将以课程标准与考试说明为重要依据，辅以前人相关研究的文献，根据评价指标的构建原则，按照实验操作过程的顺序，构建易于外在测量的物理实验操作考试评价指标。指标初步建立后，将会根据教学专家及一线教师的建议进行重新修订，并且利用测量问卷的方式（其间，利用 SPSS 确定问卷结果的信度与效度），根据层次分析法对不同层级的指标进行权重判定。之后选取初中校，组织学生进行实证测验，分析指标的实用性。

二、物理实验操作考试评价指标的构建

（一）一级指标的构建

在物理实验操作考试中，笔者认为应该遵从学生在进行实验操作时的操作步骤，对一级指标进行构建。例如，《义务教育物理课程标准》提出了7类科学探究要素，分别为“提出问题、猜想与假设、设计实验与制订计划、进行实验与收集证据、分析与论证、评估、交流与合作”。通过对上述七要素的观察与分析可以看出，课程标准对于学生科学探究的一级指标，便是按照学生开展科学探究活动的时间顺序进行展开的。笔者认为，上述方式对于本研究有一定的借鉴意义，在对物理实验操作考试的评价指标进行构建时，便可沿用学生在进行物理实验操作过程中的前后步骤进行构建。因此，本文基于物理实验操作顺序、操作考试自身的特点，以及本研究所选取的操作考试实验，对中考物理实验操作考试评价一级指标进行构建。各项一级指标及其定义如表2-15所示。

表2-15　物理实验操作测验的一级评价指标

一级指标	定　义
A. 识别与选取	将文字与原理图转译为对应实物图像，选取恰当实验装置
B. 安装与调试	组装与连接实验仪器，并进行实验装置的预调节测验
C. 操作与观测	安全、合理地利用实验装置进行可调控的实验操作，选择合理的方式进行观察与读数
D. 记录与处理	正确记录数据，能够判断实验数据的可信度并给出实验结论

（二）二级指标的构建

本研究根据初中物理实验操作过程的具体步骤，将各项一级指标进行细化。为了确保二级指标建立的正确性，笔者仔细阅读《义务教育物理课程标准》及教科书，并且查阅了大量的相关文献。在二级指标构建的过程中，笔者与教学论专家、一线教师进行了深入的讨论，最终确定了二级指标，如表2-16所示。

表2-16　物理实验操作测验的二级评价指标

一级指标	二级指标
A. 识别与选取	A1. 根据实验目的与原理图正确辨识实验设备与仪器
	A2. 根据测量精度选取测量仪器的量程

（续　表）

一级指标	二级指标
B. 安装与调试	B1. 根据实验目的与要求，正确、合理地连接或组装仪器
	B2. 对实验仪器与实验装置进行预备性调试
C. 操作与观测	C1. 按照合理的实验步骤与正确的操作规范，熟练、有序地调节
	C2. 在实验中能合理地控制条件
	C3. 能按照操作规范对实验现象进行观察、测量与读数
	C4. 在实验中能够采用合理的实验方法有效减小实验误差
	C5. 能够发现实验中可能存在的问题，并排除简单的实验故障
	C6. 能进行安全操作，并且注意保护实验仪器
D. 记录与处理	D1. 合理设计表格
	D2. 科学记录数据
	D3. 恰当处理实验数据
	D4. 依据实验数据得出实验结论

三、物理实验操作考试评价指标权重的构建

（一）问卷调查

本研究在上一节中已经将中考物理实验操作考试评价指标构建出来，为了确定各项指标的具体权重，笔者尝试通过问卷调查的方式，获得教学论专家、一线教师及物理教学研究人员的意见。在获得调查的数据之后，本研究将会采用层次分析法，对各项指标的重要程度进行分析，以此来完成最终评价指标权重的确定。

1. 问卷的构成

本研究调查问卷共由 5 个部分组成，分别为 4 项一级指标及 14 项二级指标。为了方便被调查者能够更好地将各项二级指标按照重要程度进行排序，同时还能够体现出不同指标间重要程度的差异，本研究将采用为李克特十级量表进行测量。如果被调查者认为某项指标在实验过程中所占比重十分重要，则勾选“10”；如果被调查者认为某项指标的重要程度相比其余指标可有可无，则勾选“1”；如果被调查者认为某项指标的重要程度介乎于两者之间，则在“1～10”中间进行勾选。若同组中某两项指标分数相同，则代表被调查者认为这两项指标的重要程度相当；若分数相差不多，例如 a 项为 4 分，b 项为 3 分，则代表被调查者认为 a 项比 b 项稍微重要一些；若分数相差很多，例如 c 项为 8 分，d 项为 2 分，则代表被调查者认为 c 项远远重要于 d 项。

基于上述的逻辑，本研究构建出了五组题目，详见表 2－17。

表 2-17　物理实验操作测验评价指标调查问卷的构建

指标与定义	可有可无⟶十分重要									
A. 识别与选取　将文字与原理图转译为对应实物图像，选取恰当实验装置	1	2	3	4	5	6	7	8	9	10
A1. 根据实验目的与原理图正确辨识实验设备与仪器	1	2	3	4	5	6	7	8	9	10
A2. 根据测量精度选取测量仪器的量程	1	2	3	4	5	6	7	8	9	10
B. 安装与调试　组装与连接实验仪器，并进行实验装置的预调节测验	1	2	3	4	5	6	7	8	9	10
B1. 根据实验目的与要求，正确、合理地连接组装仪器	1	2	3	4	5	6	7	8	9	10
B2. 对实验仪器与实验装置进行预备性调试	1	2	3	4	5	6	7	8	9	10
C. 操作与观测　安全合理地利用实验装置进行可调控的实验操作，选择合理的方式进行观察与读数	1	2	3	4	5	6	7	8	9	10
C1. 按照合理的实验步骤与正确的操作规范，熟练有序地调节	1	2	3	4	5	6	7	8	9	10
C2. 在实验中能合理地控制条件	1	2	3	4	5	6	7	8	9	10
C3. 能按照操作规范对实验现象进行观察、测量与读数	1	2	3	4	5	6	7	8	9	10
C4. 在实验中能够采用合理的实验方法有效减小实验误差	1	2	3	4	5	6	7	8	9	10
C5. 能够发现实验中可能存在的问题，并排除简单的实验故障	1	2	3	4	5	6	7	8	9	10
C6. 能进行安全操作，并且注意保护实验仪器	1	2	3	4	5	6	7	8	9	10
D. 记录与处理　正确记录数据，并给出实验结论	1	2	3	4	5	6	7	8	9	10
D1. 合理设计表格	1	2	3	4	5	6	7	8	9	10
D2. 科学记录数据	1	2	3	4	5	6	7	8	9	10
D3. 恰当处理实验数据	1	2	3	4	5	6	7	8	9	10
D4. 依据实验数据得出实验结论	1	2	3	4	5	6	7	8	9	10

2. 调查对象的选取

本研究在线上与线下两个平台同时进行，调查的对象均为教学论专家、一线教师及物理教学研究人员。人员组成如下。

（1）首都师范大学课程与教学论专业、学科教学（物理）专业研究生。

（2）北京市多所中学在职物理教师。

（3）苏州大学“国培计划”在职物理教师。

本次问卷调查共发放问卷 139 份，回收问卷总计 139 份，剔除 24 份无效问卷，最后有效问卷总计 115 份，有效率为 83%。

（二）问卷的信度分析

信度是研究的一致性品质。调查问卷的信度分析，是对调查问卷测量结果一致性的分析①。信度数值越高，则表示该问卷的一致性越强，并且该问卷的结果稳定且可靠。因此，为了了解本研究所设计的问卷各变量间的一致性与可靠性，故需要先测量问卷的同质性信度。

目前，测量信度的常用的方式为确定问卷的克龙巴赫 α 系数。其计算公式为：

$$\alpha = \left(\frac{K}{K-1}\right)\left(1 - \frac{\sum \sigma_i^2}{\sigma_t^2}\right)$$

式中：α 为同质性信度系数；K 为组成部分的数目；σ_i^2 为各组成部分测验分数的方差；σ_t^2 为测验总分的方差。克龙巴赫 α 系数一般为 0 ~ 1；如果 α 值大于 0.7，则代表该调查问卷可靠，其内部一致性较好，具有良好的信度结果；如果 α 值大于 0.8，则代表该问卷的可靠性与一致性很好，具有很高的信度。

本研究将基于 SPSS 22.0 对问卷的信度进行计算。

如表 2 – 18 所示，4 项一级指标的克龙巴赫 α 系数 = 0.724 > 0.7，这表明本调查问卷的一级指标内在一致性较好，信度良好，测验结果较为可靠。

表 2 – 18　4 项一级指标的信度分析

克龙巴赫 α 系数	项目总数
0.724	4

如表 2 – 19 所示，“识别与选取”的 2 项二级指标的克龙巴赫 α 系数 = 0.739 > 0.7，这表明本调查问卷的一级指标内在一致性较好，信度良好，测验结果较为可靠。

表 2 – 19　“识别与选取”的 2 项二级指标信度分析

克龙巴赫 α 系数	项目总数
0.739	2

如表 2 – 20 所示，“安装与调试”的 2 项二级指标的克龙巴赫 α 系数 = 0.708 > 0.7，这表明本调查问卷的一级指标内在一致性较好，信度良好，测

① 宁虹．教育研究导论［M］．北京：北京师范大学出版社，2010：208 – 209.

验结果较为可靠。

表 2－20 “安装与调试”的 2 项二级指标信度分析

克龙巴赫 α 系数	项目总数
0.708	2

如表 2－21 所示，“操作与观测”的 6 项二级指标的克龙巴赫 α 系数 = 0.892 > 0.8，这表明本调查问卷的一级指标内在一致性很好，信度很高，测验结果很可靠。

表 2－21 “操作与观测”的 6 项二级指标信度分析

克龙巴赫 α 系数	项目总数
0.892	6

如表 2－22 所示，“记录与处理”的 4 项二级指标的克龙巴赫 α 系数 = 0.822 > 0.8，这表明本调查问卷的一级指标内在一致性很好，信度很高，测验结果很可靠。

表 2－22 “记录与处理”的 4 项二级指标信度分析

克龙巴赫 α 系数	项目总数
0.822	4

如表 2－23 所示，总表的克龙巴赫 α 系数 = 0.932 > 0.9，这表明本调查问卷的整体内在一致性很好，信度很高，测验结果非常可靠。

表 2－23 总表的整体信度分析

克龙巴赫 α 系数	项目总数
0.932	18

值得注意的是，二级指标中“识别与选取”“安装与调试”的信度相较其他的指标信度较低，笔者认为这是由于该指标中变量较少造成的，变量的多少会影响信度的高低。一般情况下，变量增多对应信度上升，这与克龙巴赫 α 系数的计算方法有关。本问卷中，上述两项一级指标分别只对应两个变量，故造成信度相对较低。但是，上述所有指标的克龙巴赫 α 系数均大于 0.7，这表明，本次研究所使用的调查问卷内部一致性较好，可靠性较高。

（三）问卷的效度分析

效度，即在研究中能够明确给出的解释性品质。通常意义上，人们所谓的“有效程度”“有用程度”，其本质均为对“有效”“有用”给出明确解释的程度。问卷的效度分析，就是从各个角度提供问卷对于测量属性特征的呈现及与评定尺度的配合能够被准确、合理解释的水平①。本节主要从内容效度与结构效度两方面入手，对调查问卷进行效度分析。

1. 内容效度

内容效度，即调查研究问卷能否完全代表被测量的内容范围的解释性品质，侧重判定测验内容是否对所测量的内容具有充分的代表性和完整的涵盖性①。

本调查问卷以学生物理实验操作步骤进行展开，明确了物理实验操作过程中每一步的具体目标。本研究在制定调查问卷时，广泛参考了国内外前人的研究内容，并且与教学论的专家进行反复的沟通交流，同时充分讨论、积极采纳一线资深教师的意见，最终形成本次调查问卷的编制。除此之外，本调查问卷的调查人群也十分具有针对性，均为与物理教学相关的科研人员及资深的在职教师，取样具有代表性。因此，本研究所设计的调查问卷具有较好的内容效度。

2. 结构效度

结构效度，即关于测量结果对于测验设计的理论结构的解释性品质①。测量者根据一定的理论依据制定出测量的维度，并且以此为基础设计测量的题目。如果测量的结果与设计的理论结构具有同构关系，则该问卷的结构效度良好。结构效度对于调查问卷来讲具有很重要的意义，如果一份调查问卷的结构效度很差，则代表该问卷与理论维度相差很多，不能实现有效的测量。

本研究利用 SPSS 22.0 对上述调查问卷的结构效度进行测量。在 SPSS 软件中，可以通过因子分析对问卷的结构效度进行检验。利用 SPSS 对调查问卷的数据进行“KMO 和 Bartlett 的球形度检验”，获取 KMO 值。一般研究认为，当问卷的 KMO 值 >0.5，即可对数据进行进一步的因子分析。在进行因子分析时，首先要在变异数统计中找出起始特征值 >1.0 的变量，之后对应变量的累计解释变异量如果占比大于 60%，则因子分析结果良好，表明本次调查研究问卷的结构效度良好。本研究的效度均基于 SPSS 22.0 进行计算（注：由于评价指标中的前 2 项一级指标下设只有 2 项二级指标，故未计算前 2 项一级指标的结构效度）。

① 宁虹．教育研究导论［M］．北京：北京师范大学出版社，2010：209－210.

(1) 4 项一级指标的结构效度分析

由表 2－24 可以发现，KMO＝0.690＞0.5，故可以对其进行因子分析，结果如表 2－25 所示。

表 2－24　4 项一级指标的 KMO 值分析

KMO 测量取样适当性		0.690
Bartlett 球形检测	卡方检验值	125.701
	自由度	6
	显著性	0.000

表 2－25　4 项一级指标的因子分析

序　号	起始特征值		
	总　计	变异比/%	累加比/%
1	2.311	57.766	57.766
2	0.884	22.088	79.835
3	0.459	11.480	91.333
4	0.347	8.667	100.000

由表 2－25 可知，有一个变量的特征值大于 1.0，且对应的累计解释变异量为 57.766%＞40%，表明该结果是可接受结果。因此，4 项一级指标的结构效度较好。

(2)“操作与观测”的二级指标结构效度分析

由表 2－26 可以发现，KMO＝0.834＞0.5，故可以对其进行因子分析，结果如表 2－27 所示。

表 2－26　二级指标“操作与观测”的 KMO 值分析

KMO 测量取样适当性		0.834
Bartlett 球形检测	卡方检验值	397.166
	自由度	15
	显著性	0.000

表 2－27　二级指标“操作与观测”的因子分析

序　号	起始特征值		
	总　计	变异比/%	累加比/%
1	3.945	65.756	65.756
2	0.638	10.641	76.398
3	0.577	9.611	86.008
4	0.356	5.931	91.939
5	0.306	5.105	97.044
6	0.177	2.956	100.000

由表 2－27 可知，有一个变量的特征值大于 1.0，且对应的累计解释变异量为 65.756%＞60%，表明该结果为理想结果。因此，二级指标“操作与观测”结构效度良好。

（3）“记录与处理”的二级指标结构效度分析

由表 2－28 可以发现，KMO＝0.654＞0.5，故可以对其进行因子分析，因子分析结果如表 2－29 所示。

表 2－28　二级指标“记录与处理”的 KMO 值分析

KMO 测量取样适当性		0.654
Bartlett 球形检测	卡方检验值	217.718
	自由度	6
	显著性	0.000

表 2－29　二级指标“记录与处理”的因子分析

序　号	起始特征值		
	总　计	变异比/%	累加比/%
1	2.685	67.136	67.136
2	0.769	19.220	86.356
3	0.346	8.648	95.004
4	0.200	4.996	100.000

由表 2－29 可知，有一个变量的特征值大于 1.0，且对应的累计解释变异量为 67.136%＞60%，表明该结果为理想结果。因此，二级指标“记录与处理”构效度良好。

（四）评价指标权重的确定

权重，又叫作权数，是表明该指标重要程度和作用大小的数字指标[①]。一般一份调查问卷的全部指标权重之和为 1，每项指标的权重用小数进行表示。

本研究已经确定了学生在进行物理实验操作考试时所需要进行的实验操作步骤，但是在具体观察评分的过程中，尚无法直接使用该评价指标对学生的实操过程进行评价。在本节中，笔者将采用前文中调查问卷所获取的数据，借助层次分析法对各项评价指标的权重进行确定。

1. 评价指标权重确定的方法

本研究尝试利用层次分析法，对中考物理实验操作考试的评价指标进行权重的确定。层次分析法（AHP），是由美国匹兹堡大学萨蒂于 20 世纪 70 年代初提出。萨蒂为运筹学家，其制订的 AHP，开创性地把定性与定量的研究

① 程书肖. 教育评价方法技术［M］. 北京：北京师范大学出版社，2004：60－69.

方法联系在一起，常用于多目标决策的方法。在使用层次分析法时，需先将待处理的复杂问题拆分为若干层次与因素，在对不同层次与因素进行重要程度的两两比较后建立矩阵，最后通过该矩阵的最大特征值与对应特征向量，得出指标权重①。该方法的特点为，可以以少量的定量信息为基础，将决策过程数学化；同时，还可以为解决多目标、多准则的繁复问题，给出一套系统的、简洁的、高效的决策范式。层次分析法现已广泛应用于当前的社会研究当中，例如经济计划、教育分配、农业等领域。

2. 层次分析法的计算方式

在应用层次分析法时，应遵循以下步骤进行②。

（1）建立递进层次结构模型

研究者需要对问题进行综合分析，将问题分出阶层，进而建构出一个层次有序的结构模型。递进层次结构模型中的层次数与问题的复杂程度有关，一般层次数并无具体限定，一般分为 3 类，即目的层、准则层与方案层等。每一个层次结构中的变量不应超过 9 个。

（2）构造出各个层次中的所有判断矩阵

各个层次中的变量在决策者心中的重要性程度各异，需按照重要性程度分别对各个变量进行赋值，标度为 1 ~ 9 及其对应倒数，赋值方法如表 2 - 30 所示。之后，利用各变量的数值构造出判断矩阵。

表 2 - 30　标度的具体含义

标　度	含　义
1	表示两个因素进行比较，其重要性程度相同
3	表示两个因素进行比较，前者比后者稍微重要
5	表示两个因素进行比较，前者比后者明显重要
7	表示两个因素进行比较，前者比后者强烈重要
9	表示两个因素进行比较，前者比后者极端重要
2，4，6，8	表示上述相邻区间的中值
倒数	如果前者比后者的重要性标度为 n，则后者比前者的重要性标度为 $1/n$

（3）层次单排序与一致性检验

首先需计算一致性指标 CI（consistency index）。$CI = \frac{\lambda_{\max} - n}{n - 1}$，其中 $\lambda_{\max}$

① 郭金玉，张忠彬，孙庆云. 层次分析法的研究与应用 [J]. 中国安全科学学报，2008 (5)：148 - 153.

② 邓雪，李家铭，曾浩健，等. 层次分析法权重计算方法分析及其应用研究 [J]. 数学的实践与认识，2012，42 (7)：93 - 100.

为判断矩阵的最大特征值。之后找到对应的一致性指标 RI，如表 2－31 所示。

表 2－31 一致性指标数据

N	1	2	3	4	5	6	7	8	9	10	11	12	13	14
RI	0	0	0.52	0.89	1.12	1.24	1.36	1.41	1.46	1.49	1.52	1.54	1.56	1.58

最后，计算一致性比例 CR（consistency ratio）：

$$CR = \frac{CI}{RI}$$

如果计算得出的一致性比例系数 $CR<0.10$ 时，则认为判断矩阵的一致性较好，结果能够被接受。

（4）层次总排序及一致性检验

在运用层次分析法时，不仅要求层次单排序的一致性检验良好，还要求层次总排序也通过一致性检验；在得出合成权重后，对备选方案做出最终的排序。

在计算判断矩阵的最大特征根和特征向量时，一般有 4 种方法，分别是：几何平均法、算术平均法、特征向量法和最小二乘法。有研究表示，上述 4 种计算方法在计算权重时，最小二乘法的结果与其他 3 种方法的结果有一定的出入。因此，本研究在计算权重时，拟采用几何平均法与算术平均法 2 种方法进行运算，之后对运算结果进行综合分析，并得出最终的指标权重。

1）几何平均法

首先，将判断矩阵的各个元素按行相乘，得出向量 $\boldsymbol{A}$；其次，对向量 $\boldsymbol{A}$ 的各个分量开 n 次方，组成向量 $\boldsymbol{B}$；最后，将向量 $\boldsymbol{B}$ 的各个分量进行归一化，确定最终权重向量。

2）算术平均法

首先，将判断矩阵的各个元素按列进行归一化，得出矩阵 $\boldsymbol{A}$；之后，将矩阵 $\boldsymbol{A}$ 按行相加，得向量 $\boldsymbol{B}$；最后，将向量 $\boldsymbol{B}$ 除以 n，确定最终的权重向量。

3. 评价指标权重的确定

为了确定两个不同因素的重要性程度，现对标度的选取进行规定，如表 2－32 所示。

表 2－32 标度选取的规定

标　度	取值范围	含　义
1	$i-j$ 约为 0	表示两个因素进行比较，其重要性程度相同
3	$0.25<i-j<0.5$	表示两个因素进行比较，前者比后者稍微重要
5	$0.75<i-j<1.0$	表示两个因素进行比较，前者比后者明显重要
7	$1.25<i-j<1.50$	表示两个因素进行比较，前者比后者强烈重要
9	$1.75<i-j$	表示两个因素进行比较，前者比后者极端重要
2，4，6，8	—	表示上述相邻区间的中值

现以 4 项一级指标的权重计算为例，介绍权重的计算过程。

（1）确定各个指标的平均值

通过 SPSS 22.0 的“比较平均值”，得出 4 项一级指标的重要性程度平均得分，如表 2－33 所示。

表 2－33　各项一级指标的重要性程度平均得分

一级指标	A. 识别与选取	B. 安装与调试	C. 操作与观测	D. 记录与处理
重要性平均分	8.47	8.61	9.02	9.04

（2）确定判断矩阵

由上表可以发现，“D”的重要性程度平均得分最高，值为 9.04。现用“D”的分数与“A”的分数作差，D－A＝0.57。0.57 介于 0.5 与 0.75 之间，故标度取值为 4，意为“D 指标相比于 A 指标明显重要”。根据上述方法，依次判断出 D 与 B、C 的标度，填入判断矩阵当中。一级指标的判断矩阵 ***A*** 如下所示。

$$\begin{pmatrix} 1 & \frac{1}{2} & \frac{1}{4} & \frac{1}{4} \\ 2 & 1 & \frac{1}{3} & \frac{1}{3} \\ 4 & 3 & 1 & 1 \\ 4 & 3 & 1 & 1 \end{pmatrix}$$

（3）计算各个元素的权重

现利用几何平均法进行权重的计算。首先按行相乘，得出向量 ***B***，如下所示。

$$\begin{pmatrix} 0.031 \\ 0.222 \\ 12.000 \\ 12.000 \end{pmatrix}$$

之后，对向量 ***A*** 的各个分量开 4 次方，得出向量 ***C***，如下所示。

$$\begin{pmatrix} 0.420 \\ 0.687 \\ 1.861 \\ 1.861 \end{pmatrix}$$

最后，对向量 ***C*** 的各个分量进行归一化，得出最终的权重向量 $\boldsymbol{W}^{a}$（亦称为最大特征值对应的特征向量），如下所示。

$$\begin{pmatrix} 0.087 \\ 0.142 \\ 0.385 \\ 0.385 \end{pmatrix}$$

接下来，利用算术平均法进行权重的计算。首先对判断矩阵的各列归一化，进而得出新的矩阵 **D**，如下所示。

$$\begin{pmatrix} 0.091 & 0.067 & 0.097 & 0.097 \\ 0.182 & 0.133 & 0.129 & 0.129 \\ 0.364 & 0.400 & 0.387 & 0.387 \\ 0.386 & 0.400 & 0.387 & 0.387 \end{pmatrix}$$

之后，将新矩阵 **D** 按行相加，得到向量 **E**，如下所示。

$$\begin{pmatrix} 0.351 \\ 0.573 \\ 1.538 \\ 1.538 \end{pmatrix}$$

最后，将向量 **E** 的各个分量除以4，得到最终的权重向量 $\boldsymbol{W}^b$，如下所示。

$$\begin{pmatrix} 0.088 \\ 0.143 \\ 0.384 \\ 0.384 \end{pmatrix}$$

此处，笔者仅以算术平均法计算特征值，并给出一致性 CR 的计算过程。首先，用判断矩阵 **A** 乘以权重向量 $\boldsymbol{W}^b$，结果如下所示。

$$\boldsymbol{AW}^b = \begin{pmatrix} 0.352 \\ 0.575 \\ 1.550 \\ 1.550 \end{pmatrix}$$

根据 $\boldsymbol{AW}^b = \lambda_{max}\boldsymbol{W}^b$，可以求出最大特征值：$\lambda_{max} = 4.021$，进而可以计算出 CI 应为0.007。由于判断矩阵 **A** 为四阶矩阵，查表可知 $RI = 0.89$，接下来可以得出一致性 CR = 0.01。由于 $0.01 < 0.10$，故认为判断矩阵 A 的一致性很好。

对比几何平均法与算术平均法可以发现，两者最终的权重向量几乎相同。故最终按照百分制，各项一级指标的分数分配如表2－34所示。

表2－34　各项一级指标的分值

一级指标	A. 识别与选取	B. 安装与调试	C. 操作与观测	D. 记录与处理
分值（百分制）	9	14	38.5	38.5

根据上述权重判定方法，现给出各项二级指标的权重及分值分配方案。由于“识别与选取”和“安装与调试”两项二级指标的亚层次均为2，所以此处不对上述两项二级指标求解一致性系数 CR。具体结果如表2－35～表2－39所示。

表 2－35　“识别与选取”的二级指标分值

“识别与选取”的二级指标	A1	A2
平均分	8.72	8.34
几何平均法权重	0.750	0.250
算数平均法权重	0.750	0.250
分值分配（权重×一级指标分值）	6.750	2.250

表 2－36　“安装与调试”的二级指标分值

“安装与调试”的二级指标	B1	B2
平均分	8.99	8.34
几何平均法权重	0.800	0.200
算数平均法权重	0.800	0.200
分值分配（权重×一级指标分值）	11.200	2.800

表 2－37　“操作与观测”的二级指标分值

“操作与观测”的二级指标	C1	C2	C3	C4	C5	C6
平均分	8.72	8.72	8.82	8.32	8.46	8.52
几何平均法权重	0.217	0.217	0.322	0.061	0.091	0.091
算数平均法权重	0.216	0.216	0.322	0.062	0.092	0.092
分值分配（权重×一级指标分值）	8.357	8.357	12.400	2.366	3.510	3.510
最大特征值 $\lambda_{max}=6.126$	$CI=0.025$			$CR=0.020<0.10$		

表 2－38　“记录与处理”的二级指标分值

“记录与处理”的二级指标	D1	D2	D3	D4
平均分	7.97	8.62	8.89	9.11
几何平均法权重	0.058	0.156	0.317	0.469
算术平均法权重	0.059	0.162	0.315	0.464
分值分配（权重×一级指标分值）	2.280	6.246	12.121	17.853
最大特征值 $\lambda_{max}=4.126$	$CI=0.042$		$CR=0.047<0.10$	

表 2－39　物理实验操作测验各项指标的分值（百分制）

一级指标	二级指标
A. 识别与选取：9 分	A1：6.5 分 A2：2.5 分

（续　表）

一级指标	二级指标
B. 安装与调试：14 分	B1：11 分
	B2：3 分
C. 操作与观测：38.5 分	C1：8.5 分
	C2：8.5 分
	C3：12 分
	C4：2.5 分
	C5：3.5 分
	C6：3.5 分
D. 记录与处理：38.5 分	D1：2.5 分
	D2：6 分
	D3：12 分
	D4：18 分

至此，本研究已将初中物理实验操作考试评价指标的权重、分值建构完成。在下一章中，笔者将进行实证研究，验证评价指标体系的实际效果。

第五节　研究工具编制

一、物理实验操作考试测量工具的编制

在前文中，笔者已经对北京市中考物理实验题的重难点进行了梳理，结合《义务教育物理课程标准》中规定的 20 项必做物理实验，通过筛选与修改，笔者编制出两道物理实验操作考试题。同时，笔者结合不同实验的具体内容与过程，按照前文的评价指标制定了具体的评分标准。

（一）利用天平与量筒测量固体密度

利用天平与量筒测量固体密度评分表见表 2－40。

表 2-40　利用天平与量筒测量固体密度评分表

考查内容		分　值
A. 识别与选取		9 分
A1. 能根据实验目的与原理图正确辨别实验设备与仪器	学生能够根据实验内容正确选取：（　）天平（　）量筒（　）砝码（　）烧杯（　）细线（　）足量水	6.5 分
A2. 根据测量精度选取测量仪器的量程	（　）选择量程适当的量筒（　）选择称量适当的天平	2.5 分
B. 安装与调试		14 分
B1. 根据实验目的与要求，正确、合理地连接、组装仪器	能够正确组装、摆放实验仪器：（　）将天平放置在水平桌面上（　）检查天平底座是否水平	11 分
B2. 对实验仪器与实验装置进行预备性调试	（　）将游码调至标尺左端零刻度线处（　）旋动平衡螺母，调整横梁平衡，使天平指针处于分度盘中间	3 分
C. 操作与观测		38.5 分
C1. 按照合理的实验步骤与正确的操作规范，熟练、有序地调节	1. 测量固体质量 （　）将固体轻轻放在天平的左盘中 （　）用镊子在右盘中增减砝码，应先放大砝码，再放小砝码 （　）用镊子调节游码在标尺上的位置，至横梁平衡，记录固体质量 m 2. 测量固体体积 （　）往量筒中倒入适量的水，记录此时量筒内水的体积读数 V_1 （　）用细线将固体缠紧 （　）用细线吊住固体浸没在水中 （　）记录此时量筒内水的体积读数 V_2 整理仪器 （　）用镊子把砝码放回砝码盒中，并且 将游码归零；将量筒内的水倒掉	8.5 分
C2. 在实验中能合理地控制条件	（　）利用天平测量质量时，应保证横梁不晃动后，再读取固体质量大小 （　）利用量筒测量体积时，应保证水面稳定后，再读取水的体积大小	8.5 分

（续 表）

考查内容		分 值
C3. 能按照操作规范对实验现象进行观察、测量与读数	（ ）检验天平指针是否处于分度盘中间时眼睛应垂直于分度盘进行检验 （ ）读取游码所对刻度值时，眼睛应与标尺处于同一高度 （ ）读取量筒内水的体积时，水面应保持稳定，眼睛与水的下表面平行	12 分
C4. 在实验中能够采用合理的实验方法有效减小实验误差	（ ）应先测固体质量，再测量体积	2.5 分
C5. 能够发现实验中可能存在的问题，并排除简单的实验故障	（ ）在测量量筒内水的体积过程中，如果有水溅出，则应对固体体积重新进行测量	3.5 分
C6. 能进行安全操作，并且注意保护实验仪器	（ ）用镊子增减、移动游码 （ ）用镊子夹取砝码	3.5 分
D. 记录与处理		38.5 分
D1. 合理设计表格	表格中应记录： （ ）固体质量 m （ ）水的初始体积 V_1 （ ）浸没固体后水的体积 V_2 （ ）固体的体积 $V = V_2 - V_1$	2.5 分
D2. 科学记录数据	（ ）应该标明质量的单位 kg 或者 g，体积的单位 cm^3 或者 ml （ ）利用量筒测量水的体积时，需估读到分度值的下一位（0.1ml） （ ）利用天平测量固体质量时，需估读到分度值本位（0.1g）	6 分
D3. 恰当处理实验数据	（ ）应有计算过程，并且在计算过程中标清单位，公式如下： $\rho = \dfrac{m}{V_2 - V_1}$	12 分
D4. 依据实验数据得出实验结论	（ ）根据计算结果，给出固体密度的最终数值 （ ）比对密度表，确定固体属于哪一种物质	18 分

针对上述评分标准，笔者做出如下评分解释。

A1：漏选 1 个实验器材，扣除 1 分。

A2：错选 1 个实验器材，扣除 1.5 分，扣完为止。

B1：在测验前，评测教师应当在天平底座处提前放置厚纸片，使天平处于非水平状态；学生在放置天平的过程中，应先将厚纸片取出，再进行质量测量，否则错 1 项扣除 5.5 分。

B2：在测验前，评测教师应当将游码与平衡螺母置于任意位置；学生在使用天平时，应当先将游码归零，且调节平衡螺母使得天平指针处于分度盘中间位置，否则错 1 项扣除 1.5 分。

C1：如果学生未按照正确操作步骤进行操作（该指标只评价学生是否按照正确步骤进行操作，不评价具体步骤是否正确完成），则每步扣除 2 分，扣完为止。

C2：错 1 项扣除 4.5 分，扣完为止。

C3：学生在观察天平指针是否处于分度盘中间位置时，应有起身且视线垂直于分度盘进行观测的动作，否则扣除 4 分；学生在读取游码对应刻度时，应有俯身且视线垂直于标尺进行读数的动作，否则扣除 4 分；学生在读取量筒内水的体积读数时，应先将量筒置于水平桌面，俯身使视线与水的凹液面平行后读数，否则扣除 4 分。

C4：如果学生先测量固体体积，后测量固体质量，则扣除 2.5 分。

C5：学生在向量筒内倒水时，应让水贴壁下流；在测量固体体积时，若水溢出则应当重新测量，否则扣除 3.5 分。

C6：实验操作全程，学生应当用镊子夹取砝码、拨动游码，否则扣除 3.5分。

D1：学生应当画出表格，且利用表格记录下对应物理量，若未画表格或者缺失物理量，则扣除 1 分，扣完为止。

D2：如果学生测量错 1 组数据，则扣除 3 分；如果学生没有写单位，则扣除 3 分，扣完为止。

D3：如果学生没有给出公式，则扣除 6 分；如果学生计算结果错误，则扣除 4 分；如果学生没有写单位，则扣除 2 分。

D4：如果学生没有给出待测固体的密度值，则扣除 9 分；如果学生判断错待测固体的种类（铁、铝），则扣除 9 分。

注：如果学生未完成实验，则只计算完成的指标分数；如果学生编造实验数据，则只计算完成的指标分数，扣除全部读数、计算的指标分数。

（二）测量未知电阻阻值

测量未知电阻阻值评分表见表 2-41。

表 2-41　测量未知电阻阻值评分表

考查内容		分值
A. 识别与选取		9 分
A1. 能根据实验目的设计电路图，并正确辨别实验设备与仪器	（　）能够正确设计电路图：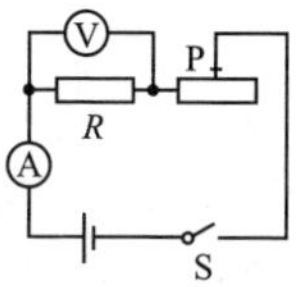 能够根据实验电路图正确选择器材：（　）电压表（　）电流表（　）开关（　）导线（　）学生电源（　）滑动变阻器	6.5 分
A2. 根据测量精度选取测量仪器的量程	（　）能够根据未知电阻阻值范围确定电流表的量程（0~0.6A） （　）能够根据未知电阻阻值范围确定电压表的量程（0~3V）	2.5 分
B. 安装与调试		14 分
B1. 根据实验目的与要求，正确、合理地连接或组装仪器	能够按照电路图正确连接电路： （　）电压表与未知电阻并联，且正接线柱进负接线柱出 （　）电流表与未知电阻串联，且正接线柱进负接线柱出 （　）滑动变阻器应串联在电路中，且一端接上接线柱，另一端接下接线柱 （　）电流表与电压表指针指在零刻度线	11 分
B2. 对实验仪器与实验装置进行预备性调试	（　）试触，观察电流表与电压表是否偏转正常	3 分
C. 操作与观测		38.5 分
C1. 按照合理的实验步骤与正确的操作规范，熟练、有序地调节	（　）闭合开关，调节滑动变阻器滑片位置（从阻值最大端反方向调节） （　）使电流表与电压表显示适当示数，记录此时电压 U 与电流 I （　）改变滑动变阻器滑片位置，重新测量两次电压值与电流值 （　）断开开关，整理仪器	8.5 分
C2. 在实验中能合理地控制条件	（　）在调节滑动变阻器滑片的过程中，电压表每次变化的幅度不应过大	8.5 分
C3. 能按照操作规范对实验现象进行观察、测量与读数	（　）在读取电流表数据时眼睛应垂直于表盘进行读数 （　）在读取电压表数据时眼睛应垂直于表盘进行读数	12 分

（续 表）

考查内容		分 值
C4. 在实验中能够采用合理的实验方法有效减小实验误差	（ ）利用滑动变阻器，重复实验 3 次，以获取多组电压值与电流值	2.5 分
C5. 能够发现实验中可能存在的问题，并排除简单的实验故障	（ ）如果电流表与电压表示数异常，能够及时进行处理	3.5 分
C6. 能进行安全操作，并且注意保护实验仪器	（ ）在闭合开关前，应将滑动变阻器滑片置于阻值最大端 （ ）实验结束后，须先将电源断开后，再整理仪器	3.5 分
D. 记录与处理		38.5 分
D1. 合理设计表格	表格中应记录： （ ）电压 U （ ）电流 I （ ）未知电阻阻值 R	2.5 分
D2. 科学记录数据	（ ）应该标明电压的单位是 V，电流的单位是 A （ ）利用电压表（0 ~ 3V）测量电压时，需估读到分度值的下一位（0.01V） （ ）利用电流表（0 ~ 0.6A）测量电流时，需估读到分度值本位（0.02A）	6 分
D3. 恰当处理实验数据	（ ）根据测量数据，先计算每次电阻阻值大小，再计算 3 次测量阻值的平均值，公式如下： $R_n = \frac{U_n}{I_n}$，$n = 1，2，3$ $\overline{R} = (R_1 + R_2 + R_3)/3$	12 分
D4. 依据实验数据得出实验结论	（ ）确定未知电阻阻值的大小	18 分

针对上述评分标准，笔者做出如下评分解释。

A1：如果学生没有正确画出实验电路图，则扣除 3 分；如果学生没有按照实验电路图正确选取实验器材，则漏选 1 个实验器材，扣除 1 分，扣完为止。

A2：评测教师随机给学生提供阻值约为 5 Ω、10 Ω、15 Ω 的待测未知电阻，以及电压为 3 V 的电源，学生应当能够根据上述数据判断电流表与电压表的量程。如果学生连接错电表的量程，则扣除 1.5 分，扣完为止。

B1：学生应当按照要求正确连接电路，错 1 项扣除 3 分，扣完为止。

B2：如果学生未试触，则扣除 3 分。

C1：学生应当按照正确实验步骤完成实验测量（此处只关心学生是否能够按照正确的实验步骤进行实验测量，而不对具体操作方式进行评价），如果学生未能按照正确的操作步骤进行实验，则扣除 2 分，扣完为止。

C2：如果学生在调动滑动变阻器时，待测电阻两端的电压变化超过 1 V，则扣除 4 分，扣完为止。

C3：学生在读取电表示数时，应有起身且使得视线垂直于电表表盘的动作，否则扣除 4 分，扣完为止。

C4：未获得 3 组及 3 组以上数据时，扣除 2.5 分。

C5：如果学生选错量程、电表正负接线柱接反，或者其他电路连接问题，学生应能够及时发现问题，且进行改正，否则扣除 3.5 分。

C6：如果学生在实验结束后未整理实验器材，则评测教师应当提醒学生进行仪器的整理工作，若发现学生未首先断开开关，则扣除 3.5 分；如果学生在连接电路时，未将滑动变阻器置于阻值最大的一端时，则扣除 3.5 分，扣完为止。

D1：学生应当画出表格，且利用表格记录下对应物理量，若未画表格或者缺失物理量，则扣除 1 分，扣完为止。

D2：如果学生测量错一组数据，则扣除 3 分；如果学生没有写单位，则扣除 3 分，扣完为止。

D3：如果学生没有给出对应公式，则每个公式扣除 6 分；如果学生没有给出正确的计算结果，则扣除 4 分；如果学生的结果中没有写清单位，则扣除 2 分，扣完为止。

D4：如果未给出正确的电阻阻值结果，则扣除 18 分；如果电阻未带单位，则扣除 3 分，扣完为止。

注：如果学生未完成实验，则只计算完成的指标分数；如果学生编造实验数据，则只计算完成的指标分数，扣除全部读数、计算的指标分数；如果学生未测量 3 组及 3 组以上数据，或者只利用 1 组数据计算电阻，则 D4 不计分。

二、物理实验操作测验工具的形成

在前文中，笔者已经给出利用天平与量筒测量固体密度与测量未知电阻阻值实验的具体评价指标。现根据物理实验操作考试的特点，编制上述 2 项物理实验的操作测验测量工具。

1. 利用天平与量筒测量固体密度

初中物理实验操作测验题（一）

利用天平与量筒测量固体密度（时间：10 分钟）

班级：　　　　姓名：　　　　学号：

在实验台上，已经摆放了托盘天平、量筒、不同质量的砝码若干、烧杯、细线等实验仪器。请选取适当的实验仪器，测定未知固体密度，并且比对密度表，确定未知固体。

A. 识别与选取

能够正确选取实验仪器。

B. 安装与调试

能够根据实验目的与要求，正确、合理地放置实验仪器，并且对实验仪器进行测量前的预备性调试。

C. 操作与观测

能够按照合理的实验步骤与正确的操作规范，熟练、有序地进行实验操作，并且采取合理的措施减小实验误差。

D. 记录与处理

能够正确设计表格、记录数据，并且根据实验数据进行计算，最终确定未知固体。

实验数据：

计算：

结论：本实验所测量的未知固体密度为______；该未知固体为______。

注：铜的密度为 $8.9\times10^3\ kg\cdot m^{-3}$；铁的密度为 $7.9\times10^3\ kg\cdot m^{-3}$；铝的密度为 $2.7\times10^3\ kg\cdot m^{-3}$；金的密度为 $19.3\times10^3\ kg\cdot m^{-3}$；铅的密度为 $11.3\times10^3\ kg\cdot m^{-3}$。

2. 测量未知电阻阻值

初中物理实验操作测验题（二）

测量未知电阻阻值（时间：10 分钟）

班级：　　　　　姓名：　　　　　学号：

在实验台上，已经摆放了电压表、电流表、待测电阻（10 ~ 20 Ω）、电源开关、导线若干、学生电源、滑动变阻器等实验仪器。请选取适当的实验仪器，测定未知电阻的阻值。

A. 识别与选取

能够设计电路图，并正确选取实验仪器与量程。

B. 安装与调试

能够根据实验目的与要求，正确连接电路元件，并且对电路进行预备性调试。

C. 操作与观测

能够按照合理的实验步骤与正确的操作规范，熟练、有序地进行操作，并且采取措施减小实验误差。

D. 记录与处理

能够正确设计表格、记录数据，并且根据实验数据进行计算，最终确定未知电阻的阻值。

电路图：

实验数据：

计算：

结论：本实验所测量未知电阻的阻值为____。

三、物理实验纸笔测验测量工具

为了研究在中考环境下，物理实验操作测验与纸笔测验之间的关系，笔者构建了物理实验纸笔测验测量工具。为了与操作测验成绩进行对照，纸笔测验的考查内容依然为利用天平与量筒测量固体密度及测量未知电阻阻值两项实验。两项纸笔测验的考查内容均出自近 7 年北京市中考实验题，其难度、命题形式与中考实验题相仿（注：为使纸笔测验与操作测验所考查的物理实验形式相同，此处只考查最基本的测量密度与电阻的实验，不涉及相应实验的变式）。

初中物理实验习题

（时间：15 分钟）

班级：　　　　　姓名：　　　　　学号：　　　　　总分：

1. 利用天平与量筒测量固体的密度

（1）小军想测量小石块的密度，他已经准备了细线和足量的水，他还需要哪些实验器材进行测量：________________。

（2）开始测量前，小军先将托盘天平放在桌面上，并且将游码________________。小军在操作托盘天平时发现，天平的指针指向分度盘的左侧；小军要想使得托盘天平的横梁保持水平平衡的状态，则小军应该将天平的平衡螺母向____端进行微调。

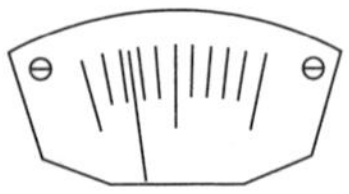

（3）请你运用上述给定的器材，补全实验步骤：

A. 将小石块放在天平的左盘当中，用镊子在天平右盘中增减砝码，同时调节游码的位置，使天平横梁水平平衡，记录下此时固体的质量 m；

B. ________________。

C. 整理仪器。

（4）若托盘天平平衡时，右盘中的砝码及游码刻度如右图所示，则小石块的质量为____g；量筒中水的体积变化如右图所示，则小石块的体积为____ml；小石块的密度为____kg/m^3。

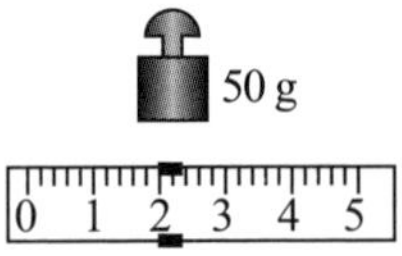

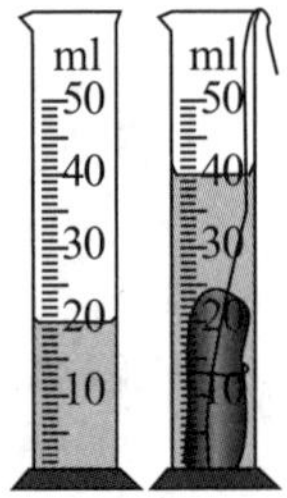

2. 测量未知电阻阻值

小红准备利用伏安法测量待测未知电阻 R_x 的阻值。她首先选取了满足实验要求的器材，并将器材如右图所示连接，现在请你帮助小红添加 1 条导线使得电路完整。

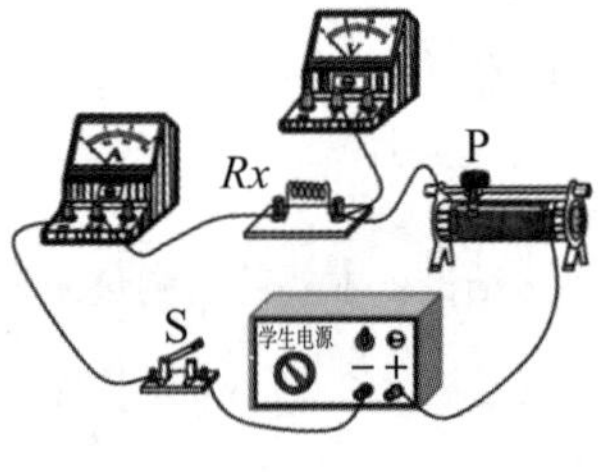

电路连接完毕，小红闭合开关 S 后却发现无论怎样调节滑动变阻器的滑片位置，电压表与电流表的数值均不会改变。其原因可能是：________。

当小红改正上述问题后再次闭合开关 S，使滑动变阻器的滑片 P 移到某一位置，电压表与电流表的示数如右图所示。此时，小红记录电压表的示数为____V，电流表的示数为____A。最终，小红确定待测未知电阻 R_x 的阻值大小为____Ω。

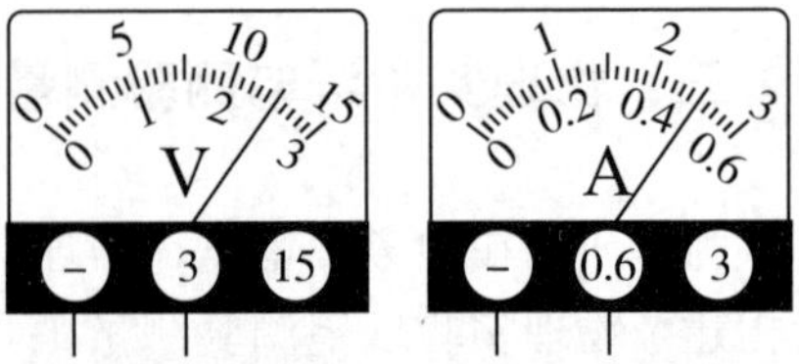

（1）在测量固体密度的纸笔测验中，主要考查学生以下内容。

1）实验器材的选取。

2）托盘天平应放置在水平桌面上，涉及此类题目的考试年份及题号为2015（30）。

3）在托盘天平被调平之前，应将游码归零；调节平衡螺母的位置，使天平横梁水平平衡，涉及此类题目的考试年份及题号为2011（30）、2012（30）、2014（31）。

4）测量固体密度的实验步骤，涉及此类题目的考试年份及题号为2013（35）。

5）天平读数的方法，涉及此类题目的考试年份及题号为2011（30）、2012（30）、2014（31）、2015（30）、2017（23）。

6）量筒读数的方法，涉及此类题目的考试年份及题号为2011（30）、2012（30）、2014（31）、2015（30）、2017（23）。

7）利用公式计算密度，涉及此类题目的考试年份及题号为2011（30）、2012（30）、2014（31）、2015（30）、2017（23）。

（2）在测量未知电阻阻值的纸笔测验中，主要考查学生以下内容。

1）实验电路图的连接，涉及此类题目的考试年份及题号为2013（32）。

2）电路故障的排除。

3）读取电压表示数，涉及此类题目的考试年份及题号为2011（29）、2013（32）、2016（27）。

4）读取电流表示数，涉及此类题目的考试年份及题号为2011（29）、2013（32）、2016（27）。

5）利用欧姆定律计算未知电阻阻值，涉及此类题目的考试年份及题号为2011（29）、2013（32）、2016（27）。

第六节　操作测验与纸笔测验的实证研究

一、测验目的

研究中学生解答中考难度纸笔测验与操作测验时所表现出的水平、特点，以及2种测验方式的区别。

二、被试与评测人员

（一）被试

本研究选取北京市海淀区 R 中学初三年级的学生作为被试。初三年级的学生在测验前已经学习过初中物理所要求的全部知识与技能（本研究的测验时间为第一学期期末），因此该批学生能够满足本研究对于学生实验知识与技能的基本要求。R 中学是一所重点中学，所选取的被试均为重点班与实验班的学生，物理成绩优秀。本研究共选取学生总计 103 人，剔除缺失、无效试卷后，总计回收纸笔测验习题 98 份，操作测验评价单、试卷 98 份。

（二）评测人员

本次测验的评测人员共计 9 名，均为物理教育研究人员。为保证本次研究评测过程的高效与有序，在实际测验之前对评测人员进行培训指导。首先，评测人员对所分管的实验进行动手操作，了解实验操作的大致过程与具体细节；其次，评测人员认真阅读分管实验的评价指标及操作评价单，掌握具体的赋值方法及扣分点；再次，按照实验分组讨论，掌握笔者对于评价指标的评分解释；最后，按照实验分组进行模拟打分测验。

三、测验材料

本次物理实验操作测验所选取的两个初中物理实验为“利用天平与量筒测量固体密度”与“测量未知电阻阻值”，分别定义编号为 AM 与 AR。具体测验内容及评价指标见本章第五节。本次物理实验纸笔测验与操作测验的实验内容相同，分别定义为 BM 与 BR。具体试题内容见本章第五节。

四、测验程序

在物理实验教室中，分别左右摆放 10 组实验器材。假设 R 中学初三年级每个班共计 36 人，将每个班的学生分为两批被试，每批被试共计 18 人；之后将每批被试学生再分为 A 组与 B 组。在测验前，由专门教师将被试学生（一批）引导至物理实验教室，A 组学生先做 AM，B 组学生则先做 AR，每位评测教师对应 2 名被试学生；10 分钟后，A 组与 B 组学生交换位置，A 组学生做 AR，B 做学生做 AM。20 分钟后，第一批学生由专门教师引导回班级中，之后再引导第二批学生前往物理实验教室。如此往复循环，直至测验结束。

五、测验结果

根据前文物理实验操作测验与纸笔测验的评价方式，笔者对操作测验试卷、评分表与纸笔测验试卷进行整理、评分。

第七节　操作测验与纸笔测验结果分析

一、学生在操作测验中的表现及特点

（一）操作测验的基本情况

本次操作测验评分结果的最高分、最低分、平均分、标准差如表 2－42 所示。

表 2－42　操作测验结果的基本信息

测验项目	样本量	最高分	最低分	平均分	标准差
AM	98	99	40	82.96	13.70
AR	98	100	34.5	70.60	14.96
A	98	194.5	93	153.56	21.23

注：AM 指利用天平与量筒测量固体密度实验，AR 指测量未知电阻阻值实验，A 指操作整体。

通过表 2－42 可以发现，AM 的平均分高于 AR 的平均分；对 AM 与 AR 进行差异性分析可以发现，AM 与 AR 两者具有显著性差异（$P=0.000<0.01$）。由上述数据可以看出，AM 相较于 AR 在操作测验中更容易。AR 相较于 AM 在操作方面更为繁复，同时所涉及的知识点更为抽象，可能是造成两者成绩上差异的原因。

接下来，对 AM 与 AR 操作测验的难度进行分析。难度是测验项目在测验中能够准确回答的程度①。难度可以利用如下公式进行计算：

$$P_i=\frac{P_H+P_L}{2}$$

其中，P_i 是难度指数，P_H 是高分组正确回答的百分比，P_L 是低分组正确回

① 邢红军. 初中原始物理问题教学研究［M］. 北京：中国科学技术出版社，2016：111－112.

答的百分比。高分组与低分组分别为整体样本数的27%。根据上述公式可以得出，AM的难度为0.79，AR的难度为0.71。由难度指数也可以看出，AR的整体难度相较于AM更大。

最后，对AM与AR操作测验的区分度进行分析。区分度是评估每个测验项目对不同水平的被试反应的鉴别能力①。试题的区分度越大，越能够将不同层级的学生进行区分，该试题的测验价值越高。区分度可以利用如下公式进行计算。

$$D_i = P_H - P_L$$

其中，D_i 是区分度指数。根据上述公式可以得出，AM的区分度为0.32，AR的区分度为0.37。美国的伊贝尔认为，试卷区分度在0.30以上为良好水平，因此本次物理实验操作测验试题的区分度良好。

（二）学生在“识别与选取”的表现

AM与AR在“识别与选取”指标中的得分情况如表2-43所示。

表2-43 “识别与选取”结果的基本信息

测验项目	样本量	最高分	最低分	平均分	标准差
AM	98	9	7.5	8.98	0.15
AR	98	9	3.5	7.86	1.39
A	98	18	12.5	16.84	1.39

注：AM指利用天平与量筒测量固体密度实验，AR指测量未知电阻阻值实验，A指操作整体。

由表2-43可以看出，AM相较于AR在“识别与选取”这一指标上面得分较高，且AMA的满分率远高于ARA的满分率（50%）。可以认为AMA相较于ARA更简单。

在真实操作测验过程中，AM的目的是测量固体的密度。在该实验中，学生很容易知晓需要提前测量质量与体积，再运用物理公式计算固体的密度、判定固体的物质种类。于是，学生很容易地会选用托盘天平测量固体质量，以及选用量筒测量固体体积。上述思维逻辑链简洁，学生很容易完成对应指标任务，故满分率较高。

然而，AR的思维逻辑链相较于AM更长，且更容易判断错误。学生在此处的错误点主要有两类：其一，未设计或选取滑动变阻器（13人）；其二，判断错量程（40人）。

首先，学生虽然知道可以利用电压表与电流表测量电压与电流，之后利

① 邢红军. 初中原始物理问题教学研究［M］. 北京：中国科学技术出版社，2016：111-112.

用欧姆定律计算电阻阻值，但是部分学生却简单地认为测量一次即可准确获知电阻阻值，无须多次测量取平均，因此未设计或选取滑动变阻器。还有一部分学生认为，将滑动变阻器串联至电路中的目的只是保护电路，防止电流过大，而操作测验所提供的电压较小，对电路中的元件没有影响，所以未选取滑动变阻器。

其次，鉴于操作测验给学生提供了待测电阻阻值的大致范围，因此学生应当主动根据已知的物理量，预估电表的量程。然而，大部分的学生却并未主动预估量程，而是直接将电表的最大量程接入电路当中进行测量。

最后，还有少部分学生在连接电路时未使用开关，或直接联通，或利用导线夹连接。

（三）学生在“安装与调试”的表现

AM 与 AR 在“安装与调试”指标中的得分情况如表 2－44 所示。

表 2－44　“安装与调试”结果的基本信息

测验项目	样本量	最高分	最低分	平均分	标准差
AM	98	14	5.5	10.96	2.88
AR	98	14	8	12.29	1.83
A	98	28	16.5	23.25	3.29

注：AM 指利用天平与量筒测量固体密度实验，AR 指测量未知电阻阻值实验，A 指操作整体。

由表 2－44 可以看出，AR 相较于 AM 在“安装与调试”这一指标上面得分较高，且 ARB 的满分率（49%）高于 AMB 的满分率（41.8%）。可以认为 ARB 相较于 AMB 更简单。

对于 AM 来讲，学生的主要错误有两点：其一，未检查天平底座是否水平；其二，未将天平调节至平衡便开始测量。

首先，评测教师在实验正式开始之前会在托盘天平下方一侧放置硬纸片，使托盘天平的底座并不水平。然而，在真实实验操作测验中，大部分学生不能准确地发现存在的问题，或者发现后并没有引起自身的重视，被试中有 49 人未能将硬纸片从天平下方撤去。其中，更有少部分的学生在放置天平时，将天平底座的一侧放置在桌面的凸起或凹陷处，并未检查便直接开始实验操作。

其次，全部被试学生虽然都知道在使用天平前应当调平，但是少部分学生并不能按照正确的规定进行调平的操作（15 人）。这其中，大部分的学生在旋动平衡螺母后，并未等待指针静止再去判断天平的指针是否处于分度盘的中间位置，而是在指针晃动的时候，便草草确定天平已经调平，接着便开始下一步的操作。除此之外，还有少部分学生并未按照正确的方式观察指针相对于分度盘的位置，导致天平并未真正调平。

对于 AR 来讲，学生的主要扣分点有如下几点：其一，并未注意电压表与电流表的“正进负出”要求；其二，未正确连接滑动变阻器（上述两类共计 12 人）；其三，连接电路后未试触（43 人）。

首先，少部分学生在连接电路时并未注意电表的“正负接线柱”，将电表的“正负接线柱”错误地连接至电路当中，造成电表指针的反转。在正式测量过程中，学生都注意到该问题，并且能够正确地加以改正。

其次，部分学生并不能正确意识到滑动变阻器在该实验中的功用，使其在连接实验电路时，并未将滑动变阻器串联接入电路当中；少部分学生虽然能够将滑动变阻器串联接入电路中，但是却错误地将导线连接在 2 个上或者下接线柱，致使滑动变阻器不能随着滑片的移动改变接入电路的阻值大小，失去调节待测电阻两端电压的功用。在实验时笔者观察到，极少部分学生在错误连接滑动变阻器之后，虽然反复查验实验电路的连接，但是仍未发现连接错误之处；在多次调节滑片无果之后，便只选取了一组实验数据进行电阻阻值的计算。由上述案例可以看出，部分学生对于滑动变阻器的工作原理不甚理解，并未掌握滑动变阻器的安装技能。

最后，通过实证研究发现，有 43.9% 的学生并未进行“试触”这一操作。试触，其本质是为了保护电路，同时进行预备性调节，一旦出现电表示数异常，能够提示实验者需要注意当前参数的选择。试触这一操作，在初中物理实验操作中是经常被教师提及的。但是，如此高的错误率表明被试学生并未真正重视试触这一操作。这也从侧面反映出，学生在知识层面的理解并不能反映在操作层面的准确度与熟练度上。

（四）学生在“操作与观测”的表现

AM 与 AR 在“操作与观测”指标中的得分情况如表 2－45 所示。

表 2－45　“操作与观测”结果的基本信息

测验项目	样本量	最高分	最低分	平均分	标准差
AM	98	14	5.5	10.96	2.88
AR	98	14	8	12.29	1.83
A	98	28	16.5	23.25	3.29

注：AM 指利用天平与量筒测量固体密度实验，AR 指测量未知电阻阻值实验，A 指操作整体。

通过观察学生进行实验操作，可以发现被试学生在 AM 与 AR 操作方面上存在大量的不足之处。接下来，对学生存在的操作问题进行具体的分析。

1. AMC 中存在的不足

在 AMC 1 中，首先部分被试学生在测量固体质量时并未将线绳从待测固体上取下，而是带着细绳一起放在天平上测量质量，该做法直接导致质量数值错误。进行该操作的学生认为，线绳的质量远小于待测固体的质量，故将两者直接捆绑进行测量时既节省时间，还不会对质量的测量结果产生任何影响。笔者认为，学生对实验操作的严谨性的认识缺失严重，其根源正在于平时的训练及督导存在疏漏。其次，部分被试学生在天平右盘中放置砝码时，并未遵循“先大后小”的原则，而是随意将不同质量的砝码堆叠在托盘内；一旦天平无法平衡，便任意更换不同质量的砝码，用试错的方式来调配适合待测固体的砝码组合，缺乏条理性。该部分被试在测量质量时，会先放置几个小砝码，再发现放置大砝码后天平仍然无法平衡时，会将天平右盘中的砝码全部去除后，再次测量，效率低下。再次，在测量固体质量时被试学生应当主动调节游码，用以配合砝码进行精确测量。但是，在真实操作测验中，笔者发现少数被试学生并未调节游码，或者将游码直接调至最大端进行测量。最后，有极少数学生并不知道利用前后两次水的体积差值计算待测固体体积。例如，序号为 4 的被试学生只测量了一次体积，其测量结果为 35 cm^3，并且带着该数值进行最后的密度计算。除此之外，部分学生在操作完毕后并没有主动将实验仪器整理放置的习惯，而是任由实验仪器摊放在实验台上。以上问题为被试学生在 AMC 1 中表现出的主要错误，该指标的满分率仅为 27.6%。

在 AMC 2 中，大部分学生（70 人）都能做到在横杆不晃动后读取固体质量大小，以及在水面保持稳定后读取水的体积大小。但是，仍然有部分学生（28 人）并未注意到细节，导致其测量的数值产生极大的误差。例如，序号为 40 的被试学生 AMC 2 的得分为 4 分，标记显示其在测量质量时并未按照合理的方法进行操作，最终其测量固体质量为 82.6 g（实验提供的待测固体铁的质量约为 79 g），偏离合理范围较大。再如，序号为 2 的被试学生 AMC 2 的得分为 4 分，标记显示其在测量体积时并未按照合理的方法进行操作，其第一次测量的水的体积为 70 cm^3，第二次测量的水的体积为 75 cm^3，计算得到待测固体体积为 5 cm^3（实验提供的待测固体体积约为 10 cm^3），偏离较大。除此之外，在实际评测的过程中，评测教师发现少部分学生并不会正确使用量筒。量筒应当放置在水平桌面上，待量筒内水面稳定后再进行读数。但是少部分学生竟会手持量筒，举在半空中进行体积的读数，这显然会造成严重的读数错误。

在 AMC 3 中，学生基本上都能够做到读取游码刻度时眼睛与标尺垂直，在读取水的体积时眼睛与水的下凹面平行，该指标的满分率为 87.8%。这表明学生在该指标表现良好，基本上掌握实验仪器读数的方法。

在 AMC 4 中，学生基本上能够注意先测量固体质量，再测量固体体积，以免固体上附着的水滴对质量的测量产生误差，满分率为 81.6%。然而，实际评测的过程中发现，仍然有 18 名被试学生存在先测量体积再测量质量的做法，并且部分学生未去除沾湿变重的线绳继续测量质量，导致实验数据不可靠。例如，序号为 57 的被试学生并未测量出准确的质量数据，而是通过比对密度表中的数值编凑出对应质量数据。

在 AMC 5 中，被试学生绝大部分（96 人）能够向量筒中倒入适量的水。其中，很多学生能够巧妙地控制初始水的体积，例如倒入 20 cm^3、30 cm^3 等，使得前后两次的体积为整数，方便后期计算。例如，序号为 39 的被试学生，其初始水的体积为 60 cm^3，浸没固体后水的体积变为 70 cm^3，差值为 10 cm^3。

在 AMC 6 中，指标要求学生在操作砝码、游码的过程中应该用提供的镊子进行夹取或调节。但是操作测验结果显示出，有 38.7% 的被试学生对此问题并无重视，全程均有用手拿取砝码、拨动游码的表现。该部分学生可以分为 3 类，第一类被试学生虽然有意识要利用镊子进行操作，但是由于受到实验操作时间的限制，为了提高效率，一段时间后便选择用手触摸砝码、游码；第二类被试学生能够意识到在平衡天平的过程中应当用镊子夹取砝码、拨动游码，但是在整理实验器材时却选择用手将游码归零，或者放置砝码；第三类被试学生对此并无任何意识，下达操作口令后，便开始直接用手触碰。而上述这些实验操作注意事项与细节，在纸笔测验中均无法体现；即使学生知晓操作注意事项，但是却无法正确地进行实验操作。

2. ARC 中存在的不足

在 ARC 1 中，存在的问题主要有两个，第一个问题为部分学生并未改变滑动变阻器的阻值大小。该部分学生分为两类，第一类学生在最开始选取实验器材时便未选取滑动变阻器，因此在操作与观测中缺失该步骤；第二类学生虽然将滑动变阻器连入电路当中，但是却并未改变滑动变阻器滑片的位置，仅将滑动变阻器作为限流装置。笔者认为这与日常考题的训练不规范存在很大的关系，因为在中考考题或者平时模拟中，大量涉及伏安法测量未知电阻阻值的实验仅要求学生读取一次电压值与电流值，便进行阻值的运算。但是，这明显与教科书中的内容及课程标准要求不符，同时也严重影响学生对于该部分内容的认知。第二个问题为部分学生在实验结束后，并不会主动整理实验仪器，而是在评测教师提醒后才有所意识，实验操作习惯较差。上述两项问题导致该指标扣分严重，满分率仅为 46.9%。除此之外，少部分学生在操作滑动变阻器时随意调节，一会连入大阻值，一会又连入小阻值，缺乏条理性。

在 ARC 2 中，指标要求在调节滑动变阻器的过程中，待测电阻两端电压的变化不应过大。然而，在实际操作测验中，统计显示大部分的被试学生并未做到指标的要求，甚至有少数学生的数据存在电压跨度较大的问题。例如，序号为83的被试学生，其电压值选取从0.7 V跨至2.5 V，跨度近2 V。

在ARC 3中，大部分学生（85.7%）能够注意到视线应当垂直于电表表盘进行读数。该数据与AMC 3的学生比率相近，这表明被试学生具有良好的读数能力，基本清楚读数的规范。在全部被试中，仅有14名被试出现电表读数的问题，与之对应的是其后期处理数据时产生的偏差严重。例如，序号为3的被试学生，标记显示其并未按照规范进行电压表的读数，最终该名学生给出的电阻阻值为1.5 Ω（该名学生的待测电阻阻值应为5 Ω），远远偏离给定的阻值。

在ARC 4中，该指标要求学生利用多次测量减小误差的方法，通过调节滑动变阻器的阻值，测量3组及3组以上电压与电流的数据，用以减少偶然误差。该物理方法在初中物理实验中是重点内容，并且出现多次，应用在多种物理实验当中。例如，初中利用刻度尺测量物体的长度时，要求学生多次测量取平均值。然而如此重要的物理方法在本次测量中却发现满分率仅为69.4%，被试中有30人未取得3组及3组以上的数据。该部分学生共分为3类，第一类被试为并未意识到应该应用该种方法用以减少实验误差，故在实验中只测量1组数据；第二类被试意识到应该获取多组实验数据，但是只测量了2组实验数据，未达到指标的要求；第三类被试则成功获取了3组及3组以上的实验数据，但是在计算电阻阻值的时候只用到了1组数据（第三类被试因为获取了3组及3组以上数据，故在该指标处并未扣分，此处提及只是详述被试的分类）。通过上述数据可以发现，学生对于物理的基础测量知识与技能并未扎实地掌握，对其背后的原理与目的不甚明了。

ARC 5的数据显示出，纵然在实际操作过程中电表的示数出现异常，但是几乎全部的学生能够成功处理。这其中最为主要的一类是被试学生虽然初始量程选错，但是在实验操作过程中能够及时发现问题，并且改换量程重新进行测量。在ARA 2中，共有40人出现量程选择错误的问题，但是在此处有34人成功发现问题，并且加以改正。仅有6名被试学生在发现电表偏转较小后，依然未采取有效的措施。在中考物理习题及平时学校模拟的纸笔测验中，实验题日总是将量程给定好，训练的主要目的是识别量程后能够正确地读数，导致部分学生并不理解应该如何选取正确的量程，亦不清楚量程选取的错误会导致读数的误差增加。

在ARC 6中，仅有49%的被试学生能够进行安全操作，并且注意保护实验仪器。该项指标主要评测学生的2项安全操作，其中第一项要求学生在连接电路时应将滑动变阻器调至阻值的最大端。数据显示，该项要求仅有极少数学生未达成。第二项要求在整理电路前，应先将开关断开后，再进行实验仪器的整理。数据显示，半数多的扣分者均未遵守安全用电操作的要求。初中物理电学实验基本上是低压电，常见的电源更是 1.5 V 干电池，远远低于 36 V 安全电压，使学生在心理上产生放松安全用电的意识，难以养成安全用电的习惯；同时，在初中物理学习的过程中，动手操作实验的次数较少，教师缺乏纠正学生错误操作的机会。因此，在本次实验操作时该项指标扣分严重。

（五）学生在“记录与处理”的表现

AM 与 AR 在“记录与处理”指标中的得分情况如表 2－46 所示。

表 2－46　“记录与处理”结果的基本信息

测验项目	样本量	最高分	最低分	平均分	标准差
AM	98	38.5	0	30.84	11.59
AR	98	38.5	1.5	20.561	10.26
A	98	77	6.5	51.40	16.05

注：AM 指利用天平与量筒测量固体密度实验，AR 指测量未知电阻阻值实验，A 指操作整体。

由表 2－46 可以看出，AM 相较于 AR 在“记录与处理”这一指标上面得分较高，且 AMD 的满分率为 26.5% 远高于 ARD 的满分率 8.2%，由此可以认为 AMD 相较于 ARD 更简单。

在 AMD 指标中，被试学生主要存在以下几类问题：①未设计表格；②数据记录不全；③数据计算错误；④未注明单位；⑤错误判断物质种类。

首先，大部分被试学生在记录数据时未设计表格，而是随意将观测到的数据记录在操作试卷上；更有甚者，记录数据极其凌乱，难以分辨具体数据。在中考物理实验考试中，设计表格是极其重要的环节，它能够帮助学生有条理地测量数据、记录数据，是提高效率与准确度的前提。在平时物理学习与训练中，教师也会反复叮咛需要设计表格；然而，数据显示大部分学生并未按照要求完成。

其次，表格中应当记录下观测到的全部数据，以及中间步骤的计算数据。但是从操作考试的结果来看，62.2% 学生未能将全部数据记录在表格（试卷）当中。这其中分为 2 类，第一类为省略一手数据，只记录体积的变量；第二类为缺失中间步骤数据，只记录初始体积与末体积。该数据体现出，学生并不能有效地记录数据，缺乏相应的实际训练。

再次，在评审实验操作试卷的时候发现，少部分学生的计算出现问题。该部分学生共分为 3 类，第一类被试学生为了拼凑数据，故意得出错误的数据以使结果与密度表中的数据相吻合。第二类被试学生，错误地运用科学记数法，忘记在真实值后面填补“$\times 10^3$”，造成最终数据的错误。例如，序号为 7 的被试，其初始计算数据为 7.9 g · cm^{-3}，但是在转换单位后却误写成 7.9 kg · m^{-3}。第三类被试学生囿于计算能力，单纯地计算错最终数据。

复次，极少部分学生在结果后面未注明单位，笔者认为这或是由于不认真造成的，或是由于未能养成良好的物理习惯。

最后，极少部分学生未能根据所得到的数据正确判断待测固体的种类。例如，序号为 9 的被测所得到的最终计算结果为“8.0×10^3 kg · m^{-3}”，但是却将其判断为铜，这显然是由于未能对结果进行正确分析导致的。

在 ARD 指标中，被试学生主要存在以下几类问题：①未设计表格；②数据记录不全；③不能判断运用何种公式及物理方法；④未注明单位；⑤计算错误。

问题①、②、④、⑤与 AMD 中的问题一致，在此不过多赘述，此处只针对③进行分析。对操作测验试卷分析可知，被试学生有大部分不能正确判断（从试卷中表现出）对应的物理方法。与前文类似，伏安法测电阻应当利用多组数据取平均值的做法减少实验测量误差，但是该指标的满分率仅为 18.4%。此处扣分的被试分为以下 3 类，第一类学生并无任何减小实验误差的做法，例如被试只测量了 1 组实验数据（U、I），故在计算时只利用 1 组实验数据便给出了电阻的最终阻值。再如，部分被试虽然获取了多组实验数据，但是在处理实验数据时只计算 1 组数据。例如，序号为 34 的被试，其测量了 6 组电压与电流值，分别是“0.1 A、0.7 V；0.2 A、1.4 V；0.3 A、1.9 V；0.08 A、0.5 V；0.18 A、1 V；0.12 A、0.8 V”，但是在实际计算过程中却只选取了第一组数据进行计算。又如，部分被试虽然计算出了多组电阻阻值（各组数据均不一），但是并未取平均值，而是挑选结果中的 1 个数据当成最终的电阻阻值。例如序号为 47 的被试，该生虽将 6 组数据均计算出来，分别为“5 Ω、5 Ω、4 Ω、3 Ω、4 Ω、9 Ω”，但是只选取 5 Ω 为最终的测量结果。第二类被试学生虽然给出了多组阻值，但是未给出计算平均电阻阻值的公式。例如，某被试计算出 6 组电阻阻值分别为“5 Ω、5 Ω、5 Ω、5 Ω、5 Ω、5.1 Ω”，在最终结论处直接判定电阻阻值为 5 Ω，而未给出对应的计算公式。第三类被试学生在规定的时间内并未完成实验操作，实验数据也尚未获取，故此处并未得分。

（六）操作测验总结分析

通过对操作测验的成绩及被试学生在操作测验中的整体表现可以看出，学生的实验操作水平尚有较大的欠缺，在各个指标中主要表现出如下问题。

首先，在“识别与选取”指标处，部分被试学生无法正确设计实验及选取实验器材，存在选取错误量程的情况。“巧妇难为无米之炊”，正确设计实验及选取物理实验器材是物理实验能够顺利完成的前提。然而，通过前文的数据统计与分析可以发现，即使被试为重点校的实验班学生，仍有部分学生不清楚如何测量固体密度及电阻阻值，进而选错实验器材。不仅如此，部分学生不能根据已有的条件判断所用仪器的量程，使后期在读取数据时造成极大的误差。例如，选取错误的量程使得读数的准确度下降；再如，天平未水平放置使得测量数据偏差严重。

其次，在“安装与调试”指标处，部分被试学生无法正确安装实验仪器，同大部分学生未对安装好的实验器材进行预备性调节。预备性调节的目的是为了检查实验装置能否正确运作，一旦实验器材连接错误，能够使得实验者在第一时间发现故障，进而确保实验能够顺利进行，同时还能够保护实验器材不被损坏。然而数据显示大部分被试学生没有养成良好的预备性调节的习惯，使得实验数据出现问题，实验过程产生安全隐患。

再次，在“操作与观测”指标处，部分被试学生并未按照正确步骤进行实验，在具体操作的过程中也未能按照实验规范进行操作与读数，少数被试学生在实验过程中，不能采取有效的措施降低实验误差，部分学生并未注意保护实验器材。该指标是实验操作测验的重点之一，是检验学生是否掌握物理实验操作的关键所在，但是根据实证的数据可以发现，部分学生并不能顺利完成该指标，存在着大量的问题。例如，学生按照正确的步骤进行实验，是完成操作、达成实验目的的重要保证，一旦实验步骤的前后顺序颠倒，若不能正确处理则会影响实验的最终结论。再如，物理实验的操作与读数规范是决定该实验能否成功完成的基础与保证。如未按照相应的规范进行实验，轻则造成实验效率的低下，难以完成实验；重则测量的实验数据偏差严重，甚至完全错误。但从前文的分析可以看出，大部分学生在实际操作的过程中，错误操作频发，直接或间接导致难以完成实验，或者实验数据错误。例如，未遵循砝码的“从大到小”原则使得实验效率下降；再如，读数时不垂直电表表盘，使测量数据错误等。部分学生不重视整理器材这一步，致使在操作测验结束后，实验台上的仪器仍然凌乱摆放。

最后，在“记录与处理”指标处，部分被试学生存在未能正确记录实验数据，未能恰当处理实验数据的问题。该指标是物理实验操作的收官，也是衡量物理实验操作是否成功完成的重要依据。但是数据显示，由于被试学生在前几个指标处的成绩不甚理想，造成最后一项指标的满分率并不高。不仅如此，操作试卷显示部分学生并不能完整、准确地记录实验数据，同时存在编造数据的现象。

综上可知，学生在操作测验中的表现不佳，在各个指标中均存在大量的问题，而这些问题在真实教学中较少被提及，同时中考物理实验题也难以对上述操作问题进行检测，进而造成实验问题的累积，学生物理实验操作能力的低下。

二、操作测验的内部比较

本节讨论的内容重点为操作测验中 AM、AR 及操作测验整体 A 三者之间的相关性，以及各项操作实验下设一级指标的相关性。

（一）AM、AR 与 A 三者内部比较

AM、AR 与 A 三者的相关性如表 2－47 所示。

表 2－47　AM、AR、A 结果的相关性分析

项　目	AM	AR	A
AM	1		
AR	0.096	1	
A	0.713**	0.766**	1

由表 2－47 可以看出，AM 和 AR 与 A 之间的相关性极其显著，但是 AM 与 AR 两者之间并无相关性。若选取决定系数 $r^2 = 0.5$ 为替代标准，则两个变量相关系数大于 0.707 时认为两者之间可以相互替代。由于 AM 与 A 之间的相关系数 0.713、AR 与 A 之间的相关系数 0.766 均大于 0.707，因此可以认为实验操作测验中 AM 与 AR 均可以替代操作测验的整体。

上述数据显示，AM 与 AR 之间并无相关性，笔者认为这是由于 AM 为力学实验而 AR 为电学实验所导致的，两者虽然指标相同，但是内部给分点不尽相同；同时，初中生对于力学实验接受程度较好，且更易操作，而电学实验更为抽象，操作起来相对繁复，故造成两项测验之间并无相关性。

（二）操作测验中“识别与选取”的比较

AMA、ARA、AA（识别与选取整体）、A 四者的相关性如表 2－48 所示。

表 2－48　AMA、ARA、AA、A 结果之间的相关性分析

项　目	AMA	ARA	AA	A
AMA	1			
ARA	－0.084	1		
AA	0.025	0.994**	1	
A	0.101	0.298**	0.310**	1

由表 2－48 可以看出，ARA 与 AA 之间高度相关且极其显著；ARA 与 A 之间弱相关且极其显著；AA 与 A 之间弱相关且极其显著；其余变量之间并无相关性。笔者认为，这是由于 AM 操作测验在识别与选取指标处，给予学生选择的机会较小的缘故，使学生轻松而正确地选取实验器材。

ARA 与 AA 之间的相关系数为 0.994 且大于 0.707，这意味着 ARA 可以代替 AA。AA 与 A 之间的相关系数为 0.310 但小于 0.707，这意味着两者之间虽然存在相关性，但是尚不足以替代操作测验整体。

（三）操作测验中“安装与调试”的比较

AMB、ARB、AB（安装与调试整体）、A 四者的相关性如表 2－49 所示。

表 2－49　AMB、ARB、AB、A 结果的相关性分析

项　目	AMB	ARB	AB	A
AMB	1			
ARB	－0.072	1		
AB	0.833**	0.492**	1	
A	0.157	0.381**	0.348**	1

由表 2－49 可以看出，AMB、ARB 与 AB 之间相关性极其显著；AB 和 A 之间相关性极其显著；AMB 与 ARB 之间并无相关性，两者不能相互替代。

AMB 与 AB 之间为强相关，且相关系数为 0.833 且大于 0.707，这意味着 AMB 可以替代 AB。对比表 2－48 可知，A 与 AA 的相关性大于 AB。

（四）操作测验中“操作与观测”的比较

AMC、ARC、AC（操作与观测整体）、A 四者的相关性如表 2－50 所示。

表 2－50　AMC、ARC、AC、A 结果的相关性分析

项　目	AMC	ARC	AC	A
AMC	1			
ARC	0.176	1		
AC	0.668**	0.850**	1	
A	0.332**	0.625**	0.651**	1

由表 2－50 可以看出，AMC、ARC 和 AC 之间相关性极其显著；AC 与 A 之间相关性极其显著；AMC 与 ARC 之间并无相关性，两者不能相互替代。

AMC 与 AC 之间为中等程度相关，相关系数为 0.668 但小于 0.707，这意味着两者之间并不能相互替代；ARC 与 AC 之间为强相关，相关系数为 0.850 且大于 0.707，这意味着两者之间可以相互替代。分析数据可以发现，AC 与 A 之间为强相关，且大于 A 和 B 的相关性。这是因为，实验操作的过程主要体现在操作与观测上，而前2个过程是为操作与观测打下基础，因此实验操作的整体与AC之间的相关性更为紧密。

（五）操作测验中“记录与处理”的比较

AMD、ARD、AD（记录与处理整体）、A四者的相关性如表2－51所示。

表2－51　AMD、ARD、AD、A结果的相关性分析

项目	AMD	ARD	AD	A
AMD	1			
ARD	0.075	1		
AD	0.770**	0.694**	1	
A	0.681**	0.644**	0.904**	1

由表2－51可以看出，AMD、ARD与AD之间相关性极其显著；AD与A之间相关性极其显著；AMD与ARD之间并无相关性，两者不能相互替代。

AMD和AD之间为强相关，相关系数为0.770且大于0.707，因此两者之间可以相互替代；ARD和AD之间为强相关，相关系数为0.694但小于0.707，因此两者之间不能相互替代。AD和A之间为强相关，相关系数为0.904，大于AA、AB、AC与A之间的相关性。这是因为该指标所指代的实验过程为实验操作的最后一步，被试学生如果在前3个一级指标中产生错误，将会直接导致无法顺利完成最后1个指标，也就意味着前期的错误将会累积在最后1个指标中呈现。

（六）操作测验内部比较的结论

研究发现，操作测验中AM与AR不可相互替代，但两者均可与操作测验整体A进行相互替代；在4个指标当中，“操作与观测”“记录与处理”与操作测验整体A之间具有强相关的关系，并且极其显著。其中，“记录与处理”相较“操作与观测”对操作测验整体A更具替代性。

三、学生在纸笔测验中的表现及特点

前文已经对本次纸笔测验所涉及的物理知识与实验技能进行梳理，在此不过多赘述。现对本次纸笔测验的成绩进行整体，并对被试学生在纸笔测验中的表现给出评价。

（一）利用天平与量筒测量固体密度（BM）实验数据分析

BM试题内容主要根据近7年北京市中考物理“密度”实验试题进行编

制，大部分考查点能找到对应的原始题目，本题的满分率为64.3%。

BM第一题测验学生能否根据实验目的确定实验器材。题干中已经给出“细线”与“足量的水”，学生应当判断出缺少“托盘天平（或天平）”“砝码（含镊子）”与“量筒”。试卷数据显示，本题满分率为78.6%，有21人未能正确选定剩余实验器材。其中，绝大部分学生能回答出“天平与量筒”，但是大部分学生忘记选取“砝码”。由此可见，绝大部分学生都清楚利用天平测量固体质量，利用量筒测量固体体积。

BM第二题测验学生是否掌握“天平调平”的方法。首先，学生应当清楚天平应放置在“水平”桌面上；其次，在调平前将游码“归零”；最后，再通过调节平衡螺母的位置，使天平横梁水平，指针指向分度盘中间刻度线。初中教师在此处一般会对学生反复强调“天平水平、游码归零、螺母调平”这三个步骤，学生对此的记忆十分扎实。从测验的分数中也能看出，本题的满分率为98%，仅有两名被试学生回答错误。由此可见，学生对于天平调平的方法掌握得十分牢固。

BM第三题测验学生是否清楚测量固体密度的步骤。试题中已经给出测量固体质量的过程，此处学生需要补充测量固体体积的过程。本题的满分率为90.8%，仅有9名被试并未给出明确测量固体体积的过程。本题考查的内容为基础知识，故大部分学均能够掌握测量的步骤。

BM最后一题测验学生是否能够正确读数，并且给出正确的密度值。本题的满分率为91.8%，仅有8名被试出现问题。其中，绝大部分学生在纸笔测验中能够根据题目中给出的图片进行读数，给出正确的数值；在扣分的被试学生群体中，大部分为计算错误，或者不会使用科学记数法，从而造成结果的错误。

通过对BM的数据分析可以发现，被试学生对于BM表现良好，绝大部分学生能够正确完成纸笔测验试题；存在的主要问题为“不能正确选取实验器材”。

（二）测量未知电阻阻值（BR）实验数据分析

BR试题内容主要根据近7年北京市中考物理“测量阻值”实验试题进行编制，大部分考查点能找到对应的原始题目，本题的满分率为85.7%。

BR第一题为设计电路图的变式，需要学生通过阅读给定电路图，通过添加一条导线的方式，使电路完成测量未知电阻阻值的实验目的。本题的满分率为96.9%，仅有3名被试出现问题。教师在平常训练中，经常会让学生默画该电路图，同时叮嘱本实验需要用到7个实验器材（电源、开关、电阻、滑动变阻器、电压表、电流表、导线若干）。由上述数据也可反映出，教师的反复训练使得大部分学生能够正确作答，同时也说明学生已经掌握了该实验电路图。

BR 第二题为判断电路故障。本题的答案并不唯一，多处实验器材的故障均有可能导致电表示数异常，学生此处只需给出 1 处具体的电路问题（例如，答出“滑动变阻器断路”即可，但是只写“断路”或者只写“滑动变阻器故障”不给分）便可拿分。本题的满分率为 89.8%，由此可见，被试学生对于纸笔测验中的电路图十分熟悉，并且能够准确判断电路故障。

BR 最后一题主要考查学生电表读数及处理实验数据的能力。此题为基础题，亦是中考实验题中经常考查的一项，本题仅有 1 位被试出现计算问题，其余学生均能够正确答对。由此可见，被试对于纸笔测验中电表读数掌握良好，并且能够根据物理公式给出正确的电阻阻值结论。

（三）纸笔测验的总结

本次物理实验纸笔测验测量工具依据中考题型、考点进行设计，与中考物理实验试题较为贴近，被试学生对于纸笔测验的试题考法十分熟悉。本次被试学生为重点班层次，对于中考物理知识掌握出色，本次纸笔测验也能反映出相同的结论，即满分率为 55.1%。这意味着，大部分学生在纸笔测验中显示出对于物理知识与实验知识的扎实掌握；但是不能忽略的是，仍有部分学生在物理纸笔测验中出现了疏漏，未能取得满分。

四、操作测验与纸笔测验的比较

本节讨论的内容重点为操作测验整体与纸笔测验整体之间的相关性，以及对单独 2 项物理实验通过操作测验所得结果与纸笔测验所得结果之间的相关性。

（一）操作测验与纸笔测验的总比较

操作测验整体 A 与纸笔测验整体 B、密度测验 BM、电阻测验 BR 结果的相关性如表 2－52 所示。

表 2－52　操作测验整体 A 与纸笔测验整体 B、密度测验 BM、电阻测验 BR 结果的相关性分析

项　目	BM	BR	B
A	0.222*	0.088	0.236*
B	0.840**	0.532**	1

由表 2－52 可以看出，A 与 B 之间有显著的弱相关，相关系数为 0.236，

小于0.707，这意味着两者之间不能相互替代。

BM与A之间存在显著的弱相关，相关系数为0.222，小于0.707，两者之间不能相互替代。BM与B之间存在极其显著的强相关，相关系数为0.840，大于0.707，这意味着BM可以替代B。

BR与A之间并无相关性，两者之间不能相互替代。BR与B之间相关性极其显著，但是却属于中等程度相关，相关系数为0.532，小于0.707，这意味着BR无法替代B。

接下来，探讨B与A、AM、AR之间的相关性，结果如表2-53所示。

表2-53　B与A、AM、AR结果的相关性分析

项　目	AM	AR	A
B	0.158	0.190	0.236*

由表2-53可以看出，B与A、AM及AR之间或呈现弱相关，或不呈现相关性，相关性系数均低于0.707，这表示B既不能代替AM与AR，也不能代替A。

最后，探讨BM与AM、BR与AR之间的相关性。BM与AM之间的相关系数为0.127，两者既不相关也不显著，无法相互替代；BR与AR之间的相关系数为0.040，两者既不相关也不显著，无法相互替代。

综合上述分析可以得出以下结论：①A与B之间存在弱相关，但是两者无法相互替代；②B无法替代AM与AR；③BM与BR无法替代AM与AR，更无法替代A。

（二）操作测验中“识别与选取”与纸笔测验的比较

本节分析B、BM、BR和AA、AMA、ARA之间的相关性，结果如表2-54所示。

表2-54　B、BM、BR和AA、AMA、ARA结果的相关性分析

项　目	BM	BR	B
AMA	0.266**	-0.040	0.203*
ARA	0.312**	-0.022	0.253*
AA	0.342**	-0.026	0.276**

由表2-54可以看出，BM、BR、B与AMA、ARA、AA之间，有的相关显著或极其显著，有的不相关，但相关系数最高为0.342，远小于0.707，这意味着B不能替代任一操作实验中识别与选取的指标，更不能替代AA；BM、BR不能替代对应操作实验中识别与选取的指标。

（三）操作测验中“安装与调试”与纸笔测验的比较

本节分析 B、BM、BR 和 AB、AMB、ARB 之间的相关性，结果如表 2－55 所示。

表 2－55 B、BM、BR 和 AB、AMB、ARB 结果的相关性分析

项　目	BM	BR	B
AMB	0.017	－0.033	－0.004
ARB	－0.123	0.019	－0.094
AB	－0.054	－0.019	－0.056

由表 2－55 可以看出，BM、BR、B 与 AMB、ARB、AB 之间并无显著相关，因此可以认为 B 不能替代任一操作实验中安装与调试的指标，更无法替代 AB；BM、BR 不能替代对应操作实验中安装与调试的指标。

（四）操作测验中“操作与观测”与纸笔测验的比较

本节分析 B、BM、BR 和 AC、AMC、ARC 之间的相关性，结果如表 2－56 所示。

表 2－56 B、BM、BR 和 AC、AMC、ARC 结果的相关性分析

项　目	BM	BR	B
AMC	－0.053	0.117	0.019
ARC	0.234*	0.002	0.199*
AC	0.149	0.064	0.161

由表 2－56 可以发现，BM、BR、B 与 AMC、ARC、AC 之间，有的显著相关，有的则不相关，但相关系数最高为 0.234，远小于 0.707，这意味着 B 不能替代任一操作实验中操作与观测的指标，更不能替代 AC；BM、BR 不能替代对应操作实验中操作与观测的指标。

（五）操作测验中“记录与处理”与纸笔测验的比较

本节分析 B、BM、BR 和 AD、AMD、ARD 之间的相关性，结果如表 2－57 所示。

表 2－57 B、BM、BR 和 AD、AMD、ARD 结果的相关性分析

项　目	BM	BR	B
AMD	0.162	0.076	0.178
ARD	0.133	0.057	0.143
AD	0.202*	0.091	0.220*

由表 2－57 可以发现，BM、BR、B 与 AMD、ARD、AD 之间，有的显著相关，有的则不相关，但相关系数最高为 0.220，远小于 0.707，这意味着 B 不能替代任一操作实验中记录与处理的指标，更不能替代 AD；BM、BR 不能替代对应操作实验中记录与处理的指标。

（六）两种评价方式比较的结论

研究发现，中考物理实验纸笔测验的评价方式不能替代物理实验操作测验；纸笔测验的评价方式不能替代物理实验操作评价指标中任何 1 项一级指标；纸笔测验的评价方式不能替代任何 1 项物理实验操作测验。

第八节　研究结论、建议与展望

一、研究结论

本研究基于文献综述，确定了物理实验操作测验评价指标，利用问卷调查确定各项评价指标的权重，并依据评价指标制订实证研究测量工具，最后利用测量工具测验海淀区某重点校初三实验班的学生，通过对物理实验操作测验与纸笔测验进行对比研究，得出如下研究结论。

1. 操作测验能考查实验操作能力，纸笔测验则不能考查，纸笔测验无法替代操作测验

笔者认为造成上述问题的原因是，操作测验与纸笔测验的考查目标不一致。操作测验与纸笔测验均能对“识别与选取”及“记录与处理”两项指标进行评价，但是操作测验的优点在于“安装与调试”和“操作与观测”。纸笔测验在考查后 2 项指标时，有时刻意忽略，有时则流于形式，不能对学生的真实实验能力进行考查。例如，利用纸笔测验考查“天平调平”时，学生虽然能够答出“先将天平置于水平桌面上，之后用镊子将游码归零，最后调节平衡螺母的位置使天平指针指向分度盘中间位置”，但是在实际操作时却往往不按实验步骤进行操作。这说明大部分学生仅能记住实验操作名词，但是并未落实到实际操作中。

笔者认为，这种情况与我国物理教育长期重视知识教学，轻视实验操作有关。目前，仍有部分教师认为学生掌握了物理实验知识，便掌握了物理实验技能；学生能够在中考物理实验中取得高分，便意味着学生的实际操作能

力很强。这显然是用纸笔测验分数替代了真实操作水平。事实上，纸笔测验成绩只能说明学生善于答题，物理知识扎实，但是却并不能说明学生实际操作能力水平。在操作测验过程中，部分学生展现出对于实验操作的轻视，认为测验内容十分简单，能够轻易完成；然而操作测验的成绩显示，在学生认为非常简单的实验操作中，仍然存在着大量的问题。这既能反映出学生实验操作水平远逊于纸笔测验，也暴露出学生对于实验操作的轻视态度。

2. 物理实验纸笔测验与操作测验为低相关

笔者认为造成上述问题的原因是，操作测验具有真实性与连贯性，但是纸笔测验却被人为简化与碎片化。

首先，操作测验是学生在真实的环境中完成给定的实验，其操作的环境是真实的，操作的过程也是真实的。学生需要自主根据实验目的识别选取实验器材，通过观察与思考确定实验器材的量程；学生在按照既定实验步骤操作过程中，还需要时刻注意操作规范与读数规范；不仅如此，学生在真实实验中遇到的问题也是多样且随机的。因此，学生需要不断根据已有条件去判断问题的来源，确定解决的办法，减小实验误差；由于数据为真实测量数值，因此，学生需要考虑如何对数据进行处理，并得出正确的实验结果。纸笔测验则将真实实验进行了简化，去除了真实环境下可能存在的一系列问题，只呈现给学生一个“剥离真实”后的实验。纸笔测验中的每一个问题，出题人都会提前为学生设计好已知条件，确定好解答方向，替代学生进行前期思考。学生在纸笔测验过程中，由于实验题目本身已经将真实问题简化，学生只需要对应“考试重点”给出答案即可。因此，实验的真实性是导致两种评价方式无法相互替代的原因之一。

其次，操作测验具有连贯性。上一个环节紧扣下一个环节，前面的环节影响后面的环节。一旦在操作测验过程中某一个环节出现问题，那么后面的环节可能都会受到影响，并且这种影响可能会累积，造成最终结果的错误。以测量未知电阻实验为例，如果学生在一开始连接电路时，误将滑动变阻器的 2 个下接线柱连入电路当中，那么在随后的实验中将只能获取 1 组实验数据，无法利用多次测量取平均值的方法减小误差，最终得出的电阻阻值偏差较大。然而，这一问题在纸笔测验中却不会产生，因为纸笔测验题目是碎片化的，一般都是一道题考查一个知识点，前后环节之间的联系并不紧密，前面环节错误并不会累积影响后面的环节。仍以测量电阻实验作为对比，纸笔测验中会将“设计电路”“判断电路故障”“电表读数”与“电阻阻值计算”分为 4 个问题，每个问题相互独立。因此，即使学生并不清楚电路的设计，依然能够判断电路故障；即使学生并不清楚电路故障，也依然能够根据电表图片进行读数；仅最后两个问题具有一定关联。综上可知，实验操作过程中的连贯性是导致两种评价方式无法相互替代的原因之一。

3. 初中生的物理实验操作能力较差

笔者认为造成上述问题的原因是，囿于教学时间的限制，学生在物理学习过程中，实验操作的机会较少。部分教师为了提高课堂教学效率，往往减少学生实验操作的次数与练习时间，导致学生得不到充分、有效的操作技能训练。操作技能是动作技能的一种，由于动作技能的提升与动作技能训练的强度、频数有关，当学生被剥夺动手操作的机会后，实验技能往往就难以得到有效的训练，导致实验技能无法获得提升，这有悖于课程目标对学生物理实验的要求。根据辛普森动作技能目标七分法，学生在掌握动作技能的过程中将会经历知觉、定式、指导下的反应、机制、复杂的外显反应、适应及创作等环节。根据实证研究的结果，部分学生仍困于“指导下的反应”阶段，仅能达成“模仿”与“试误”；少部分学生可以达成“复杂的外显反应”，能够“消除不确定性”及“自动化的操作”；而更高的“适应”与“创作”，几乎无人能够达到。由此可以看出，被试学生的实验技能较差，这也进一步反映出学生实验操作测验成绩低于纸笔测验成绩的现状。

二、中考物理实验命题前瞻性建议

本研究的目的是对中考物理实验考查的方式提出前瞻性改进方案，使“重物理实验知识，轻物理实验操作”的现状能够改变。

1. 在物理实验考核中引入操作测验评价方式

当前，北京市中考物理对于物理实验的评价方式高度依赖纸笔测验，评价方式过于单一，难以对学生的物理实验能力给出准确的评价。首先，根据本次实证结论，纸笔测验无法替代操作测验，纸笔测验考查范围与操作测验考查范围并不一致，纸笔测验无法对“安装与调试”“操作与观测”等指标进行有效考查。由于常年的纸笔测验已经形成了一系列的答题范式，学生即使对于具体的物理实验没有亲身经验，也能够根据已有的答题“套路”，顺利完成纸笔测验的考试内容。这就意味着长期依赖的纸笔测验并不能很好地评价学生的物理实验能力。其次，纸笔测验过分强调“物理实验知识、理论知识”，这与我国长期重视知识的传授，不重视方法、技能的教学如出一辙，造成学生认为“物理实验知识”即为“物理实验”的错误认知。长期畸形的物理实验教育造成的结果便是学生物理实验操作能力下降，以及物理实验能力整体不足。最后，由于近年中考物理试题难度逐年下降，造成实验纸笔测验难度也在持续走低，以致学生认为只需要记住几类常见考点即可作答。在教学中，教师反复利用纸笔测验方式夯实学生基础，仅仅能够增强学生对于考点的记忆，但是对于学生物理实验能力却没有有效提升。因此，当前亟待引入一种新的评价方式，纠正单一纸笔测验所产生的弊端，更好地评价学生的物理实验水平。

笔者认为，在北京市中考物理实验考试中应当增加操作测验。首先，根据操作测验内部比较结论可以看出，操作测验比纸笔测验能够更好地检验学生实验操作的不足，具有区分度良好、难度适宜的优势。此外，纸笔测验是“流于形式”的评价方式，而操作测验则是深入本质的评价方式，能够让学生在真实的条件下进行物理实验操作，充分展示出学生的物理实验操作水平。

其次，依据两种评价方式的对比，纸笔测验无法替代操作测验，操作测验能够对“安装与调试”“操作与观测”等指标进行更为恰当的评价。在纸笔测验中，学生要用书写的方式描写实验器材安装的方法、调试的过程、操作的步骤及观测的结果。然而，即使学生能够正确描绘出物理实验的进程，也无法保证学生在真实实验操作环境中能够完成对应的实验操作。与之相对，操作测验检验的是学生在真实实验环境下完成物理实验操作的情况。教师根据学生真实的操作，按照操作测验评价量表可以给出对应的成绩。由此可见，操作测验评价方式能够更为准确地评价学生的物理实验操作技能。

最后，在中考引入操作测验能够让教师与学生对待物理实验操作的态度得到改善。因为教师与学生轻视物理实验操作的原因是受到功利主义的诱惑，以分数结果为导向进行物理实验的教学。因此，在中考物理中引入操作测验，能够让持有分数结果导向的群体回归正途。

因此，笔者认为在未来中考物理实验命题的过程中，应当弱化当前纸笔测验评价方式的所占比重，转而寻求操作测验评价方式，更好地对初中生的物理实验操作水平进行准确的评价，进而间接地引导初中物理实验教学回归正途，真正提升北京市初中生物理实验操作技能。

2. 增强对于物理实验操作的重视程度

当前，教师与学生对于物理实验操作的重视程度相对较弱，依然认为学生在纸笔测验中的分数更能反映学生真实的物理实验能力，缺乏提升物理实验操作能力的紧迫性。这一方面与我国长期注重纸笔测验评价方式及注重“物理知识”的传授有关；另一方面则是在功利主义的诱导下，主动迎合中考的评价模式，力图让学生在中考模式下更有效地得分。在日常物理教学中，如果教师弱化物理实验操作，就会使得学生无法窥见物理实验操作的重要地位，物理实验操作就会流于表面文章。如果学生轻视物理实验操作的难度，误认为纸笔测验成绩高，则物理实验操作能力也高，就往往无法激发对物理实验操作的兴趣。因此，轻视物理实验操作的问题亟待解决。

笔者认为，可以从教师和学生两方面入手提升对实验操作的重视程度。

例如，可以组织教师进行实验操作的专门教研活动，增加教师实验技能的竞赛，提升一线教师的实验操作素养。针对学生群体，可以定期选拔优秀的初中生进驻高校物理实验室，以高校实验项目为载体，开阔学生的视野，提升对物理实验的兴趣，增强物理实验操作能力；抑或在各个中学普及物理实验竞赛，以赛代练，提升学生对于物理实验的重视程度。

3. 增加物理实验操作的练习

首先，实验操作成绩相对纸笔测验成绩低下的原因在于，教师将更多的时间用在学生纸笔练习上，压缩了学生动手操作的时间。以本次测验学校为例，学期伊始尚能保证学生每周有 1 次动手操作的机会；然而随着教学展开后，物理实验或是以文字、视频代替，或是由教师在课堂进行演示代替，学生的实验操作时间逐渐被压缩。

物理实验操作技能属于动作技能，根据布卢姆动作技能目标分类要求，动作技能需要足够次数与强度的训练才能够提升。因此学生开始需要观察教师进行实验操作，感知实验操作方法与技能，记忆正确的操作步骤；随后，学生虽能够模仿教师的实验操作，但存在操作不规范及步骤错误等问题；经过一定次数的训练，学生才能够逐渐记忆实验步骤及操作技能规范；之后，学生不断进行实验操作训练，克服实验操作中出现的操作错误；当训练达到一定次数与强度之后，方能够按照既定的实验步骤，准确无误且动作协调地进行实验操作；最终，才能够将实验操作自觉化，能够下意识地进行正确的操作过程。因此，初中生物理实验操作能力低下的原因，就在于学生物理实验操作的次数较少，他们并未能得到有效的操作训练。

其次，《义务教育物理课程标准》中规定的 20 个初中生必做物理实验，仅为最低实验数量。这 20 项物理实验是国家教育主管部门认为初中生必须会做的基础实验，用以作为教学与评估的依据。然而，初中物理教学不应仅仅停留于 20 个必做物理实验当中，应当在日常物理教学当中增加新的物理实验，拓宽学生动手操作的实验种类。物理课程标准中明确指出，教师除可以选用当前通行的器材教学外，还可以选取实验效果更强的课外器材进行物理教学；教师可以带领学生，运用生活中的器具进行物理实验，拉近物理与生活之间的距离。除此之外，为了提高学生动手操作的机会与能力，教师可以对教材中的演示实验进行改编，让学生参与其中，真正从实验中学物理。

三、进一步研究展望

首先，本研究选取海淀区一所重点校进行实证研究，所选取的被试均为该校实验班的学生。因此，本次测验结果适用于北京市中等程度以上的初中校。鉴于重点校学生在操作测验时仍然表现出大量的问题。因此，笔者认为，北京市普通校初中学生也会存在着类似实验操作的问题。然而，上述论断仅为理论的推理，应当再去选择普通校进行重复测量，扩大样本量，提升数据的准确性。

其次，本次实证研究利用力学与电学 2 个物理实验进行测验，具有一定的代表性。如果将实验类型扩大，结论将会更加全面，学生暴露出的问题也将更多。按照本次研究中所给出的操作测验评价指标，如何进一步构建出更多的实验测验工具，值得后续研究者深入挖掘。

最后，本研究的纸笔测验内容是从北京市近年中考中挑选、整理而成的习题。为了与实验操作测验进行吻合，将对应实验中的拓展舍去，仅保留与操作测验相匹配的内容。如果是近年兴起的实验探究纸笔测验题，是否测验结果与操作测验的结果会出现新变化，这无疑是值得进一步进行深入探索的课题。

第三章　北京市中考物理理论命题前瞻性研究

第一节　引　　言

一、研究背景

中共十八届三中全会通过的《中共中央关于全面深化改革若干重大问题的决定》提出："推行初高中学业水平考试和综合素质评价。"教育部基础教育二司在《2016 年工作要点》中部署了中考招生制度改革。

2016 年 5 月，出台了北京市新中考改革方案，2018 年北京市将全面开启新中考模式。新中考将在考试内容、考试方式、选考科目等方面作出重大变革，以适应未来教育发展的需求。

在理科中考及其导向下的教学中，"实验与探究题""科普阅读题"等近年来出现的"新题型"已经对传统的中考试题与备考教学产生了前所未有的冲击。目前的改革突出了科学探究能力、实验能力、科学阅读能力、科学知识面及部分科学思想方法的考查，对传统理科中考"复杂计算""大题压轴"的模式及其影响下的教学构成了重要突破。然而，如何在当前中考重大改革的背景下进一步明晰未来的发展思路与实践操作，就有必要作出系统的、前瞻性的研究。

北京教育考试院在《北京市高级中等学校招生考试考试说明（2017）》中提出"北京市中考内容与形式的改革以教学一线的创新实践为动力稳步推进，在加强试题与生活实际的联系，以及在具体情境中分析和解决问题的能力、创新意识等方面开展了一些有益探索"。由此可知，北京市中考命题的大方向发生了变化，开始逐步将关注点置于学生的思维训练和能力培养上。对物理学科，《北京市高级中等学校招生考试考试说明（2017）》特意在基本能力中提出了“要培养学生‘运用物理知识解释现象’的能力”，这也将是北京市中考未来命题的大方向之一。

本文主要研究北京市中考物理理论题，即物理计算题。随着中考改革，中考物理计算题篇幅减少，分值降低，难度降低，随着问题的简化，学生成绩大幅度提升，学生、学校、家长都对此结果非常满意。但这并不能客观反映出学生真正的物理水平。长远来看，不利于学生的发展，并与中考考试的选拔性质相悖。题目简单了，分数提高了，区分度随之大大降低，但学生的物理能力及科学思维并没有明显的提升，问题的症结到底在哪里?

《中国学生发展核心素养》提出，“核心素养”是学科教育落在学生身上最有价值的必备品格及关键能力；是个体在面对复杂的、不确定的现实问题时，能够发现问题、解决问题的综合品质 。其中，“复杂的、不确定的现实问题”是文件中的侧重点，也是有别于目前物理习题的另一种形式，与改革的初衷“在具体情境中分析和解决问题”一致。只有具备面对复杂情境中问题的解决能力，才能更好地适应目前现代化、信息化的社会。对于学生来说，只有将“抽象问题”转变为“具体情境”，才能更好地培养及考查学生的物理能力及科学思维。原始物理问题恰恰符合核心素养对于“复杂的、不确定的现实问题”的界定。

因此，本文的选题具有前瞻性和现实意义，可以帮助学校、老师了解中考物理改革过程中存在的问题，也可以为提高我国初中物理教学质量提供有效的指导与建议。

基于此，本研究以北京市中考计算题与原始物理问题为研究视角，基于教育生态学理论、核心素养理论、自组织转变理论等理论，从物理学的根源——物理现象出发，综合国内外的研究现状，对初三学生解决中考计算题和原始物理问题的能力及水平展开比较研究。

二、研究内容、研究目标及拟解决的关键问题

（一）研究内容

对北京市中考物理理论题——物理计算题展开研究，并与原始物理问题进行比较研究，编制测量工具，列出访谈提纲，对北京市初三学生解决中考计算题与原始物理问题的能力进行实证研究。本研究的主要内容包括以下几点。

（1）了解北京市物理中考改革前后的落脚点。

（2）编制知识点相同的 4 道原始物理问题和 4 道中考难度的计算题。

（3）对比分析原始物理问题与物理习题的测试结果，评价初三学生解决

物理问题的能力。

（二）研究目标

1. 通过分析学生解决原始物理问题与物理习题的具体情况，评价初三学生解决物理问题的能力。

2. 通过分析测试结果，对北京市中考物理改革提出建议与意见。

（三）拟解决的关键问题

1. 通过分析测试结果，了解初中生解决原始物理问题的态度及特点。

2. 对测试结果，展开深度剖析，并对北京市中考物理计算题提出建议与意见。

三、创新点及特色

1. 学术思想

本课题在学术思想层面体现了系统性、理论性、实践性的结合，创新的焦点为突破“习题”形式与突破实验考查的“纸笔测验”方式，从而前瞻性地突出北京市理科中考改革是一项系统且需要聚焦的工程。

2. 学术观点

本课题研究认为，北京市理科中考改革需要前瞻性的设计，而创新性、系统性是实现前瞻性的保证，核心素养取向是北京市理科中考改革的必由之路。

3. 研究方法

综合运用多种研究方法特别是心理学的研究方法。

此外，课题对北京理科中考命题思路进行历史研究，该项研究在一定程度上具有填补空白的意义。课题首次提出系统性、体系化的理科中考考查方式框架，这一成果具有一定的首创性。

第二节　文献综述

一、物理习题

习题，是指“教学上供练习用的题目”，是国内外教学中的重要组成部分。为了更好地帮助学生掌握科学方法、理解科学知识，就需要及时对课堂中所学习的概念、规律进行巩固练习。由于课程的设置和课时的限制，没有足够的时间让学生进行“完全性地自主学习”，因此，“习题”应运而生。

众所周知，物理不仅是一门以实验为基础的科学，同样也是应用十分广泛的基础科学。在物理学习中，“探究”“亲身体验”“动手做”……均是物理学习的重要方式，但同样由于课时的限制，无法完全采用探究等方式，因此需要在物理教育中引入习题，以便更好地巩固学生的知识、锻炼学生的思维，以及培养和发展学生的能力。

自 20 世纪七八十年代开始，许多物理教育工作者展开了对物理习题的研究。1980 年，乔际平指出，习题教学的目的在于“巩固和深化课内所学的知识，提高学生应用物理知识及物理规律的能力①”。1981 年，阎金铎提出，物理习题的作用应该体现在“巩固、深化、拓展学生的物理知识”三个方面②。1983 年，乔际平对其进行补充，指出：“深化和扩展必须在学生理解物理概念和规律、掌握它们的应用后才能进行，深化不能无限加深，扩展不是增加新知识，要以教学大纲和学生实际为准①”。1993 年，乔际平和梁树森提出，习题教学应该始终坚持其“服务地位”，不能把习题教学与概念规律教学并驾齐驱③。1996 年，郑青岳提出，解题可以扩大学生的知识面、受课时的限制，解题可以帮助学生扩大书本上没有的知识④。2011 年，袁守华提出，“解答习题是物理课学习中一个不可或缺的重要组成部分，在教学中具有重要的作用。⑤”……综合多位学者对于习题的看法，可以概括为两种观点，即物理习题的“从属作用”及“扩大知识面作用”⑥。

而对于习题教学的功能及作用，众多学者各抒己见。许国梁在《中学物理教学法》中提出，物理习题具有这样 3 个方面的主要功能：认知功能——巩固和深化知识；发展功能——培养和发展能力；检测功能——进行教学检查和考试⑦。乔际平和梁树森在《中学物理习题教学研究》中提出了物理习题教学有如下 5 个作用：①巩固知识；②培养能力；③反馈信息；④解决问

---

① 《乔际平教育思想文集》编委会．乔际平教育思想文集［M］．北京：首都师范大学出版社，2011.

② 阎金铎．中学物理教材教法［M］．北京：北京师范大学出版社，1981.

③ 乔际平，梁树森．中学物理习题教学研究［M］．北京：北京师范学院出版社，1993.

④ 郑青岳．物理解题理论［M］．郑州：大象出版社，1996.

⑤ 袁守华．解题思维的理论和方法［M］．北京：北京师范大学出版社，2011.

⑥ 许冉冉，胡扬洋，邢红军．我国物理习题教学思想的回顾与反思［J］．北京教育学院学报（自然科学版），2016（9）：42－47.

⑦ 许国梁．中学物理教学法［M］．北京：人民教育出版社，1981.

题；⑤激发兴趣、锻炼意志[①]。而袁守华在其《解题思维的理论和方法》中提出，习题在教学中具有以下 4 个方面的重要作用：①加深对知识的理解；②增强记忆；③培养学生运用知识推理和解决问题的能力，发展学生的思维能力；④是对学习成绩进行检查考核的重要工具[②]。

由此可知，物理习题教学一直是教学研究的热点，通过上述的分析，我们对习题的功能和作用也有了更加深入的领会。不置可否，物理习题有其价值，但是，在中考、高考、自主招生、物理竞赛的竞争环境之下，“题海战术”遍布全国。这一现象也带来了很多弊端。首先，物理教学中的习题教学时间不断增加，甚至在部分物理课堂中，习题教学占主要地位，把学物理误以为做物理习题，使课堂发生了“质”的变化，影响了正常的物理教学。同时，“题海战术”也给教师、学生和家长带来了巨大的压力。为了使学生可以愈加从容地应对各种考试，并取得优异的成绩，大多数学生在完成校内课程之外，还要在父母的安排下参加课外辅导班，而辅导班的培训方式也大多都是做“习题”。遗憾的是，在如此高强度的训练之下，许多学生依旧连最基本的物理概念及规律也未能掌握，思维方式和能力同样没有明显的提升，归根结底是因为学生对于物理知识的思考、物理问题的解决是纸面式、机械式的。当面对陌生的、未知的问题，尤其是生活中的实际问题时，学生往往会不知所措，大多数表现为不知用何种方法以何种途径解决该问题，很大程度上限制了学生的创造力及实践能力的发展。

习题带来的负面影响同样引起了众多学者的关注。乔际平认为“当前中学物理教学中……只抓了一个运用数学解决物理习题的能力，而培养学生的解题能力的目的在于应付高考。教师讲解、学生演练超量的习题，花费学生大量的时间和精力，陷入茫茫题海不能自拔，严重影响了学生身心的健康发展。与此同时，学生尽管做了许多习题还是挂一漏万，题目稍微变一变就不会做[①③]”。许国梁提到“习题是常用的考核方式，平时测试、学期考试和升学考试，历来都是以习题的方式为主。但要指出，习题不应是物理考核的唯一方式，特别是不应把习题看作仅仅是为了应付考试，为应付考试而猜题、解题，为应考而教学的做法应当避免[④]”。物理高考命题委员会主张：“要做题，但不赞成搞题海战术。因为题海战术求量不求质，学生来不及对问题进

---

① 乔际平，梁树森．中学物理习题教学研究［M］．北京：北京师范学院出版社，1993.

② 袁守华．解题思维的理论和方法［M］．北京：北京师范大学出版社，2011.

③ 《乔际平教育思想文集》编委会．乔际平教育思想文集［M］．北京：首都师范大学出版社，2011.

④ 许国梁．中学物理教学法［M］．北京：人民教育出版社，1981.

行思考①。”赵凯华对此也提出了自己的观点“我们反对‘题海战术’，反对针对某类考试或题库的应试教育。但做题依旧是学生学习物理过程中相对主动的环节，不做习题是不行的。但不在多，而在精②。”由此可见，大多数学者对于“题海战术”持反对意见，并多数赞成“习题不在多，而在精”这一观点。为了更好地判断这一观点的正误，需要对“物理习题”进行进一步的了解。

物理习题一般是以文字、图像、物理量的形式将人为抽象后的物理情境呈现给学生，将原本实际具体的物理现象、过程加以简化、抽象后编拟而成。由此可知，习题作为一种“仿真式”模拟，虽然强调联系实际生活，其实已经基本“失真”。它直接跳过物理现象到达经过习题编制人员抽象、概括后的物理模型，所以缺乏对学生抽象、概括能力的培养③。杨振宁曾经说过“许多学生认为物理学就是一些演算，其实物理学最重要的部分是与现象有关的，绝大部分物理学是从现象中来的，现象是物理学的根源④。”而习题恰恰是与物理现象分离的，是由真实物理现象高度抽象、概括后形成的，已知条件、物理模型及物理量在题设部分均已给出，不需要学生建模并设置物理量，其特点如表 3－1 所示。

表 3－1　物理习题的特点

因　素	特　点
形　式	人为设置的物理情境、高度抽象后的产物，不是对原始物理现象的描述
条　件	条件充分、控制严格，物理量、物理符号均已给出
图　像	大多数习题均配有图像
答　案	唯一的、确定的答案
目　的	提升学生基础知识，无法较好地培养学生运用方法的能力

由此可见，脱离了物理现象的习题本身就存在问题，即使减少习题数量，精化习题质量，也依旧无法改变习题“失真”的本质。因此，从物理学的根源出发，使物理教育更加贴近生活，并以提升物理能力为主要目标，对物理习题进行改进才是物理教育的当务之急。

① 教育部考试中心．高考物理能力考查与题型设计［M］．北京：高等教育出版社，1997.

② 赵凯华．物理教育与科学素质培养［J］．大学物理，1995（8）：2－6.

③ 许冉冉，胡扬洋，邢红军．我国物理习题教学思想的回顾与反思［J］．北京教育学院学报（自然科学版），2016（9）：42－47.

④ 杨振宁．杨振宁文集［M］．上海：华东师范大学出版社，1998：507－536.

二、北京市物理中考理论题的回顾

中考——初中学业水平考试，是检测初中生是否达到初中学业水平的水平性考试，同时也是建立在九年义务教育基础上的高中选拔性考试。

北京教育考试院在《北京市高级中等学校招生考试考试说明（2017）》中提出“北京市中考内容与形式的改革以教学一线的创新实践为动力稳步推进，在加强试题与生活实际的联系，以及在具体情境中分析和解决问题的能力、创新意识等方面开展了一些有益探索”①。由此可知，北京市中考命题的大方向发生了变化，逐步将关注点置于学生的思维训练和能力培养上。对物理学科，《北京市高级中等学校招生考试考试说明（2017）》特意在基本能力中提出了“要培养学生‘运用物理知识解释现象’的能力”，这也将是北京市中考未来命题的大方向之一。

中考改革前，北京物理中考的题型主要包括单项选择题、多项选择题、填空题、作图、实验与探究题、简答与计算题。2015 年中考改革后，题型及分值设置均发生了一定的变化，题型包括单项选择题、多项选择题、填空题、实验与探究题、科普阅读题、计算题。改革前后北京市物理中考题型对比见表 3 - 2。

表 3 - 2　改革前后北京市物理中考题型对比

改革前题型	改革后题型
1. 单项选择题	1. 单项选择题
2. 多项选择题	2. 多项选择题
3. 填空题	3. 填空题
4. 作图、实验与探究题	4. 实验与探究题
5. 简答与计算题	5. 科普阅读题
	6. 计算题

通过分析表 3 - 2 可知，北京市物理中考的侧重点发生了变化，更加重视实验与探究题，不仅题目数量大幅度上升，总分值也有所提高。同时，北京市中考物理试卷还引入了科普阅读题这一新的题型，试图与物理课程标准基本理念提出的“要从生活走向物理，从物理走向社会”这一要求相契合。本

① 北京教育考试院．北京市高级中等学校招生考试考试说明（2017）［M］．北京：北京理工大学出版社，2007.

研究将重点讨论北京市中考物理理论题——物理计算题的相关情况。

计算题是必须经过数学运算才能得出结果，并且要求写出详细求解过程的习题。计算题中的综合计算题在中学物理习题教学中使用最为广泛，综合计算题是指那些联系物理知识面较广，设计物理概念、规律较多，物理变化过程较复杂，解题时要综合运用多方面知识且有一定难度的物理习题①，北京市中考物理计算题就在综合计算题的范畴之内。同时，计算题需要借助数学工具求解得到最终的答案，这也是物理习题中数量较多的部分，构成了物理习题的主体。

解答综合计算题有两个基本方法，即分析法和综合法。分析法的基本思路是：①从题目的所求量开始，找出原始公式；②在所列的原始公式中，寻找有哪些所求量以外的其他未知量，分别列出表达各个其他未知量的物理公式；③总结归纳，形成总表达式。由此可见，分析法是从未知到已知的解题方法。相反，综合法是从已知到未知，从已知入手，化繁为简，列出分步方程，最后综合求解①。

北京市物理中考计算题在改革前后也发生了较大的变化。表 3 - 3 为 2013—2017 年北京市中考物理计算题基本情况的对比。

表 3 - 3　2013—2017 年北京市中考物理计算题基本情况的对比

项　目	2013 年	2014 年	2015 年	2016 年	2017 年
分值	13 分	13 分	8 分	6 分	6 分
题目数量	2 道	2 道	2 道	2 道	2 道
题目类型	电学、力学	电学、力学	电学、力学	电学、力学	电学、力学
涉及知识点	电学： ①等效电路图； ②动态分析； ③欧姆定律； ④电功率。 力学： ①滑轮； ②杠杆	电学： ①动态分析； ②欧姆定律； ③电功； ④电功率。 力学： ①浮力； ②滑轮； ③功、功率； ④机械效率	电学： ①欧姆定律； ②电功率。 力学： ①滑轮； ②功、功率； ③机械效率	电学： ①欧姆定律； ②电功率。 力学： ①滑轮； ②功、功率； ③机械效率	电学： 欧姆定律。 力学： ①滑轮； ②功、功率； ③机械效率

① 乔际平，梁树森．中学物理习题教学研究［M］．北京：北京师范学院出版社，1993.

通过表 3 –3 的分析可以发现，北京市中考物理计算题的题目数量及题目类型没有发生变化，一直是两道综合计算题，即 1 道力学计算题，1 道电学计算题。这是因为力学是研究物体做机械运动和物体间相互作用的科学，作为中学物理的重点教材，力学的课时一般占中学物理教学总课时的 1/3 以上。由于力学教材可以广泛联系生产技术实际和学生经验实例，力学教学有比较丰富的内容可提供充分的机会来培养学生的观察与实验能力、思维能力、分析和解决实际问题的能力。而电磁运动和机械运动一样，也是一种基本的物质运动形式①。因此，物理中考计算题涉及的领域并未发生较大的变化。

但是，对比计算题的分值，可以发现其呈逐年降低的趋势。同时，通过对比分析 2013—2017 年计算题涉及的知识点，可以发现：电学计算题在改革后摒弃了实物图的简化及电路的动态分析，将重心主要放在欧姆定律及电功率的计算上；而力学的重心依旧是滑轮及功率的计算上，只是出题形式简化了很多。这一结果与教育改革的思想密不可分，即重视基础知识、基础概念、基础公式，弱化“高、精、尖”题目。

为了更加直观地对改革前后的计算题进行分析，下面以 2008 年及 2016 年北京市中考物理计算题的电学题为例，展开对比讨论（表 3 –4、表 3 –5）。

例题 1

（2008 · 北京）在右下图所示的电路中，电源两端的电压保持不变。只闭合开关 S，将滑片 P 移至滑动变阻器 R_2 的中点时，电压表 V_1 的示数为 U_1，电压表 V_2 的示数为 U_2，电流表 A 的示数为 I_1，电阻 R_1 消耗的电功率为 P_1。闭合开关 S、S_1，当滑片 P 移至滑动变阻器 R_2 的 A 端时，电压表 V_1 的示数为 U_1'，电压表 V_2 的示数为 U_2'，电流表 A 的示数为 I_2，滑动变阻器 R_2 消耗的电功率 P_2 为 1.6 W。闭合开关 S、S_1，当滑片 P 移至滑动变阻器 R_2 的 B 端时，电流表 A 的示数为 I_3，电阻 R_3 的电功率为 P_3。已知 $U_1 = \frac{3}{2}U_1'$，$U_2 = \frac{1}{2}U_2'$。求：

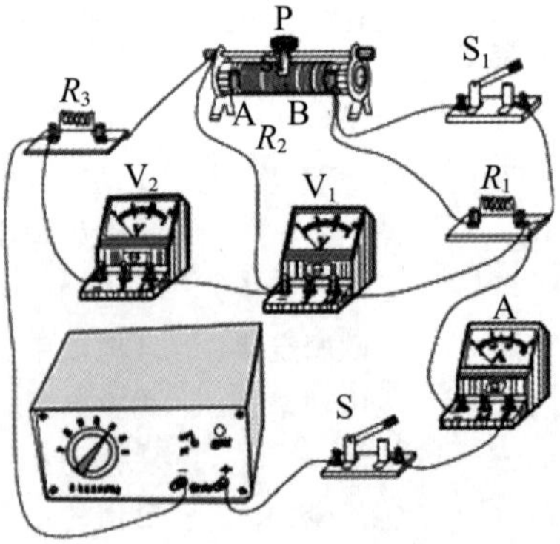

（1）电流 I_1 与 I_2 的比值；

（2）电功率 P_1 的大小；

（3）电功率 P_3 的大小。

① 许国梁. 中学物理教学法［M］. 北京：人民教育出版社，1981.

表 3-4　2008 年北京市中考电学计算题的基本情况汇总

相关物理量	R_2、R_3、U_1、U_2、I_1、I_2、I_3、P_1、P_2、U_1'、U_2'
图　像	实物图，需简化
数学计算	步骤较多，需要联立多个表达式
难　度	较大，为拔高题

例题 2

(2016 · 北京) 如右图所示，电源两端电压为 12 V 并保持不变，电阻 R_1 的阻值为 8 Ω。当开关 S 闭合时，电压表示数为 4 V。

求：(1) 电阻 R_2 的阻值；

(2) 电阻 R_1 消耗的电功率 P_1。

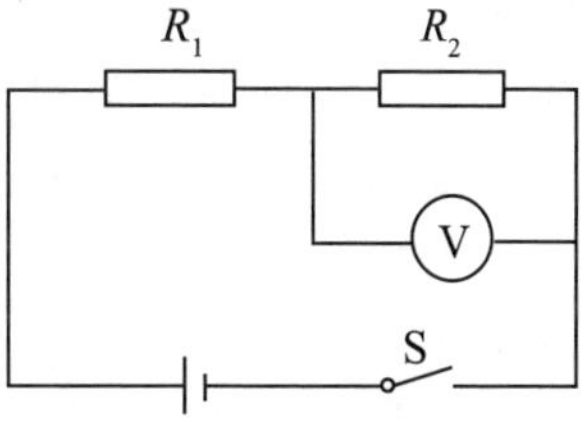

表 3-5　2016 年北京市中考电学计算题的基本情况汇总

相关物理量	R_1、R_2、U、P_1
图　像	简化图，无须加工
数学计算	步骤很少，只需 1~2 个表达式
难　度	较小，为基础题

通过对比 2008 年及 2016 年的北京市中考电学计算题，可以明显地发现，计算题的文字篇幅缩减程度较大，题目中的已知物理量也相应减少，而图像也由原来复杂的实物图转变成了简洁的等效电路图。同时，通过分析官方解题的全过程，也可以发现在计算题的解题过程中，所用到物理定律相关的公式数量减少，数学计算过程大大简化，基本是一两步就可以得到最终的答案。

随着问题的简化，学生的物理中考成绩大幅度提升，学生、学校、家长都对此结果非常满意，但是这并不能客观反映出学生真正的物理认知水平，同样也不利于学生的长远发展，并与中考考试的选拔性质相悖。题目简单了，分数提高了，区分度随之大大降低，但学生的物理能力及科学思维并没有明显的提升，问题的症结到底在哪里？

通过分析，可以发现，改革后的计算题虽然难度大幅度降低，但是其本质却与改革前的计算题完全一致——依旧是“物理习题”。以上述两年的例题为例，题干部分的文字表述均是对真实物理情境的高度抽象，有已知量，有物理图像，有唯一的解题方法及最终结果。这样看来，改革的最终结果仅仅是“习题变习题”，由复杂的习题变为简单的习题，与改革的初衷“在具体情境中分析和解决问题”大相径庭。但是，若真正从物理学的根源出发，巩固、深化物理知识及物理概念是不能脱离现实的物理情境的，相关的知识、概念及规律只有在具体、真实的物理情境中才有意义，才能实现其真正的价值。

目前，核心素养是我国课程教学改革的实施重点，是各学科教育落在学生身上最有价值的必备品格及关键能力；是个体在面对复杂的、不确定的现实问题时，能够发现问题、解决问题的综合品质①。其中，“复杂的、不确定的现实问题”是文件中的侧重点，也是有别于目前物理习题的另一种形式，与改革的初衷“在具体情境中分析和解决问题”相一致。只有具备面对复杂情境中问题的解决能力，才能更好地适应目前现代化、信息化的社会。对学生来说，只有将“抽象问题”转变为“具体情境”，才能更好地培养及考查学生的物理能力及科学思维。

而原始物理问题恰恰符合核心素养对于“复杂的、不确定的现实问题”的界定。

三、原始物理问题

（一）原始物理问题的国内研究现状

赵凯华是国内最早提出“原始物理问题”雏形的学者，他在《我国赴美物理研究生考试历届试题集结》的序言中提道：“在教学中，同一物理问题，既可以把原始的物理问题交给学生，也可由教师帮助学生把物理问题抽象成数学模型，习惯后者的学生，在遇到前一类问题时，往往会不知所措②”。

后续，于克明、周武雷，以及多年来对原始物理问题研究较为全面、连续、深入的邢红军都对原始物理问题提出了自己的观点，如表 3－6 所示。

邢红军逐渐将定义聚焦于“对物理现象的描述”，并且对原始物理问题的理论渊源、原始物理问题的功能、原始物理问题教学等方面也展开了深入的研究，并提出了物理问题解决的“自组织表征理论”（self-organization representative theory，SORT），并借助该理论展开了众多的实证研究，均取得有实际意义的成果。

基于“物理学的根源是物理现象”的基本观点，原始物理问题最贴切的定义应该是“对物理现象的描述”。在中国知网上搜索“原始物理问题”，可以发现，越来越多的研究者开始关注并研究与原始物理问题相关的领域。截至目前，中国知网上有关原始物理问题的硕士论文共有 25 篇，期刊论文 100 余篇。

---

① 林崇德. 21 世纪学生发展核心素养研究［M］. 北京：北京师范大学出版社，2016：29.

② 林纯镇，吴崇试. 我国赴美物理研究生考试历届试题集解（1980—1984）［M］. 北京：高等教育出版社，1985.

表 3-6 原始物理问题的定义①②③④⑤

学 者	原始物理问题定义
于克明	所谓"原始问题"，是指自然界及生活、生产、科研中客观存在的，未被加工的物理问题，也可以称作实际问题
周武雷	狭义而言，指基于对自然界及社会生活中客观存在的、未被加工的物理现象的观察，而产生的对现象背后自然本因的疑问，具有思辨性特点，其回答可解释物理现象、揭示事物的内在规律；广义而言，泛指社会生活中，人类预期要达到某种目的，要得到想要的某种结果而需要如何应用物理规律的问题，属于实际应用性问题的范畴，这也是相对一般习题而言的实际问题，亦可称为习题的原型问题
邢红军	"所谓原始物理问题，是指自然界及社会生活、生产中客观存在且未被加工的物理问题"； "是指自然界及社会生产、生活中客观存在的，能够反映物理概念、规律且未被加工的典型物理现象和物理事实"； "能够反映物理概念、规律本质尚未加工的物理现象的描述"

在25篇硕士论文中，研究方向大致分为以下几类：①原始物理问题与物理习题的对比研究；②原始物理问题对学生物理能力的影响；③原始物理问题对学生思维品质及物理素质教育的影响；④原始物理问题的表征理论及量表的编制；⑤原始物理问题对学生构建物理模型能力的影响。具体情况如下。

1. 原始物理问题与物理习题的对比研究

表3-7中的3篇硕士论文主要从原始物理问题与物理习题的特点出发，以实证研究的方式对中学生的物理水平与认知结构进行比较研究，并结合学生的口语报告得到更加客观、准确的结论。举例来说，宗先汉在《初中生解决原始物理问题与物理习题的比较研究》⑥一文中对初中生解决原始物理问题与物理习题展开了比较研究，首先分析习题与原始物理问题的客观差异，并将初三学生分为对照组和实验组展开实证研究，发现初中生解决原始物理问

① 于克明．谈"原始问题"与能力培养［J］．大学物理，1997，16（5）：44-46.

② 周武雷，蔡扎，潘晓慧．基于原始物理问题的大学物理教学实践［J］．大学物理，2010，29（6）：43-48.

③ 邢红军，陈清梅．论原始物理问题的教育价值及其启示［J］．课程·教材·教法，2005，25（1）：56.

④ 邢红军，陈清梅．对原始物理问题教学的思考［J］．中国教育学刊，2006，8.

⑤ 邢红军，刘利．物理教学促进中学生思维品质的发展研究［J］．课程·教材·教法，2013，33（7）：97-102.

⑥ 宗先汉．初中生解决原始物理问题与物理习题的比较研究［D］．北京：首都师范大学，2016.

题存在双峰分布，初中生解决原始物理问题与解决物理习题水平差异不大，以及原始物理问题更有助于培养初中生的创造力。

表 3-7　有关原始物理问题与物理习题的对比研究的硕士论文

序　号	姓　名	年　份	学　校	题　目
1	王　静	2005	首都师范大学	《高中学生解决力学原始物理问题与物理习题的比较研究》
2	高　萍	2009	首都师范大学	《初中生解决力学原始物理问题的研究》
3	宗先汉	2016	首都师范大学	《初中生解决原始物理问题与物理习题的比较研究》

2. 原始物理问题对学生物理能力的影响

表 3-8 中的 8 篇硕士论文主要是从原始物理问题对学生物理能力培养的角度为切入点展开的。大多数研究者采取口语报告法、问卷调查法及书面材料分析法对中学生解决原始物理问题的过程进行分析。举例来说，刘利在《运用原始物理问题培养中学生物理能力的实践研究》[①] 一文中利用原始物理问题研究中学生的物理能力，对试验组进行为期半年的原始物理问题的训练，随后以纸笔测试的方式进行前后测，得到结论：接受过原始物理问题训练的学生的成绩分布与学生能力水平相符合，有利于提升学生的物理能力，且重点校与普通校解决原始物理问题之间存在差异。而刘烁在《运用原始物理问题测量初中生物理能力的研究》[②] 一文中立意新颖，对物理能力进行量化，达成更加客观的评价体系，最终得到结论：初中学生整体物理能力处于较低水平，但具有明显特征，各项物理能力要素存在较强的相关性，且普通校与重点校初中学生物理能力水平存在较大差距。

表 3-8　有关原始物理问题对学生物理能力的影响的硕士论文

序　号	姓　名	年　份	学　校	题　目
1	刘　利	2006	首都师范大学	《运用原始物理问题培养中学生物理能力的实践研究》
2	惠　永	2006	首都师范大学	《中学生物理能力的评价研究》
3	艾　彤	2013	首都师范大学	《科学推理能力和物理问题解决能力的对比研究》

① 刘利．运用原始物理问题培养中学生物理能力的实践研究［D］．北京：首都师范大学，2006.

② 刘烁．运用原始物理问题测量初中生物理能力的研究［D］．北京：首都师范大学，2006.

（续　表）

序　号	姓　名	年　份	学　校	题　目
4	刘　烁	2016	首都师范大学	《运用原始物理问题测量初中生物理能力的研究》
5	薛　峰	2009	苏州大学	《培养初中生原始物理问题解决能力的研究和实践》
6	关　燕	2010	西北师范大学	《高中物理教学中运用原始问题培养学生科学探究能力的实践研究》
7	魏小亮	2011	苏州大学	《高中生原始物理问题解决能力的培养研究》
8	杨睦毅	2012	福建师范大学	《高中生物理能力层次分析及培养研究》

3. 原始物理问题对学生思维品质及物理素质教育的影响

表3－9中的8篇硕士论文主要是从原始物理问题对学生思维品质及物理素质教育为切入点展开的。举例来说，姚勇在《运用原始问题促进中学物理科学方法教育的研究》① 一文中，选取两个平行班进行测试，一个班进行常规教学，另一个班在教学中引入原始物理问题的教学方式进行科学方法教育。最终以“科学方法测试”和“常规学业考试”进行检测。得到结论：两组在科学方法的掌握与运用及物理学业成绩上均有明显差异，实验班明显优于对照班，原始物理问题教学有显著的成效。

表3－9　有关原始物理问题对学生思维品质及物理素质教育的影响的硕士论文

序　号	姓　名	年　份	学　校	题　目
1	付兴峰	2007	首都师范大学	《运用原始问题促进中学生物理思维品质发展的研究》
2	姚　勇	2007	首都师范大学	《运用原始问题促进中学物理科学方法教育的研究》
3	李　静	2008	首都师范大学	《运用原始问题促进中学物理素质教育的研究》
4	徐利华	2009	首都师范大学	《高中生解决电磁学原始问题的口语报告研究》
5	路海波	2013	首都师范大学	《高中生解决原始物理问题水平与思维品质水平的相关研究》

① 姚勇．运用原始问题促进中学物理科学方法教育的研究［D］．北京：首都师范大学，2007.

（续 表）

序 号	姓 名	年 份	学 校	题 目
6	段俊霞	2013	首都师范大学	《高中生物理思维品质的检测研究》
7	黄琳雅	2013	首都师范大学	《运用原始物理问题考查中学生思维品质的研究》
8	程航月	2016	辽宁师范大学	《引入原始物理问题培养高中生创新思维的实践研究》

4. 原始物理问题的表征理论及量表编制

表3－10中的2篇硕士论文主要是基于原始物理问题的表征理论展开研究的。侯建芳的《高中学生解决原始物理问题与物理习题的表征对比研究》① 一文从原始物理问题和物理习题的特点出发，编制测试卷，以问题表征理论为工具，对原始物理问题的六表征过程和物理习题的三表征过程展开对比研究，将学生做题过程按表征阶段进行划分，得到结论：文字表征阶段与数学表征阶段差异不大，朴素表征阶段差异明显，而物理表征理论存在较大的差异。而石尧的《初中原始物理问题量表的编制研究》② 一文更是立意新颖，基于理论及原始物理问题与习题的对比研究，根据初中生的学生现状，拟定出原始物理问题测量工具的取材来源，编制了方法和原则，基于自组织表征理论，为原始物理问题测量工具拟定了合适的评分标准，得到结论：初中原始物理问题量表有很高的信度、较高的难度、很好的区分度及很好的结构效度。

表3－10　有关原始物理问题的表征理论及量表编制的硕士论文

序 号	姓 名	年 份	学 校	题 目
1	侯建芳	2007	首都师范大学	《高中学生解决原始物理问题与物理习题的表征对比研究》
2	石 尧	2014	首都师范大学	《初中原始物理问题量表的编制研究》

5. 原始物理问题对学生构建物理模型能力的影响

表3－11中的4篇硕士论文主要就原始物理问题和建构物理模型这两者及其之间的关系展开研究。大多数研究者均采用实证研究的方式，举例来说，

① 侯建芳．高中学生解决原始物理问题与物理习题的表征对比研究［D］．北京：首都师范大学，2007.

② 石尧．初中原始物理问题量表的编制研究［D］．北京：首都师范大学，2014.

张青霞在《利用原始物理问题培养学生构建物理模型能力的教学实践研究》[①]一文中利用原始物理问题培养学生构建物理模型能力的教学实践研究，选择实验组和控制组，实践周期为 1 学期，实验组采用原始物理问题教学，控制组采用传统教学，进行前后测；得到结论：该研究对不同水平学生的效果不同。利用原始物理问题教学，可以提高学生构建物理模型的能力，且随着原始物理问题教学实践的不断深入，培养学生构建物理模型能力的效果越明显。

表 3－11　有关原始物理问题对学生构建物理模型能力的影响的硕士论文

序　号	姓　名	年　份	学　校	题　目
1	廖建平	2008	江西师范大学	《基于原始问题解决的中学物理模型教学研究》
2	王少静	2010	河北师范大学	《运用原始物理问题提高学生建立物理模型能力的研究》
3	张晨秋	2013	曲阜师范大学	《高中物理模型教学策略》
4	张青霞	2014	福建师范大学	《利用原始物理问题培养学生构建物理模型能力的教学实践研究》

通过阅读原始物理问题相关的硕士论文可知，多数研究者是基于原始物理问题与物理习题的比较、原始物理问题的教育功能与评价功能展开的，几乎没有人将原始物理问题与中高考的命题与核心素养的内涵相联系，本文将以此为切入点展开研究。

通过中国知网的统计数据显示，不仅有很多与原始物理问题相关的硕士论文，也有很多在职的物理教师开始关注原始物理问题，截至 2017 年年底，中国知网上与原始物理问题相关的期刊论文共 100 余篇，并且论文数量逐年递增，具体情况如图 3－1 所示。

由图 3－1 可知，从 1997 年开始，于克明正式展开对原始物理问题的研究，伴随着教育理念的改革及核心素养的提出，原始物理问题被越来越多的物理学者关注，成为物理教学中热点讨论的话题。学术型期刊论文数量近似呈逐年递增的趋势，并于 2014—2016 年增长迅速，而这一现象与核心素养的提出息息相关。而在众多与原始物理问题相关的期刊文献中，首都师范大学邢红军团队的研究成果占多数。

① 张青霞．利用原始物理问题培养学生构建物理模型能力的教学实践研究［D］．福州：福建师范大学，2014.

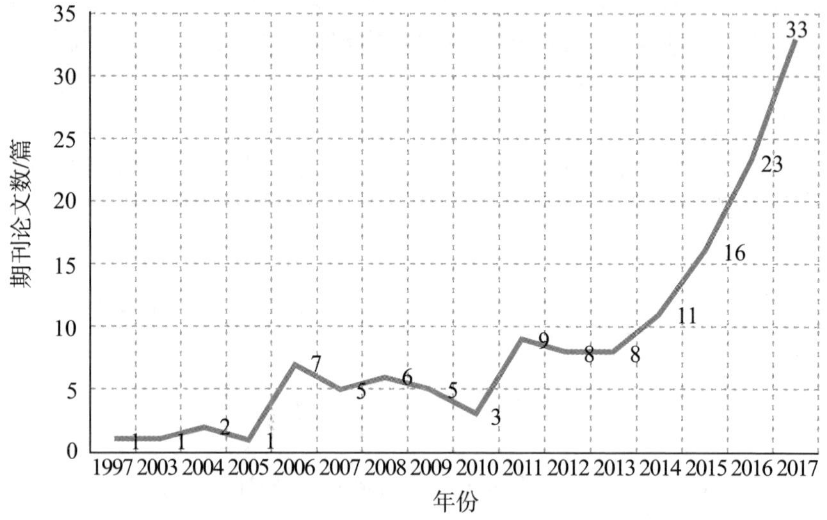

图 3－1　中国知网上与原始物理问题相关的期刊论文篇数统计

在邢红军发表的《论原始物理问题的教育价值及其启示》① 一文中，深入研究了原始物理问题的理论渊源，从杜威提出的“经验组织原则”出发，到皮亚杰的“双重建构”理论，再到越来越被众多学者重视的“生态学”理论，清晰诠释了原始物理问题的理论内涵。

在《原始物理问题教学：物理教育改革的新视域》② 一文中，邢红军立意新颖地从爱因斯坦的科学思维过程理论为切入点，提出了原始物理问题教学的观点，借助流程图界定了原始物理问题与物理习题的核心概念，诠释了原始物理问题对学生物理思维培养的重要促进作用。

研究表明，学生解决物理习题时，解答思路基本是固定的（图 3－2 虚线所示）。物理习题解答的因果联系是确定的、线性的。相反，原始物理问题紧密联系生活实际，用文字对物理现象进行描述，需要学生自主设置物理量、画出图像并运用物理方法，最终解释、评价物理现象（图 3－2）。因此，原始物理问题的因果联系是不确定的、非线性的。因此，这类问题可以充分调动学生学习的主观能动性，促进学生思维品质的发展。

---

① 邢红军，陈清梅．论原始物理问题的教育价值及其启示［J］．课程·教材·教法，2005，25（1）：56.

② 邢红军．原始物理问题教学：物理教育改革的新视域［J］．课程·教材·教法，2007，27（5）：51－57.

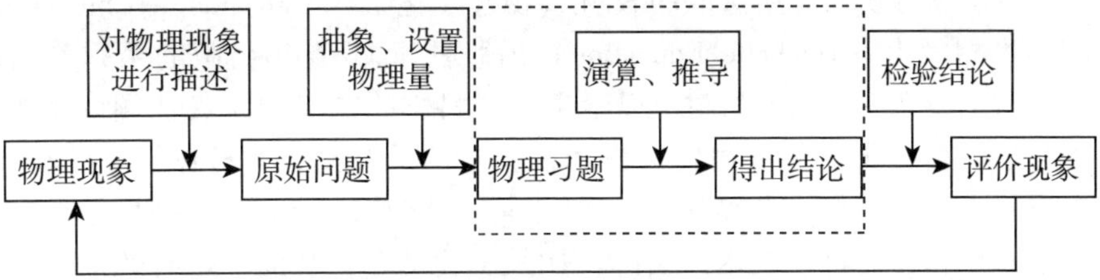

图 3－2　原始物理问题的具体流程

由此，可以得到原始物理问题的相关特点，如表 3－12 所示。

表 3－12　原始物理问题的特点

因　素	特　点
形　式	对原始物理现象的描述
条　件	无已知物理量、无相关物理符号
图　像	无图像及物理模型
答　案	不唯一的、不确定的答案
目　的	调动学生学习的主观能动性，促进学生思维品质的发展
因果联系	不确定的、非线性的

通过对比表 3－1 与表 3－12，可以发现原始物理问题与前面论述的物理习题有很大的差异性。另外，原始物理问题不仅符合核心素养对于“复杂的、不确定的现实问题”的界定，同时也满足物理课程标准基本理念提出的“要从生活走向物理，从物理走向社会”的基本要求，更加契合《北京市高级中等学校招生考试考试说明》提出的培养学生“运用物理知识解释现象”的能力。因此，原始物理问题将会成为未来物理教学及考试命题的新方向。

（二）原始物理问题的国外研究现状

在国外，虽然不似国内明确提出了“原始物理问题”这一概念，但是长久以来，在国外的物理教学中，都十分重视物理知识与实际生活的联系，注重学生创造力、想象力的培养。在国外，教材的物理习题及考核中的物理试题，大多采用与物理现象联系紧密的“原始物理问题”，这也与前面提到的物理学的根源相契合，只有从物理现象出发，才能一步步贴近物理学的本质，开展真正的物理教学活动。为了更好、更快地了解国外原始物理问题的研究进程，本研究选取国外中学物理教材为主要研究对象。下面，以法国、美国、英国、日本 4 国的物理教材为例，对教材的基本理念、栏目设置、习题特点展开讨论，以了解国外教育研究者在“real problem”领域的研究进展。

法国教材分析研究所选取的教材《物理·化学》（Physique – Chibouque）是法国桦榭教育（Hachette Education）出版社于2010年出版的系列教材丛书，教材的编者希望这套教材可以给学生“科学的味道”[①]。在法国课程改革的引导下，教材非常注重物理知识和社会生活的联系，教材包括8个栏目，其中有一个栏目叫作“世界各地”，处于每一节的知识之后，主要向学生普及与本节知识相关的科学技术、实际应用及文化活动。帮助学生有效地将物理知识与社会生活紧密联系，让学生对目前现代化、科技化、信息化的社会有更加深入的了解，以提升学生的综合科学素养。

在美国，有三大主流物理教材。美国物理科学研究委员会编订的《PSSC物理学》，偏向学术型，采取“以质代量”的策略，删减了教材中经典物理学的内容，而增加了近代物理相关知识的比例，使教材的内容理论性强、难度偏深和偏难[②]。《HPP物理》由美国哈佛大学物理系杰拉尔德·霍尔顿教授编写，偏向通识型，教材注重把最基本的物理科学史。科学哲学和物理概念、规律融为一体，特点是深入浅出[③]。而《Physics：Principles and Problems》是由美国麦格劳·希尔公司出版的使用率最高的美国物理教科书，偏向生活型，值得一提的是，该教材特意设置了“生活中的物理学”及“物理学的应用”两个版块，将物理知识与生活中的生产技术、物理现象紧密联系起来，帮助学生树立“物理与现象密不可分”这一重要观念。

由英国Nelson Thomas Ltd. 2006年出版的《AQA Science GCSE Physics》着眼于知识和概念的全面覆盖和理解。课程标准提出“使学生获得主要的科学知识体系，并能应用到生产生活中，适应新的环境”及“能考虑和评估自己实验得到的数据来源”两项要求，说明课标对学生的自主学习的技能和延伸应用能力有很高的要求。值得一提的是，该教材中有一个栏目叫作“How science works questions”，里面的物理问题综合性很强，主要是呈现出一个具体的物理场景，在此基础上，学生联系实际，积极思考并给出答案。此类问题实践应用性较强，并要求学生有扎实的理论基础，较好的抽象和建立物理模型的能力，以及较强的分析问题的能力。这类问题的答案具有一定的开放性，可调动学生积极性，激发创造力，训练学生的逻辑思维能力。

日本教材《理科的世界》是自1958年沿用至今的综合理科性教材。在该教材中有一个栏目叫作“生活中的理科”，将生活中熟悉的物理情境、物理现象与物理知识及物理规律有效地结合，帮助学生树立“知识联系实际”的学习意识。另外，教材在物理习题的设置上也是注重与实际物理现象的融合，

---

① 朴月凤．法国高中物理教材研究［D］．天津：天津师范大学，2014.

② 李岩．中美高中物理教材栏目设置的比较及启示［D］．长春：东北师范大学，2012.

③ 吕彤．中美二套高中物理教材的比较研究［D］．苏州：苏州大学，2008.

使学习内容不脱离社会，在此基础上，学生可以充分发挥主观能动性，选择恰当的科学方法解决该问题，提高自身的科学素养。

首先，通过上述对法国、美国、英国、日本 4 国物理教材的分析可知，大多数国外物理教材的基本理念都涉及了“知识联系生活”的观点，从物理学的根源——物理现象出发，展开物理知识、物理概念及物理规律的教学。其次，在国外教材栏目的设置上，多数教材会特意设计“生活中的物理”这一环节，在该环节中介绍与本节知识相关的科学技术和实际应用，帮助学生了解科学知识的应用现状，紧密联系社会，强化应用意识。最后，在教材习题的设置上，多数教材均由具体的物理情境出发，促进学生独立思考，得出结论，激发学生的创造力与逻辑思维能力。由此可知，国外基础教育十分重视学生的实际应用能力，而提升该能力的有效途径之一就是“原始物理问题”。

第三节　理论基础

一、教育生态学理论

生态学（ecology）一词源于希腊文，由“oikos”和“logos”2 个词根组成，生态学的本意是“研究住所”的学问。德国生物学家赫克尔于 1868 年给出定义，生态学是“研究动物与其无机环境的全部关系”的科学。现在，较为普遍的解释为“研究有机体或有机群体与其周围环境的关系的科学”[①]。

生态学有很多分支，如植物生态学、动物生态学、人类生态学、社会生态学、城市生态学等。1976 年美国哥伦比亚大学师范学院院长克雷明首先提出了“教育生态学”。

由此可知，教育生态学强调在真实的情境中研究教育问题及学生的学习心理，强调提高教育活动的普遍适用性和可操作性，促进物理教育的成长与发展。

由于习题教学的局限性，因而在物理教学中引入生态学十分有必要。习题教学有优势，但是，随着时代的发展，它的缺陷也逐渐暴露出来。习题是与物理现象分离的，由真实物理现象高度抽象、概括后形成的，已知条件、

---

① 麦肯齐 A，鲍尔 A S，费迪 S. 生态学［M］. 孙儒泳，译. 北京：科学出版社，2004.

物理模型及物理量在题设部分均已给出，不需要学生建模并设置物理量，使物理情境的真实性受到了破坏，不利于学生认知心理的发展，使习题教学的价值被大大地削弱。

原始物理问题的出现，打破了习题教学的固有模式，创造了物理知识传授与应用相结合的新阶段，加强了物理教学与真实环境的相互作用，不仅更加利于学生的全面发展，也更加契合新时代下的课程标准与考评要求。

二、核心素养

“核心素养”是适应信息时代对人的自我实现、工作世界和社会生活的新挑战而诞生的概念。自 20 世纪末、21 世纪初以来，经济合作与发展组织、欧盟及美国都从理论和实践两方面，确立起影响深远的核心素养框架（表 3－13）①。

（一）世界知名核心素养框架

表 3－13　世界知名核心素养①②

序　号	框架名称	具体内容
1	OECD 核心素养框架	三类核心素养：①交互使用工具的能力；②在异质群体中有效互动的能力；③自主行动能力
2	欧盟核心素养框架	八大核心素养：①母语交际；②外语交际；③数学素养和基础科技素养；④数字素养；⑤学会学习；⑥社会与公民素养；⑦首创精神和创业意识；⑧文化意识和表达
3	美国核心素养框架	①全球意识；②金融、经济、商业和创业素养；③公民素养；④健康素养；⑤环境素养
4	世界共同核心素养	八大素养：①协作；②交往；③信息通信技术素养；④社会和文化技能；⑤公民素养；⑥创造性；⑦批判性思维；⑧问题解决、开发高质量产品的能力或生产

（二）中国核心素养

2014 年教育部在《关于全面深化课程改革　落实立德树人根本任务的意见》中提出“教育部将组织研究提出各学段学生发展核心素养体系，明确学生应具备的适应终身发展和社会发展需要的必备品格和关键能力”。在课题组

① 张华．论核心素养的内涵［J］．全球教育展望，2016（4）：10－24.

② Voogt J, Robin N. A comparative analysis of international frameworks for 21st century competences: Implications for national curriculum policies［J］. Journal of Curriculum Studies, 2012（44）: 3, 299－321.

历时近3年的研究后，于2016年9月，在北京师范大学举行了中国学生发展核心素养研究成果发布。这也标志着我国的基础教育课程改革进入了全新的发展阶段——创造信息时代的课程体系①。

中国学生发展核心素养以培养“全面发展的人”为核心，包括六大素养，分别是：人文底蕴、科学精神、学会学习、健康生活、责任担当及实践创新。

科学精神素养中提到“要学会批判质疑，能多角度、辩证地分析问题”，学会学习素养中也提出“要有信息意识，能自觉、有效地获取、评估、使用信息”，另外值得一提的是在实践创新素养中提出“要具有问题解决的能力，要善于发现和提出问题，面对问题时，要有兴趣，可以根据特定情境和客观条件，制订出合理的解决方案，具有在复杂环境中行动的能力”。

物理学科核心素养是学生科学素养的重要构成，主要包括物理观念、科学思维、科学探究及科学态度与责任四部分，如表3－14所示。

表3－14　物理核心素养

序　号	一级指标	二级指标
1	物理观念	物质观念、相互作用观念、运动观念、能量观念及其应用等要素
2	科学思维	模型建构、科学推理、科学论证、质疑创新等要素
3	科学探究	问题、证据、交流、解释等要素
4	科学态度与责任	科学本质、科学伦理、科学态度、STSE等要素

对于物理这一学科来说，理论联系实际显得尤为重要。传统的物理习题与中学考试题去情境化严重，使学生的认知较大程度地脱离实际的生产生活，不利于培养学生提取信息、选择科学方法及制订解决方案的能力。而原始物理问题教学恰恰契合了科学素养的基本理念，从现象是物理学的根源出发，主要培养学生在面对复杂的、不确定的现实问题时，能够发现问题、解决问题的综合品质。更值得一提的是，原始物理问题的基本理念也与新课程标准和中考考试要求高度一致，不仅适用于平时的物理教学，也同样适用于选拔性考试。

因此，在核心素养的背景下，原始物理问题也将会是未来的有效教学途径之一。

---

① 张华．论核心素养的内涵［J］．全球教育展望，2016（4）：10－24.

三、自组织表征理论

自组织表征理论[①]（SORT），以协同学为理论基础，采用生态心理学的研究取向，将问题解决的因果联系从确定性向多样性、不确定性过渡，从知识贫乏领域向知识丰富领域过渡，从线性向非线性过渡，认为问题解决是问题解决者对问题表征状态的自组织过程，具有突变性、非线性和自我组织性的特征。

为了更好地诠释原始物理问题的表征过程，SORT 提出 7 个表征层次，分别是定向表征、抽象表征、图像表征、赋值表征、物理表征、方法表征及数学表征。自组织表征理论定义及特点如表 3－15 所示。

表 3－15[①] 自组织表征理论定义及特点

表　征	定　义	特　点	思维过程
定向表征	判断原始物理问题是一个什么方面问题的表征层次	根据物理现象的描述，凭借逻辑或非逻辑方法，对问题形成适应性和启发性的领悟	与爱因斯坦的“科学思维过程理论”一致
抽象表征	抓住主要因素，忽略次要因素，把原型转变为模型的过程	理想化方法	培养学生的抽象思维
图像表征	是学生解决问题过程中画出草图的过程	需要形象思维的参与，是原始物理问题特有的表征，由学生独立完成	培养学生的形象思维
赋值表征	根据解决问题的要求，设置所需要的物理量	该过程使原始物理问题在形式上逐渐向习题靠近	培养学生的假设思维
物理表征	确定解决问题需要使用的物理知识并加以应用	需要将原始物理问题与头脑中已有的物理知识联系起来，提取与问题相关的概念、规律以及公式	培养学生的判断思维
方法表征	选取解决问题时需要的科学方法	应用科学方法	培养学生的分析思维
数学表征	进行推导时所运用的数学步骤	包括列方程、解方程、进行必要的数学变换，从而得到最终结果	培养学生的推理思维

① 邢红军．自组织表征理论：一种物理问题解决的新理论［J］．课程·教材·教法，2009，29（4）：60－64.

只要有效地按照上述 7 表征的方式方法，就可以有效地解决原始物理问题，与此同时，也可以很好地训练学生的思维能力。

第四节　研究的设计与过程

一、研究方案

本章的研究重点是实证研究，主要面对的是即将面临中考，已学完初中物理知识的北京市初中三年级学生。本研究分别以 2015 年改革后的中考物理计算题和原始物理问题为测试卷展开测试，通过对比分析北京市初三学生的完成度与准确性了解学生对于知识的掌握能力，并结合学生的口语报告了解学生的思维过程，在进一步的深入分析后，以期对北京市物理中考计算题的命题提出改进建议。

（一）文献研究法

文献研究法，是指对文献资料的检索、搜集、鉴别、整理、分析，形成事实科学认识的方法。本章采用文献研究法，尽可能全面地将古今中外的文献进行搜集、阅读、分类，了解物理习题及原始物理问题的发展历程及研究成果。在此基础上，取其精华，寻找理论支持及概念界定，以便展开新的研究。

（二）比较研究法

比较研究法可以理解为是根据一定的标准，对 2 个或 2 个以上有联系的事物进行考查，寻找其相同点和不同点，探求普遍规律与特殊规律的方法。通过分析两事物的异同，发现规律，发现各自的优势与缺陷，对即将展开的新研究有较大的启迪作用。

（三）纸笔测验法

纸笔测验是指以书面形式的测验工具，主要侧重于评定被试者在科学知识方面学习成就高低，或在认知能力方面发展强弱的评价方式。纸笔测验可分为常模参照测试和标准参照测试，而本章的研究主要采用后者，制定标准答案与评分标准并作出解释。同时，本研究采用自编测验，依据习题及原始物理问题的特征自主编制两套测试卷，对学生的具体情况及中考改革情况展开实证研究。

（四）口语报告法

口语报告法又称出声思考，指研究者在进行实验时，要求被试报告头脑中的思考过程，或在实验后，要求被试追述思维过程的一种研究方法①。根据报告时间，口语报告可分为同时性口语报告和追述性口语报告，本研究采用的是追述性口语报告，对象主要是参与测试的北京市初三学生，即在被试完全完成测试后进行报告，保证了测试过程的完整性。

（五）访谈法

访谈法，是指通过访员和受访人面对面地交谈来了解受访人的心理和行为的心理学基本研究方法。在本研究中，访谈法主要面向的是北京市初三年级的一线物理教师，通过访谈可以了解他们对于两套测试卷的看法，以及对于中考物理改革后计算题的意见与建议，这对于本研究有很大的参考价值。

二、研究工具的编制

随着原始物理问题研究的展开，近些年也编制了信度、效度较好的原始物理问题的测量工具，也有《初中物理原始物理问题》及《高中物理原始物理问题》两本著作对原始物理问题展开较为深入的研究。但是，基于核心素养对中考物理计算题展开研究的原始物理问题较少。因此，本研究将从核心素养的基本理念为出发点，编制适用于中考的原始物理问题，以期对北京市的中考改革提出建议与意见。

（一）编制原则

本研究将以原始物理问题的自组织六表征理论为指导，遵循理论性原则、生态性原则、探索性原则、开放性原则及趣味性原则②，从学生的认知水平为出发点，并结合北京市中考物理的性质，展开原始物理问题测量工具的编制。

1. 理论性原则

自20世纪80年代至今，学者们逐渐开始以物理学科知识为例，构建问题表征理论。从“四表征理论”“表征态理论”至“自组织表征理论”，与原

---

① 李菲菲，刘电芝．口语报告法及其应用研究述评［J］．上海教育科研，2005（1）：39－44.

② 邢红军，石尧，胡扬洋，等．初中原始物理问题测量工具：编制与研究［J］．课程·教材·教法，2015（2）：69－73.

始物理问题的非线性、突变性和自我组织性相契合。“自组织表征理论”包括定向表征、抽象表征、赋值表征、图像表征、物理表征、方法表征和数学表征这 7 个表征。因此，在编制基于核心素养下初中原始物理问题时，必须使问题经历这 7 个表征，保证原始物理问题的理论完整性。

2. 生态性原则

原始物理问题应以生态学思想为指导，将物理知识和规律嵌入物理现象，以文字呈现。生态化原则的根本目的是还原物理习题的真实情景，寻找加工前最真实、自然的物理现象，只有从生态化原则出发，对真实的物理现象展开描述，并让学生自行提取信息，进行表征，才能从根本上考查学生解决物理问题的能力及思维品质。

3. 探索性原则

常规化的物理习题总是能轻易找到可以直接效仿的原型，但是原始物理问题恰恰相反，它只能通过学生不断地尝试、变换方式方法，取其优解决物理问题，这样大大增强了学生对于物理问题的探索意识，刺激学生的思维远离平衡状态，进入非平衡状态，产生“涨落”和“突变”。

4. 开放性原则

原始物理问题以物理学的根源：物理现象为出发点，所研究的问题都是生活中的真实情景，很好地联系了学生的生活实际。因此，就更加需要学生运用物理直觉确定知识范围，自主选择科学方法展开研究，并借助物理表征、数学表征对原始物理问题展开定量的计算，最终解释最初的物理现象。而木研究编制的物理问题不能超越初中物理知识的范畴。

5. 趣味性原则

由于原始物理问题紧密联系了生活实际，因此在问题的呈现方式上可以与学生的认知产生共鸣，大大增加了趣味性。由好奇心出发，学生会更加积极主动地寻求科学方法解决该问题，在解决后，学生的喜悦感与成就感会进一步增强学生的自我效能感。

（二）测量工具编制

依据上述的 5 个编制原则，并从原始物理问题的特点出发，现编制出 4 道适用于北京市物理中考的原始物理问题，包括 2 道力学题及 2 道电学题，而对照组的物理习题则是在编制的原始物理问题的基础上去情境化、严格控制条件后形成的。具体测量工具如下。

1. 原始物理问题

[原始物理问题 1]

夜幕降临，城市灯火通明，发电厂通过输电线将电输送到千家万户。在夜晚的用电高峰时，白炽灯往往会发黄发暗，而在用电低峰时，白炽灯处于正常发光状态。请运用所学的物理知识自行设置物理量，定量地解释该现象产生的原因。

[原始物理问题 2]

公共厕所里的灯常常彻夜通明，因而极易损坏，有经验的电工师傅采用把 2 只相同的灯泡串联后再接入电路的方法，此法虽然灯的亮度降低，但也起到了照明的目的，更重要的是其使用寿命可以大大延长，省去了频繁更换灯泡的麻烦。其道理是什么呢？请你利用所学知识，自主设置物理量，定量解释该现象。

[原始物理问题 3]

池塘清淤泥，需要把池塘底部的淤泥打捞到水面的小船上。现乘船打捞池塘底部的淤泥，当清淤工作完成后，此时，装有淤泥的小船还停留在水面上，问池塘里的水面是上升、下降还是不变？请自主设置物理量，推导出一个表达式证明你的猜想。

[原始物理问题 4]

在日常锻炼和体育课上，男同学喜欢做俯卧撑。请你利用所学知识，自主设置物理量，推导出该同学完成一次俯卧撑所做功的表达式。

2. 物理习题

[物理习题 1]

发电厂通过输电线将电能输送至千家万户，一发电厂通过变压器输送到某小区的电压为 240 V，小区内的输电线可看作阻值恒定的定值电阻 $R_0 = 1\ \Omega$，而各用户用电器的等效电阻阻值分别记为 $R_1 = R_2 = R_3 = R_4 = \cdots = 500\ \Omega$。假设用电低峰期，有 50 户人家用电，用电高峰期，有 100 户人家用电，但发现用电高峰时灯泡相较于低峰时比较暗，请结合图 3 – 3 并利用上述物理量定量计算以解释这一现象。

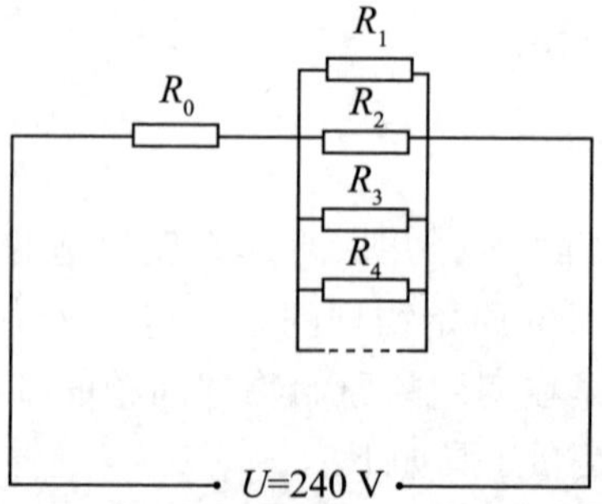

图 3 – 3

[物理习题2]

住宿楼楼道，公共厕所里的灯常常彻夜通明，因而极易损坏，有经验的电工师傅采用把2只相同的灯泡串联后再接入电路的方法，此法虽然灯的亮度降低，但也达到了照明的目的，更重要的是其使用寿命可以大大延长，省去了频繁更换灯泡的麻烦，现已知电源电压为220 V，2只相同的灯泡阻值分别为R_1、R_2，阻值均为1210 Ω，请结合图3－4，解释上述做法的道理是什么？

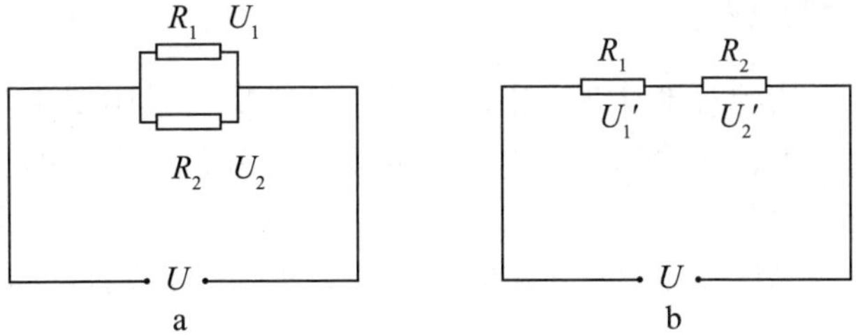

图3－4

[物理习题3]

小池塘里有一条船，船上的人欲将完全浸没于水中的一块大石头捞起，现在已知石块的质量为30 kg，石块的密度为3.0×10^3 kg/m³，小船的质量为150 kg，小船的密度为0.6×10^3 kg/m³。若石头被捞起后置于船内，池塘的水面将会上升、下降还是不变？请结合图3－5及上述物理量定量分析。

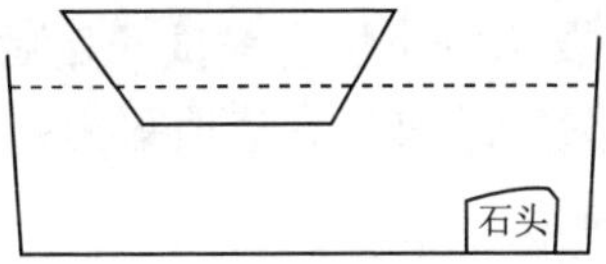

图3－5

[物理习题4]

在日常锻炼和体育课上，男同学喜欢做俯卧撑，现将该同学抽象成杠杆，重心在身高的中心，脚可以看作支点，已知人的身高L为1.8 m，重力G为600 N，人的手臂h长为0.9 m，人的手臂受到竖直向上的支持力为F，俯卧撑起身时身体与水平地面的夹角θ为30°，如图3－6所示，请你结合下图推导出该同学完成一次俯卧撑所做功的表达式。

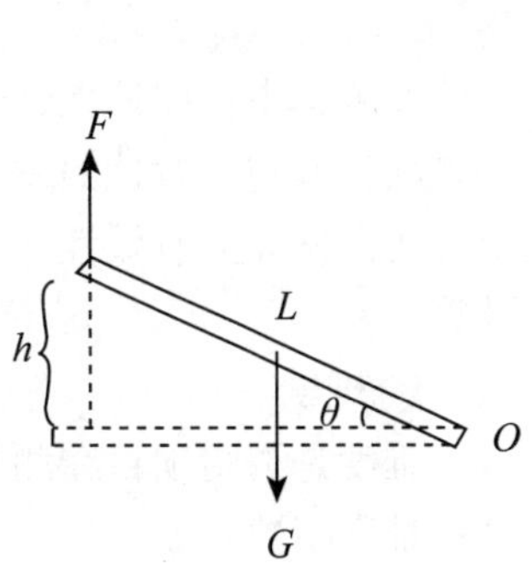

图3－6

（三）测量工具的预测试

为考查测量工具具有客观有效性，本研究先进行预测试，通过计算编制出的测量工具的难度、区分度和信度来考查测量工具的客观有效性。

三、研究步骤

（一）被试的选择

参与预备测试的对象是北京市海淀区中国人民大学附属中学分校初中三年级 4 个班的学生，学生们已全部学完初中物理知识。采取的测验措施是选取 4 个平行班，两个班进行初中常规物理习题的测试，另外两个班进行初中原始物理问题的测试，测试时间相同，要求学生独立完成自己的测试卷。

（二）测试方案

1. 测试形式

本次测试在 4 个平行班同时进行，测试形式为闭卷，每一位学生独立思考完成。监考老师在测试前宣读测试的具体要求，在测试过程中，监考老师可以对学生存在疑惑的地方进行适当地解答，但是与题目具体内容相关的问题，监考老师应拒绝回答，要求学生独立完成所有试题。

2. 测试时间与要求

测试时间为 40 分钟。要求每位学生考试开始后，写好个人信息，在解题过程中画出辅助解题的草图，详细、清楚地写出每道题的解题过程，测试结束后，将试卷交给监考老师。

四、测量工具的有效评估方案

在测量中，应该保证测量项目的客观有效性。难度、区分度、信度都是测量项目客观有效性的重要衡量标准，因此，为了更好地确保测试卷的质量，保证实证研究的有效性，应该对测量项目中的难度、区分度及信度展开研究、计算。

1. 难度

难度是测验项目在测验中能够准确回答的程度。难度可以按照公式 3－1 计算难度指数：

$$P_i = \frac{P_H + P_L}{2} \tag{3-1}$$

式中，P_i 为某一次测验项目的难度指数。从项目分析做统计检验的基本原理出发，将所有被测的测试总分从高到低依次排列，前 27% 为高分组，后 27% 为低分组。P_H 即为高分组对此项目正确回答的百分比；而 P_L 为低分组对此项目正确回答的百分比。

通过上述计算方法，可以衡量出本研究的测量工具的难度。

2. 区分度

区分度是评估每个测验项目对不同水平的被试反应的鉴别能力。评估某一测验项目区分度的原理是高分组和低分组对同一项目应有不同的反应。中考具有较强的选拔特性，因此，中考试题在题目的设置上应尽量提高区分度，将不同学业水平的学生区分开，知识水平、能力水平高的学生得分高；相反，知识水平、能力水平略显不足的学生得分低。

可以按照公式 3 - 2 计算鉴别指数来估计区分度：

$$D_i = P_H - P_L \tag{3-2}$$

式中，D_i 为某一测验项目的鉴别指数；P_H 为高分组对此项目正确回答的百分比；P_L 为低分组对此项目正确回答的百分比。在正态分布中，高低分组的最佳百分比依旧是 27%，对于小样本可选取 25% ~33%，本研究选取最佳百分比 27%。

美国伊贝尔提出对测试卷的区分度指标，如表 3 - 16 所示。

表 3 - 16　区分度指标

区分度 D	试题评价
0.4 以上	优秀
0.30 ~ 0.39	良好
0.20 ~ 0.29	尚好，但需修改
0.19 以下	劣，应该淘汰

区分度越高，越能对受测者进行区分，该道题目的价值就越大。

3. 信度

本研究需要考查的是测量工具的内在信度。内在信度主要包括结果的一致性、稳定性和可靠性，是对一组题项是否测量同一个概念，即这些题项的内在一致性如何，能否稳定地衡量这一概念。若测量结果的信度越高，则表示测验的结果更一致、稳定和可靠，一般的方法是检测 Cronbach's α 系数，其计算公式为：

$$\alpha = \frac{K}{K-1}\left(1 - \frac{\sum_{i=1}^{K} \sigma_{Y_i}^2}{\sigma_X^2}\right) \tag{3-3}$$

式中，K 为量表中评估项目的总数；σ_X^2 为全部项目总和的方差；$\sigma_{Y_i}^2$ 为第 i 个项目得分的表内方差。

通过对本研究测量工具的难度、区分度及信度相关指标的统计检验，可以认为，本研究编制的初中原始物理问题测量工具具有较好的客观有效性，可以进行正式测试。

五、测试及数据处理

1. 测试的准备

提前印制原始物理问题测试卷及物理习题测试卷各 70 份，与测试学校的负责教师提前确定测试时间，提前到达测试地点，做好准备工作。

2. 测试过程

（1）被试：初三年级的 4 个平行班学生。

（2）测试工具：一套原始物理问题测试卷（测试卷 A），一套初中物理习题测试卷（测试卷 B）。每套试卷包括 4 道测试题。两套试卷的题目形式及问题表征方式不同，但是所涉及的初中物理知识点均相同。

（3）测试时间：40 分钟。

（4）测试方式：闭卷性测试。

（5）原始物理问题测试卷指导语。

亲爱的同学们，大家好！非常感谢大家参与本次原始物理问题的测试。希望通过大家的纸笔测试了解初三学生解决原始物理问题的情况，以期对未来北京市中考物理改革提供有效的数据及参考。本次的测试题不是普通的物理习题，而是原始物理问题，题干部分主要是对物理现象的描述，因此题目中通常不出现物理量和物理图示，解答题目所用的物理量和物理图示，由同学们根据你解决问题的需要来自行设置，你所推导出来的最终表达式中的物理量应该是能够测量出来的。请同学们把解答问题的过程尽量详细地写出来（包括绘制辅助理解的物理草图）。你的每一个解题步骤和文字叙述，我们都会在评阅试卷时认真考虑。谢谢大家！

（6）物理习题测试卷指导语。

亲爱的同学们，大家好！非常感谢大家参与本次物理习题的测试。希望通过大家的纸笔测试了解初三学生解决物理习题的情况，以期对未来北京市中考物理改革提供有效的数据及参考。本次的测试不是考试，测试结果也不作为大家考试的成绩记录，所以大家不需要有任何的负担。希望大家可以认真、独立地完成每一道题。请把你的解答过程尽量详细地写出，你的每一个解题步骤和文字叙述，我们都会在评阅试卷时认真考虑。谢谢大家！

六、测试结果

1. 初中原始物理问题测试结果（表 3 – 17）

表 3 – 17　初中原始物理问题测试结果

序　号	姓　名	性　别	第一题	第二题	第三题	第四题	总　分
1	邱×峰	男	2	4	3	6	15
2	易×琳	女	5	4	1	5	15
3	屈×寒	女	5	1	3	5	14
4	黄×文	女	2	0	5	1	8
5	高×仪	女	4	2	1	0	7
6	马×明	男	3	6	4	6	19
7	吴×桢	男	1	0	1	2	4
8	高×东	男	5	1	2	6	14
9	钟×琦	男	0	2	2	1	5
10	冯×萌	女	0	0	4	3	7
11	王×玥	女	1	1	4	0	6
12	陈×卓	女	1	0	0	1	2
13	陈×宣	女	0	1	0	0	1
14	朱×知	男	1	0	4	1	6
15	陆×炫	女	1	1	2	1	5
16	庄×敏	男	6	5	2	6	19
17	吴×扬	男	5	1	4	3	13
18	鲁×清	女	0	1	2	1	4
19	马×荣	男	3	5	3	1	12
20	吴×峻	男	3	4	2	2	11
21	刘×涵	女	1	1	1	0	3
22	任×祥	男	1	0	1	0	2
23	赵×然	女	3	1	2	0	6
24	向×玥	女	4	3	6	0	13

（续 表）

序 号	姓 名	性 别	第一题	第二题	第三题	第四题	总 分
25	贺×琪	男	4	1	6	5	16
26	王×轩	男	3	2	2	1	8
27	李×奚	女	0	3	0	0	3
28	冯×屹	男	5	5	5	6	21
29	杜×泽	男	1	0	3	6	10
30	侯×涵	女	5	6	5	4	20
31	方×苏	女	6	2	5	6	19
32	薛×涵	女	5	2	4	1	12
33	孙×泽	男	5	6	6	4	21
34	冯×明	女	5	3	6	1	15
35	王×竹	男	4	0	3	3	10
36	于×昊	男	3	4	2	3	12
37	陆×畅	男	0	0	2	0	2
38	叶×竹	女	6	1	5	0	12
39	卞×博	女	5	5	5	2	17
40	孙×蔚	女	6	1	3	2	12
41	王×珩	男	4	5	5	0	14
42	傅×瑶	女	4	2	5	1	12
43	杜×菲	女	5	4	2	1	12
44	冷×飞	男	6	3	5	2	16
45	纪×欣	女	6	6	5	1	18
46	丁×风	男	4	4	1	1	10
47	黄×航	男	1	2	1	1	5
48	马×宇	男	3	0	5	1	9
49	耿×锋	男	2	5	6	5	18
50	刘×健	男	5	0	6	6	17
51	袁×祁	男	5	5	3	0	13
52	戴×骏	男	3	4	1	5	13

（续 表）

序　号	姓　名	性　别	第一题	第二题	第三题	第四题	总　分
53	王×行	女	3	1	5	1	10
54	王×斌	男	2	2	0	1	5
55	柳×宸	男	3	3	2	0	8
56	乔×浩	男	3	2	1	0	6
57	饶×怡	女	4	0	3	6	13
58	王×蒙	男	2	5	3	1	11
59	申×轩	女	3	5	6	2	16
60	钱×汉	男	5	6	4	5	20
61	秦×琳	女	5	4	6	4	19
62	蒋×馨	女	3	2	1	1	7
63	宋×伯	男	2	0	1	4	7
64	周×煜	女	5	2	6	1	14
65	贺×然	女	6	3	0	1	10
66	张×旭	女	5	4	1	0	10

2. 初中物理习题测试结果（表 3－18）

表 3－18　初中物理习题测试结果

序　号	姓　名	性　别	第一题	第二题	第三题	第四题	总　分
1	朱×睿	男	2	0	5	1	8
2	蔡×父	男	2	2	6	2	12
3	孟×扬	男	3	5	2	0	10
4	张×宇	男	0	0	0	0	0
5	李×铮	女	1	1	6	0	8
6	尤×月	男	6	1	5	0	12
7	刘×萌	女	3	3	6	1	13
8	郝×坤	男	1	4	5	3	13
9	梅×寒	男	6	6	6	5	23
10	刘×著	男	5	2	6	0	13
11	刘×骐	男	3	5	5	2	15

（续 表）

序 号	姓 名	性 别	第一题	第二题	第三题	第四题	总 分
12	李×祁	女	2	2	1	1	6
13	殷×瑄	男	6	5	6	3	20
14	薛×骁	女	2	1	2	0	5
15	孟×骏	男	1	4	4	0	9
16	浦×健	男	5	5	3	5	18
17	张×琦	男	2	3	1	3	9
18	苏×野	男	6	0	6	0	12
19	孙×锐	女	6	5	1	0	12
20	赵×之	男	6	6	4	4	20
21	田×铭	女	6	1	0	2	9
22	张×茜	女	2	2	5	2	11
23	司×歆	男	5	6	5	1	17
24	张×赫	男	5	2	5	3	15
25	李×然	女	4	4	6	1	15
26	李×基	男	2	2	1	1	6
27	陈×泰	男	5	6	0	0	11
28	王×迪	女	4	5	2	2	13
29	许×然	男	6	0	5	2	13
30	陈×宏	男	0	0	2	1	3
31	黄×淇	女	3	5	1	2	11
32	胡×舟	男	5	1	6	3	15
33	李×伦	男	6	2	6	1	15
34	何×威	女	3	2	3	0	8
35	毕×心	女	1	1	6	1	9
36	唐×钦	女	4	4	6	6	20
37	孙×歌	女	4	5	6	2	17
38	曹×灿	女	4	4	6	1	15
39	张×越	女	6	1	5	4	16

（续　表）

序　号	姓　名	性　别	第一题	第二题	第三题	第四题	总　分
40	梁×菁	女	5	4	5	2	16
41	张×芸	女	3	5	6	2	16
42	陈×轩	男	5	2	4	2	13
43	黄×皓	男	5	6	4	3	18
44	肖×轩	男	4	6	6	0	16
45	王×康	男	4	0	6	3	13
46	苏×来	男	5	6	4	4	19
47	陈×旭	男	4	4	1	2	11
48	张×令	男	1	0	4	5	10
49	蔺×桐	男	6	6	5	2	19
50	占×远	男	5	0	6	2	13
51	付×超	男	6	3	5	1	15
52	牛×原	男	6	6	4	3	19
53	田×琳	女	5	4	5	1	15
54	张×泰	男	4	1	4	0	9
55	倪×泰	男	5	1	0	1	7
56	郑×杰	男	4	0	6	1	11
57	吴×桐	女	5	4	5	1	15
58	林×翰	男	4	1	2	0	7

七、试卷质量分析

（一）初中原始物理问题测试卷质量分析

1. 测试的基本情况

参与本次初中原始物理问题测试的班级为北京市某中学初三年级 7 班、8 班，共发放测试卷 66 份，回收测试卷 66 份，其中有效试卷 66 份。

下面对这 66 份试卷的完成情况展开分析（表 3 – 19）。

2. 成绩分布

先将被试的 66 名学生的原始物理问题试卷分数，从低到高排列：

1，2，2，2，3，3，4，4，5，5，5，5，6，6，6，6，7，7，7，7，8，8，8，9，10，10，10，10，10，10，11，11，12，12，12，12，12，12，12，13，13，13，13，13，14，14，14，14，15，15，15，16，16，16，17，17，18，18，19，19，19，19，20，20，21，21。

全距为 $R=24-0=24$，定组数为 8 组，组距为 3。

表 3－19　初中生原始物理问题成绩分布

分数区间	人　数	百分比/%	分数区间	人　数	百分比/%
0～3	4	6.06	12～15	16	24.24
3～6	8	12.12	15～18	8	12.12
6～9	11	16.67	18～21	8	12.12
9～12	9	13.64	21～24	2	3.03

3. 难度

难度是测验项目在测验中能够准确回答的程度。从项目分析做统计检验的基本原理出发，将参与原始物理问题测试的 66 名学生的总分从高到低进行排序，前 27% 为高分组（H），后 27% 为低分组（L），计算得到高分组及低分组的回答正确率 P_H。

高分组的回答正确率：

$$P_H=\frac{15+15+15+16+16+16+17+17+18+18+19+19+19+19+20+20+21+21}{66\times 27\%\times 24}=0.74$$

低分组的回答正确率：

$$P_L=\frac{1+2+2+2+3+3+4+4+5+5+5+5+6+6+6+6+7+7}{66\times 27\%\times 24}=0.18$$

因此难度为 $P_i=\frac{P_H+P_L}{2}=0.46$。一般认为，难度在 0.3～0.7 为适中，本研究编制的初中原始物理问题测量工具的难度为 0.46，说明题目的难度适中。

4. 区分度

评估某一测验项目区分度的原理是高分组和低分组对同一项目应有不同的反应。

根据区分度的计算公式（3－2）可知：

$$D_i=P_H-P_L=0.74-0.18=0.56$$

根据美国伊贝尔提出对测试卷的区分度指标可知，原始物理问题测试卷的区分度为 0.56，大于 0.40，所以已达到了优秀试卷的标准。

5. 信度

根据信度的计算公式（3－3），计算本研究编制的初中原始物理问题测量工具的 Cronbach's α 系数为 0.853，一般认为总量表的 Cronbach's α 系数在 0.80～0.90 就是非常好，说明本研究编制的初中原始物理问题测量工具具有较高的内部一致性（表 3－20）。

表 3－20　初中原始物理问题测试卷信度

Cronbach's α 系数	项目个数
0.853	24

本次测试一共包括 4 个分量表，分量表的 Cronbach's α 系数在 0.70 以上就是非常好，单独计算每一个分量表的 Cronbach's α 系数，分别为：0.755，0.766，0.756，0.878，由此可知，原始物理问题每一个分量表的信度均非常高（表 3－21～表 3－24）。

表 3－21　原始物理问题测试 1 信度

Cronbach's α 系数	项目个数
0.755	6

表 3－22　原始物理问题测试 2 信度

Cronbach's α 系数	项目个数
0.766	6

表 3－23　原始物理问题测试 3 信度

Cronbach's α 系数	项目个数
0.756	6

表 3－24　原始物理问题测试 4 信度

Cronbach's α 系数	项目个数
0.878	6

由此可知，本研究测量工具的难度、区分度及信度相关指标，可以认为本研究编制的初中原始物理问题测量工具具有较好的客观有效性，所得的测量结果稳定可信。

（二）初中物理习题测试卷质量分析

1. 测试的基本情况

参与本次初中原始物理问题测试的班级为北京市某中学初三年级 5 班、6 班，共发放测试卷 66 份，回收测试卷 66 份，其中有效试卷 58 份。

下面对这 58 份试卷的完成情况展开分析（表 3－25）。

2. 成绩分布

先将被试的 58 名学生的物理计算题试卷分数，从低到高排列：

0，3，5，6，6，7，7，8，8，8，9，9，9，9，9，10，10，11，11，11，11，11，12，12，12，12，13，13，13，13，13，13，13，13，15，15，15，15，15，15，15，15，15，15，16，16，16，16，17，17，18，18，19，19，19，

20，20，20，23。

全距为 $R=24-0=24$，定组数为8组，组距为3。

表3-25 初中生物理计算题成绩分布

分数区间	人 数	百分比/%	分数区间	人 数	百分比/%
0~3	1	1.72	12~15	12	20.69
3~6	2	3.45	15~18	15	25.86
6~9	7	12.07	18~21	8	13.79
9~12	12	20.69	21~24	1	1.72

3. 难度

难度是测验项目在测验中能够准确回答的程度。从项目分析做统计检验的基本原理出发，将参与物理计算题测试的58名学生的总分从高到低进行排序，前27%为高分组（*H*），后27%为低分组（*L*），计算得到高分组及低分组的回答正确率 P_H 。

高分组的回答正确率：

$$P_H=\frac{15+16+16+16+16+17+17+18+18+19+19+19+20+20+20+23}{58\times 27\%\times 24}=0.75$$

低分组的回答正确率：

$$P_L=\frac{0+3+5+6+6+7+7+8+8+8+9+9+9+9+9+10}{58\times 27\%\times 24}=0.30$$

因此，难度为 $P_i=\frac{P_H+P_L}{2}=0.525$ 。一般认为，难度在0.3~0.7为适中，本研究编制的初中原始物理问题测量工具的难度为0.525，说明题目的难度适中。

4. 区分度

评估某一测验项目区分度的原理是高分组和低分组对同一项目应有不同的反应。

根据区分度的计算公式（3-2）可知：

$$D_i=P_H-P_L=0.75-0.30=0.45$$

根据美国的伊贝尔提出对测试卷的区分度指标可知，原始物理问题测试卷的区分度为0.45，大于0.40，所以已达到了优秀试卷的标准。

5. 信度

根据信度的计算公式（3-3）计算本研究编制的初中原始物理问题测量工具的Cronbach's α 系数为0.714，一般认为总量表的Cronbach's α 系数在0.70以上可信，说明本研究编制的初中原始物理问题测量工具具有内部一致性（表3－26）。

表3－26 初中物理习题测试卷信度

Cronbach's α 系数	项目个数
0.714	12

本次测试一共包括4个分量表，分量表的Cronbach's α系数在0.60以上为可信，0.70以上就是非常好，单独计算每一个分量表的Cronbach's α系数，分别为：0.672，0.752，0.744，0.625，由此可知，原始物理问题每一个分量表均可信（表3－27～表3－30）。

表3－27 物理习题测试卷1信度

Cronbach's α 系数	项目个数
0.672	3

表3－28 物理习题测试卷2信度

Cronbach's α 系数	项目个数
0.752	3

表3－29 物理习题测试卷3信度

Cronbach's α 系数	项目个数
0.744	3

表3－30 物理习题测试卷4信度

Cronbach's α 系数	项目个数
0.625	3

由此可知，本研究测量工具的难度、区分度及信度相关指标，可以认为，本研究编制的初中原始物理问题测量工具具有较好的客观有效性，所得的测量结果稳定可信。

第五节 研究结果与分析

通过对本研究测试工具的难度、区分度及信度相关指标的统计检验，可以认为，本研究编制的初中原始物理问题测量工具具有较好的客观有效性，可以进行正式的测试。

基于预测试的良好结果，可将预测试对象作为正式测试的研究对象。

一、测试结果的分析

（一）测试成绩分布分析

1. 原始物理问题成绩分布

协同学理论认为，学生的认知水平处于不同的认知状态，若学生的认知水平处于较低状态，即被组织状态；若学生的认知水平处于较高状态，即自组织状态；若学生的认知水平处于低水平向高水平的转变状态，即临界状态。

通过分析图 3－7 及图 3－8 可知，初中原始物理问题测试卷的测试成绩近似呈正态分布。66 名被试有小部分初三学生处于被组织状态，小部分初三学生处于自组织状态，而绝大部分初三学生处于临界状态。说明该学校学生的物理认知水平相对较高。

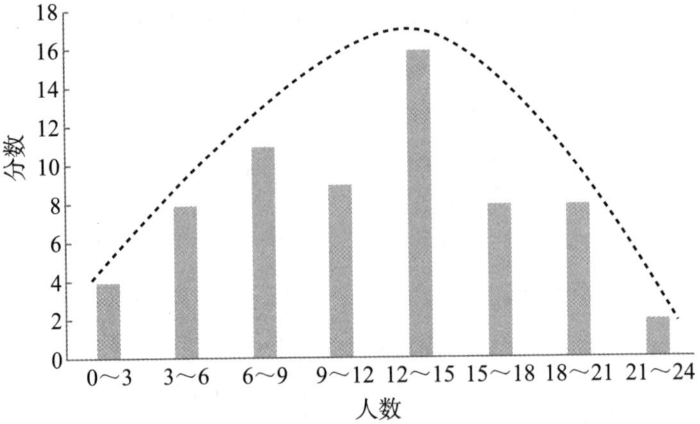

图 3－7　初中原始物理问题成绩分布

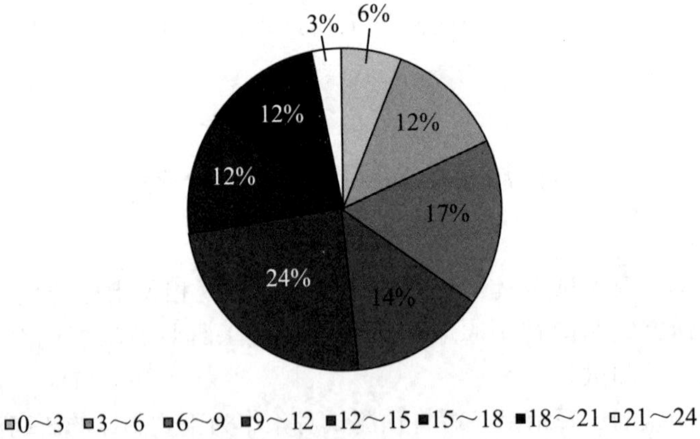

图 3－8　初中原始物理问题成绩分布

同时，初三学生完成原始物理问题测试卷的成绩呈正态分布，可以有效地区分高低物理水平的学生。同时，成绩分布的高峰位于正中央，也就是平均成绩所在的位置，对于中考这种选拔性测验，更加有利于甄别和选拔，也更加符合选拔性测验的选拔目的。

2. 物理计算题成绩分布

通过分析图 3 －9 及图 3 －10 可知，初中原始物理问题测试卷的测试成绩呈负偏态分布。说明绝大部分初中生在经过大量习题的训练后，可以独立、近似完整地解决常规物理计算题，对于物理计算题的解题方式特别熟悉，能取得不错的成绩。

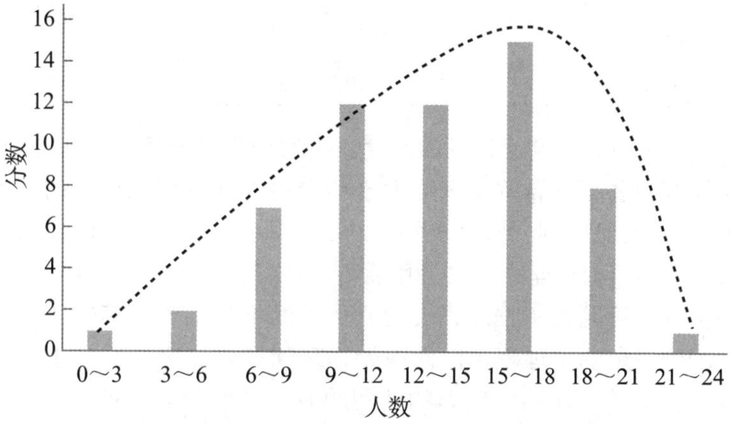

图 3 －9　初中物理计算题成绩分布

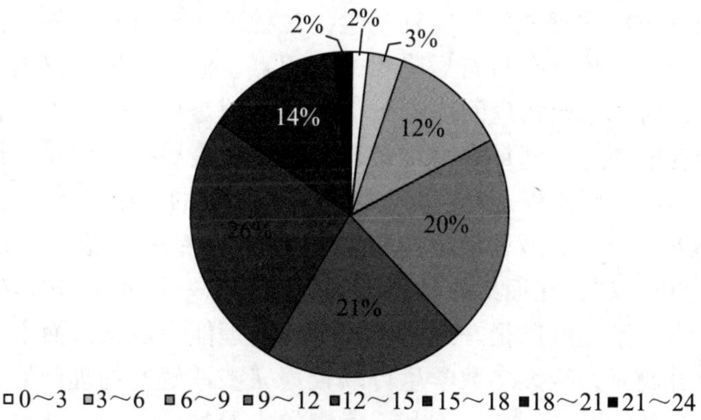

图 3 －10　初中物理计算题成绩分布

同时，初二学生完成物理计算题测试卷的成绩呈负偏态分布，可以适当地区分高低物理水平的学生。成绩分布的高峰位于高分段，对中考这种选拔性测验，不是十分有利于甄别和选拔。

（二）定性、定量分析

初中原始物理问题测试卷与初中物理计算题测试卷，两套试卷的题目形式及问题表征方式不同，但是所涉及的初中物理知识点均相同。下面对两套测试卷的结果展开进一步的比较分析。

两套试题的难度、平均分、区分度如表 3-31 所示。

表 3-31 初中原始物理问题与物理计算题对比

项 目	初中原始物理问题	初中物理计算题
难 度	0.46	0.53
平均分	11.12	12.74
区分度	0.56	0.45

由表 3-31 可知，两套试题的难度、平均分及区分度均有所差异。其中，初中原始物理问题测试卷的难度略大于初中物理计算题测试卷的难度，但两者并没有显著的区别。此外，学生完成初中原始物理问题测试卷的平均分要低于后者，而前者对于学生的区分度要高于后者。

初中物理计算题抽象程度、去情景化程度不是很深，学生在平时的训练中，会接触到一定的物理现象。而原始物理问题是完完全全从生活中的物理现象出发，初中学生在面对原始物理问题时，大致分为 3 种：第一种，是对于物理本质理解较为透彻的同学，他们可以在第一时间定向得到该物理问题的知识点，然后画出辅助分析的图像，设置物理量，选取正确的科学方法，最终定量地解释物理现象；第二种学生，对物理知识有所了解，但不善于灵活变通，他们可以找出题目背后隐藏的知识点，但是，依旧仅能用解题的套路生搬硬套，对该原始物理问题给出模棱两可的定性分析，不会自主设置物理量，绘制辅助图，得到最终的定量表达式；而最后一种学生，他们深知解答物理计算题的一般流程，对于此类完全没有见过的原始物理问题无从下手，仅能写出一两个公式，或仅能根据题意画出不知对错的示意图。结合图 3-7 及图 3-9 分析可知，在面对原始物理问题时，第一种和第三种学生为少数，第二种学生占多数，可以很好地区分学生的物理能力层次。而学生在面对熟悉的物理计算题时，绝大多数学生可以较为完整地解答物理问题，只有少数学生存在一定的问题与困惑，不利于考查学生的物理能力。这也是初中原始物理问题测试卷平均分较低和区分度较高的原因。

下面，对两套测试结果展开更加深入的分析。

1. 初中原始物理问题 1 与初中物理计算题 1 的比较分析

（1）初中原始物理问题 1——灯泡变暗问题

夜幕降临，城市灯火通明，发电厂通过输电线将电输送到千家万户。在夜晚的用电高峰时，白炽灯往往会发黄发暗，而在用电低峰时，白炽灯处于正常发光状态。请运用所学的物理知识自行设置物理量，定量地解释该现象产生的原因。

初中原始物理问题 1 的评分标准如表 3－32 所示。

表 3－32　灯泡变暗原始物理问题评分标准

表　征	分　值（分）	思维过程	评分标准（以下要点有 1 项未体现则不给分）	备　注
1. 抽象表征	1	抽　象	①发电厂抽象成恒压电源； ②输电线路可抽象成理想导线与定值电阻； ③用户白炽灯可抽象成等效电阻	
2. 赋值表征	1	假　设	①设发电厂输出的恒定电压为 U； ②设输电线路为阻值 R_0 的定值电阻； ③设各用户白炽灯的等效电阻阻值分别为 $R_1 = R_2 = R_3 = R_4 = \cdots = R_n$； ④设 n 户用户用电器的等效总电阻为 $R_{用户}$； ⑤设电路总电阻为 R，总电流为 I； ⑥设输电线路两端的电压为 U_{R_0}； ⑦设用户用电器两端的电压为 $U_{用户}$	此部分设置的物理量不要求一致，在图像表征正确的前提下，可以有不同的物理量设置方式
3. 图像表征	1	形　象	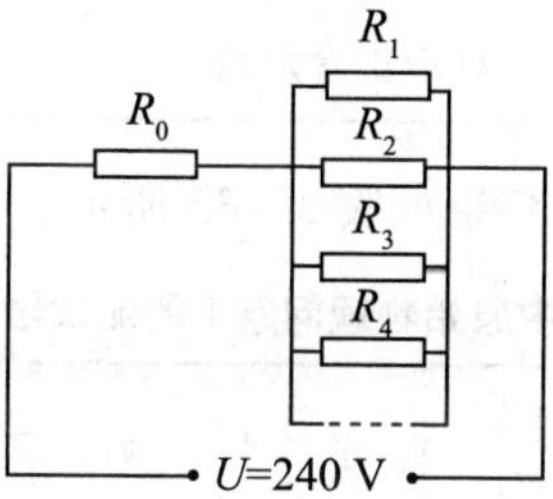	①画出导线的电阻 R_0； ②画对用电器的并联方式； ③画对恒定电压 U
4. 物理表征	1	判　断	$U = I \cdot R$ $\frac{1}{R_{用户}} = \frac{1}{R_1} + \frac{1}{R_2} + \frac{1}{R_3} + \cdots + \frac{1}{R_n}$ $U = U_{R_0} + U_{用户}$	
5. 方法表征	1	分　析	①正确分析输电线与用户用电器的串并联关系； ②正确分析各用户用电器的等效电阻间的并联关系； ③正确分析发电厂输出电压等于输电线路分压与用户分压之和	在图像上画出用电器的并联方式

（续 表）

表 征	分 值（分）	思维过程	评分标准（以下要点有1项未体现则不给分）	备 注
6. 数学表征	1	推 理	用电高峰时，用电器较多； 根据：$\frac{1}{R_{用户}}=\frac{1}{R_1}+\frac{1}{R_2}+\frac{1}{R_3}+\cdots+\frac{1}{R_n}$ 可知，当 n 变大时，用户等效总电阻 $R_{用户}$ 变小，所以，电路总电阻 $R=R_{R_0}+R_{用户}$ 变小； 根据：$U=I\cdot R$，可知，U 不变，R 变小，因此干路电流 I 变大； 根据：$U_{R_0}=I\cdot R_0$，可知，R_0 不变，干路电流 I 变大，U_{R_0} 变大； 根据：$U=U_{R_0}+U_{用户}$，可知，U 不变，U_{R_0} 变大，用户分压 $U_{用户}$ 变小；因此，高峰时期，灯泡两端的电压低于灯泡的额定电压，白炽灯的亮度变暗，颜色发黄；同理，当用电低峰期时，$R_{用户}$ 变大，用户两端分压变大，达到灯泡的额定电压，灯泡正常发光	要求数学推理过程精准

初中原始物理问题1的测试结果如表3－33所示。

表3－33 初中原始物理问题1的测试结果

序 号	姓 名	性 别	第1题分数	序 号	姓 名	性 别	第1题分数
1	邱×峰	男	2	13	陈×宣	女	0
2	易×琳	女	5	14	朱×知	男	1
3	屈×寒	女	5	15	陆×炫	女	1
4	黄×文	女	2	16	庄×敏	男	6
5	高×仪	女	4	17	吴×扬	男	5
6	马×明	男	3	18	鲁×清	女	0
7	吴×桢	男	1	19	马×荣	男	3
8	高×东	男	5	20	吴×峻	男	3
9	钟×琦	男	0	21	刘×涵	女	1
10	冯×萌	女	0	22	任×祥	男	1
11	王×玥	女	1	23	赵×然	女	3
12	陈×卓	女	1	24	向×玥	女	4

（续　表）

序　号	姓　名	性　别	第1题分数	序　号	姓　名	性　别	第1题分数
25	贺×琪	男	4	46	丁×风	男	4
26	王×轩	男	3	47	黄×航	男	1
27	李×奚	女	0	48	马×宇	男	3
28	冯×屹	男	5	49	耿×锋	男	2
29	杜×泽	男	1	50	刘×健	男	5
30	侯×涵	女	5	51	袁×祁	男	5
31	方×苏	女	6	52	戴×骏	男	3
32	薛×涵	女	5	53	王×行	女	3
33	孙×泽	男	5	54	王×斌	男	2
34	冯×明	女	5	55	柳×宸	男	3
35	王×竹	男	4	56	乔×浩	男	3
36	于×昊	男	3	57	饶×怡	女	4
37	陆×畅	男	0	58	王×蒙	男	2
38	叶×竹	女	6	59	申×轩	女	3
39	卞×博	女	5	60	钱×汉	男	5
40	孙×蔚	女	6	61	秦×琳	女	5
41	王×珩	男	4	62	蒋×馨	女	3
42	傅×瑶	女	4	63	宋×伯	男	2
43	杜×菲	女	5	64	周×煜	女	5
44	冷×飞	男	6	65	贺×然	女	6
45	纪×欣	女	6	66	张×旭	女	5

（2）初中物理计算题1——灯泡变暗问题

发电厂通过输电线将电能输送至千家万户，一发电厂通过变压器输送到某小区的电压为240 V，小区内的输电线可看作阻值恒定的定值电阻 R_0 = 1 Ω，而各用户用电器的等效电阻阻值分别记为 $R_1 = R_2 = R_3 = R_4 = \cdots = 500\ \Omega$。假设用电低峰期，有50户人家用电，用电高峰期，有100户人家用电，但发现用电高峰时灯泡相较于低峰时比较暗，请结合图3－11并利用上述物理量定量计算以解释这一

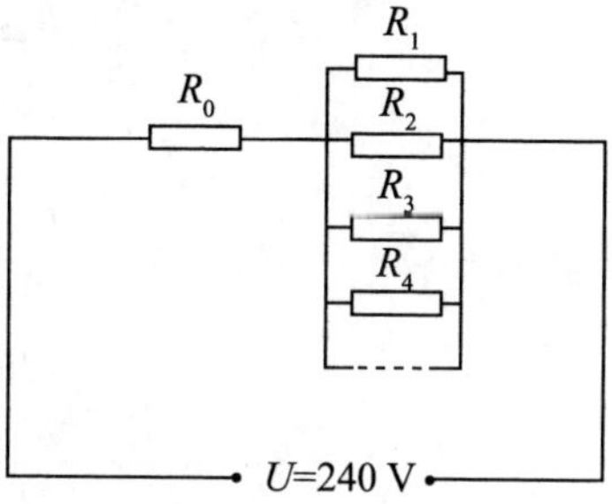

图3－11

现象。

初中物理计算题 1 的评分标准如表 3－34 所示。

表 3－34　灯泡变暗物理计算题评分标准

步　骤	分　值	思维过程	评分标准
1	2	分　析	并联的电阻越多，总电阻越小，干路电流越大，用户分压越小，实际功率越小，灯泡越暗
2	2	判　断	用电低峰：$\frac{1}{R_{用户1}}=50\times\frac{1}{R_1}$ $R_{总1}=R_0+R_{用户1}$ $I_1=\frac{U}{R_{总1}}$ 用电高峰：$\frac{1}{R_{用户1}}=50\times\frac{1}{R_1}$ $R_{总2}=R_0+R_{用户2}$ $I_2=\frac{U}{R_{总2}}$ $P=I\cdot U$
3	2	推　理	将相关已知物理量代入计算： 用电低峰：$R_{用户1}=10\ \Omega$ $R_{总1}=R_0+R_{用户1}=1\ \Omega+10\ \Omega=11\ \Omega$ $I_1=\frac{U}{R_{总1}}=\frac{240\ \text{V}}{11\ \Omega}=\frac{240}{11}\ \text{A}$ $U_{用户1}=\frac{240}{11}\ \text{A}\times10\ \Omega\approx218\ \text{V}$ 用电高峰：$R_{用户2}=5\ \Omega$ $R_{总2}=R_0+R_{用户2}=1\ \Omega+5\ \Omega=6\ \Omega$ $I_2=\frac{U}{R_{总2}}=\frac{240\ \text{V}}{6\ \Omega}=40\ \text{A}$ $U_{用户2}=40\ \text{A}\times5\ \Omega=200\ \text{V}$ 用电低峰时，用户用电器两端电压接近额定电压，小灯泡两端电功率接近额定电功率，正常发光；用电高峰时，用户用电器两端电压小于额定电压，小灯泡两端电功率小于额定电功率，变暗

初中物理计算题 1 的测试结果如表 3－35 所示。

表3-35　初中物理计算题1的测试结果

序　号	姓　名	性　别	第1题分数	序　号	姓　名	性　别	第1题分数
1	朱×睿	男	2	30	陈×宏	男	0
2	蔡×父	男	2	31	黄×淇	女	3
3	孟×扬	男	3	32	胡×舟	男	5
4	张×宇	男	0	33	李×伦	男	6
5	李×铮	女	1	34	何×威	女	3
6	尤×月	男	6	35	毕×心	女	1
7	刘×萌	女	3	36	唐×钦	女	4
8	郝×坤	男	1	37	孙×歌	女	4
9	梅×寒	男	6	38	曹×灿	女	4
10	刘×著	男	5	39	张×越	女	6
11	刘×骐	男	3	40	梁×菁	女	5
12	李×祁	女	2	41	张×芸	女	3
13	殷×瑄	男	6	42	陈×轩	男	5
14	薛×骁	女	2	43	黄×皓	男	5
15	孟×骏	男	1	44	肖×轩	男	4
16	浦×健	男	5	45	王×康	男	4
17	张×琦	男	2	46	苏×来	男	5
18	苏×野	男	6	47	陈×旭	男	4
19	孙×锐	女	6	48	张×令	男	1
20	赵×之	男	6	49	蔺×桐	男	6
21	田×铭	女	6	50	占×远	男	5
22	张×茜	女	2	51	付×超	男	6
23	司×歆	男	5	52	牛×原	男	6
24	张×赫	男	5	53	田×琳	女	5
25	李×然	女	4	54	张×泰	男	4
26	李×基	男	2	55	倪×泰	男	5
27	陈×泰	男	5	56	郑×杰	男	4
28	王×迪	女	4	57	吴×桐	女	5
29	许×然	男	6	58	林×翰	男	4

（3）两套试题的相关性研究

通过SPSS对两道题的相关性进行计算，得到结果，如表3-36所示。

表 3－36　原始物理问题与物理计算题的第 1 题相关性

项　目		第 1 题（习）	第 1 题（原始）
第 1 题（习）	皮尔森（Pearson）相关	1	－0.070
	显著性（双尾）		0.600
	N	58	58
第 1 题（原始）	皮尔森（Pearson）相关	－0.070	1
	显著性（双尾）	0.600	
	N	58	66

由表 3－36 可知，原始物理问题 1 与物理计算题 1 两者不相关，可以说明两道题之间不存在可替代性。

按照原始物理问题 1 和物理计算题 1 的得分情况，可以算出这两道题的难度系数、平均分，如表 3－37 所示。

表 3－37　原始物理问题与物理计算题的第 1 题难度系数、平均分对比

	难度系数	平均分
原始物理问题 1	0.13	3.32
物理计算题 1	0.15	3.95

对比可知，原始物理问题 1 与物理计算题 1 的难度相当，前者略难一些，平均分略低一些。通过对试卷进行更为详细的分析，试图找寻造成这种差异的原因所在。答题情况如表 3－38 所示。

表 3－38　原始物理问题与物理计算题的第 1 题答题情况汇总

单位：人次（百分比/%）

项　目	说　明	原始物理问题 1	物理计算题 1
测验总人数		66	58
无从下手		6（9.09）	2（3.45）
抽　象		44（66.67）	—
假　设		48（72.73）	—
建　模		29（43.94）	—
分　析	分析电路中电压、电流、电阻的关系	34（51.52）	48（82.76）
判　断	列出物理表达式	49（74.24）	24（41.38）
推　理	正确比较 2 次功率的大小	15（22.73）	23（39.66）
完全正确		7（10.61）	13（22.41）

表 3－38 根据学生们的解题过程列出了初中原始物理问题 1 和初中物理计

算题1的答题情况，从表3-38中可以看出，有7人（占总人数的10.61%）正确解答了初中原始物理问题1，而完整解答初中物理计算题1的人数为13人，占参与测试总人数的22.41%。而仔细分析两套测试卷的完成情况，有以下几种情况。

1）通过比较初中原始物理问题1及初中物理计算题1的题干可知，原始物理问题题干文字较少，仅仅是对物理现象进行描述，即灯泡在用电高峰时会变暗，这是一个与人们实际生活息息相关的物理问题。想要解释这一物理现象，首先需要学生对这一物理情境有正确的理解与认识，随后，凭借自身的物理直觉，挖掘出题目背后隐藏的物理知识点。

当然，为了定量地解释用电高峰灯泡变暗这一物理现象，学生首先需将这一实际的问题抽象成物理模型，但是，由于原始物理问题只展现了部分物理现象，难以对它作出直接、有效的判断，只能依据某些事实或已知的物理理论，运用相似、类比、外推、猜想、不连续、不完整和非逻辑的方法对原始物理问题的本质形成适应性、启发性的领悟①，这也就无形中增加了初中学生对原始物理问题的解答难度。

通过分析测试的结果可知，有6人（占总测试人数的9.09%）在面对灯泡亮度变暗这一原始物理问题时，不具备从物理现象出发，提取有效的、隐藏的物理信息的能力，无法根据实际的物理情境建构物理模型。多数学生仅画出过于简洁的物理草图，并不能辅助后续的思考，而有些同学也仅仅只写了一些与题目解决无关的文字及物理公式，说明他们并没有对原始物理问题的题干有正确的理解。反观初中物理计算题1，它的题干已经进行了一定的抽象、去情境化，并给出了便于解题的物理量、数值及物理图像，变成了学生们熟悉的形式，降低了题目的难度，只有2人在面对此问题时表现出无从下手，其余同学在不同程度上均给出了一定的解答。

由此可知，学生在面对未曾接触过的原始物理问题时，不能较为快速地找到切入点，但是，他们却对从生活实际出发的原始物理问题表现出浓厚的兴趣，从卷面反映出的结果可知，学生对于此类问题愿意积极思考，从多角度进行尝试。

2）在解决原始物理问题时，有准确的物理直觉，能够正确地分析物理过程，抓住主要矛盾，摒弃非本质的、次要的部分，合理进行抽象、建模尤为重要，这也是解决所有原始物理问题的关键。

爱因斯坦认为“科学思维的开始和终结都是超逻辑（直觉）思维，只有

---

① 宗先汉．初中生解决原始物理问题与物理习题的比较研究［D］．北京：首都师范大学，2016.

中间过程是逻辑思维”①。在原始物理问题解决伊始，学生需要先借助直觉进行猜想，这样有助于训练学生的超逻辑思维——直觉。所谓物理直觉，其实就是爱因斯坦提到的超逻辑思维。它可以帮助学生在陌生的新事物中，提炼出物理知识并画出物理图像，而这恰恰就是认识原始物理问题的第一步，也是最关键的一步。只有模型被建立出来，才能进行后续的物理分析及数学计算。但是物理直觉不是逻辑思维，而是非逻辑思维，因此，学生们在这一步上表现出了较大的差异性。

通过统计发现，在完成初中原始物理问题测试的 66 人中，有 29 人（占总人数的 43.94%）可以正确地画出电路图，即电压恒定，导线电阻恒定，用电器均以并联的方式连入电路。在剩下的 37 人中，部分学生没有将导线抽象成定值电阻，还有小部分同学将用电器画成了串联的方式。这样的图像，虽然也是学生根据题意画出的物理草图，但是却恰恰在关键点上出现了漏洞，不能正确展开后续的物理分析及数学计算。

3）通过分析可知，不论是原始物理问题还是常规的物理计算题，都需要学生经历选择科学方法、运用物理规律、展开数学计算这 3 个过程。也就是正确分析输电线与用户用电器的串并联关系、正确分析各用户用电器的等效电阻间的并联关系，以及正确分析出发电厂输出电压等于输电线路分压与用户分压之和。

只不过，初中物理计算题测试卷不仅给出了物理图像，还给出了便于计算的条件，这就大大降低了这 3 个过程的难度。

通过分析试卷可以发现，在初中原始物理问题 1 中，有 34 人（占被试人数的 51.52%）能够恰当地选择科学方法，正确地应用物理规律对灯泡变暗这一问题进行解答。而在初中物理计算题 1 中，有 48 人（占被试人数的 82.76%）能够正确地应用物理规律进行解答。可以发现测试结果与预期完全相符，学生对于初中物理计算题更加得心应手。

4）灯泡亮暗问题与电功率这一知识点直接相关。初中原始物理问题 1 中仅有 15 人（占被试总人数的 22.73%）能够将问题的落脚点置于电功率，正确得到用电高峰和用电低峰时的电功率大小，并与用电器的额定电功率进行比较。而初中物理计算题 1 中也仅有 23 人（占被试总人数的 39.66%）涉及电功率这一物理知识点。绝大多数同学对用电器两端的电压或电流进行了比较，虽然意思相近，但是却不够准确，与初中物理课堂所授知识有所差距。

5）初中原始物理问题的解决过程需要经过 6 个表征，分别是抽象表征、

① 爱因斯坦著.爱因斯坦文集(第一卷). 许良英,李保恒,赵中立编译[M]. 北京:商务印书馆,1983:541.

赋值表征、图像表征、方法表征、物理表征及数学表征。而对于初中物理计算题，图像、物理量题干均已给出，因此不存在抽象表征、赋值表征和图像表征，但是，仍需要学生自主选择科学方法，选取物理规律进行数学运算，得到最终的定量表达式，这就说明初中物理计算题也需要经历方法表征、物理表征及数学表征。现将两套试卷中的第 1 题以表征为单位，进行统计。

初中原始物理问题 1 灯泡变暗原始物理问题六表征得分情况如图 3 - 12 ~ 图 3 - 17 所示。

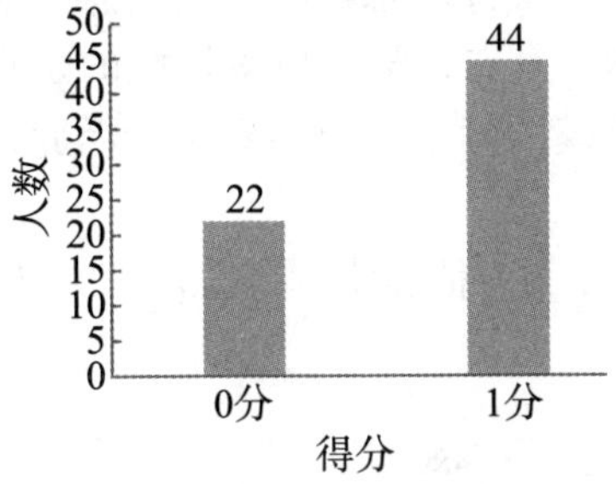

图 3 - 12　灯泡变暗原始物理问题抽象表征得分

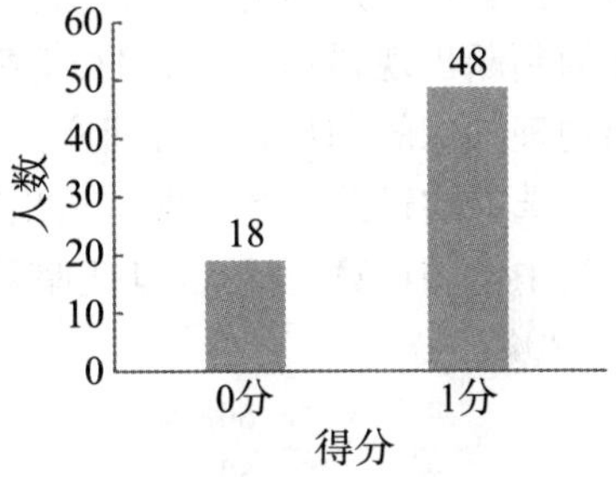

图 3 - 13　灯泡变暗原始物理问题赋值表征得分

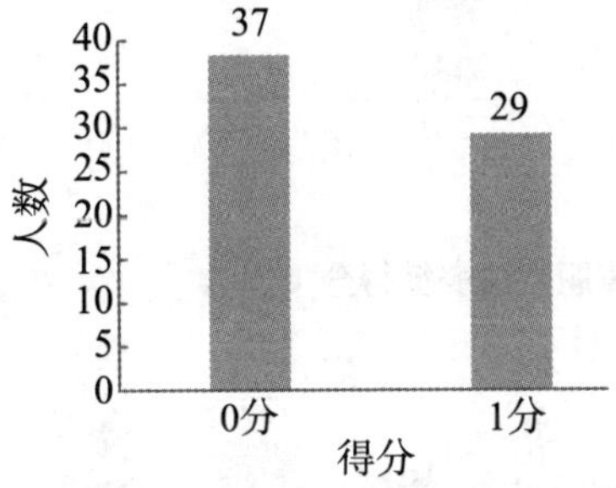

图 3 - 14　灯泡变暗原始物理问题图像表征得分

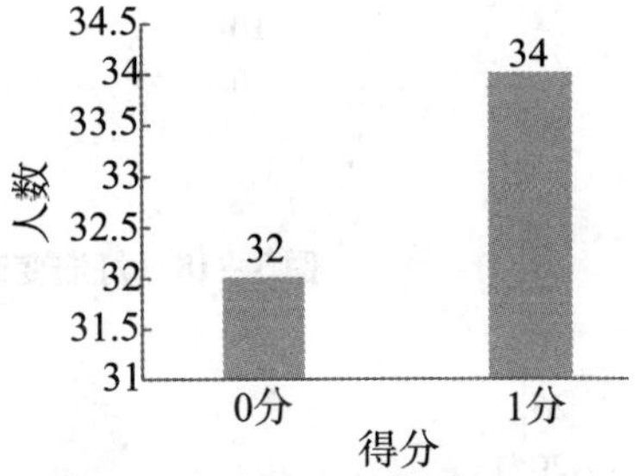

图 3 - 15　灯泡变暗原始物理问题方法表征得分

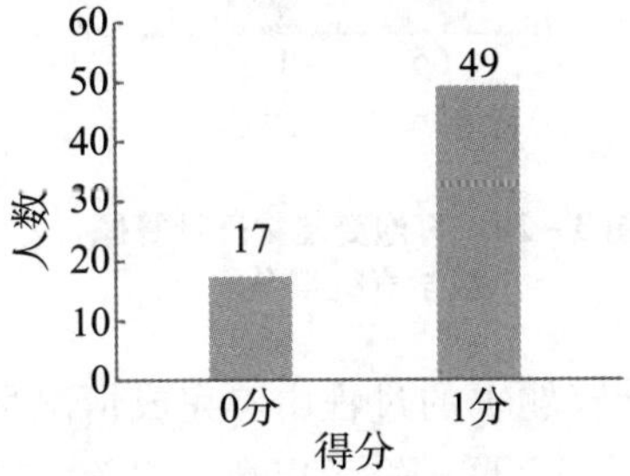

图 3 - 16　灯泡变暗原始物理问题物理表征得分

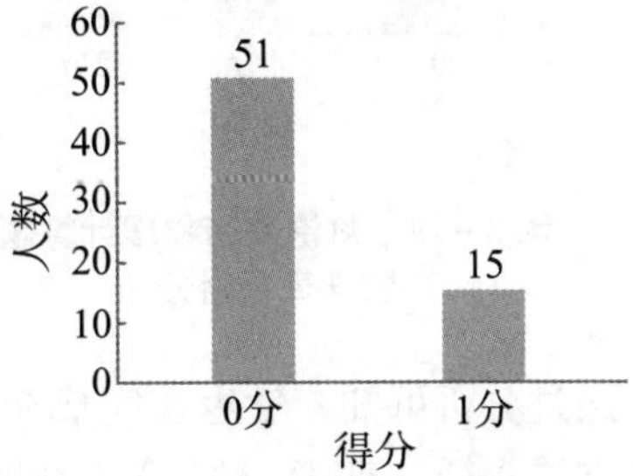

图 3 - 17　灯泡变暗原始物理问题数学表征得分

通过分析可知，学生在完成初中原始物理问题1的过程中，完成情况最好的是物理表征和赋值表征，分别有49人、48人完成了这两个过程，说明学生对于物理规律的掌握是最熟悉的，这与平时的习题训练有很大的关系。

相反，完成情况最差的是数学表征和图像表征，分别有15人和29人完成了这两个过程。对数学表征，大多数学生不是不会计算，而是没有计算，仅仅定性地对该物理现象进行了解释，没有给出定量的表达式，既不符合题意，也不符合原始物理问题的基本内涵。而图像表征之所以完成度较差，原因有二：其一，是因为学生没有正确分析出题目背后隐藏的物理信息，对整道题的判断出现错误，导致物理建模不准确；其二，学生更多接触的是直接给出物理图像的问题，对于此类需要自己建模的问题十分不熟悉，因此，部分同学选择跳过此步骤，即未给出物理图像。

初中物理计算题1灯泡变暗物理计算题三表征得分情况如图3－18～图3－20所示。

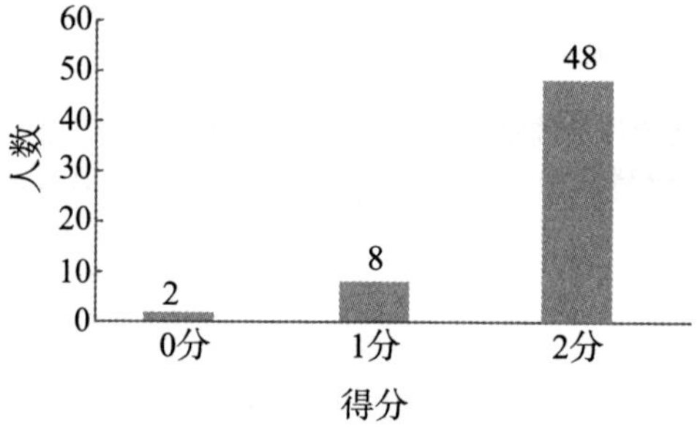

图3－18　灯泡变暗物理计算题方法表征得分

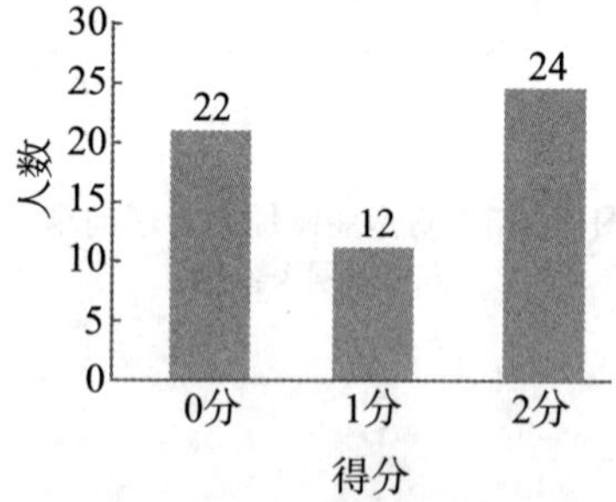

图3－19　灯泡变暗物理计算题物理表征得分

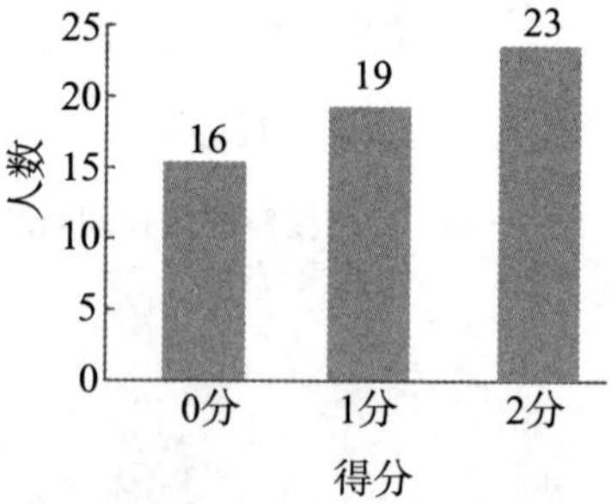

图3－20　灯泡变暗物理计算题数学表征得分

通过分析可知，学生在完成初中物理计算题1的过程中，完成情况最好的是方法表征，有48人完全正确地分析出了串并联关系及电压、电流、电阻的关系。当然，这与题目中所出的物理图像是分不开的。相反，在物理表征中，高达22人取得了0分，他们同样是将落脚点置于电压、电流，而忽略了其最核心的因素——电功率。

2. 初中原始物理问题 2 与初中物理计算题 2 的比较分析

（1）初中原始物理问题 2——灯泡串并联问题

公共厕所里的灯常常彻夜通明，因而极易损坏，有经验的电工师傅采用把 2 只相同的灯泡串联后再接入电路的方法，此法虽然灯的亮度降低，但也达到了照明的目的，更重要的是其使用寿命大大延长，省去了频繁更换灯泡的麻烦。其道理是什么呢？请你利用所学知识，自主设置物理量，定量解释该现象。

初中原始物理问题 2 的评分标准如表 3－39 所示。

表 3－39　灯泡串并联原始物理问题评分标准

表　征	分　值（分）	思维过程	评分标准（以下要点有 1 项未体现则不给分）	备　注
1. 抽象表征	1	抽　象	①公共厕所的电压为 220 V，保持不变； ②2 只相同的灯泡可抽象成阻值相同的定值电阻	
2. 赋值表征	1	假　设	①设公共厕所的总电压为恒定电压 220 V； ②设 2 只相同的灯泡电阻阻值分别为 $R_1 = R_2 = R$	此部分设置的物理量不要求一致，在图像表征正确的前提下，可以有不同的物理量设置方式
3. 图像表征	1	形　象	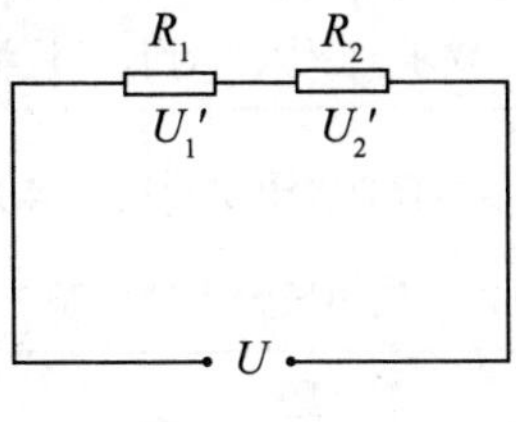 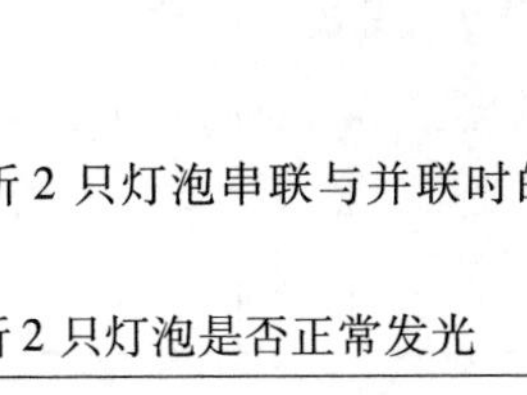	①画出并联和串联两种情况的等效电路图； ② R_1、R_2、U 不变
4. 物理表征	1	判　断	$P = \frac{U^2}{R}$	
5. 方法表征	1	分　析	①正确分析 2 只灯泡串联与并联时的电压与电功率； ②正确分析 2 只灯泡是否正常发光	

（续　表）

表　征	分　值（分）	思维过程	评分标准（以下要点有 1 项未体现则不给分）	备　注
6. 数学表征	1	推　理	并联时： $R_1 = R_2 = R$ $U_1 = U_2 = U$ R_1、R_2 均正常发光； $P_1 = \frac{U_1^{\ 2}}{R_1} = \frac{U^2}{R}$ $P_2 = \frac{U_2^{\ 2}}{R_2} = \frac{U^2}{R}$ 串联时： $R_1 = R_2 = R$ $U'_1 = U'_2 = \frac{U}{2}$ R_1、R_2 均未正常发光； $P'_1 = \frac{U'^2_1}{R_1} = \frac{(\frac{U}{2})^2}{R} = \frac{U^2}{4R} < P_1$ $P'_2 = \frac{U'^2_2}{R_2} = \frac{(\frac{U}{2})^2}{R} = \frac{U^2}{4R} < P_2$ 且 $P'_1 + P'_2 = \frac{U^2}{2R} < P_1$（或$P_2$）； 因此：每个灯泡两端 U 仅为照明电路 U 的 1/2，为 110 V，每只灯泡的 $P_{实际}$ 仅是其 $P_{额定}$ 的 1/4，并且，2 只灯泡串联后的总功率小于 1 只灯泡正常发光时的功率。因此，既满足了公共厕所照明的基本要求，又大大延长了灯泡的寿命	要求数学推理过程精准

初中原始物理问题 2 的测试结果如表 3－40 所示。

表 3－40　初中原始物理问题 2 的测试结果

序　号	姓　名	性　别	第 2 题分数	序　号	姓　名	性　别	第 2 题分数
1	邱×峰	男	4	4	黄×文	女	0
2	易×琳	女	4	5	高×仪	女	2
3	屈×寒	女	1	6	马×明	男	6

（续　表）

序　号	姓　名	性　别	第2题分数	序　号	姓　名	性　别	第2题分数
7	吴×桢	男	0	37	陆×畅	男	0
8	高×东	男	1	38	叶×竹	女	1
9	钟×琦	男	2	39	卞×博	女	5
10	冯×萌	女	0	40	孙×蔚	女	1
11	王×玥	女	1	41	王×珩	男	5
12	陈×卓	女	0	42	傅×瑶	女	2
13	陈×宣	女	1	43	杜×菲	女	4
14	朱×知	男	0	44	冷×飞	男	3
15	陆×炫	女	1	45	纪×欣	女	6
16	庄×敏	男	5	46	丁×风	男	4
17	吴×扬	男	1	47	黄×航	男	2
18	鲁×清	女	1	48	马×宇	男	0
19	马×荣	男	5	49	耿×锋	男	5
20	吴×峻	男	4	50	刘×健	男	0
21	刘×涵	女	1	51	袁×祁	男	5
22	任×祥	男	0	52	戴×骏	男	4
23	赵×然	女	1	53	王×行	女	1
24	向×玥	女	3	54	王×斌	男	2
25	贺×琪	男	1	55	柳×宸	男	3
26	王×轩	男	2	56	乔×浩	男	2
27	李×奚	女	3	57	饶×怡	女	0
28	冯×屹	男	5	58	王×蒙	男	5
29	杜×泽	男	0	59	申×轩	女	5
30	侯×涵	女	6	60	钱×汉	男	6
31	方×苏	女	2	61	秦×琳	女	4
32	薛×涵	女	2	62	蒋×馨	女	2
33	孙×泽	男	6	63	宋×伯	男	0
34	冯×明	女	3	64	周×煜	女	2
35	王×竹	男	0	65	贺×然	女	3
36	于×昊	男	4	66	张×旭	女	4

（2）初中物理计算题2——灯泡串并联问题

住宿楼楼道，公共厕所里的灯常常彻夜通明，因而极易损坏。有经验的电工师傅采用把2只相同的灯泡串联后再接入电路的方法，此法虽然灯的亮度降低，但也达到了照明的目的，更重要的是其使用寿命大大延长，省去了频繁更换灯泡的麻烦，现已知电源电压为220 V，2只相同的灯泡阻值分别为R_1、R_2，阻值均为1210 Ω，请结合下面两幅图（图3－21a、b），解释上述做法的道理是什么？

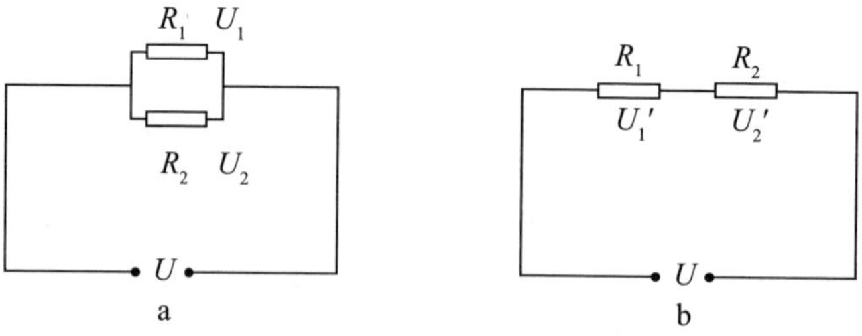

图3－21

初中物理计算题2灯泡串并联问题的评分标准如表3－41所示。

表3－41 灯泡串并联问题评分标准

步骤	分值	思维过程	评分标准
1	2	分析	$U = 220\ \text{V}$ 并联时：$U_1 = U_2 = U = 220\ \text{V}$ 串联时：$U'_1 = U'_2 = \frac{U}{2} = \frac{1}{2} \times 220\ \text{V} = 110\ \text{V}$
2	2	判断	要分析小灯泡是否正常发光 $P = \frac{U^2}{R} = I^2R = U \cdot I$
3	2	推理	将相关已知物理量代入计算： 并联时： $R_1 = R_2 = R = 1210\ \Omega$ $U_1 = U_2 = U = 220\ \text{V}$ $P_1 = \frac{{U_1}^2}{R_1} = \frac{U^2}{R} = \frac{(220\ \text{V})^2}{1210\ \Omega} = 40\ \text{W}$ $P_2 = \frac{{U_2}^2}{R_2} = \frac{U^2}{R} = \frac{(220\ \text{V})^2}{1210\ \Omega} = 40\ \text{W}$ 串联时： $R_1 = R_2 = R = 1210\ \Omega$

（续　表）

步　骤	分　值	思维过程	评分标准
3	2	推　理	$U'_1 = U'_2 = \frac{U}{2} = \frac{1}{2} \times 220\ \text{V} = 110\ \text{V}$ $P'_1 = \frac{U'^2_1}{R_1} = \frac{(110\ \text{V})^2}{1210\ \Omega} = 10\ \text{W}$ $P'_2 = \frac{U'^2_2}{R_2} = \frac{(110\ \text{V})^2}{1210\ \Omega} = 10\ \text{W}$ R_1、R_2 均未正常发光， 且 $P'_1 + P'_2 = \frac{U^2}{2R} < P_1$（或$P_2$） 每只灯泡两端 U 仅为照明电路 U 的 1/2，为 110 V，每只灯泡的 $P_{实际}$ 仅是其 $P_{额定}$ 的 1/4，2 只灯泡串联后的总功率小于 1 只灯泡正常发光时的功率，因此，既满足了公共厕所照明的基本要求，又大大延长了灯泡的寿命

初中物理计算题 2 的测试结果如表 3－42 所示。

表 3－42　初中物理计算题 2 的测试结果

序　号	姓　名	性　别	第 2 题分数	序　号	姓　名	性　别	第 2 题分数
1	朱×睿	男	0	15	孟×骏	男	4
2	蔡×父	男	2	16	浦×健	男	5
3	孟×扬	男	5	17	张×琦	男	3
4	张×宇	男	0	18	苏×野	男	0
5	李×铮	女	1	19	孙×锐	女	5
6	尤×月	男	1	20	赵×之	男	6
7	刘×萌	女	3	21	田×铭	女	1
8	郝×坤	男	4	22	张×茜	女	2
9	梅×寒	男	6	23	司×歆	男	6
10	刘×著	男	2	24	张×赫	男	2
11	刘×骐	男	5	25	李×然	女	4
12	李×祁	女	2	26	李×基	男	2
13	殷×瑄	男	5	27	陈×泰	男	6
14	薛×骁	女	1	28	王×迪	女	5

（续 表）

序 号	姓 名	性 别	第2题分数	序 号	姓 名	性 别	第2题分数
29	许×然	男	0	44	肖×轩	男	6
30	陈×宏	男	0	45	王×康	男	0
31	黄×淇	女	5	46	苏×来	男	6
32	胡×舟	男	1	47	陈×旭	男	4
33	李×伦	男	2	48	张×令	男	0
34	何×威	女	2	49	蔺×桐	男	6
35	毕×心	女	1	50	占×远	男	0
36	唐×钦	女	4	51	付×超	男	3
37	孙×歌	女	5	52	牛×原	男	6
38	曹×灿	女	4	53	田×琳	女	4
39	张×越	女	1	54	张×泰	男	1
40	梁×菁	女	4	55	倪×泰	男	1
41	张×芸	女	5	56	郑×杰	男	0
42	陈×轩	男	2	57	吴×桐	女	4
43	黄×皓	男	6	58	林×翰	男	1

（3）两套试题的相关性研究

通过 SPSS 对两道题的相关性进行计算，得到结果如表 3－43 所示。

表 3－43　原始物理问题与物理计算题的第 2 题相关性

项 目		第 2 题（习）	第 2 题（原始）
第 2 题（习）	皮尔森（Pearson）相关	1	0.117
	显著性（双尾）		0.384
	N	58	58
第 2 题（原始）	皮尔森（Pearson）相关	0.117	1
	显著性（双尾）	0.384	
	N	58	66

由表 3－43 可知，原始物理问题 2 与物理计算题 2 两者不相关，可以说明两道题之间不存在可替代性。

按照原始物理问题 2 和物理计算题 2 的得分情况，可以算出这两道题的难度系数、平均分，如表 3 -44 所示。

表 3 -44　原始物理问题与物理计算题的第 2 题难度系数、平均分对比

题　目	难度系数	平均分
原始物理问题 2	0.11	2.48
物理计算题 2	0.125	2.97

对比可知，原始物理问题 2 与物理计算题 2 的难度相当，前者略难一些，平均分略低一些。通过对试卷进行更为详细的分析，试图找寻造成这种差异的原因所在。答题情况如表 3 -45 所示。

表 3 -45　原始物理问题与物理计算题的第 2 题答题情况汇总

单位：人次（百分比/%）

项　目	说　明	原始物理问题 2	物理计算题 2
测验总人数		66	58
无从下手		13（19.70）	9（15.52）
抽　象		32（48.48）	—
假　设		33（50.00）	—
建　模		31（46.97）	—
分　析	分析电路中电压、电流、电阻的关系	30（45.45）	35（60.34）
判　断	列出物理表达式	26（39.39）	22（37.93）
推　理	正确比较两次功率的大小	12（18.18）	15（25.86）
完全正确		5（7.58）	9（15.52）

表 3 -45 根据学生们的解题过程列出了初中原始物理问题 2 和初中物理计算题 2 的答题情况。从表 3 -45 中可以看出，有 5 人（占总人数的 7.58%）正确解答了初中原始物理问题 2，而完整解答初中物理计算题 2 的人数为 9 人，占参与测试总人数的 15.52%。而仔细分析两套测试卷的完成情况，有以下几种情况。

1）通过对两套测试卷的完成情况进行统计，可以发现，初中原始物理问题 2 有 13 人（占被试总人数的 19.70%），表示对厕所灯泡串并联的问题无从下手。而初中物理计算题 2 有 9 人（占被试总人数的 15.52%），无法找到正确的切入点解决该物理问题。两者相差 4 人，差距不大，说明学生对于厕所灯泡串联节能这一实际问题有一定的认知困难。

参与初中原始物理问题 2 的学生对于该问题表现出不熟悉、不熟练的状态，较难从物理现象的文字叙述中挖掘隐藏在文字背后的物理语言，甚至有些同学因缺乏生活经验而读不懂题。参与初中物理计算题 2 的学生，虽然可以从题干的文字、已知的物理图像中寻找解题线索，但是仍有部分同学无法正确找到问题解决的切入点，无法自主排除干扰信息和无关信息。

2）厕所灯泡串联节能这一物理问题，它的最终落脚点是实际功率，能够运用电功率的公式，求得两次灯泡的实际功率是初中原始物理问题 2 与初中物理计算题 2 的解答都至关重要的一步。因此物理表征应该包含串联和并联两种情况下的功率表达式，但是，仅有 26 人（占被试总人数的 39.39%）有比较功率大小的意识。而初中物理计算题 2 中也仅有 22 人（占被试总人数的 37.93%）可以将落脚点置于电功率之上。

由此可知，不论是初中原始物理问题 2 还是初中物理计算题 2，都有超过一半的学生不能从功率的角度对该问题进行解答。通过查阅试卷发现，大部分学生仅通过串联和并联时的电流或电压大小来进行比较，典型的学生解答如下。

解：

设灯电阻为 R，电源电压为 U，只装 1 只灯泡时电流为 I_1，装 2 只灯泡时电流为 I_2：

$$I_1 = \frac{U}{R},\ I_2 = \frac{U}{2R}$$

所以 $I_1 > I_2$。

其实，在初中介绍电功率这一物理概念之前，小灯泡的亮暗程度或用电器节能问题，确实是用电流大小进行衡量，但是不论是电流还是电压，都是间接影响灯泡亮暗程度的因素，而直接因素是小灯泡的实际电功率。因此，在引入电功率这一物理概念后，应该帮助学生进行概念辨析，改正错误的前概念。

3）原始物理问题是完全来源于物理现象，因此在抽象、赋值、画图、分析、判断之后，应该用定量的表达式对该问题进行解释，只有如此，才算是科学、严谨地解决了该原始物理问题。

但是，通过统计可以发现，初中原始物理问题 2 中仅有 12 人，占被测总人数的 18.18%，能够得到小灯泡串联与并联的实际功率大小，并进行比较。而初中物理计算题 2 中仅有 15 人（占被测总人数的 25.86%）能够对小灯泡的实际功率进行正确的计算。绝大多数学生仅对该问题进行了定性的分析，典型的学生解答如下：

解：

设灯泡实际电压为 $U_{实}$，实际功率为 $P_{实}$，额定电压为 $U_{额}$，额定功率为 $P_{额}$。

当只有一盏灯时，$U_{实}=U_{额}$，$P_{实}=P_{额}$，灯泡正常工作。

当两盏灯泡串联时，其 $U_{实}<U_{额}$，$P_{实}<P_{额}$，灯泡亮度变暗，寿命增长。

此类学生仅仅分析出当两灯泡串联时，灯泡两端的实际电压小于灯泡的额定电压，在电阻不变的情况下，灯泡的实际功率小于其额定功率，因此会延长灯泡的寿命。但是，仅仅定性地对实际功率进行比较，并不能准确地解释为什么 2 只灯泡串联比 1 只灯泡并联更节能。只有借助精确的数学计算才能够得到，两灯泡串联时，单个灯泡的实际电功率是其额定功率的 1/4，而 2 只灯泡串联后的总功率仅为 1 只灯泡正常发光时额定功率的一半，因此，既满足了公共厕所照明的基本要求，又大大延长了灯泡的寿命。可以发现，只有定量地计算，才能得到更加科学、严谨的解释。

4）现将两套试卷中的第 2 题以表征为单位，进行统计。

初中原始物理问题 2 灯泡串并联问题六表征得分情况如图 3－22～图 3－27 所示。

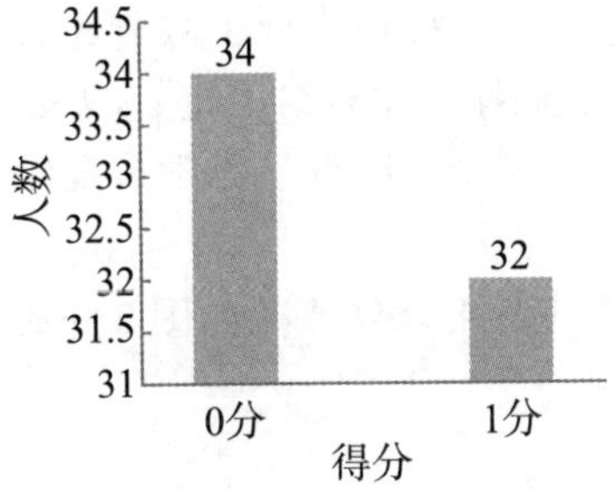

图 3－22　灯泡串并联原始物理问题抽象表征得分

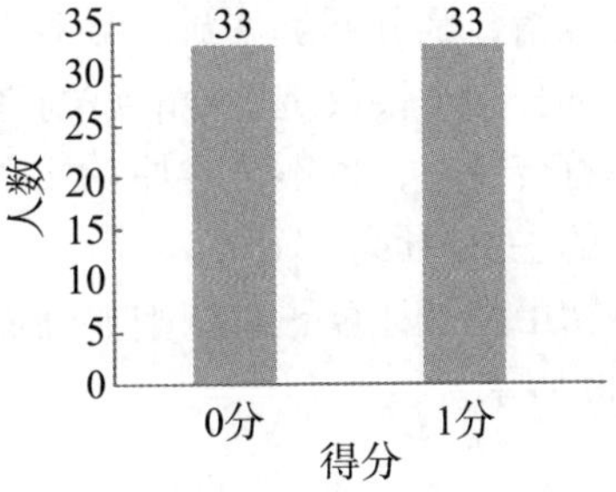

图 3－23　灯泡串并联原始物理问题赋值表征得分

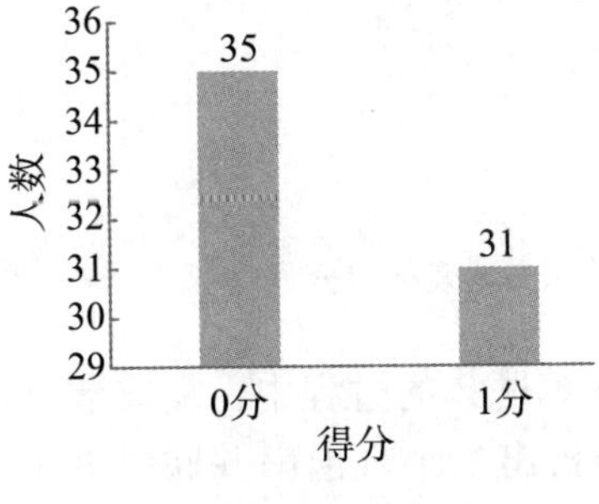

图 3－24　灯泡串并联原始物理问题图像表征得分

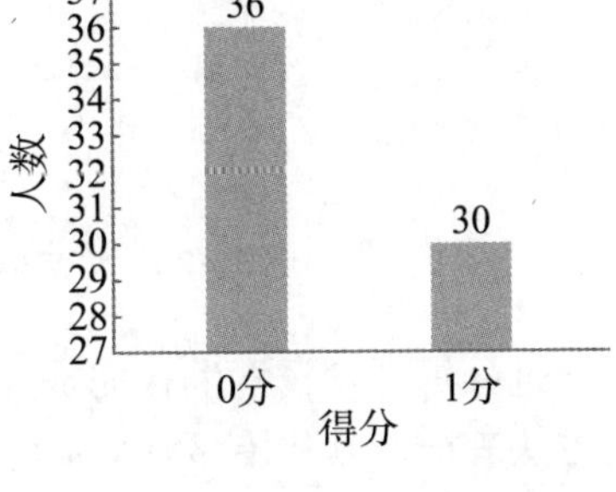

图 3－25　灯泡串并联原始物理问题方法表征得分

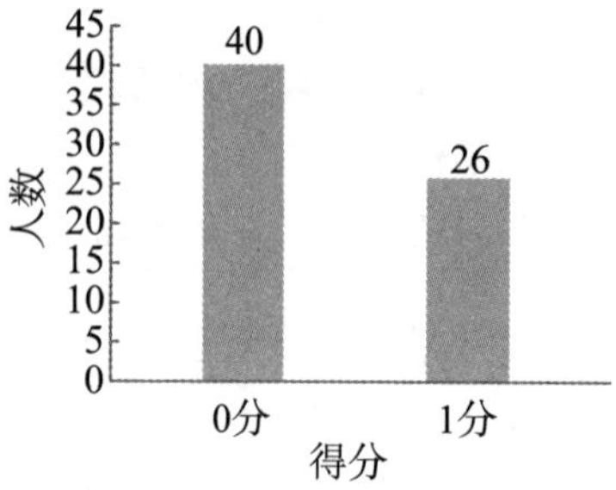

图 3－26　灯泡串并联原始物理问题物理表征得分

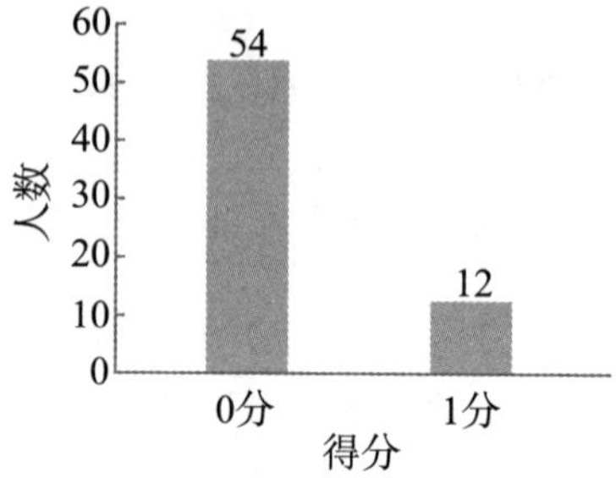

图 3－27　灯泡串并联原始物理问题数学表征得分

通过分析可知，学生对初中原始物理问题 2 的答题情况并不理想，完成情况最好的是抽象和赋值表征，分别有 32 人、33 人完成了这两个过程，说明学生可以根据解题所需设定需要的物理量，这与平时的习题训练有很大的关系。

相反，完成情况最差的是物理表征和数学表征，分别有 40 人和 54 人没有完成这两个过程。由于学生对于电流、电压、电功率 3 个物理概念的本质有所混淆，区分不够明确，导致判断出现失误，在物理表征上表现不佳。此外，部分同学仅仅定性地对该物理现象进行了解释，没有给出定量的表达式，既不符合题意，也不符合原始物理问题的基本内涵，这也是数学表征结果不理想的主要原因。

初中物理计算题 2 灯泡寿命物理计算题三表征得分情况如图 3－28 ~ 图 3－30 所示。

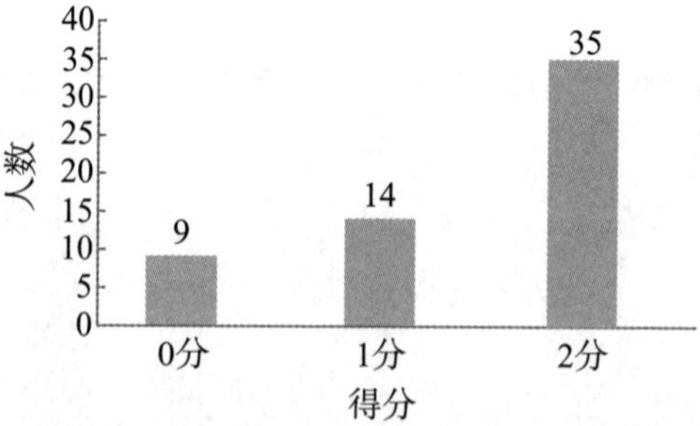

图 3－28　灯泡寿命物理计算题方法表征得分

通过分析可知，学生在完成初中物理计算题 2 的过程中，完成情况最好的是方法表征，其中有 35 人完全正确地分析出了小灯泡串并联时电压、电流、电阻的关系及小灯泡是否正常发光，当然，这同样与题目中所给的物理图像是分不开的。相反，在物理表征和数学表征中，分别有 35 人、30 人取得

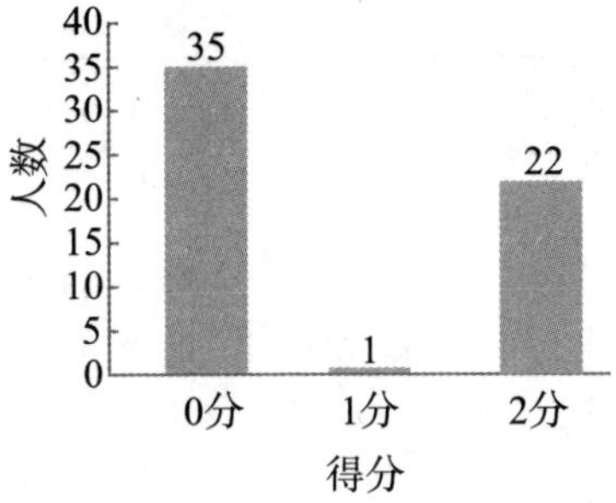

图 3 – 29　灯泡寿命物理计算题物理表征得分

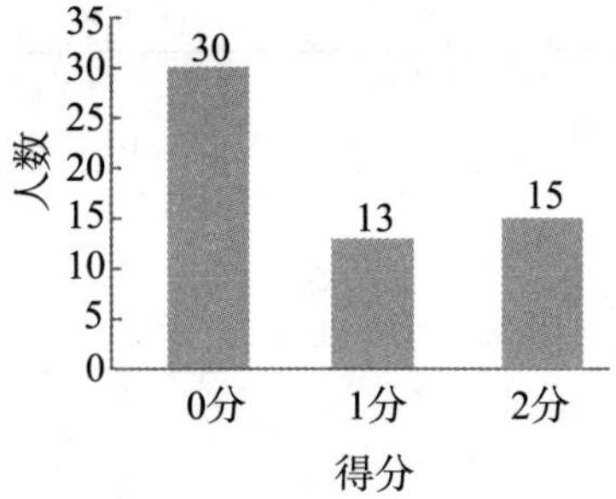

图 3 – 30　灯泡寿命物理计算题数学表征得分

了 0 分，他们的问题之一同样是忽略了最核心的因素——电功率。另外，从卷面中也可以看出，有小部分学生只将公式堆砌在答题纸上，并没有将具体数值代入计算，得到最终的答案。这一现象也侧面反映出学生对常规的物理计算题缺乏好奇心、态度不够积极，应付了事。

3. 初中原始物理问题 3 与初中物理计算题 3 的比较分析

（1）初中原始物理问题 3——池塘清淤泥问题

池塘清淤泥，需要把池塘底部的淤泥打捞到水面的小船上，现乘船打捞池塘底部的淤泥，当清淤工作完成后，装有淤泥的小船还停留在水面上。问池塘里的水面是上升、下降还是不变？请自主设置物理量，推导一个表达式证明你的猜想。

初中原始物理问题 3 的评分标准如表 3 – 46 所示。

表 3 – 46　池塘清淤泥原始物理问题评分标准

表　征	分　值（分）	思维过程	评分标准（以下要点有 1 项未体现则不给分）	备　注
1. 抽象表征	1	抽　象	①不能将船抽象成质点，需考虑船的体积； ②不能将淤泥抽象成质点，需考虑淤泥的体积	出现 $V_{船}$ 或 $V_{泥}$ 就可以认为学生已完成该步骤
2. 赋值表征	1	假　设	①设船的重力为 $G_{船}$； ②设淤泥的重力为 $G_{淤泥}$； ③设淤泥的体积为 $V_{淤泥}$； ④设淤泥的密度为 $\rho_{淤泥}$； ⑤设水的密度为 $\rho_{水}$； ⑥设重力常量为 g； ⑦设打捞淤泥之前，船浸入水中的体积为 V_1； ⑧设打捞淤泥之后，船浸入水中的体积为 V_2	此部分设置的物理量不要求一致，在图像表征正确的前提下，可以有不同的物理量设置方式

（续　表）

表　征	分　值（分）	思维过程	评分标准（以下要点有1项未体现则不给分）	备　注
3. 图像表征	1	形　象	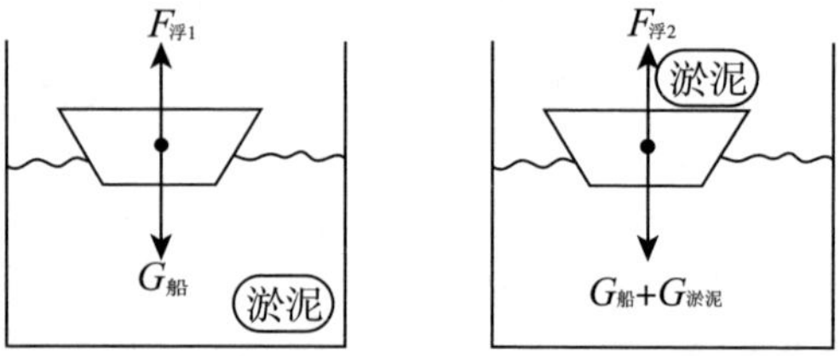	画出清淤泥之前和清淤泥之后船的漂浮状态及淤泥的漂浮状态
4. 物理表征	1	判　断	物体的沉浮条件，漂浮状态，重力等于浮力	
5. 方法表征	1	分　析	①正确分析清淤工作之前船受到的重力与浮力； ②正确分析清淤工作之后船受到的重力与浮力	在上图中标出$G_{船}$、$G_{淤泥}$及两次的浮力
6. 数学表征	1	推　理	清淤工作之前：$G_{船}=F_{浮1}=\rho_{水}\cdot g\cdot V_1$ $V_1=\dfrac{G_{船}}{\rho_{水}\cdot g}$ 清淤工作之后：$G_{船}+G_{淤泥}=F_{浮2}=\rho_{水}\cdot g\cdot V_2$ $V_2=\dfrac{G_{船}+G_{淤泥}}{\rho_{水}\cdot g}$ $V_{淤泥}=\dfrac{G_{淤泥}}{\rho_{淤泥}\cdot g}$ $V_1+V_{淤泥}=\dfrac{G_{船}}{\rho_{水}\cdot g}+\dfrac{G_{淤泥}}{\rho_{泥}\cdot g}(\rho_{淤泥}>\rho_{水})$ 所以：$V_2>V_1+V_{淤泥}$ 因此：排开液体体积越大，液面越高，导致液面上升	要求数学推理过程精准

初中原始物理问题3的测试结果如表3－47所示。

表 3－47　初中原始物理问题 3 的测试结果

序号	姓名	性别	第 3 题分数	序号	姓名	性别	第 3 题分数
1	邱×峰	男	3	34	冯×明	女	6
2	易×琳	女	1	35	王×竹	男	3
3	屈×寒	女	3	36	于×昊	男	2
4	黄×文	女	5	37	陆×畅	男	2
5	高×仪	女	1	38	叶×竹	女	5
6	马×明	男	4	39	卞×博	女	5
7	吴×桢	男	1	40	孙×蔚	女	3
8	高×东	男	2	41	王×珩	男	5
9	钟×琦	男	2	42	傅×瑶	女	5
10	冯×萌	女	4	43	杜×菲	女	2
11	王×玥	女	4	44	冷×飞	男	5
12	陈×卓	女	0	45	纪×欣	女	5
13	陈×宣	女	0	46	丁×风	男	1
14	朱×知	男	4	47	黄×航	男	1
15	陆×炫	女	2	48	马×宇	男	5
16	庄×敏	男	2	49	耿×锋	男	6
17	吴×扬	男	4	50	刘×健	男	6
18	鲁×清	女	2	51	袁×祁	男	3
19	马×荣	男	3	52	戴×骏	男	1
20	吴×峻	男	2	53	王×行	女	5
21	刘×涵	女	1	54	王×斌	男	0
22	任×祥	男	1	55	柳×宸	男	2
23	赵×然	女	2	56	乔×浩	男	1
24	向×玥	女	6	57	饶×怡	女	3
25	贺×琪	男	6	58	王×蒙	男	3
26	王×轩	男	2	59	申×轩	女	6
27	李×奚	女	0	60	钱×汉	男	4
28	冯×屹	男	5	61	秦×琳	女	6
29	杜×泽	男	3	62	蒋×馨	女	1
30	侯×涵	女	5	63	宋×伯	男	1
31	方×苏	女	5	64	周×煜	女	6
32	薛×涵	女	4	65	贺×然	女	0
33	孙×泽	男	6	66	张×旭	女	1

(2) 初中物理计算题3——池塘捞石头问题

小池塘里有一条船，船上的人欲将完全浸没于水中的一块大石头捞起，现在已知石块的质量为30 kg，石块的密度为$3.0\times10^3\ kg/m^3$，小船的质量为150 kg，小船的密度为$0.6\times10^3\ kg/m^3$。若石头被捞起后置于船内，池塘的水面将会上升、下降还是不变？请结合图3－31及上述物理量定量分析。

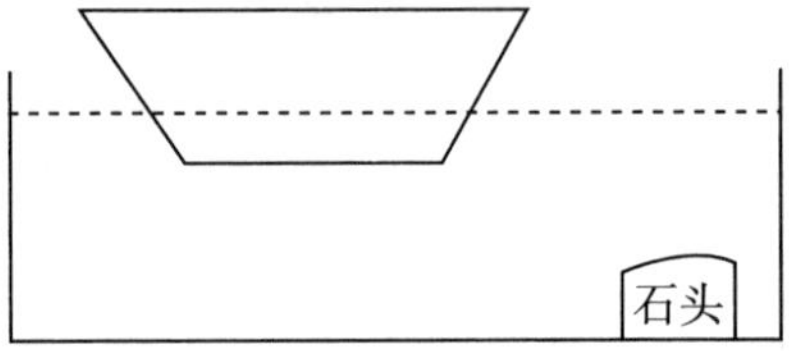

图3－31

初中物理计算题3池塘捞石头问题的评分标准如表3－48所示。

表3－48　池塘捞石头问题评分标准

步骤	分值	思维过程	评分标准
1	2	分析	判断出两次船的浮沉状态 由于两次均是漂浮状态： $F_{浮}=G_{总}$ $F_{浮}=\rho_{液}\cdot g\cdot V_{排}$
2	2	判断	分析两次排开水的体积： $V_{前}=V_1+V_{石}=\frac{G_{船}}{\rho_{水}\cdot g}+\frac{G_{石}}{\rho_{石}\cdot g}$ $V_{后}=V_2=\frac{G_{船}+G_{石}}{\rho_{水}\cdot g}$
3	2	推理	将相关已知物理量代入计算： 捞石头之前： $G_{船}=F_{浮1}=\rho_{水}\cdot g\cdot V_1$ $V_1=\frac{G_{船}}{\rho_{水}\cdot g}=\frac{m_{船}\cdot g}{\rho_{水}\cdot g}=\frac{150\ kg}{10^3\ kg/m^3}=0.15\ m^3$ $V_{石}=\frac{G_{石}}{\rho_{石}\cdot g}=\frac{m_{石}\cdot g}{\rho_{石}\cdot g}=\frac{30\ kg}{3.0\times10^3\ kg/m^3}=0.01\ m^3$ $V_1+V_{石}=0.15\ m^3+0.01\ m^3=0.16\ m^3$ 捞石头之后： $G_{船}+G_{石}=F_{浮2}=\rho_{水}\cdot g\cdot V_2$ $V_2=\frac{G_{船}+G_{石}}{\rho_{水}\cdot g}=\frac{(m_{船}+m_{石})\cdot g}{\rho_{水}\cdot g}=\frac{(150+30)\ kg}{\frac{10^3\ kg}{m^3}}=0.18\ m^3$ $V_2>V_1+V_{石}$ 因此，捞完石头后，排开液体体积越大，液面越高，导致液面上升

初中物理计算题3的测试结果如表3-49所示。

表3-49　初中物理计算题3的测试结果

序号	姓名	性别	第3题分数	序号	姓名	性别	第3题分数
1	朱×睿	男	5	30	陈×宏	男	2
2	蔡×父	男	6	31	黄×淇	女	1
3	孟×扬	男	2	32	胡×舟	男	6
4	张×宇	男	0	33	李×伦	男	6
5	李×铮	女	6	34	何×威	女	3
6	尤×月	男	5	35	毕×心	女	6
7	刘×萌	女	6	36	唐×钦	女	6
8	郝×坤	男	5	37	孙×歌	女	6
9	梅×寒	男	6	38	曹×灿	女	6
10	刘×著	男	6	39	张×越	女	5
11	刘×骐	男	5	40	梁×菁	女	5
12	李×祁	女	1	41	张×芸	女	6
13	殷×瑄	男	6	42	陈×轩	男	4
14	薛×骁	女	2	43	黄×皓	男	4
15	孟×骏	男	4	44	肖×轩	男	6
16	浦×健	男	3	45	王×康	男	6
17	张×琦	男	1	46	苏×来	男	4
18	苏×野	男	6	47	陈×旭	男	1
19	孙×锐	女	1	48	张×令	男	4
20	赵×之	男	4	49	蔺×桐	男	5
21	田×铭	女	0	50	占×远	男	6
22	张×茜	女	5	51	付×超	男	5
23	司×歆	男	5	52	牛×原	男	4
24	张×赫	男	5	53	田×琳	女	5
25	李×然	女	6	54	张×泰	男	4
26	李×基	男	1	55	倪×泰	男	0
27	陈×泰	男	0	56	郑×杰	男	6
28	王×迪	女	2	57	吴×桐	女	5
29	许×然	男	5	58	林×翰	男	2

(3) 两套试题的相关性研究

通过 SPSS 对两道题的相关性进行计算，得到结果如表 3－50 所示。

表 3－50　原始物理问题与物理计算题的第 3 题相关性

项　目		第 3 题（习）	第 3 题（原始）
第 3 题（习）	皮尔森（Pearson）相关	1	0. 135
	显著性（双尾）		0. 311
	N	58	58
第 3 题（原始）	皮尔森（Pearson）相关	0. 135	1
	显著性（双尾）	0. 311	
	N	58	66

由表 3－50 可知，原始物理问题 3 与物理计算题 3 两者不相关，可以说明两道题之间不存在可替代性。

按照原始物理问题 3 和物理计算题 3 的得分情况，可以算出这两道题的难度系数、平均分，如表 3－51 所示。

表 3－51　原始物理问题与物理计算题的第 3 题难度系数、平均分对比

题　目	难度系数	平均分
原始物理问题 3	0. 13	3. 11
物理计算题 3	0. 15	4. 10

对比可知，原始物理问题 3 与物理计算题 3 的难度相当，前者略难一些，平均分略低一些。通过对试卷进行更为详细的分析，试图找寻造成这种差异的原因所在。答题情况如表 3－52 所示。

表 3－52　原始物理问题与物理计算题的第 3 题答题情况汇总

单位：人次（百分比/%）

项　目	说　明	原始物理问题 3	物理计算题 3
测验总人数		66	58
无从下手		5（7. 58）	4（6. 90）
抽　象		46（69. 70）	—
假　设		48（72. 73）	—
建　模		33（50. 00）	—
分　析	判断两次浮沉状态	26（39. 39）	45（77. 59）
判　断	应用阿基米德原理	34（51. 52）	28（48. 28）
推　理	比较两次排开水的体积大小	18（27. 27）	33（56. 90）
完全正确		9（13. 64）	19（32. 76）

表3－52根据学生们的解题过程列出了初中原始物理问题3和初中物理计算题3的答题情况，从表中可以看出，有9人（占总人数的13.64%）正确解答了初中原始物理问题3；完整解答初中物理计算题3的人数为19人，占参与测试总人数的32.76%，人数较前者多了近一半。仔细分析两套测试卷的完成情况，有以下几种情况。

1）两套测试卷的第3道题虽然表述形式不一致，但是考查的内容却是完全一样的，都是初中物理浮力的知识，是初中物理力学分支中非常重要的一部分。初中学生对浮力并不陌生，在日常生活中接触较多，由此预测被试学生对第3道题会有更加充分的思考与理解。

于是，通过对两套测试卷的完成情况进行统计，可以发现，初中原始物理问题3有5人（占被试总人数的7.58%）表示对厕所灯泡串并联的问题无从下手。而初中物理计算题3有4人（占被试总人数的6.90%）无法找到正确的切入点解决该物理问题。两者人数不相上下，但与预期结果相差不大。

2）对于初中物理计算题3，题干部分已经被高度抽象成池塘捞石头问题，并且将捞石头前和捞石头后的示意图呈现在了纸面上，这样就大大降低了学生们的认知负荷，更加有利于学生对研究对象的受力情况进行分析。相反，初中原始物理问题3来源于生活中的实际问题——池塘捞淤泥，学生可以立即明确这道题与浮力有关，但是如何将该问题抽象成物理模型就是学生面临的第一个难题。如何画出捞淤泥之前和捞淤泥之后两个状态的示意图，是破题的关键一步，只有画出示意图，才能清晰、明了地分析出船与淤泥两次的浮沉状态，从而迅速找到问题的切入口。

通过对初中原始物理问题3的完成情况进行统计，可以发现有33人（占被试总人数的50.00%）可以独立、正确地画出两个状态的示意图。这说明学生们有一定的建模意识，并且初步认识到示意图对于后续物理分析的重要性。当然，这一结果也与学生平时接触的浮力题型有关，不论是浮力的选择题还是计算题，80%的题干部分都会配有与题目相关的示意图，学生习惯性地会根据示意图对研究对象进行受力分析。所以，当与浮力相关的题目不提供示意图时，学生的本能也会画出物理草图辅助其理解、分析。

3）两套测试卷第3道题，都应该分析出前后两个状态研究对象的浮沉条件，并应用阿基米德原理的知识，列出平衡方程，求解。通过对初中原始物理问题3的完成情况进行统计，可以发现有34人（占被试总人数的50.00%）可以正确应用阿基米德原理，分析前后状态的重力与浮力，建立物理等式。而初中物理计算题3中有28人（占被试总人数的48.28%）可以联系阿基米德原理的相关知识。

与预期稍有不符的是，参与初中原始物理问题测试的学生运用阿基米德原理的人数要多于后者，通过分析，可以找到其原因。学生在面对初中原始物理问题3时，由于没有物理量和示意图，反而会第一时间判断出这道题的核心概念，也就是浮力中的阿基米德原理，而设置物理量和建模都是为应用该原理做好准备。而学生在面对物理计算题3时，会凭借做题习惯，直接在图上进行受力分析，想当然地列出物理表达式，而不是在落笔之前对该问题有宏观的把控，这也侧面反映出初中学生在面对物理问题时，有一定的机械性，思考不够充分。

4）两套测试卷第3题都将问题设置成“判断水面是上升、下降还是不变”，其实它的言外之意就是比较前后两个状态排开液体的体积大小，能否读懂问题，也是这道题解决的关键之一。通过统计，初中原始物理问题3中有18人（占被试总人数的27.27%）可以正确比较前后两个状态排开液体的体积大小，从而给出结论。而初中物理计算题3中，有超过一半的人数可以算出前后两个状态排开液体体积的具体数值。

之所以后者人数远远大于前者，与题目给出具体数值有密不可分的关系，学生可以根据已知条件直接求出两次排开液体的体积大小，从而进行直观比较。但是，在初中原始物理问题3的测试过程中，没有具体数值，只能凭借体积的表达式进行比较，这就对学生前期的分析和判断过程有很高的要求。学生必须明确捞淤泥之前排开液体的体积包括两个部分，分别是船排开液体的体积和淤泥的总体积，而捞淤泥之后就是船与淤泥为整体排开液体的体积，但是部分同学对于整体法和隔离法有错误的认识，典型解答过程如下。

解：

$$F_{浮前} = G_{船}$$

$$F_{浮后} = G_{船} + G_{泥}$$

分步解释：打捞后，水面下降（水中分子减少），放置船上后，$F_{浮后} > F_{浮前}$，船被浸没部分变大，水面上升，综上所述，不变。

可以发现，该学生可以正确分析清淤工作前后两个状态重力与浮力的关系，但显然他一直将淤泥隔离为单个物体，分别分析了打捞前后水面高度的变化，最终得到水面高度不变的错误答案。由此可以看出，该同学的思维对于形式逻辑运算还有所欠缺。

5）现将两套试卷中的第3题以表征为单位，进行统计。

初中原始物理问题3池塘清淤泥原始物理问题六表征得分情况如图3-32～图3-37所示。

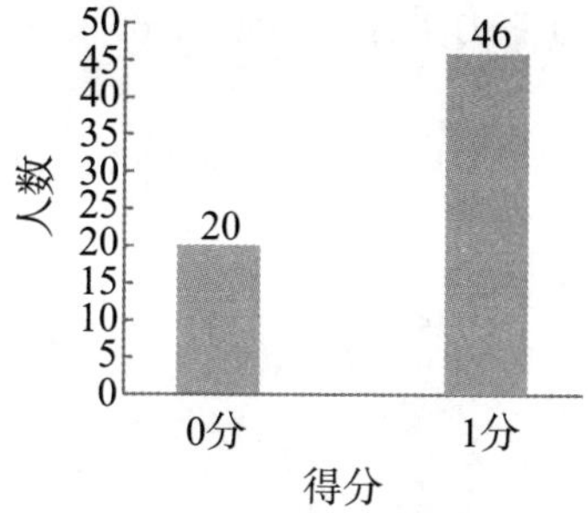

图 3－32　池塘清淤泥原始物理问题抽象表征得分

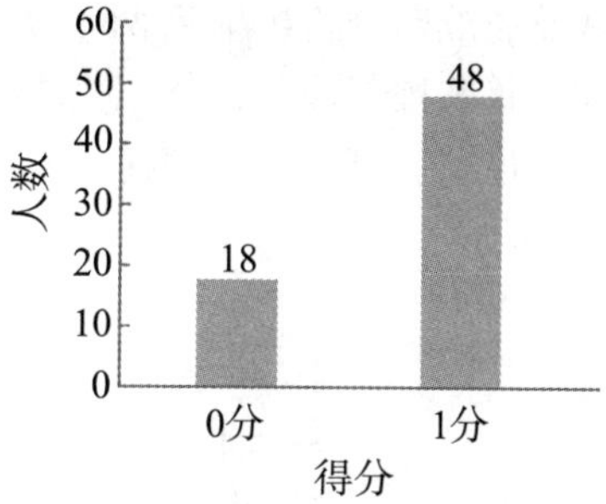

图 3－33　池塘清淤泥原始物理问题赋值表征得分

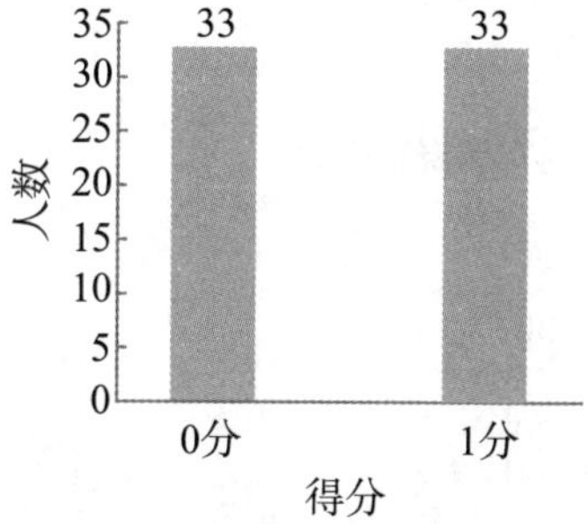

图 3－34　池塘清淤泥原始物理问题图像表征得分

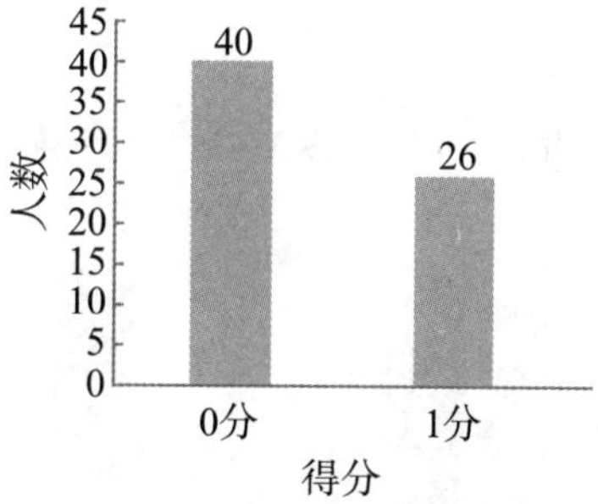

图 3－35　池塘清淤泥原始物理问题方法表征得分

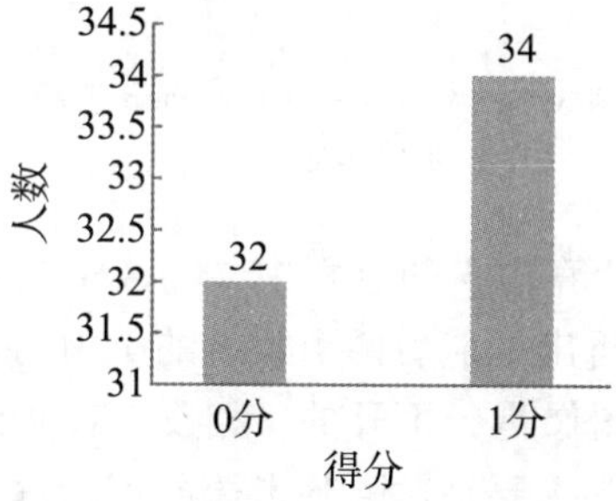

图 3－36　池塘清淤泥原始物理问题物理表征得分

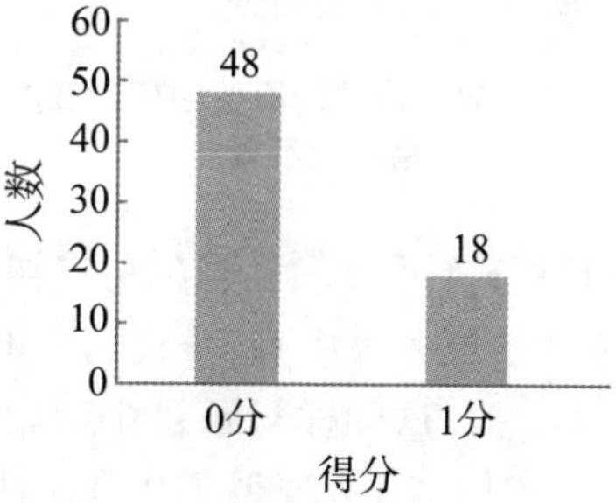

图 3－37　池塘清淤泥原始物理问题数学表征得分

通过分析可知，完成情况最好的是抽象表征、赋值表征和物理表征，分别有 48 人、46 人、34 人完成了这 3 个过程，说明学生可以根据解题所需设定需要的物理量。另外，对于浮力的习题，学生可以较为准确地切入，应用阿基米德原理，这与平时的习题训练有很大的关系。相反，完成情况最差的是方法表征和数学表征，分别有 40 人和 48 人没有完成这两个过程。主要的原因是没能准确分析出前后两个状态的重力与浮力关系，导致无法正确计算前后两个状态排开液体的体积大小。

初中物理计算题3 池塘捞石头物理计算题三表征得分情况如图3－38～图3－40所示。

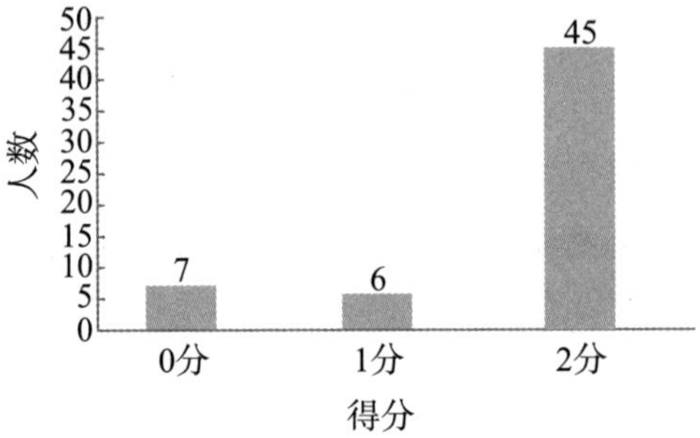

图3－38　池塘捞石头物理计算题方法表征得分

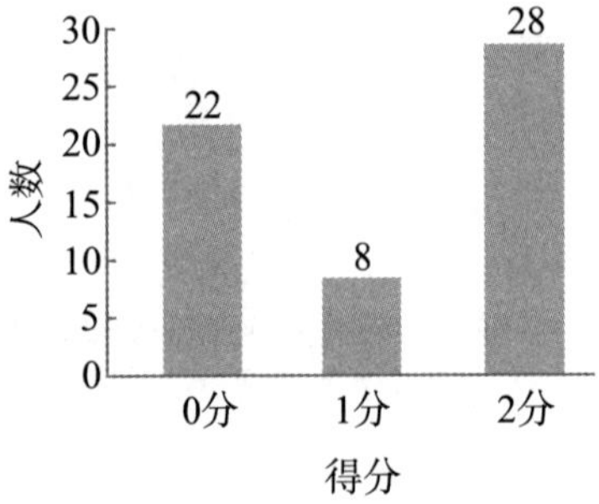

图3－39　池塘捞石头物理计算题物理表征得分

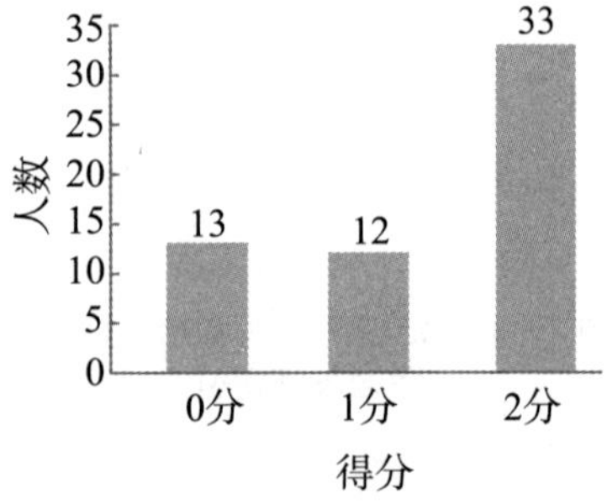

图3－40　池塘捞石头物理计算题数学表征得分

通过分析可知，学生在完成初中物理计算题3的过程中，完成情况最好的是方法表征，其中有35人完全正确地分析出了前后两个状态的重力与浮力关系。当然，这同样与题目中所给的物理图像是分不开的。相反，在物理表征中，分别有22人取得了0分。他们的问题主要是对阿基米德原理的理解不够透彻，在题目已知量的干扰下，对于排开液体的体积这一物理概念存在混淆不清的情况。

4. 初中原始物理问题4与初中物理计算题4的比较分析

（1）初中原始物理问题4——俯卧撑问题

在日常锻炼和体育课上，男同学喜欢做俯卧撑，请你利用所学知识，自主设置物理量，推导出该同学完成一次俯卧撑所做功的表达式。

初中原始物理问题3俯卧撑原始物理问题的评分标准如表3－53所示。

表 3-53　俯卧撑原始物理问题评分标准

表征	分值（分）	思维过程	评分标准（以下要点有 1 项未体现则不给分）	备注
1. 抽象表征	1	抽象	①把人抽象为杠杆； ②把人的脚看作支点	出现杠杆平衡表达式可认为完成该步骤
2. 赋值表征	1	假设	①人受重力为 G； ②人的臂长为 h； ③人的手臂受到竖直向上的支持力 F； ④人的身高为 L； ⑤俯卧撑起身时身体与水平地面的夹角为 θ； ⑥完成一次俯卧撑做功为 W	此部分设置的物理量不要求一致，在图像表征正确的前提下，可以有不同的物理量设置方式
3. 图像表征	1	形象	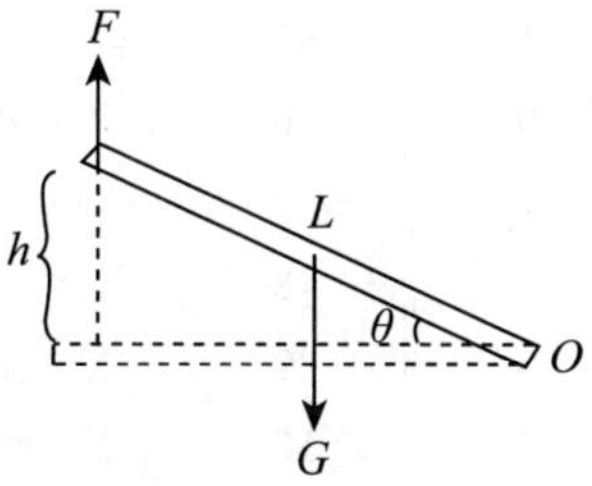	画出支点的位置（人的脚）
4. 物理表征	1	判断	杠杆平衡，功的表达式	
5. 方法表征	1	分析	准确找到动力、动力臂、阻力、阻力臂	准确在图中标出动力、动力臂、阻力、阻力臂
6. 数学表征	1	推理	$F_1 \times L_1 = F_2 \times L_2$ $F \times \sqrt{L^2 - h^2} = G \times \sqrt{(\frac{L}{2})^2 - (\frac{h}{2})^2}$ $\therefore F = \frac{1}{2}G$ $\therefore W = F \cdot S = \frac{1}{2}G \cdot h = \frac{1}{2}Gh$	要求数学推理过程精准

初中原始物理问题 3 俯卧撑问题的测试结果如表 3-54 所示。

表3－54　初中原始物理问题3的测试结果

序　号	姓　名	性　别	第4题分数	序　号	姓　名	性　别	第4题分数
1	邱×峰	男	6	34	冯×明	女	1
2	易×琳	女	5	35	王×竹	男	3
3	屈×寒	女	5	36	于×昊	男	3
4	黄×文	女	1	37	陆×畅	男	0
5	高×仪	女	0	38	叶×竹	女	0
6	马×明	男	6	39	卞×博	女	2
7	吴×桢	男	2	40	孙×蔚	女	2
8	高×东	男	6	41	王×珩	男	0
9	钟×琦	男	1	42	傅×瑶	女	1
10	冯×萌	女	3	43	杜×菲	女	1
11	王×玥	女	0	44	冷×飞	男	2
12	陈×卓	女	1	45	纪×欣	女	1
13	陈×宣	女	0	46	丁×风	男	1
14	朱×知	男	1	47	黄×航	男	1
15	陆×炫	女	1	48	马×宇	男	1
16	庄×敏	男	6	49	耿×锋	男	5
17	吴×扬	男	3	50	刘×健	男	6
18	鲁×清	女	1	51	袁×祁	男	0
19	马×荣	男	1	52	戴×骏	男	5
20	吴×峻	男	2	53	王×行	女	1
21	刘×涵	女	0	54	王×斌	男	1
22	任×祥	男	0	55	柳×宸	男	0
23	赵×然	女	0	56	乔×浩	男	0
24	向×玥	女	0	57	饶×怡	女	6
25	贺×琪	男	5	58	王×蒙	男	1
26	王×轩	男	1	59	申×轩	女	2
27	李×奚	女	0	60	钱×汉	男	5
28	冯×屹	男	6	61	秦×琳	女	4
29	杜×泽	男	6	62	蒋×馨	女	1
30	侯×涵	女	4	63	宋×伯	男	4
31	方×苏	女	6	64	周×煜	女	1
32	薛×涵	女	1	65	贺×然	女	1
33	孙×泽	男	4	66	张×旭	女	0

（2）初中物理计算题4——俯卧撑问题

在日常锻炼和体育课上，男同学喜欢做俯卧撑，现可以将该同学抽象成杠杆，重心在身高的中心，脚可以看作支点，已知人的身高 L 为 1.8 m，重力为 600 N，人的手臂 h 长为 0.9 m，人的手臂受到竖直向上的支持力为 F，俯卧撑起身时身体与水平地面的夹角为 30°。请你结合图 3－41 推导出该同学完成一次俯卧撑所做功的表达式。

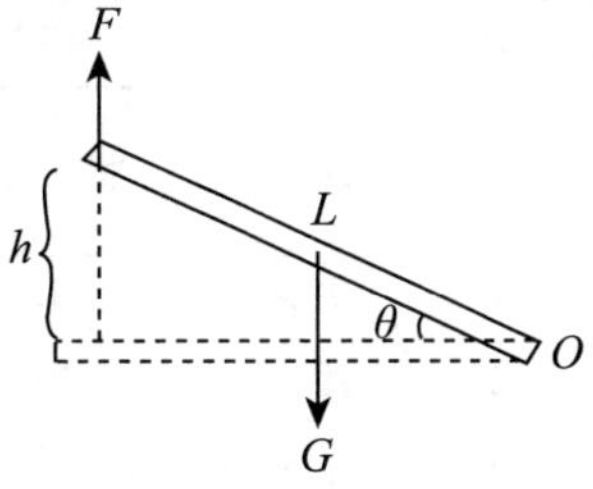

图 3－41

初中物理计算题3 俯卧撑问题的评分标准如表 3－55 所示。

表 3－55　俯卧撑问题评分标准

步　骤	分　值	思维过程	评分标准
1	2	分　析	准确找到动力、动力臂、阻力、阻力臂
2	2	判　断	$F \times L_1 = G \times L_2$ 解法一：$L_1 = L \times \cos30°$ $L_2 = \frac{L}{2} \times \cos30°$ 解法二：$L_1 = \sqrt{L^2 - h^2}$ $L_2 = \sqrt{(\frac{L}{2})^2 - (\frac{h}{2})^2}$
3	2	推　理	将相关已知物理量代入计算： 解法一： $L_1 = L \times \cos30° = \frac{\sqrt{3}}{2} \times 1.8 = 0.9\sqrt{3}$ m $L_2 = \frac{L}{2} \times \cos30° = \frac{1}{2} \times \frac{\sqrt{3}}{2} \times 1.8 = 0.45\sqrt{3}$ m $F \times 0.9\sqrt{3}$ m $= G \times 0.45\sqrt{3}$ m $F = 300$ N $W = F \cdot S = 300$ N $\times 0.9$ m $= 270$ J 解法二： $F \times \sqrt{L^2 - h^2} = G \times \sqrt{(\frac{L}{2})^2 - (\frac{h}{2})^2}$ $\therefore F = \frac{1}{2}G = 300$ N $W = F \cdot S = 300$ N $\times 0.9$ m $= 270$ J

初中物理计算题 4 的测试结果如表 3－56 所示。

表 3－56　初中物理计算题 4 的测试结果

序　号	姓　名	性　别	第 4 题分数	序　号	姓　名	性　别	第 4 题分数
1	朱×睿	男	1	30	陈×宏	男	1
2	蔡×父	男	2	31	黄×淇	女	2
3	孟×扬	男	0	32	胡×舟	男	3
4	张×宇	男	0	33	李×伦	男	1
5	李×铮	女	0	34	何×威	女	0
6	尤×月	男	0	35	毕×心	女	1
7	刘×萌	女	1	36	唐×钦	女	6
8	郝×坤	男	3	37	孙×歌	女	2
9	梅×寒	男	5	38	曹×灿	女	1
10	刘×著	男	0	39	张×越	女	4
11	刘×骐	男	2	40	梁×菁	女	2
12	李×祁	女	1	41	张×芸	女	2
13	殷×瑄	男	3	42	陈×轩	男	2
14	薛×骁	女	0	43	黄×皓	男	3
15	孟×骏	男	0	44	肖×轩	男	0
16	浦×健	男	5	45	王×康	男	3
17	张×琦	男	3	46	苏×来	男	4
18	苏×野	男	0	47	陈×旭	男	2
19	孙×锐	女	0	48	张×令	男	5
20	赵×之	男	4	49	蔺×桐	男	2
21	田×铭	女	2	50	占×远	男	2
22	张×茜	女	2	51	付×超	男	1
23	司×歆	男	1	52	牛×原	男	3
24	张×赫	男	3	53	田×琳	女	1
25	李×然	女	1	54	张×泰	男	0
26	李×基	男	1	55	倪×泰	男	1
27	陈×泰	男	0	56	郑×杰	男	1
28	王×迪	女	2	57	吴×桐	女	1
29	许×然	男	2	58	林×翰	男	0

（3）两套试题的相关性研究

通过 SPSS 对两道题的相关性进行计算，得到结果如表 3－57 所示。

表 3－57 原始物理问题与物理计算题第 4 题相关性

项目		第 4 题（习）	第 4 题（原始）
第 4 题（习）	皮尔森（Pearson）相关	1	0.092
	显著性（双尾）		0.492
	N	58	58
第 4 题（原始）	皮尔森（Pearson）相关	0.092	1
	显著性（双尾）	0.492	
	N	58	66

由表 3－57 可知，原始物理问题 4 与物理计算题 4 两者不相关，可以说明两道题之间不存在可替代性。

按照原始物理问题 4 和物理计算题 4 的得分情况，可以算出这两道题的难度系数、平均分，如表 3－58 所示。

表 3－58 原始物理问题与物理计算题第 4 题难度系数、平均分对比

题目	难度系数	平均分
原始物理问题 4	0.11	2.21
物理计算题 4	0.08	1.72

对比可知，原始物理问题 4 与物理计算题 4 的难度相当，后者略难一些，平均分略低一些。通过对试卷进行更为详细的分析，试图找寻造成这种差异的原因所在。答题情况如表 3－59 所示。

表 3－59 原始物理问题与物理计算题第 4 题答题情况汇总

单位：人次（百分比/%）

项目	说明	原始物理问题 4	物理计算题 4
测验总人数		66	58
无从下手		15（22.73）	14（24.14）
抽象		24（36.36）	—
假设		48（72.73）	—
建模		22（33.33）	—
分析	准确找到动力、动力臂、阻力、阻力臂	13（19.70）	6（10.34）
判断	杠杆平衡，功的定义	20（30.30）	14（24.14）
推理	推理出做功的表达式	14（21.21）	5（8.62）
完全正确		9（13.64）	19（32.76）

表 3－59 根据学生们的解题过程列出了初中原始物理问题 4 和初中物理

计算题 4 的答题情况，从表 3 - 59 中可以看出，有 9 人（占总人数的 13.64%）正确解答了初中原始物理问题 4；完整解答初中物理计算题 4 的人数为 1 人，占参与测试总人数的 32.76%。前者人数远远大于后者，仔细分析两套测试卷的完成情况，有以下几种情况。

1）两套测试卷的第 4 道题虽然表述形式不一致，但是考查的内容却是完全一样的，都是关于初中物理杠杆、功的知识，同样也是初中物理力学分支中非常重要的一部分。杠杆对于初中学生并不陌生，在日常生活中接触较多，由此预测被试学生对于第 4 道题会有更加充分的思考与理解。

但是，通过对两套测试卷的完成情况进行统计，可以发现，初中原始物理问题 4 有高达 15 人（占被试总人数的 22.73%）表示对俯卧撑问题无从下手。而初中物理计算题 4 有 14 人（占被试总人数的 24.14%）无法找到正确的切入点解决该物理问题。两者差距不大，但人数都很多，说明学生对于俯卧撑这一实际问题有一定的认知困难。与预期差距较大。

2）对于初中物理计算题 4，题干部分已经被高度抽象，并且将杠杆模型的示意图呈现在了纸面上，让学生对俯卧撑问题的核心知识一目了然，更加有利于学生直接寻找动力、动力臂、阻力、阻力臂。相反，初中原始物理问题 4 来源于生活中的实际问题——俯卧撑，学生可以根据问题“推导出该同学完成一次俯卧撑所做功的表达式”，明确本道题的第一个知识点——功，但是要将学生抽象成杠杆就存在一定的困难，但这恰恰又是破题的关键所在。

通过对初中原始物理问题 4 的完成情况进行统计，可以发现，有 24 人（占被试总人数的 36.36%）可以将人抽象成杠杆，并把人的脚看作支点，但其中只有 22 人（占被试总人数的 33.33%）可以在抽象的基础上建立物理模型。

3）在建构物理模型之后，应该准确地找到杠杆模型中的动力、动力臂、阻力和阻力臂，但是通过统计可以发现，在初中原始物理问题 4 中，仅有 13 人（占被试总人数的 19.70%）可以正确分析出动力、动力臂、阻力和阻力臂，并设置物理量进行表示。而初中物理计算题 4 中，仅仅只有 6 人（占被试总人数的 10.34%）能够准确判断。

之所以会产生这一结果，主要原因是学生对于动力臂、阻力臂的概念模糊不清，在初中物理书中，动力臂是支点到动力作用线的距离，而阻力臂是支点到阻力作用线的距离，但是大多数学生却将动力臂理解为支点到动力点的直线距离，而阻力臂理解为支点到阻力点的直线距离。导致杠杆平衡方程出现错误。

4）现将两套试卷中的第 4 题以表征为单位，进行统计。

初中原始物理问题 4 俯卧撑原始物理问题六表征得分情况如图 3 - 42 ~ 图 3 - 47 所示。

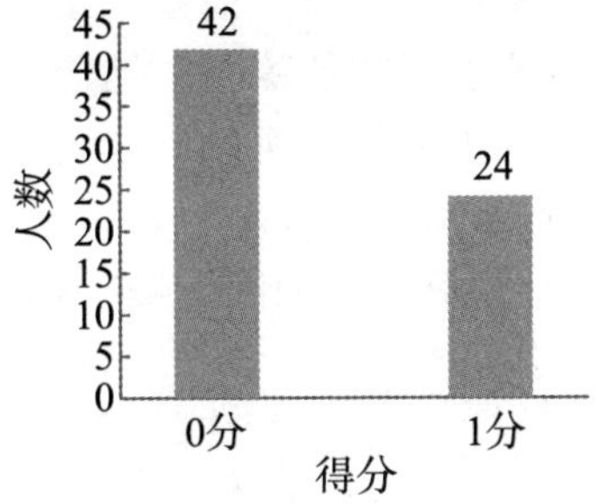

图 3－42　俯卧撑原始物理问题抽象表征得分

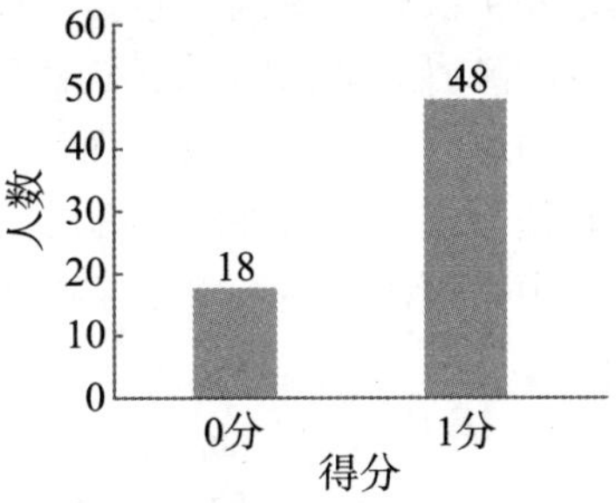

图 3－43　俯卧撑原始物理问题赋值表征得分

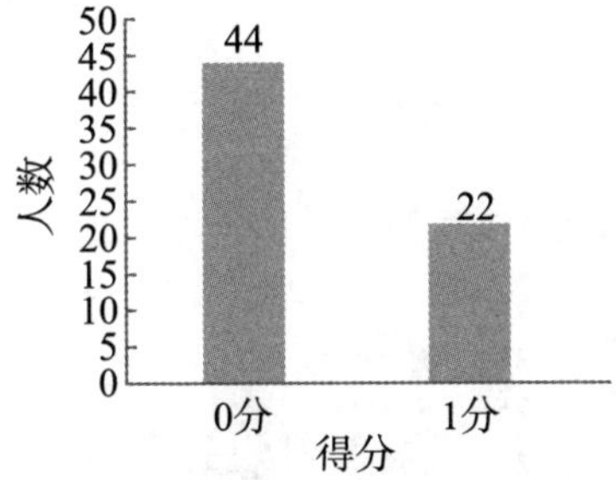

图 3－44　俯卧撑原始物理问题图像表征得分

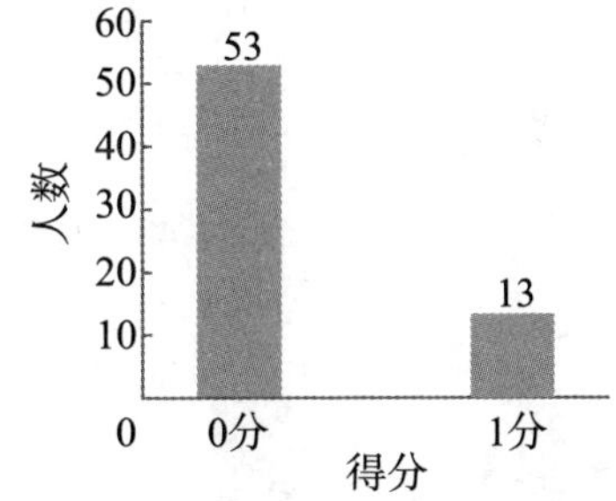

图 3－45　俯卧撑原始物理问题方法表征得分

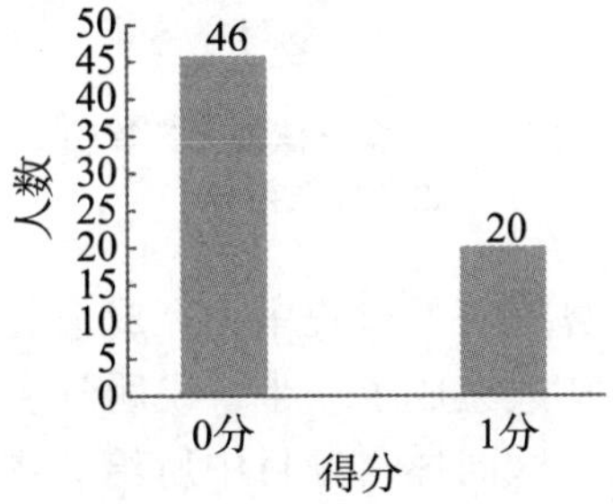

图 3－46　俯卧撑原始物理问题物理表征得分

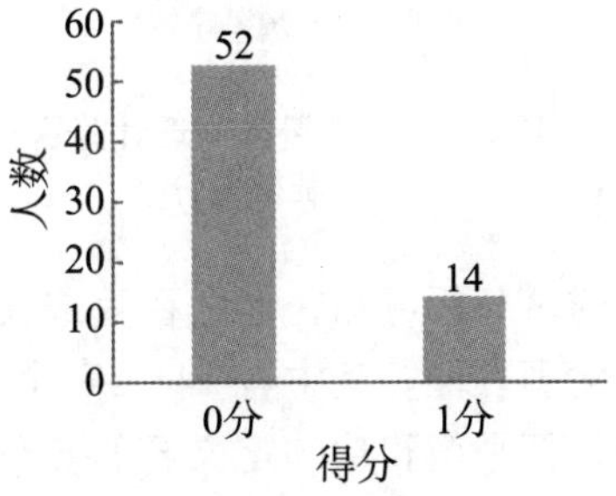

图 3－47　俯卧撑原始物理问题数学表征得分

通过分析可知，完成情况最好的是赋值表征，有 48 人完成了该过程，说明学生可以根据解题所需设定需要的物理量。

相反，除了赋值表征，其余 5 个表征，学生的完成情况均不理想。尤其是方法表征，只有 13 人正确完成。说明俯卧撑原始物理问题对于初中学生有较大的难度。第一，学生对于俯卧撑这项运动虽然熟悉，但是大多数学生，尤其是女生没有亲身经历过，对于细节问题模糊不清，对于抽象、建模形成了一定的障碍。第二，对于杠杆所含知识点的概念不够熟练，也是造成完成度较差的原因之一，这也侧面反映出物理概念的重要性。所以，在实际教学中，教师应该注重物理概念的讲授，而不是一味地练习、做题。

初中物理计算题 4 俯卧撑物理计算题三表征得分情况如图 3 – 48 ~ 图 3 – 50 所示。

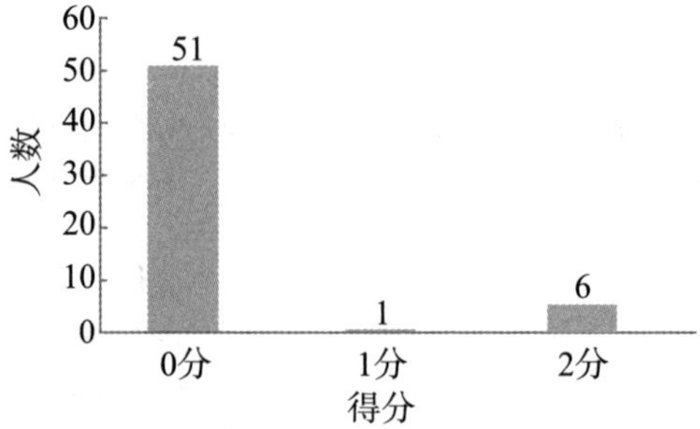

图 3 – 48　俯卧撑物理计算题方法表征得分

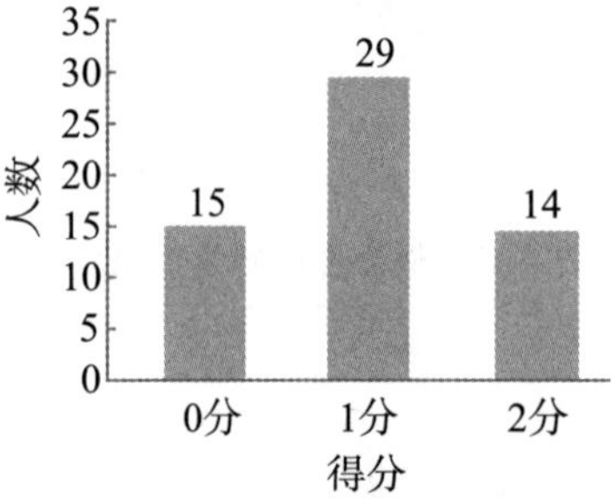

图 3 – 49　俯卧撑物理计算题物理表征得分

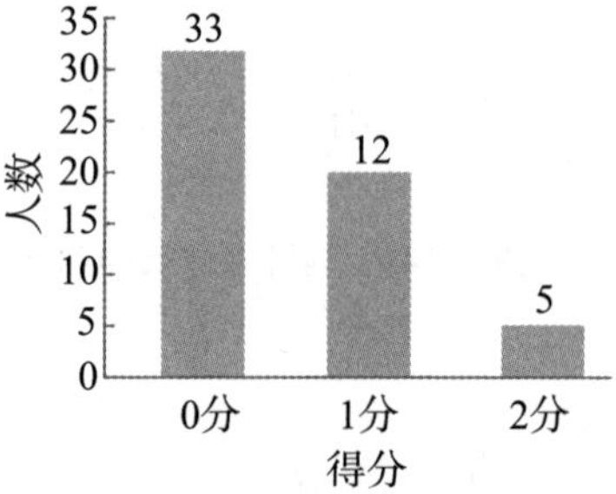

图 3 – 50　俯卧撑物理计算题数学表征得分

通过分析可知，学生在完成初中物理计算题 4 的过程中，完成情况最好的是物理表征。其中有 14 人完全正确，有 29 人完成了一半，说明学生知道运用杠杆平衡和功的定义解答该问题。当然，这同样与题目中所给的物理图像有密不可分的关系。

相反，在方法表征中，有高达 51 人取得了 0 分。他们的问题主要是对于杠杆所含知识点的概念不够熟练。

5. 表征比较分析

（1）初中原始物理问题六表征比较分析

初中原始物理问题共包含 6 个表征过程：抽象表征、赋值表征、图像表征、方法表征、物理表征及数学表征，对应的思维过程分别是抽象、假设、形象、分析、判断和推理。

对参与初中原始物理问题测试的66名学生按表征进行打分，分数如表3-60所示。

表3-60　参与初中原始物理问题测试者的六表征分数

序号	姓　名	性别	抽象表征	赋值表征	图像表征	方法表征	物理表征	数学表征
1	邱×峰	男	2	4	3	2	3	1
2	易×琳	女	3	3	3	1	3	2
3	屈×寒	女	3	3	2	2	3	1
4	黄×文	女	2	3	0	1	1	1
5	高×仪	女	2	2	0	1	2	0
6	马×明	男	4	4	3	2	4	2
7	吴×桢	男	1	0	2	1	0	0
8	高×东	男	3	3	3	2	2	1
9	钟×琦	男	1	3	0	0	1	0
10	冯×萌	女	2	2	1	1	1	0
11	王×玥	女	1	1	0	2	2	0
12	陈×卓	女	0	1	0	0	1	0
13	陈×宣	女	0	0	1	0	0	0
14	朱×知	男	1	2	0	2	1	0
15	陆×炫	女	1	2	1	0	1	0
16	庄×敏	男	4	4	3	2	3	3
17	吴×扬	男	3	3	4	1	1	1
18	鲁×清	女	0	1	1	1	1	0
19	马×荣	男	2	4	3	1	1	1
20	吴×峻	男	4	4	0	1	2	0
21	刘×涵	女	0	0	0	0	3	0
22	任×祥	男	0	1	1	0	0	0
23	赵×然	女	2	1	1	1	1	0
24	向×玥	女	2	2	3	2	3	1
25	贺×琪	男	3	3	4	1	3	2
26	王×轩	男	2	4	0	0	2	0

（续　表）

序号	姓　名	性别	抽象表征	赋值表征	图像表征	方法表征	物理表征	数学表征
27	李×奚	女	0	0	0	1	1	1
28	冯×屹	男	4	4	3	4	4	2
29	杜×泽	男	2	2	1	1	3	1
30	侯×涵	女	4	4	1	4	4	3
31	方×苏	女	3	3	4	4	3	2
32	薛×涵	女	3	4	0	2	2	1
33	孙×泽	男	4	4	4	2	4	3
34	冯×明	女	2	3	3	3	3	1
35	王×竹	男	3	3	3	0	1	0
36	于×昊	男	4	4	1	1	2	0
37	陆×畅	男	1	1	0	0	0	0
38	叶×竹	女	2	2	3	2	2	1
39	卞×博	女	3	4	3	2	3	2
40	孙×蔚	女	2	3	3	2	1	1
41	王×珩	男	3	3	0	3	3	2
42	傅×瑶	女	3	4	2	2	1	0
43	杜×菲	女	3	4	2	1	2	0
44	冷×飞	男	3	4	4	2	2	1
45	纪×欣	女	3	4	3	3	3	2
46	丁×风	男	2	3	3	0	2	0
47	黄×航	男	0	1	3	0	1	0
48	马×宇	男	2	3	0	1	2	1
49	耿×锋	男	3	4	4	3	3	1
50	刘×健	男	3	3	3	3	2	3
51	袁×祁	男	3	3	0	2	2	3
52	戴×骏	男	3	4	1	2	3	0
53	王×行	女	1	3	1	3	2	0
54	王×斌	男	1	2	0	1	1	0

（续　表）

序号	姓　名	性别	抽象表征	赋值表征	图像表征	方法表征	物理表征	数学表征
55	柳×宸	男	3	3	0	2	0	0
56	乔×浩	男	1	0	2	2	1	0
57	饶×怡	女	3	3	3	2	1	1
58	王×蒙	男	2	3	0	2	3	1
59	申×轩	女	3	4	2	2	4	1
60	钱×汉	男	4	4	4	2	3	3
61	秦×琳	女	4	4	4	3	3	1
62	蒋×馨	女	1	0	4	2	0	0
63	宋×伯	男	0	2	1	1	2	1
64	周×煜	女	3	4	1	2	2	2
65	贺×然	女	2	2	3	1	1	1
66	张×旭	女	2	2	2	1	2	1

根据全部参与测试的学生六表征的得分，分别对每个表征作出成绩分布直方图，每道题每个表征1分，因此，4道题每个表征满分4分，成绩分布如图3－51～图3－56所示。

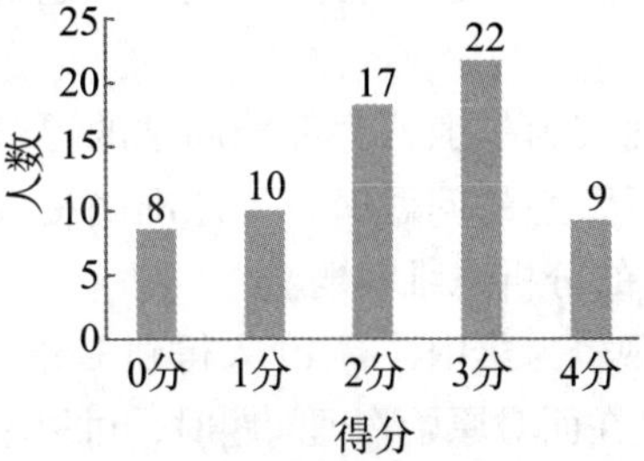

图3－51　原始物理问题抽象表征成绩分布

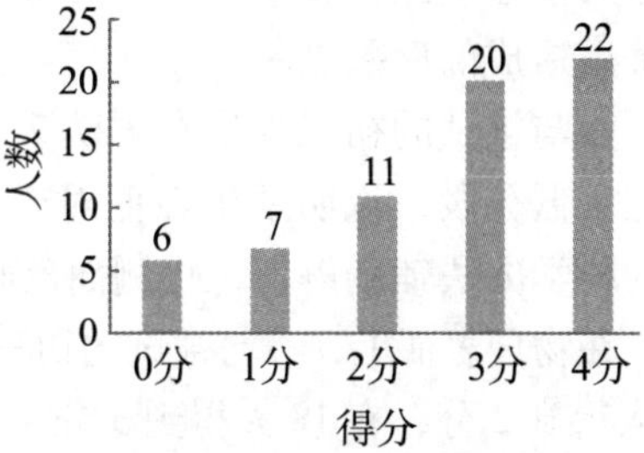

图3－52　原始物理问题赋值表征成绩分布

通过分析可知，参与被试的初三学生在抽象表征上表现一般且相对稳定，大多数学生的成绩均集中在中高分段，说明学生可以有效简化研究对象，将生活中的原型抽象为模型，具有一定的抽象思维。

赋值表征是参与被试的初三学生表现最为理想的一项，获得满分4分的有22人，3分的有20人，多数学生的成绩均集中在高分段，说明学生可以根据不同的原始物理问题，自行设置物理量，使原始物理问题在形式上逐渐向习题靠近，具有较高的假设思维。

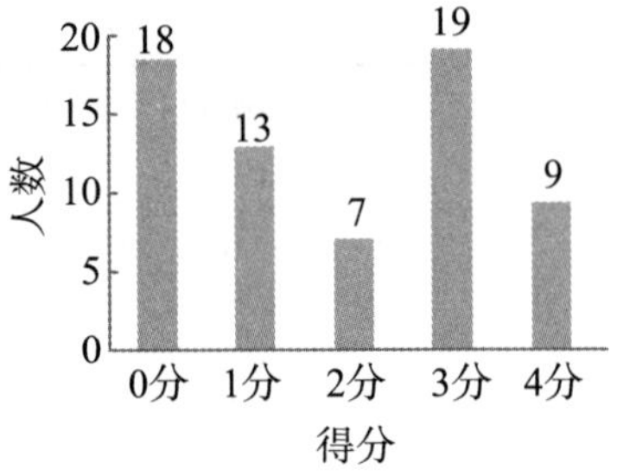

图3-53　原始物理问题图像表征成绩分布

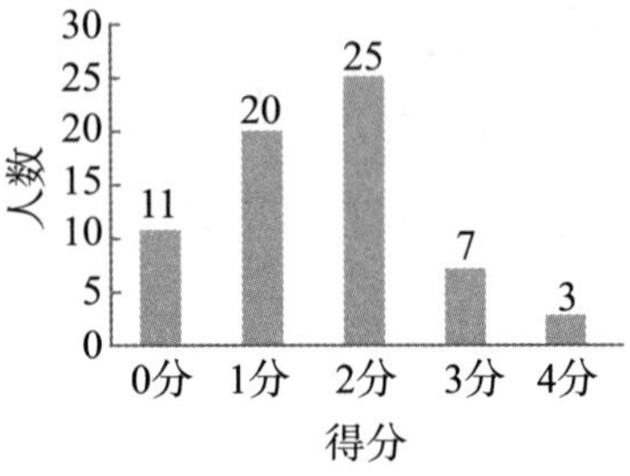

图3-54　原始物理问题方法表征成绩分布

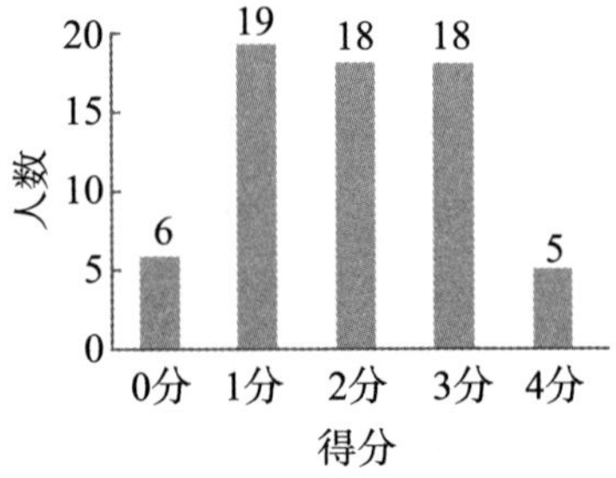

图3-55　原始物理问题物理表征成绩分布

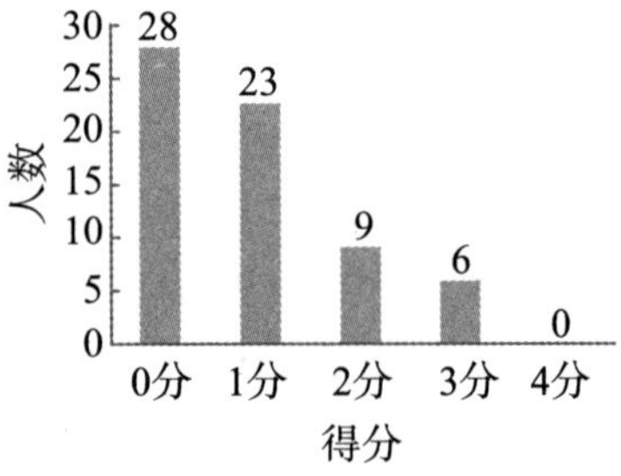

图3-56　原始物理问题数学表征成绩分布

在图像表征上，参与被试的初三学生表现出两极分化的状态，有18人得到0分，有19人得到3分，说明学生的形象思维程度参差不齐，部分学生可以根据题意建构更为形象的物理模型，为后续问题的解决做铺垫，但是也有部分同学建模能力较差，不能独立画出示意图，这也是常规物理计算题长期训练后造成的后果之一。

参与被试的初三学生在方法表征上表现较为一般，大部分同学的得分集中在中低分段，说明学生在面对未知的、不熟悉的问题时，不能准确提取相关的科学方法辅助解答，也侧面反映出学生的分析思维较弱。

在物理表征上，参与被试的初三学生表现较为集中，有19人得到1分，有18人得到2分，有18人得到3分，说明学生在面对原始物理问题时，可以不同程度地将它与头脑中已有的物理知识联系起来，提取与问题相关的概念、规律及公式，有一定的判断思维，而这一结果，与习题的训练有很密切的关系。

数学表征是参与被试的初三学生表现最不理想的一项，没有人获得满分；相反，高达51人处于低分段，侧面反映出学生的推理思维发展一般。数学表征看似简单，但是却需要学生对整道题有十分精准的把握，列出正确的物理表达式，选择正确的科学方法，才能在最后的数学变换中得到正确的结果。

（2）初中物理计算题三表征比较分析

对于初中物理计算题，图像、物理量题干均已给出，因此，不存在抽象表征、赋值表征和图像表征。但是仍需要学生自主选择科学方法，选取物理规律进行数学运算，得到最终的定量表达式，这也就说明初中物理计算题也需要经历方法表征、物理表征及数学表征。对应的思维过程分别是分析、判断和推理。

下面对参与初中物理计算题测试的58名学生，按表征进行打分，分数如表3-61所示。

表3-61　参与初中物理计算题测试者的三表征分数

序　号	姓　名	性　别	方法表征（8分）	物理表征（8分）	数学表征（8分）	总　分
1	朱×睿	男	4	3	1	8
2	蔡×父	男	6	3	3	12
3	孟×扬	男	4	2	4	10
4	张×宇	男	0	0	0	0
5	李×铮	女	4	2	2	8
6	尤×月	男	5	4	3	12
7	刘×萌	女	6	3	4	13
8	郝×坤	男	5	4	4	13
9	梅×寒	男	8	7	8	23
10	刘×著	男	5	4	4	13
11	刘×骐	男	5	4	6	15
12	李×祁	女	4	2	0	6
13	殷×瑄	男	6	8	6	20
14	薛×骁	女	3	1	1	5
15	孟×骏	男	5	0	4	9
16	浦×健	男	7	4	7	18
17	张×琦	男	5	1	3	9
18	苏×野	男	4	4	4	12
19	孙×锐	女	4	4	4	12
20	赵×之	男	8	5	7	20
21	田×铭	女	3	4	2	9
22	张×茜	女	4	5	2	11
23	司×歆	男	6	6	5	17
24	张×赫	男	6	6	3	15
25	李×然	女	5	6	4	15
26	李×基	男	5	1	0	6
27	陈×泰	男	4	4	3	11

（续 表）

序　号	姓　名	性　别	方法表征（8 分）	物理表征（8 分）	数学表征（8 分）	总　分
28	王×迪	女	6	3	4	13
29	许×然	男	4	5	4	13
30	陈×宏	男	2	0	1	3
31	黄×淇	女	5	3	3	11
32	胡×舟	男	6	4	5	15
33	李×伦	男	6	5	4	15
34	何×威	女	6	1	1	8
35	毕×心	女	4	3	2	9
36	唐×钦	女	8	4	8	20
37	孙×歌	女	6	6	5	17
38	曹×灿	女	6	6	3	15
39	张×越	女	7	5	4	16
40	梁×菁	女	6	3	7	16
41	张×芸	女	6	5	5	16
42	陈×轩	男	6	2	5	13
43	黄×皓	男	6	6	6	18
44	肖×轩	男	6	4	6	16
45	王×康	男	4	6	3	13
46	苏×来	男	6	6	7	19
47	陈×旭	男	4	5	2	11
48	张×令	男	5	2	3	10
49	蔺×桐	男	6	8	5	19
50	占×远	男	4	6	3	13
51	付×超	男	6	5	4	15
52	牛×原	男	6	6	7	19
53	田×琳	女	6	6	3	15
54	张×泰	男	5	0	4	9
55	倪×泰	男	3	3	1	7
56	郑×杰	男	4	3	4	11
57	吴×桐	女	6	7	2	15
58	林×翰	男	5	1	1	7

根据学生三表征的得分，分别对每个表征做出成绩分布直方图，每道题每个表征2分，因此，4道题每个表征满分8分，成绩分布如图3－57～图3－59所示。

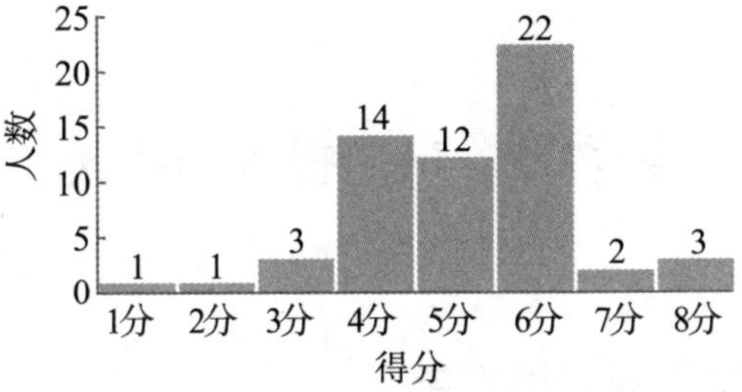

图3－57　物理计算题抽象表征成绩分布

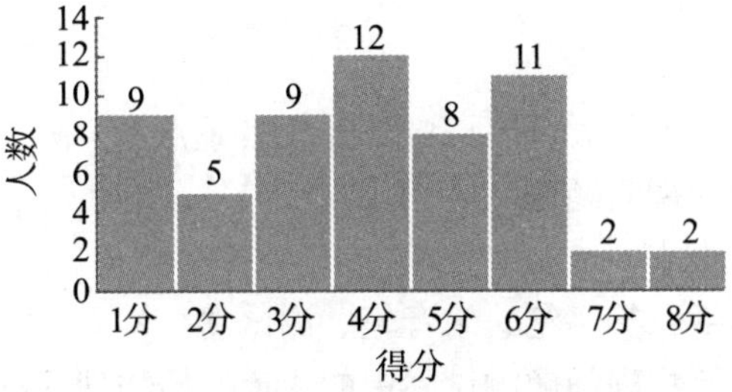

图3－58　物理计算题物理表征成绩分布

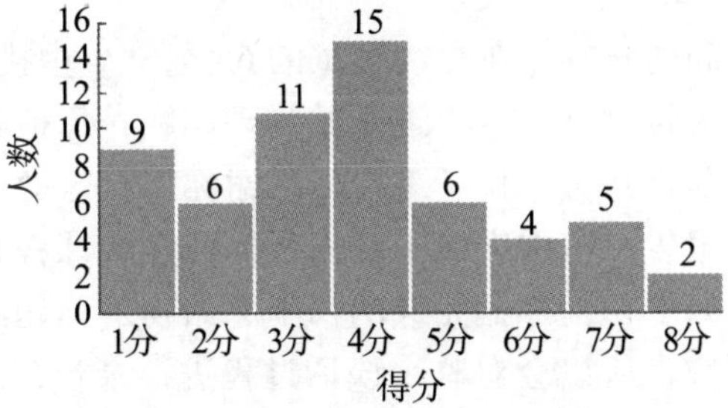

图3－59　物理计算题数学表征成绩分布

通过分析可知，参与被试的初三学生在方法表征上表现一般且相对稳定，大多数学生的成绩均集中在中分段，说明多数学生能够准确提取相关的科学方法辅助解答，也侧面反映出学生的分析思维一般。

在物理表征上，参与被试的初三学生表现较为集中，有23人得分在0～3分，有31人得分在4～6分，但是只有4人得分在7～8分，说明学生在面对熟悉的物理计算题时，可以将它与头脑中已有的物理知识联系起来，有一定的判断思维。高分段的人数过少，说明学生对于物理概念、规律及公式的本质了解不够透彻，存在着一知半解的情况。

在数学表征上，与原始物理问题结果相对一致，表现一般，不是很理想，侧面反映出学生的推理思维发展一般。

第六节 口语报告和访谈

一、原始物理问题口语报告

（一）口语报告研究方案

1. 被试的选择

本研究选取中国人民大学附属中学分校（重点中学）初三年级的 24 名同学，参与初中原始物理问题测试。

2. 实验仪器与材料

仪器：记录用纸、签字笔、录音笔、测试卷。

材料：初中原始物理问题测试卷中的 4 道原始物理问题。

3. 操作方法和程序

（1）向被试讲解口语报告要求

由于场地和时间的限制，在参与被试的 66 名学生中挑选 24 名学生参与原始物理问题口语报告测试，共 4 道原始物理问题，每道题有 6 名同学进行口语报告，在测试前告知每一位学生：很感谢你用自己的午休时间来参与原始物理问题的口语报告，本次交流不计入任何与学校课程相关的成绩，口语报告的内容主要来源于物理课上完成的初中原始物理问题测试卷，由于本次口语报告是一项研究，所以会对整个谈话过程进行录音，录音绝不外传，请你尽可能详尽回答每一个问题，谢谢。

（2）施测

在物理实验室中开展口语报告测试。被试根据主试提出的问题进行回答，报告自己解题的具体思维过程，主试用录音设备记录被试的回答。被试在口语报告过程中，主试认真倾听，不随意打断。如果被试长时间停顿或不做回答，主试可做适当的提示。

（3）材料转换

将录音设备录下的口语报告逐字逐句整理成文字材料，并将此材料与录音材料、记录材料及学生的测试卷等内容进行反复核对与补充。

(4) 统计分析

①根据学生的口语报告进行统计、分析，了解学生对每一道题的切入点、大致思路和难点。

②由口语报告，了解学生对于初中原始物理问题的看法和建议。

(二) 口语报告的记录结果

1. 原始物理问题1

夜幕降临，城市灯火通明，发电厂通过输电线将电输送到千家万户。在夜晚的用电高峰时，白炽灯往往会发黄发暗，而在用电低峰时，白炽灯处于正常发光状态。请运用所学的物理知识自行设置物理量，定量地解释该现象产生的原因。

具体的口语报告如下。

师1-1：下面请你说一下灯泡变暗这道题的大致思路吧？你当时读完题第一个想到的知识点是哪个？

学1-1：我当时的第一反应就是，用电高峰的时候，总功率变化了，电路中的电阻变小，所以总电流比较大，而导线它也是有电阻的，所以导线的分压就比较大，那么用电器两端的分压就比较小，所以最后用电器的实际功率就小于额定功率，所以灯泡就变暗了。

师1-2：灯泡变暗的问题，你刚读完题的时候，有没有大致的思路？第一反应是和哪一个知识点相关的呢？

学1-2：我的第一反应就是跟电功率是相关的。因为老师以前上课也讲过，就是发光发暗跟电功率是相关的。

师1-2：好的，那请你跟我说说你的整体思路吧？

学1-2：首先，这个输电线，也就是导线也会有电阻，当电路中并联了更多的用电器时，相当于总电阻会变小，那么干路的电流就会变大，而我可以把整个电路看作一个纯电阻电路，所以导线电功率 $P = I^2R$，R 不变，而 I^2 变大，所以导线电功率变大，而对于并联的这部分电路，它分得的电压会变小，它的每一条支路上的电流还是不变的，总体电功率也会变小，所以灯泡就会变得暗一些。

师1-3：你能跟我说说灯泡变暗的问题，你的大致思路是什么吗？

学1-3：我看到发黄发暗还有正常发光状态这几个字，就想到与额定电功率有关系，发黄发暗肯定就是比额定电功率小。然后，我就又想到了额定电压，正常发光的电压是220 V，那么用电高峰用电器分到的电压就会小于 220 V。那么为什么电压会变小，那么肯定是有其他的电阻分得了它原来的一部分电压，那么就肯定是导线分的电压，大致思路就出来了，就可以开始做题了。

师 1 -3：那你觉得你做这道题的时候，你觉得有点难还是比较顺利？

学 1 -3：我觉得还是比较顺利的。

师 1 -4：灯泡变暗这个问题，你觉得难度跟平时的物理计算题相比如何？

学 1 -4：我觉得难度要大一些。

师 1 -4：请你跟我说说你做这道题的具体思路吧？你看到这道题的时候你的第一反应是什么？从哪方面进行切入？

学 1 -4：我当时想的就是白炽灯在工作的时候变暗，说明它没有达到额定电功率。然后再去想为什么没有达到额定功率，根据题目给出的用电高峰和用电低峰的对比，从而判断出用电高峰对灯泡到底有什么影响。

师 1 -4：那你可以具体谈一谈吗？

学 1 -4：首先在用电高峰时期，这个灯泡没有达到它的额定功率，所以它两端的电压就没有达到额定电压。但是整个电路中的总电压是不变的，都应该是 220 V，应该是其他的用电器分压了，比如说导线。导线一般来说电阻是非常小的，不会分那么多压来影响用电器的工作。然后，我想有可能是导体工作它的温度升高，它的电阻会变大。后来，又想到用电高峰期同时工作的用电器会比较多，这样就会导致整个干路中的电流变大，导线上的分压变大，用电器的分压变小，所以用电器的实际功率小于额定功率。

师 1 -5：这道用电高峰灯泡变暗的问题，你在刚读完题的时候，有没有一个大致的思路，可以谈一谈吗？

学 1 -5：我刚读完题的时候，大致的思路就是这是一个分压的问题，然后顺着这个思路写下去。第一点是串联电路中电压和电阻是成正比的，第二点就是实际功率和额定功率的关系。

师 1 -5：你能大致说说你的解题过程吗？

学 1 -5：我的想法就是在现实生活中，输电线是会有电阻的，这个电阻是基本不变的；在用电高峰期的时候，用户并联的电阻会变多，如果把并联的所有电阻等效替代一下，也就是等效电阻会变小，所以分压就会小一些，就会小于额定电压，因而实际电功率就会小于额定电功率，灯泡就会变得黄一些、暗一些。

师 1 -5：你觉得这道题最难的地方在哪里？

学 1－5：应该是想清楚电阻变小的时候，电功率会增加，而不是减小。

师 1－6：用电高峰期灯泡变暗的这个问题，你觉得你读完题之后，有没有一个大致的思路？

学 1－6：有大概的想法，我觉得是与功率和家庭电路有关，而且这个问题我们老师在上课的时候是科普过的，简单介绍过亮暗的原因，所以很有思路。

师 1－6：可以简单说说你的具体过程吗？

学 1－6：好的，一开始，我想到的就是电功率，并且区别是在用电高峰和用电低峰。然后，我想到的就是灯和其他用电器之间的关系，在其他用电器的电功率比较高的时候，灯的实际总功率就会比较低，用公式来表示就是 $P = U \cdot I$，灯泡 U 所占的比例比较低，I 也比较低，所以 P 就小，所以就会发暗。在用电高峰的时候，灯泡两端的电功率就会接近额定电功率。

师 1－6：你觉得最难的地方是哪里？

学 1－6：我觉得最难的地方在于容易想到物理知识点，但是不太容易用物理公式表示出来，没有办法用直白的数字代入公式求出它的具体数值，需要自己设置相关的量。

2. 原始物理问题 2

公共厕所里的灯常常彻夜通明，因而极易损坏。有经验的电工师傅采用把两只相同的灯泡串联后再接入电路的方法，此法虽然灯的亮度降低，但也达到了照明的目的，更重要的是其使用寿命可以大大延长，省去了频繁更换灯泡的麻烦。其道理是什么呢？请你利用所学知识，自主设置物理量，定量解释该现象。

具体的口语报告如下。

师 2－1：那你能简单说说这道灯泡串并联问题的大致思路吗？

学 2－1：两只灯泡串联的时候灯泡就变暗了，我算了一下每只灯泡此时的实际功率，也算了一下每只灯泡的额定功率，然后将两者进行比较，发现实际功率小了很多，这样会导致灯泡亮度变暗，它的寿命就会延长。

师 2－2：那你能简单说说这道灯泡串并联问题的大致思路吗？

学 2－2：如果电路中只有 1 只灯泡，灯泡的亮度和实际功率是直接相关的，实际功率在此时应该就是 UI，就是它的额定功率。但是如果是两只小灯泡串联，而小灯泡的电阻是一样的，串联电路中，流经两只小灯泡的电流也是一样的，分得的电压也是一样的，所以它们的实际电功率应该就是 $\left(\frac{U_{实}}{U_{额}}\right)^2 \cdot P_{额}$，那么此时的实际

电功率就应该是 $\frac{1}{4}P_{额}$，也就不能正常发光，所以可以省电，会延长使用的年限。

师2-3：可以谈谈厕所灯泡串并联问题的思路吗？

学2-3：题目中说灯泡的使用寿命会减小，我当时读完题就在想，使用寿命为什么会减小呢？它的额定电压一直就是220 V啊，电压肯定不会超过它的额定电压，所以我觉得它的寿命并不会减小，所以我就猜测，它在夜晚的时候，两端的电压会超过220 V，但是我自己又觉得我的思路很不科学。

师2-3：后来你是怎么做出来的？

学2-3：其实主要就是猜想，再联系平时的生活经验，就是电压肯定不会超过220 V，寿命减小我觉得会与电功率有关系，超过额定功率，灯泡肯定就坏了，接近额定功率，灯泡能发光，我就觉得如果要延长寿命，实际功率应该小于额定功率，然后进行计算。

师2-4：你能大致说说你对厕所灯泡串并联问题的思路吗？

学2-4：应该是电路中电流变小了，电阻不变，发热就小了，温度就低了，就不容易被烧断。

师2-5：你在读完厕所串并联问题的时候，你是立刻有思路的吗？

学2-5：我觉得这道题其实有的地方可以和常规的物理计算题联系一下，可以自己设定一些数据，按照原来题的方式去做。

师2-5：可以说说你的思考过程吗？

学2-5：我的想法是，两只相同的电灯泡，电阻是一样的，串联起来比一只灯泡的电阻大，是它的两倍。这两只灯泡的总电压是不变的，电阻是两倍，那么总的功率就是1/2。

师2-5：你觉得哪个地方最困难？

学2-5：我觉得用比较规范的文字把我的想法表述出来比较难。

师2-6：你能说说厕所灯泡串并联这个问题的大致思路吗？

学2-6：可以，做的时候，题目里面有一个关键词是串联，串联了两只灯泡。对比家庭电路，我们知道所有的用电器都是并联，所以我是从并联和串联的不同来入手的。在我画的电路图中，我表示出了在并联及串联时候的状态，唯一的区别是在每个支路上，一个是有一只灯泡，一个是有两只灯泡。总体的结构是一个并联的结构，而并联的结构中，每一个支路的电压是相等的，在支路中，一个是一只灯泡，一个是两只灯泡，那么每只灯泡分配的电压就不同。在整个并联的电路中，总电流是一样的，而两个支路的电阻是不同的，所以分配的电流也不同，如果用比例来表示，是1/2的电压和1/2的电流，所以它的总功率就会比正常情况低。

师2-6：你觉得这道题你在看到它的时候，和什么知识点有关？

学2-6：我觉得和功率以及串并联的关系有关，和功率有关的原因，主要是寿命和功率是有关系的，如果一直保持在额定功率和额定功率以下，它一定是使用时间比较长，也就是寿命比较长；如果在额定功率以上，寿命就会比较短。而功率又与电压和电流有关，在串并联电路中，两者的区别就可以简单得到了。

师2-6：你觉得最困难的地方是什么？

学2-6：我觉得最难的不在最后的计算过程，因为可以根据比例关系得到，唯一的难点是在灯泡的寿命可以转化为什么来表示。

3. 原始物理问题3

池塘清淤泥，需要把池塘底部的淤泥打捞到水面的小船上。现乘船打捞池塘底部的淤泥，当清淤工作完成后，装有淤泥的小船还停留在水面上，问池塘里的水面是上升、下降还是不变？请自主设置物理量，推导出一个表达式证明你的猜想。

具体的口语报告如下。

师3-1：请你跟我说一说池塘清淤泥这道题的大致思路吧。

学3-1：我把这道题分成了两步，一个是装泥之前，一个是装泥之后。装泥之后，泥就在船上了，那么整体的浮力就等于整体的重力，利用阿基米德原理推导出此时的$V_{排}$。再算装泥之前的，分别算出船排开水的体积和泥的体积，加在一起算出总体积，和装泥后的$V_{排}$比较一下大小，发现两个式子形式大致相同，唯一不同的是，装泥之前有$\frac{G_{淤泥}}{\rho_{泥}\cdot g}$，装泥之后有$\frac{G_{淤泥}}{\rho_{水}\cdot g}$，因为淤泥一开始是沉在水底的，说明淤泥的密度大于水的密度，所以就能比较出来，装泥之前排开水的体积就比较小，所以装泥之后水面就上升了。

师3-2：请你说说你对池塘清淤泥这道物理题的大致思路吧？

学3-2：我的第一反应是先画一个图，就是一条船漂浮，下面有淤泥，这个淤泥受到的浮力$\rho\cdot g\cdot V_{泥}$。因为一开始这个泥是沉底的，泥所受到的浮力是小于泥所受到的重力的，而一开始船受到的浮力就是$\rho\cdot g\cdot V_{排1}$，$V_{排1}$是现在排开水的量，浮力是等于船的重力的。当把泥都捞起来放在船上的时候，它此时仍停留在水面上，所以整体仍然是漂浮的状态，此时的浮力就应该等于泥的重力和船的重力之和，浮力就是$\rho \cdot g \cdot V_{排2}$，这个$V_{排2}$是船和泥共同排开的水的体积。因为装满淤泥的船还可以浮起来，所以淤泥受的浮力应该比原来所受的浮力要大，所以排开水的体积就变大了，所以水面会上升。

师3－3：你觉得池塘捞淤泥的问题，你读完题之后，有没有什么思路？

学3－3：我刚读题的时候，觉得这道题有点难，觉得有些不知所措。后来想到应该用打捞上来的泥的体积和泥的重力能排开的水的体积进行比较，如果水的体积比泥的体积大，就说明水面会上升。

师3－3：你想到了哪一个学过的知识点？

学3－3：浮力里面的阿基米德原理。

师3－3：你觉得最难的地方是哪里？

学3－3：组织语言，以及按正确的顺序把物理量和物理公式有逻辑地罗列出来。

师3－4：关于池塘捞淤泥这个问题，你读完题的大体思路是什么？可以简单说说吗？

学3－4：读完题发现船是在池塘里，所以肯定和浮力有关，下面的淤泥肯定与它的体积有关，而浮力肯定与液体密度有关，我就把所有能求的式子全部求出。由于它求得是水面的高度，肯定与池塘的总容积有关系。我们可以假设池塘的底面积是不变的，所以一定与总体积有关系，也就是说总体积直接反映了液面的高度，从这步入手，进而推表达式。

师3－4：当你看到这道题的时候，你觉得考查的是哪一个知识点呢？

学3－4：我觉得肯定与浮力相关，还与公式之间的转换有关系，包括在生活实际当中每一个物理量的相关性。

师3－4：我看在这道题中，你自己设置了很多的物理量，你是怎么想到要设这些物理量的呢？

学3－4：我首先画了示意图，淤泥肯定在池底。其次，这道题和高度有关，我就把淤泥的高度与水的高度分开了，也就是用h_1和h_2表示。再次，对淤泥，如果想要求它的质量，就需要把它的密度表达出来，所以用ρ表示了淤泥的密度。最后，需要求浮力，所以把水的密度表示为$\rho_{水}$。单独看小船，小船的重力没有改变，所以我就把小船忽略不计了，这就是我设置的物理量。

师3－4：你觉得最困难的地方是什么？

学3－4：我觉得最难的点不是求浮力，而是公式之间的联系，就比如G

和 $F_{浮}$ 是一定要有关联的，才可以建立联系。

4. 原始物理问题 4

在日常锻炼和体育课上，男同学喜欢做俯卧撑，请你利用所学知识，自主设置物理量，推导该同学完成一次俯卧撑所做功的表达式。

具体的口语报告如下。

师 4－1：你能跟我说说俯卧撑这道题的大致思路吗？刚看到这道题的时候，你的第一反应想到的知识点是什么？

学 4－1：一开始看到这个题的时候其实我没有什么思路，因为我自己平时也很少做俯卧撑，也不太清楚具体是怎么做的，后来想了想，觉得应该跟杠杆有点关系。

师 4－1：所以你觉得难度主要是因为这道题的物理情境离实际生活经验有点远？

学 4－1：对对对。

师 4－1：你继续说。

学 4－1：就是把人看成一个杠杆，重心大概是在人身体的中心，先测量出动力臂、阻力臂，再测量一下重力，然后就可以根据杠杆平衡条件公式，测出这个同学的动力。而做的功等于用动力乘以距离，但是这个距离具体怎么测我还没有想好。

师 4－1：如果把杠杆这道题的习题变形给你，你有思路吗？

学 4－1：有思路，可以根据给出的具体物理量和数值直接算出动力臂和阻力臂，而重力也知道，可以求出动力的大小，然后用动力乘以臂长的大小，就可以求出来了。

师 4－2：俯卧撑这道题你有没有什么思路呢？

学 4－2：这道题我不是很确定，但是我第一反应想到的是做功的定义，功就是力乘以在力的方向上发生的一段距离。如果是俯卧撑，那么就应该是克服重力所做的功，但是人趴在地上的时候，人的脚也会分担一部分的重力，所以真正做的功，就是手分得那部分的压力，如果在手底下放一个体重秤，可以读出手给予的那个力，然后在力的方向上移动的距离应该是你完全撑起来的时候手臂的长度，所以我觉得做的功就是体重秤的示数乘以人的臂长。

师 4－2：那么如果我把这道题相对应的物理习题给你看一下，你看看这次你有没有思路呢？

学 4－2：（读题）这样其实就是把它和杠杆联系起来了，这样其实就是会比之前的那个好很多。

师4－3：你能大致说说俯卧撑这个问题的想法吗？

学4－3：我的第一感觉它应该是属于杠杆这部分的问题。但是，题目中没有给出动力臂、阻力臂的相关信息，重心到底在哪里，手臂到底是多长，什么都不知道，我觉得很困难。可能脑子里面会有一个大概的思路，但是什么条件也都不知道。

师4－3：如果把这道题变成一个常规的物理计算题呢？（读题）有大致的思路吗？

学4－3：有思路。

师4－4：你能说说俯卧撑这道题的大致思路吗？

学4－4：好的，做俯卧撑一般分为两个步骤，身体向下运动和向上往后退的两个过程。但是，向下是重力做功，应该不考虑这个过程，只考虑往上推的这个过程。然后我就想到了杠杆，要分清做功的具体情况。

师4－4：说说具体的过程吧？

学4－4：功等于力乘以运动的距离。力是推力，可以把人的身体看作一个硬杆，即杠杆；脚看作支点；重心处受重力，人的胳臂有一个向上的推力。把推力看作动力，重力看作阻力，把两个力的力臂画出来，再根据动力乘以动力臂等于阻力乘以阻力臂，变形一下，就可以求出推力，再用推力乘以头部上升的高度，就是功。

师4－4：你觉得这道题最难的地方在哪里？

学4－4：就是杠杆这部分知识和功的知识联系起来。

师4－5：对于俯卧撑这道题，你有没有大致的思路？

学4－5：对于这道题，我一开始并没有想到杠杆，我想到的是功一定与力和距离有关系。如果要考虑距离，那么人就不能看成质点进行分析，把人的受力点放在重心上。做俯卧撑肯定要在胳臂上使力，我忽略了人的头，把胳臂的使力点标记出来。此时我发现受力点并不在一个点上，所以我才选择了杠杆。

师4－5：你觉得最困难的地方是哪里？

学4－5：我觉得最难的地方就是联想到杠杆，因为平时我们做题的时候，我们都是把一个东西或者一个人当作一个支点来进行分析，但这道题并不是。

5. 原始物理问题与常规物理计算题的区别

具体的口语报告如下。

师5－1：你觉得这些题与你平时做的物理习题有没有什么区别？

学 5-1：有，它们都没有具体的数值，只是给了一段文字，所有东西都需要自己来想，比如自己设置一些量，再进行解释。一开始看到的时候都有些不知所措，有点蒙。

师 5-1：你觉着这种类型题目的难度和平时的物理习题相比如何？

学 5-1：我觉得比平时的计算题要难一些。

师 5-2：你觉得这些题与你平时做的物理习题有没有什么区别？

学 5-2：一般考试时候的题都会有一些数字，这次就是需要我们自己用理论的知识去推它的结论，主要考的是自己的思维能力，不是一些比较古板的计算。

学 5-2：其实，我觉得最主要的就是这种题主要是自己要去思考，而不是按照一定的套路，需要自己迸发出一定的想法，考的主要是一种逻辑思维能力和创新的能力。

师 5-2：那你觉得这种类型的题目难度与普通物理计算题相比如何？

学 5-2：我觉得差不多，但是如果题目直接给出数据，我觉得整体会更简单，因为那样我就会有一个大致的方向，而这种就需要自己去思考。

师 5-3：你觉得这种题目的特点和你平时考试的物理计算题有什么区别吗？

学 5-3：我觉得如果以用电高峰这道题为例，如果是平时的考试，就会直接让我们求额定功率和实际功率，然后再比较，但是这种类型的问题就是让我们完全自己去思考、去解答，让我们去了解本质的原因。

师 5-3：那你觉得这种题的形式和你平时做的题有什么区别吗？

学 5-3：感觉这种题目就是特别活，平时做的题几乎所有的量都给好了，直接代入计算就可以了，但是这种题需要我们自己去设置量，自己去构思应该怎么解答才能把问题解释明白，感觉自己要做的工作量很大。

师 5-3：你觉得这种题的难度大还是平时做的习题的难度大？

学 5-3：当然是这种题目的难度大。

师 5-4：你觉得这种类型的题跟你们平时接触的物理计算题有什么联系和区别吗？

学 5-4：平时做的题会提供一些数据，提供一些物理量，自己再推导，有一定的套路。但是这种题感觉就是难一些，给你一个情境，再给你一个问题，我可能一开始都不知道应该从哪个方面开始。

师 5-5：你觉得这种类型的题跟你们平时接触的物理计算题有什么联系

和区别吗？

学 5 – 5：出的题比较活，比较开放，难度比平时的题大一些，平时练习的物理习题大多数还是形式单一、比较死板的，有做题的套路，但是这种新类型的题，比较耳目一新，主要靠现场的组织能力、应变能力。

师 5 – 5：题目形式上有什么不同呢？

学 5 – 5：平时的物理计算题会给一个物理情境，小到比较具体的数据、物理量。

师 5 – 6：你觉得这种类型的题跟你们平时接触的物理计算题有什么联系和区别吗？

学 5 – 6：跟平时做的题不太一样，更加贴近生活一些。

师 5 – 6：你觉得题目特点有什么不一样吗？

学 5 – 6：平时的题更趋近于理想化，而今天的题更实际一些，计算难度不大，不稳定性比较大，不给具体的物理量及数值，考查的思维难度比较大，更开放，解决的方案更多。

6. 如果将原始物理问题作为未来的中考计算题如何？

具体的口语报告如下。

师 6 – 1：如果将它当作中考计算题，你觉得怎么样？

学 6 – 1：我觉得还好，还是有思路，就是用公式，找出自己想得到的结果。

师 6 – 2：你觉得如果把池塘捞淤泥问题变成了中考物理题，感觉如何？

学 6 – 2：我觉得首先脑子里面会有点乱，因为和我平时做的题很不一样，它有一些难。我可能会先画一张图，自己在图上先分析一下，然后其他的物理量需要自己去假设，不确定的因素很多，要自己判断哪些因素是需要求的，哪些因素是自己需要测量出来的。

师 6 – 2：你觉得假如你们在课堂上长期训练这种类型的题，而不是你们熟悉的物理习题，你觉得会对你的物理能力有什么影响吗？

学 6 – 2：我觉得物理能力肯定会提高。因为这种类型的题更实际一些，如果是普通的物理题，我就会觉得离现实生活有一段距离。而且这种类型的题可以让我有更多的联想，码头边的船装上货物之后，它的排水量有什么变化，又比如吃水线的问题都会有涉及，这种题就会让我联想到生活的很多方面，那我的应用能力就会有很大的提高。

师 6 – 3：如果把这种类型的题当作你们即将面临的中考题，你觉得怎么样，难不难？

学6－3：现在来看当然是觉得有一些难度，做多了会好很多。常规题会给一些物理量和数值，当我看到数值的时候，我会想要把它们都用在我的解题过程中，但是这种新类型的题需要自主设置物理量，这样就会难一点。

师6－3：那你觉得这两种题，哪一种类型的题可以更加提升你的物理能力呢?

学6－3：我觉得是这种新的类型的题。

师6－4：你觉得如果这种题作为中考计算题出现在你的试卷上，你觉得怎么样?

学6－4：我觉得可以，比原来的题更加灵活一些，涉及的知识点比较多，难度会比较大。

师6－4：相对常规的物理计算题，你更愿意接受哪种题型?

学6－4：比较愿意尝试这种新的题型，因为会有一种期待，很新颖。而且对物理来说，在世界上没有什么理想的模型，还是应该和生活实际更加贴近一些。

（三）口语报告结果分析

（1）原始物理问题可以更好地甄别初中生的物理思维水平

原始物理问题较为全面地考查了学生抽象、假设、形象、分析、判断和推理这6种物理思维。结合测试结果和学生们的口语报告可以发现，初中生在解决原始物理问题上还存在一定的不足，他们在解决物理问题的思路上存在缺陷。而这种不足与学生长期接受常规物理习题的训练有很大的关系。

以俯卧撑这道原始物理问题为例，学生们认为最难的突破点是将人抽象成杠杆，并准确找到动力臂和阻力臂。大多数学生无法凭借物理直觉将其与杠杆的知识联系起来，也有部分学生画了杠杆示意图，却找错了动力臂与阻力臂的位置。这样的结果，说明学生的抽象思维及分析思维均存在一定的缺陷，也侧面反映出学生对于物理本质理解不够透彻，知其然，却不能知其所以然。

在长期的题海战术后，学生已熟知解题套路，能够凭借本能进行答题。因此，传统物理习题及常规中考物理计算题，并不能很好地区分学生的物理思维水平。相反，学生在解决原始物理问题时，表现出多层次的物理思维水平，可以更好地对学生进行甄别。

（2）学生可以较为准确地分辨原始物理问题与常规计算题

每一个参与口语报告的学生都对原始物理问题与常规物理计算题的区别发表了自己的看法，结果几乎一致。学生们表示原始物理问题比常规物理计算题难度略大一些，而且原始物理问题更贴近实际生活，题目较为灵活，比较开放，相比形式单一、较为死板的常规物理计算题更加让人耳目一新。

同时，学生们发现，原始物理问题的题干部分没有任何物理量、数值和物理图像，读完题后，都会有一些不知所措，但是随后可以通过画草图分析、结合已学的物理知识和生活实际经验，可以逐渐对原始物理问题有初步的想法和思路。紧接着通过自主设置物理量得到题目所求。个别同学还提到，原始物理问题具有不稳定性，有多种解决的方案，不似常规物理计算题只有确定的唯一解。这样可以更好地帮助学生发散思维。

(3）学生愿意接受原始物理问题作为未来中考物理计算题

在接受口语报告的学生中，大多数学生愿意接受原始物理问题作为未来中考物理计算题。大家认为，原始物理问题与生活实际联系十分紧密，可以让学生在做题的过程中举一反三，联系生活中相似的物理情境和物理现象。甚至有学生提到“对于原始物理问题会有一种期待感，世界上并没有一成不变的理想模型，我们研究的物理问题应该和生活实际紧密相连”。

另外，原始物理问题形式新颖，虽然有一定的难度，但是在仔细思考过后，能梳理出大致的思路。值得一提的是，学生们认为原始物理问题更能锻炼学生的物理思维，提升学生的物理能力。

当然，也有部分学生对原始物理问题作为中考物理计算题给出了自己的建议，他们认为，作为中考题，可以适当减少题目中的不确定因素，可变的物理量可以有，但是不适宜太多。

二、原始物理问题访谈

（一）访谈研究方案

1. 被试的选择

本研究选取中国人民大学附属中学分校（重点中学）初三年级在职物理教师1名，北京市第一六一中学分校（普通中学）初三年级在职物理教师1名。

2. 实验仪器与材料

仪器：记录用纸、签字笔、录音笔、测试卷。

材料：采访提纲、初中原始物理问题测试卷中的4道原始物理问题。

3. 操作方法和程序

(1）向被采访者讲解采访要求

向老师们分别发放初中原始物理问题测试卷和初中物理计算题测试卷，并在采访前告知每一位在职老师：很感谢您在百忙之中抽出时间参与这次采访，本次采访的主题是初中原始物理问题，原始物理问题是对物理现象的描述，与常规物理计算题有很大的区别，采访主要想了解您对原始物理问题以及当下北京市物理中考的看法，由于本次采访是研究中的一项内容，所以会对整个谈话过程进行录音，录音绝不外传，谢谢。

（2）施测

面对面或电话访谈。被采访者根据采访者提出的问题进行回答，采访者用录音设备记录访谈过程。采访过程中，采访者认真倾听，不随意打断。如果被采访者长时间停顿或不做回答，采访者可做适当的提示。

（3）材料转换

将录音设备录下的口语报告逐字逐句整理成文字材料。

（4）统计分析

1）根据教师的访谈结果，了解一线在职教师对于原始物理问题的看法。

2）根据教师的访谈结果，了解一线教师对于中考物理计算题改革趋势的看法。

（二）访谈的记录结果

1. 中国人民大学附属中学分校（重点中学）初三年级在职物理教师

具体访谈过程（节选）如下。

周——采访者，师——被采访者。

周： 近些年北京市中考物理改革，您觉得物理计算题这方面主要有哪些变化？能否具体谈一谈？

师： 最大的变化，题变得越来越简单了，以前的题情境比较抽象，计算步骤比较复杂，逻辑性非常强，现在题变得非常简单，代入公式、代入数据就能够直接计算出来。原来是 3 道计算题，现在是 2 道计算题。而且原来计算题的分值是 12 分，现在只有 6 分了，每道题 3 分。主要是难度、题量、题型、分值 4 个方面。

周： 您觉得现在的北京市物理中考计算题能否考查学生的物理能力？如果可以，主要是哪些能力？

师： 我觉得最主要考查的是学生的逻辑分析判断能力，但是现在的题目非常简单，不论是逻辑推理还是判断，都是十分简单的，没有什么区分性。

周： 您觉得原始物理问题和常规物理计算题相比有什么不同之处？两者在本质上您觉得有哪些区别？

师： 第一，我觉得原始物理问题比现在中考物理习题要难得多；第二，需要的解题时间也很长；第三，能力考查很全面。主要是情境性、能力考查的全面性。

周：您觉得原始物理问题能够较为全面地考查学生的哪些物理能力？

师：我觉得主要有六点能力，有观察能力、物理想象能力、物理思维能力、物理运算能力、运用物理知识的能力以及运用科学方法的能力。

周：您觉得池塘挖淤泥问题能否考查学生的核心素养？为什么？

师：我觉得可以。因为原始物理问题的 6 个表征和核心素养的能力层次能够一一对应上。首先可以考查学生的抽象建模能力。现在总是说模型教学，我认为看懂模型绝对是不够的，学生必须会自主建立模型，理解抽象并不等于学会抽象，现在这种理解更偏重于数学上理解的抽象，但物理不同于数学，是因为物理是真实世界，而这两者之间要沟通就需要抽象建模的能力。学生现在通过做题，就觉得自己理解模型了，并不是这样的，这个训练并不等同于那个训练。其次是物理想象能力，原始物理问题是没有物理图像的，所以需要自己想象情境具体是什么样子。最后是综合运用知识和方法的能力。就这道题来说，浮力问题历来都是最难的，由于它最难，所以中考计算题把这部分内容给删了。

周：相比北京市中考物理计算题，您觉得原始物理问题它有哪些优势以及劣势？

师：优势不言自明，可以考查学生的能力。主要说说劣势，其实中考改革后，设计实验题的难度上升了，需要耗费一定的时间，而原始物理问题的难度同样很大，同样需要花费一定的时间，所以对中考这种有时间限制的考试来说，时间不太容易把控。原来有人做过一个测算，把高考题的答案都抄一遍，已经占据了至少 1/3 的时间，思考的时间就大大降低了，如果学生没有充分的思考时间，贸然去做原始物理问题，考查的未必是学生真正的物理水平。

师：原始物理问题很好，更多的是培养物理学科中的精英，进中高考没有问题，但是怎么进？以什么形式进？我个人觉得现在有选科的制度，尤其是到高考，报纯理科和工科的学生，他们可以选做原始物理问题，偏文科的学生没有必要做。或者在考试中让学生自主选择，既可以按报的科目选，也可以按分值配比选，比如原始物理问题 6 分，其他两道题各 3 分。中考目前是选科制，我曾经做过江苏、浙江的中考题，他们有 3 个计算题是选做的，你可以从 3 道题中任选其二或任选其一，或许原始物理问题也可以模仿这样的形式。另外，现在很多学校都喜欢自主招生，其实也可以尝试原始物理问题。

周：正如您所说，目前北京市中考是选科政策，那么如果用原始物理问题替换常规物理计算题，由于难度上升，那么就会导致学生不选物理，使学物理的人数减少。您觉得目前的选科政策和原始物理问题是否冲突？两者是站在对立面还是有其他的相处模式？

师：其实，我觉得这两者并不是截然对立的，可以想办法使两者融合。选考政策就是存在一定的问题，各科老师为了让学生选自己的学科，都在竞相降低难度，离选拔人才的本意越来越远。原始物理问题是很好的，但是如何能够让它更好地融入中高考中，需要思考。题目不能超纲，在这个基础上，或者减小题量，或者适当地降低难度，保证学生都可以在规定时间内做完。如果过难，学生不会，选择不做了，那么这样也没有办法检验学生们的能力高低了。

周：您觉得白炽灯用电高峰变暗这道题作为今后的物理中考题怎么样？

师：我觉得可以，这道题很好，但是，大多数老师上课都普及过这个知识点，所以会的人太多了，在选拔方面会弱一些。但是，大部分老师在科普的时候都是进行定性地分析而不是定量的分析，还是需要学生进行一定的推导，所以还是不错的。

周：您觉得这 4 道原始物理问题，哪一道题最能够体现今后物理命题的改革方向？

师：我个人最欣赏俯卧撑这道题。其实，淤泥那道题我也很欣赏，但是现在浮力已经不作为中考计算题的考试范围了。现在的中考物理很重视功这一知识点，而且俯卧撑这道题的建模过程相对简单一些，物理情境也更加贴合学生的实际生活，几乎所有人都做过俯卧撑，或者见别人做过俯卧撑，学生会更有体会，更感兴趣。同时，俯卧撑这道题蕴含的知识点，既有功，也有杠杆，综合性非常好。而且，在这个问题中还有一些估测的过程，估测也是一种物理能力，也是物理核心素养的体现。

2. 北京市第一六一中学分校（普通中学）初三年级在职物理教师

具体访谈过程（节选）如下。

周——采访者，师——被采访者。

周：近些年，北京市的物理中考发生了一些改革，您觉得整体的物理中考改革的大方向主要的变化在哪些方面呢？

师：我认为现在的中考的改革方向是在去数学化，考试变得更加物理。第一个很明显的改革方向就是增加实验题的比重。第二个是计算题的难度降低了很多，基本上两三步，就可以做出来，在数学上不再难为学生，而更多地进行的是对学生物理思维的考查。

周：嗯，您刚才主要是针对北京市物理中考进行了整体的阐述，如果单看计算题您觉得它在哪些方面，有哪些主要的变化？

师：如果只看计算题，对数学的要求是在降低的，以前的计算题要求学生数学能力很强，一道题需要列 3 ~4 个方程，然后解方程组，是有一元二次方程的考查。但现在，简化了很多。就我个人而言，我觉得这样化繁为简的大方向是对的。现在的计算题，以电学题为例，主要考查学生对于欧姆定律、电功、电功率的掌握情况，看看知识点间的一些内在联系。我觉得这个趋势更符合物理中考的大方向。对于力学计算题，近些年考的都是滑轮组、机械效率、功率等方面，考查的更多是物理知识，而不再是数学计算。

周：嗯，好的。那您觉得目前北京市中考物理计算题能够考查出学生的哪些能力？

师：我觉得，可以考查学生提取有效信息的能力。因为现在题干文字很多，题目中还会有一些无关信息，就需要学生根据题意进行有效的筛选，然后选取公式进行计算。

师：但是我觉得中考复习的课堂训练，还是比较机械化的，一个学生如果基础不是很差，那么通过一两节课的训练就可以对某类问题大致掌握，所以对于学生能力培养不是十分有利。

周：刚才也让您看了一下我们自己编制的 4 道原始物理问题，您觉得原始物理问题和现在中考物理计算题它们之间有哪些不同之处？或者您觉得他们有哪些本质上的区别？

师：嗯，不同之处，第一，当我拿到这个原始物理问题时，我发现他没有给任何的物理量甚至是物理图像，只是对物理情境的描述。第二，读完题后，我也得稍微想一下，因为这种题并不像现在的物理计算题，很明确地让你求哪个物理量。我们也不能根据思维定式立刻想到解题思路，更不能套公式直接计算。第三，对原始物理问题，首先要把题读明白，知道它大概考的是什么内容，大概用到哪块的物理知识，然后利用已学的物理知识，设物理量，再来解决这个问题。所以，原始物理问题对学生的要求较高，要求学生具备一定的综合能力，而不仅仅是提取信息的能力。

周：核心素养是近几年提出的。您觉得，以原始物理问题第二题：厕所灯泡串并联问题为例，能否很好地考查学生的核心素养？

师：我个人觉得这道题还是可以很好地考查学生的物理核心素养。这道题是一个很实际的问题，可以说是生活中很常见的问题，但很容易被忽略，但它又确实是一个物理问题。

师： 第一，这道题可以考查物理观念，首先需要联想都会用到哪些物理知识，如果不知道有哪些物理知识，那怎么去解决问题？厕所灯泡串联可以延长寿命，实际上考查的是功率的问题，所以第一步应该将信息提取出来。第二，它也考查了学生的科学思维，对这样一个实际问题，它并没有电路图，什么都没有，我们要将实际问题抽象成熟悉的物理问题，所以我们需要进行模型的构建。第三，也考查了科学探究能力，像这种实际问题，首先要找到问题在哪儿，为什么这么做而不那样做，为什么要两个串联而不是并联，我们要找到证据，而所谓的证据，就是已知物理知识。第四，这道题也能帮助学生树立科学态度与责任，让学生有节能环保的社会责任感。所以，我觉得这道题可以在一定程度上考查学生的物理核心素养。

周： 相比北京市中考的物理计算题，您觉得原始物理问题它有哪些优势，哪些劣势呢？

师： 首先说优势吧，我觉得优势很自然的就能够看出来，它更能考查学生的物理的核心素养，也更能考查出学生对于实际问题的解决能力。但是有一个劣势就是，现在北京市中考正在改革，物理不再是以前的必考科目，是选考科目，原始物理问题整体难度要高一些，对学生来说不好得分。就目前的政策来说，可能有一部分孩子会觉得物理很难，就不会再选物理了，那么国家可能就会损失一些物理方面的人才，我个人认为是这样的。

周： 您刚才提到的这个优势是就原始物理问题本身来谈的，对劣势，您主要是结合了现在的一些政策来说的。现在咱们再举一个例子，比如说像白炽灯变暗这道原始物理问题，那您觉得这道题，如果说作为今后的物理中考题，您个人觉得怎么样？可以谈谈您的想法和理由。

师： 这道题如果作为中考最后一道题的话不能说不可以，但是它考查的主要是混联问题，所以从现有的考试要求来说是超范围的。但是如果抛开超范围问题，我觉得，这道题可以看出谁在真正学物理，谁在真正学数学。

师： 这道题不是常规电学题，电路图都没有，就给你这么一个实际问题。首先你得将这个实际问题化成物理问题，通过设置物理量去解决这个问题，更有物理的味道。所以各有利弊吧，如果真的放在中考的最后一题，我觉得有部分孩子可以拿分，而且这部分孩子是适合以后学物理的人；但是也有一部分孩子一分都拿不到，因为他们有可能不知道在考什么。

周： 从这道题的测试结果来看，有些学生能够大致明白物理原理，但一落在笔头上，却可能答不到点上。您认为出现这种情况的原因是什么？

师： 我觉得，现在的考试还是比较功利的，应试方面的东西会多一些。学生对于原始物理问题很陌生，也缺乏一定的训练。另外就是，孩子确实不太容易想到这些问题，在这方面老师和学生可能都有一定的责任。

周： 嗯，好的。您觉得这 4 道原始物理问题，哪一道题最能够体现今后物理命题的改革方向？

师： 其实，我个人认为，第四题更能作为咱们考试的一个方向。我记得 2016 年某城区的一模题，有一道实验题考了类似的场景，它不是做俯卧撑，而是引体向上，也考了杠杆的问题，学生答起来也还可以。所以，我觉得像这种和学生联系比较密切的实际问题，没有那么抽象，更适合学生。

（三）访谈结果分析

1. 原始物理问题可以较好地考查学生的核心素养

物理核心素养包括 4 方面：物理观念、科学思维、科学探究及科学态度与责任。原始物理问题与科学素养的理念相契合，都能培养学生在面对复杂的、不确定的现实问题时，能够发现问题、解决问题的综合品质。

初三年级一线在职物理教师认为，原始物理问题从生活中的物理现象出发，在正式求解之前，需要学生对该问题有宏观的认识，能够有效提取直接相关的物理知识点，该过程可以考查学生的物理观念核心素养。随后，学生需要根据题干已知信息，构建物理模型，进行科学推理、科学论证，这一过程可以有效考查学生的科学思维核心素养。紧接着，对原始物理问题进行分析论证，运用已有的物理知识和科学方法列出物理表达式，这种论证、解释的过程在一定程度上可以考查学生的科学探究核心素养。最后，由于原始物理问题与生活实际结合紧密，在解答的过程中，学生能够更加正确地认识科学的本质，不迷信、不盲从，这也很好地培养了学生的科学态度与责任。由此可知，原始物理问题可以较为全面地考查学生的核心素养及物理核心素养。

2. 原始物理问题应依据中考特点进行适当的改变

两位在职一线教师都对原始物理问题给予了肯定，他们认为原始物理问题不仅可以培养学生的物理能力，也可以很好地选拔出物理型人才。但是，他们同样结合现有的政策和物理中考的特点就原始物理问题给出了自己的建议。

第一，原始物理问题的难度较大，学生需花费一定的时间进行解答，但是，中考改革后，实验设计题的难度上升，占据了学生一部分时间，因此，留给原始物理问题的时间不够充裕，学生无法进行充分的思考。第二，原始物理问题的难度对目前中考选科结果来说具有一定的影响，会有一小部分学生因为不会做、做不出而不选物理。

但是，原始物理问题的大方向是好的，学生如果可以长期接受原始物理问题的训练，可以充分提升思维水平和物理能力。因此，教师们提出，可以适当降低原始物理问题的难度，或者将原始物理问题作为选做题呈现在物理试卷上。另外，还有教师提出，原始物理问题能辅助选拔物理人才，因此，也可以将原始物理问题作为自主招生的考试题，检验学生的物理能力。

3. 初中物理教学缺少原始物理问题的训练

初三年级一线在职教师认为，原始物理问题可以有效地提升学生各方面的思维能力，以六表征为例，抽象表征可以锻炼学生的抽象思维，赋值表征可以锻炼学生的假设思维，图像表征可以锻炼学生的形象思维，方法表征可以锻炼学生的分析思维，物理表征可以锻炼学生的判断思维，数学表征可以锻炼学生的推理思维。

由于应试的大环境，在平时的物理教学中，教师更多的是带领学生练习常规、古板的物理计算题，学生的成绩也可以在短期内取得很大的进步，但是，长此以往，并不利于学生物理思维的训练及物理能力的培养。学生会逐渐丧失自主抽象、建模的基本物理能力，也不能将所学物理知识与生活中的实际情境结合起来，更无须提真正的“举一反三”了。

教师们认为，在未来的中学物理课堂中，应该慢慢渗透原始物理问题，帮助学生逐渐树立课堂联系实际的意识，训练学生的物理思维能力。

第七节　研究结论

一、研究结论

本研究采用了实证法，就初中生解决原始物理问题与物理习题的情况展开研究，并借助口语报告法及访谈法，了解被试学生解题时的微观心理活动及一线初中物理教师对原始物理问题的看法。经过对实验数据进行翔实的分析、统计与思考，得出以下几点研究结论。

（一）原始物理问题能考查初中生的物理核心素养

原始物理问题是对物理现象的描述，还原了原始物理情境，使研究问题与生活实际密切联系。要求学生根据现象的描述，提取有效信息，发现现象背后隐藏的物理问题，自主制订解决方案，经历抽象、赋值、图像、物理、方法及数学的六表征过程，运用已知的物理知识、物理方法及物理思想，最终以定量表达式解释物理现象的过程。

核心素养中提到“要具有问题解决的能力，要善于发现和提出问题，有解决问题的兴趣和热情，能依据特定情境和具体条件，选择制订合理的解决方案具有在复杂环境中行动的能力”。

对比可知，原始物理问题与核心素养的内涵十分契合，均注重培养学生在面对复杂的、不确定的现实问题时，能够发现问题、解决问题的综合品质。因此，学生解决原始物理问题的过程就是提升核心素养的过程，而对原始物理问题六表征的评判过程就是对初中生核心素养的考查过程。

由此可知，原始物理问题能够较好地考查初中生的核心素养。

（二）物理习题不利于培养初中生的物理核心素养

我国基础教育不仅可以帮助学生学习知识、观点、社会准则和经验，更重要的是，在学习的过程中，锻炼学生的思维，提升学生的综合能力。

物理习题最初同样来源于物理现象，但是最终呈现的形式却是对物理现象高度抽象、简化后的文字及图像。题干部分提供了解题所需的所有物理量及物理图像，不需要学生自主设置物理量，更不需要学生建构新的物理模型。

大量的研究表明，学生在题海战术模式的培养下，创造力、实践能力水平较低，在面对陌生的、全新的问题时，无法自主、独立，选取适当的方法解决该问题。

长期仅借助物理习题对初中生进行培养，只能使学生机械性地记住相关的知识和规律，在脑中留下的仅有公式和做题的“快捷方法”，无法在脑中构建出完整地知识体系和科学方法体系，也十分不利于培养学生的抽象思维、形象思维、假设思维、判断思维、分析思维及推理思维。同时，对于学生应用实践能力的培养也无益，更无须提物理核心素养的培养。

二、对研究问题的回答

（一）初中生解决原始物理问题的态度及特点

结合分析测试结果和口语报告发现，初中生对原始物理问题表现出较大的兴趣与热情，不仅因为原始物理问题形式新颖，更因为题干内容与生活息息相关。初中生解决原始物理问题时，主要呈现出探索的状态，学生愿意尝试运用所学的知识解决问题。

（二）对北京市中考物理计算题提出意见与建议

北京市中考物理计算题难度小，区分度小，考查知识形式单一，导致其考试选拔功能被大大削弱。因此，应适当在中考物理计算题中引入原始物理问题，考查学生的物理思维和物理能力，有助于选拔真正的物理人才。

第八节　建议与启示

一、建议与启示

本研究经过对实验数据、口语报告及访谈内容进行翔实的分析、统计与思考，得到了相关研究结论。下面，基于研究内容及研究结论对研究问题提出几点建议。

（一）在初中物理教学中适当引入原始物理问题

初中物理作为每一位学生的物理启蒙阶段，有着至关重要的地位。它的难度虽然不大，但涉及的知识点却较繁多。因此，在初中阶段引导学生建立知识体系、训练学生的物理思维、培养学生的物理能力就显得尤为重要。

原始物理问题源于生活，保留了原汁原味的物理现象，不仅可以激发学生的探索热情，也可以使学生在解决原始物理问题后获得成就感，进一步认识物理的现实意义与物理学的价值。同时，原始物理问题的生态性也十分有利于培养学生的开放性思维，提升学生的创造力。

将原始物理问题引入初中物理课堂，应遵循由浅入深、由少到多的原则。教师应基于学生的认知水平，选择与学生能力相契合的原始物理问题。引入初期，教师需带领学生以六表征的顺序规范解题，帮助学生建立解决陌生问题的思维流程，待学生掌握后，再鼓励学生独立、自主解决新的原始物理问题。这样的方式，不仅让学生有适应的过程，而且有利于学生在脑中形成完整的六表征体系，对学生的长期发展十分有益。

（二）在中考试题中逐步引入原始物理问题

中考，是水平性考试，同时也是高中选拔性考试，而且中考成绩也是评价初中教师教学能力的标准之一。因此，初中教师均采用对中考成绩提升十分有效的习题教学。但是，中考同时也是选拔性考试，应该发挥选拔人才的作用。但是，在北京市中考改革和选科制度的影响下，北京市物理中考难度骤降，学生的成绩提高了，但是区分度也减小了，选拔的初衷被大大削弱。

因此，应适当在中考试题中逐步引入原始物理问题，一方面，是因为原始物理问题具有较好的甄别作用；另一方面，是因为原始物理问题采用“主观试题客观评分”的方式，增加了其作为中考试题的可操作性。

将原始物理问题引入中考物理试卷，需注意以下两点。其一，原始物理问题较难，所以在编题时应结合学生的认知水平设置其难度。其二，完成一道原始物理问题需花费一定的时间，因此，需结合试卷的题型结构进行综合考虑。

（三）北京市中考物理习题的比重应适当减少

原始物理问题可以有效地培养学生的物理思维，使学生的大脑与科学现象产生相互作用，促进大脑的认知状态从平衡态向非平衡态延伸、转变，进而达到提升思维品质的目的。使学生在未来的发展中更具有创造力，独立解决各种陌生的问题。

迄今为止，北京市中考物理试卷，习题数量几乎占到100%，均是对物理情境高度抽象后的产物，长期的训练会使学生的认知状态处于平衡态，无法达到向非平衡态的转变，也就不利于学生物理思维的发展，从而无法在中考这类选拔性考试中挑选出物理水平较高的学生。

基于物理习题及原始物理问题的特点，建议在中考中降低物理习题的比重，适当引入原始物理问题。另外，习题可逐渐由原来的100%降低到70%～80%，循序渐进，让学生逐渐接受并适应原始物理问题及六表征理论。

只有从选拔性考试的命题出发，从根源上改变试题结构和特点，才能让一线教师、学生及家长认识到原始物理问题存在的必要性，以及原始物理问题对学生长远发展的重要性。

二、研究的不足与展望

行文至此，本研究已基本完成了研究设计阶段的各项任务，得到了研究结果。但由于本人的理论水平、实践经验及客观因素等诸多条件限制，本研究还存在一些不足。

（一）样本量较小

本研究的被试对象为初三年级的学生，学生即将面中考，复习任务较重，所以能参与本研究测试的学校较少。本研究的总样本为 132 人，有效样本为 124 人。

同时，由于测试学生所在班级有其他的教学任务，所以不能对所有参与测试的学生逐一进行口语报告，只能利用午休的时间对 24 人进行测试。样本量较小，会在一定程度上影响测量结果的准确性。

（二）测试时间有限

测试班级均只有 1 节课的时间进行实证测试，也就是每位同学只有 40 分钟的时间完成 4 道初中原始物理问题，而每道原始物理问题的作答时间一般在 10 ~ 15 分钟。被试没有充分的时间去适应和解决原始物理问题，在一定程度上也会影响学生的能力展现。

第四章　中考物理试题的因子结构分析

中考作为当前国内现有为数不多的大型学业成就水平测试，不仅考查了学生在义务教育阶段的学业成就水平，也为衡量学生升入高中的学习潜能提供了依据。当前，研究者更多关注的是物理教学实践研究，对于中考物理试卷的因子结构分析还未有人涉及。由此，本章聚焦中考物理试卷中蕴含的潜在因子结构。首先，从试卷作答结果入手，探索发现中考物理试卷中内部因子结构。其次，基于义务教育物理课程标准与考试大纲，以及探索发现的独特难度因子分别构建模型一至模型七。最后，通过对 7 个模型的比较和分析，发现最优模型。由此揭示中考物理试卷的真实结构包括了科学知识与方法、科学应用，这为中考物理命题提供了有益的启示。

第一节　问题的提出

一、研究背景

未来世界各国的发展实质上依赖于人才的发展。教育作为培养人才的主要活动，其质量的高低成为衡量是否能够培养出优质人才的唯一衡量标准。基于此，世界各国及国际组织纷纷兴起大型学生成就评价项目。经济合作与发展组织（OECD）举行的世界范围的 PISA 项目、美国国内的 NAEP 项目等都是旨在强调教育质量的重要性而不断发展起来的。我国在《国家中长期教育改革和发展规划纲要（2010—2020 年）》中明确提出："把提高质量作为教育改革发展的核心任务""改革教育质量评价和人才评价制度""制定教育质量国家标准""要整合国家教育质量监测评估机构及资源，完善监测评估体系""改进教育教学评价，根据培养目标和人才理念，建立科学、多样的评价标准”。中共中央关于制定国民经济和社会发展第十三个五年规划的建议“推动义务教育均衡发展，全面提高教育教学质量，促进教育公平”。教育部2017年1月印发的《国家教育事业发展第十三个五年规划》（以下简称：教育“十三五”规划），更加突出强调了提高教育质量的重要性，同时提出了教育质量保障体系建立的目标及落实的行动路线。基于此，我国迈出了探索建立教育质量评价体系的关键一步，以期发展形成具有中国特色的教育质量评价尺，从而推动教育质量的不断提升。

当前在我国，大规模公共考试依然占据着各学段教育评价的主导地位。虽然大规模公共考试与教育质量评价不可画等号，但是也不能仅仅停留在选拔高分的应试者的层面上。中考作为当前国内现有为数不多的大型学业成就水平测试，不仅为衡量学生升入高中的学习潜能提供依据，还考查了学生在义务教育阶段的学业成就水平。

聚焦物理学科测评。在世界各国，更多的是将物理学科作为科学教育的一部分，即成为培养学生科学素养的一个重要组成部分。并且在当前基础教育阶段，提高学生的科学素养已成为各国的科学教育核心。

从国际基础教育改革发展趋势看，以美国为例，1989年颁布了《面向全美的科学》（Science for All Americans，SFAA）指出了中学生应当具备的科学素养；1993年颁布的《科学素养的基准》（Benchmarks for Science Literacy）提出了从SFAA中规定的科学素养目标落实到课程目标的课程标准，并且贯穿了整个K-12的全课程[①]。这也是美国历史上第一部国家科学教育标准，它提出的“科学教育必须使全民具有广泛的科学素养”成为当代国际科学教育改革的风向标。英国也于1989年颁布了该国第一部国家层面的科学课程标准（Science in the National Curriculum），规定了科学课程的概念、学习计划、教学要求及目标；2000年，英国政府经过不断的修订和完善公布了新的国家科学教育课程标准[②]。日本同样从2002年开始实施新的初中科学教育目标[③]。

从大型测评项目发展趋势看，OECD创立的国际学生学业成就评价研究（Program for International Student Assessment，PISA）将科学素养作为三大主要测试领域之一（另外有阅读素养、数学素养），评估15岁学生对社会所需的知识和技能的掌握[④]。国际数学与科学趋势研究项目（The Trends in Interna-

① 孙可平，邓小丽．理科教育展望［M］．上海：华东师范大学出版社，2002：272－273.

② 胡献忠．新版英国《国家科学教育课程标准》及其启示［J］．全球教育展望，2001（3）：45.

③ 朱汝葵．着眼于提高学生科学素养的初中化学教材分析［D］．上海：华东师范大学出版社，2009.

④ OECD（2000）Measuring the Student Knowledge and Skills——the PISA 2000 Assessment of Mathematics，Reading，Science literacy，OECD，Paris，Fra.

tional Mathematics and Science Study，TIMSS）是一项致力于在全球范围内改善数学、科学领域的教学及学习效果，用于监测学生数学、科学素养的国际性评估项目，成为当代青少年数学教育和科学教育重要的国际比较研究。全美范围内施行的 NAEP 项目，同样将科学领域作为测查的一个科目，为美国掌握国内各州、地区的基础教育状况提供了重要的依据。

在我国，物理学科在小学阶段蕴含在科学学科中，在中学阶段也同时作为分科或者科学科目两种形式并存，其作为科学教育的一个重要组成部分，是我国开展科学教育的核心之一。随着课程改革的深入，中学阶段物理学科教育逐步从知识本位向更关注与知识技能相伴的过程方法及情感态度价值观的考查。物理学科测评也从选拔和甄别，朝着促进学生终身发展的方向逐步变革。而中考作为测查我国义务教育阶段学生物理课程学习状况的主要测试，该考试项目中的物理学科试卷能否很好地反映学生在义务教育阶段的物理学科知识和技能的掌握情况是一个值得思考的问题。目前，更多的研究聚焦在中考物理试题质性分析上，鲜有人关注当前中考物理试题的现实结构是什么。而本研究则带着这个问题，在综述国际大型测评项目对包含物理学科在内的科学素养或科学学科的测评研究基础上，以北京地区 2014 年中考物理试题为例，探究中考物理试题的因子结构，以期为中学物理教育教学改革及评价提供意见及建议。

二、已有研究

（一）国际学生学业成就水平测评项目

1. 国际学生能力评价项目

国际学生能力评价项目（PISA）是一项由国际经济合作与发展组织创建的世界范围内评估学生能力的监测项目。该项目旨在评估在义务教育阶段后期，学生能够将所学运用在真实的生活、参与到社会实际当中的程度，是对学生适应未来生活及终身学习能力的评价。

20 世纪 80 年代初，《国家处在危机中：教育改革势在必行》直指当时美国教育质量下滑及存在的各种严重问题，同时给出了改革意见，也对学生的学业发展目标提出了新的要求①。与此同时，世界各国也在不断出台新的教育政策改革方案和更新培养目标。1997 年，经 OECD 各成员国的统一认识，建立学生能力评价的国际标准及方法，即 PISA 项目，以期能够通过同一把尺子

① National Commission on Excellence in Education. A nation at risk: The imperative for educational reform [J]. The Elementary School Journal, 1983, 84 (2): 112 - 130.

的测量，发现各国教育的优势及不足之处，在分析中发现问题，在比较中促进发展。

该项目监测对象为15岁的学生，主要监测方式为：在世界各国参与PISA测试的国家针对义务教育阶段结束后的学生进行标准化测试。同时，PISA通过收集学生的基本信息，进行个体、家庭及学校等方面因素的分析和评价，形成教育质量、教育公平、教育均衡、学习习惯、学校资源等与教育效果有关的评价指标体系，为参与评价的国家和地区教育政策的研究和制订提供依据。评价领域为阅读、数学及科学三大领域，监测周期为3年，每年着重关注一个学科领域，其他两个领域次之①。

PISA 2000是第一次国际学生能力评估，其评价重点是15岁学生的阅读素养。经历PISA 2003（评价重点为数学）、PISA 2006（评价重点为科学）、PISA 2009（评价重点为阅读素养）、PISA 2012（评价重点为数学）、PISA 2015（评价重点为科学），已有70多个国家和地区参与其中，我国上海也参与了PISA 2012测试。

PISA作为大规模学业评价项目，对学生阅读、数学、科学3个领域的知识和素养，从测试学生知识、技能和情感态度价值观方面及各种影响因素问卷两个方面进行评估。其中，该项目具有多维度设计测试框架，明确的测试指标；不仅测试学生对知识的掌握，更评价学生运用所学解决实际问题的能力；测试学生的知识、技能、情感态度价值观，不单纯从知识等角度，为我们评价学生学业发展提供了全新思路和技术路线②。

2. 国际数学与科学趋势研究项目

国际数学与科学趋势研究项目（TIMSS）是国际教育成就评价协会（IEA）组织的一项致力于在全球范围内改善数学、科学领域的教学及学习效果的国际性评估项目。该项目旨在测查和比较各参与国学生在数学、科学两个领域的学业水平发展趋势，并为各国的教育政策改革及教学实践提供反馈及指导，同时，也为各国经验的相互交流和借鉴提供平台。

该项目监测对象是四年级、八年级的学生。监测方式主要通过对学生成绩进行标准化测试，同时对学校、教师、课程、课堂等相关背景信息进行收集。在评估学生学业成就水平的同时，综合背景信息进行合理有效的评价，为解决课程的数量、质量及内容的相关问题提供长期趋势性信息，为各参与国教育政策的制定提供重要依据。

该项目始于20世纪60年代初，每4年举办1次。TIMSS 1995是继两次

---

① Organisation for Economic Cooperation and Development (OECD). How does PISA work. [EB/OL]. (2019-05-02) [2019-10-16]. http://www.oecd.org/pisa/aboutp-isa/.

② Miller J D. Scientific Literacy: A conceptual and empirical review. Daedalus, 1983, 112 (2): 29-48.

单独的数学、科学国际评价研究之后的首次同时对两个领域的测查；TIMSS 1999 是对 TIMSS 1995 的趋势测查，着重研究了八年级学生（1995 年的四年级学生）的学业水平，旨在测查他们这 4 年中的发展趋势；TIMSS 2003 正式更名为“国际数学与科学趋势”。截至目前，该项目已经进行了总计超过 20 年的全系列 6 次的趋势评价。

该项目重在对教育趋势的研究，通过对同一群体的持续追踪研究，不仅为各国学生在四、八年级的学业水平提供了依据，更为各国了解本国教育质量的发展和变化提供了可能，这为该地区的教育水平提升提供了更有效的依据。同时，该项目中采用了独特的课堂教学录像，也为综合地考查学生学业水平发展提供了重要的指标，为更深入的分析提供了可能。

3. 全美教育进展评价项目

国家教育进展评估项目（the National Assessment of Educational Progress, NAEP）是一项美国最大的衡量全美学生在众多学科领域的掌握水平的项目，是全美国内最大的学生学业成就评价项目。该项目旨在通过对学生对各种科目的掌握水平的测查评价实现对教育发展的整体状况形成全面且准确的评估。

该项目主要监测对象为四、八、十二年级学生①。监测方式主要是学科测试试卷及影响学生学业水平的影响因素和背景信息问卷。通过运用多维度的评估框架，实现对学生在该科目的学习水平进行详细描述，完整且有效地反映出学生当前学业水平发展状况，为美国对国内基础教育质量的深入了解提供了重要反馈信息。

NAEP 从 1969 年开始，已经在数学、阅读、科学、写作、历史、地理、公民、艺术及其他诸多学科展开了有固定周期的监测。同时，NAEP 有不同层面的监测，包括全国、州、市区，以及长期趋势性评估。其中，全国层面的监测涉及数学、阅读、科学、写作、历史、地理、公民、艺术多个学科。各州层面进行的评估（State NAEP）始于 1990 年。各个有意愿进行监测的州依法获得授权②。基于对学生总体学业成就的评价，为国家、州、区域层面提供整体报告。

NAEP 作为大规模学业评估项目，与 PISA、TIMSS 等国际评估项目不同的是，该项目是只针对美国学生的大规模评价，并且监测科目众多，范围覆盖了全美各州、地区，为美国掌握国家整体教育发展趋势提供了可能。

---

① U. S. Department of Education NCES. An overview of NAEP [EB/OL].（2018 - 05 - 24）[2019 - 10 - 16]. https://nces. ed. gov/nationsreportcard/subject/about/pdf/NAEP_Overview_Brochure.

② U. S. Department of Education NCES. History and Development: National Assessment of Educational Progress (NAEP) State Assessments [EB/OL].（2018 - 05 - 21）[2019 - 10 - 16]. https://nces. ed. gov/nationsreportcard/about/state. aspx.

由上，对三大国际测评项目的评价目的、基本理念、评价内容及测试对象进行比较，如表4－1所示。

表4－1　三大国际测评项目比较

项　目	评价目的	基本理念	评价内容	测试对象
PISA	对学生适应未来生活及终身学习能力的评价	终身学习是一个人在成长中通过学习获得适应社会所必需的知识和技能的重要方法	阅读、数学、科学	义务教育阶段后期，15岁的学生
TIMSS	测查学生学业水平并了解影响学生学业水平及教学质量的相关因素及其影响，从而为调整教育政策、改善教育质量提供依据	课程是学生获得学业成就的重要因素	科学、数学成就	四年级、八年级学生及相应年龄段的学生
NAEP	测查全美学生在各学科科目上所掌握的知识和技能，掌握学生学业成就发展趋势，为政府提高教育质量	以各学科美国国家课程标准为依据	数学、阅读、科学、写作、历史、地理、公民、艺术，以及其他诸多学科	四年级、八年级、十二年级学生

（二）国际学生学业成就测评项目中的科学测评框架比较

1. 科学测评核心概念的发展沿革

无论是从终身学习角度出发，还是从课程本身出发，国家大型监测项目中对科学测评的核心概念都是基于"科学素养"一词。"科学素养"这一术语首先由美国教育家Conant于1952年在其出版的《科学中的普通教育》（*General Education in Science*）中提出[①]。他在普通教育的层面上提出了科学素养，指出"一个人经验越广泛性，其科学素养就越高[②]"。Paul Hurd于20世纪50年代后期在《科学素养：对美国学校的意义》（*Science Literacy*：*Its*

① Conant J B. Forward［M］//Cohen I B，Watson F G. General Education in Science. Cambridge，MA：Harvard University Press，1952.

② Bybee R W. Achieving Scientific Literacy：From Purposes to Practices. Portsmouth，NH：Heinemann，1997：47.

Meaning for American Schools）上公开使用了“科学素养”一词①。Roberts 将 1957—1963 年定义为“为科学概念正名的阶段”②（period of legitimation）。在这一时期，很多人给科学素养下定义，但是并没有提供一个明确清晰的概念含义③。

20 世纪 70—80 年代早期被称为“认真解释时期”（ period of serious interpretation）。在这一阶段众多学者给出了多样丰富的科学素养的内涵，并尝试基于大型的数据搭建了科学素养的理论模型。从 20 世纪 80 年代末期起，成人的科学素养受到了广泛的关注④，同时，诸如美国 2061 计划、《国家科学教育标准》⑤ 等与科学教育相关的政策也将科学素养概念作为核心目标⑥。

科学素养一词从提出到目前的深入发展过程中，不同时期对科学素养进行了不同的定义。对科学素养内涵的重要阐述列举如下。

1975 年 Benjamin S. P. Shen 将科学素养分为三类：“实践的、公民的及文化的科学素养”⑦。其中，“实践科学素养指的是拥有用于解决生活中问题的科学和技能知识，这可以满足人们基本的生存需求；公民科学素养是公民可以明确地知道科学及其相关的知识，以便更多更好地参与到与健康、能源、农业、食物、自然资源、环境和产品安全相关的社会发展进程中；文化科学素养是为了人类更好地探索和研究科学事业、文化、科学精神⑧。”

美国科学素养国际发展中心教授米勒（Jon D. Miller）在 1983 年提出了科学素养的三维结构模型概念，包括：“对科学概念及术语的理解、对科学本质的理解以及对科学的社会影响的理解⑨。”并且基于此，米勒建立了完整的评估体系，并将科学素养定义为：对科学本质的认识；对科学核心概念和专业

---

① Hurd P D. Science literacy：Its meaning for American schools［J］. Educational Leadership，1958，16（1）：13 –16.

② Roberts D A. Scientific literacy：Towards a balance for setting goals for school science programs. Ottawa，ON，Canada：Minister of Supply and Services，1983.

③ Jenkins E W. Scientific literacy and school science education. School Science Review，1990，71（256）：43 –51.

④ Miller J D. Toward a scientific understanding of the public understanding of science and technology. Public Understanding of Science，1992，1（1）：23 –26.

⑤ 陈博，魏冰. 科学素养概念三种取向的界定［J］. 上海教育科研，2012（2）：48.

⑥ Atkin J M，Helms J. Getting serious about priorities in science education. Studies in Science Education，1993，21：1 –20.

⑦ 陈发俊，史玉民，徐飞. 美国米勒公民科学素养测评指标体系的形成与演变［J］. 北京：科普研究，2009（2）：42.

⑧ Benjamin S. P. Shen. Views：Science Literacy：Public understanding of science is becoming vitally needed in developing and industrialized countries alike［J］. American Scientist，1975，6（63）：265 –268.

⑨ 解红晖. 科学素养概念化进程及特征探究［J］. 宁波大学学报（教育科学版），2019，31（4）：95 –98.

术语的理解；认识并了解科技对生活的影响①。

由上可以看到，20 世纪 80 年代中前期，科学素养研究对象涵盖较为广泛，主要讨论的是公民科学素养。到 80 年代后期，科学素养的研究目标转向了教育政策的制定和改革。

1985 年美国启动了"2061 计划（SFAA）"，是美国科学促进协会联合美国科学院、联邦教育部等 12 个机构启动的一项面向 21 世纪人才培养、致力于中小学课程改革的跨世纪计划，它代表着未来美国基础教育课程和教学改革的趋势。"2061 计划"在美国和西方发达国家的未来发展战略中具有极高的影响和地位②。其改革范围涉及幼儿园到高中阶段，旨在为了使所有高中毕业生毕业时达到科普的标准③。该计划对具有科学素养的人进行了如下描述："熟悉自然世界并认识到它的多样性及统一性，意识到科学、数学及技术的力量同时认识到它们的局限性；理解科学的基本概念及原理；懂得科学、数学、技术相依存的重要方法；运用科学知识、原理及科学思维促进个人发展和社会进步④。"作为该计划的一部分，1993 年出版了《科学素养的基准》，对科学的性质、数学的性质、技术的性质、自然环境、生存环境等 12 个方面提出了科学素养的基本标准⑤。

1996 年美国正式出版了《国家科学教育标准》（National Science and Education Standards，NSES）。该标准由美国国家科学院设计，是美国历史上第一部科学教育标准。该标准对科学素养的描述与《基准》一脉相承，并且在其基础上进行了更为详尽的描述："科学素养包括科学概念、科学研究的方法论、科学伦理、科学与人文、科学与社会、科学与技术等⑥""科学素养意味着能够知道科学是什么、不是什么，科学可以做什么，不可以做什么，以及科学如何为社会做出贡献。科学素养意味着表达科学的见解，找寻技术的依据。科学素养意味着可以基于事实提出观点的能力，并且能够恰当运用科学思想得出结论"。与此同时，标准还给出了各个学段学生科学素养覆盖的领域。例如：K－12 年级的科学素养内容标准包含 8 个领域：科学过程及概念、科学探究、物理科学、生命科学、地球和空间科学、科学与技术、从个人及

① Miller J D. The Scientific Literacy：A conceptual and empirical review. Daedalus，1983，112（2）：29－48.

② American Association for the Advancement of Science（AAAS）Project 2061 Benchmarks for Scientific Literacy［EB/OL］.（2013－11－13）［2019－10－16］. http：//www. project2061. org/publications/bsl/

③ 高红梅. 美国 2061 计划简介［J］. 中小学管理，1997，(10)：16－17.

④ 梁英豪. 科学素养初探［J］. 课程·教材·教法，2001，(12)：59－63.

⑤ 美国科学促进协会. 科学素养的基准［M］. 北京：科学普及出版社，2001.

⑥ 国家研究理事会. 美国国家科学教育标准［S］. 戢守志，金庆和，梁静敏，等，译. 北京：科学技术文献出版社，1999：6.

社会看科学、科学的历史及本质。

2. 科学测评框架比较

（1）PISA 的科学测评框架

PISA 从 2000 年开始对科学素养进行测评，2006 年、2015 年主要监测领域也是科学素养领域。PISA 2000 对科学素养的定义借鉴了米勒的三维度模型，将科学素养从科学知识、科学过程、科学应用 3 个维度进行定义：对科学原理和方法的理解；对重要科学术语和概念的理解；对科学技术的社会影响的意识和理解①。2006 年，PISA 对科学素养进行了重新定义：科学素养即一个人能“掌握科学知识、运用科学知识来发现问题、获得新知、阐释科学现象，并基于科学依据得出结论；理解科学作为人类获取新知和探索问题的科学特征；知道科学与技术是如何塑造我们的物质、精神和文化环境的；愿意从事科学相关事务，拥有科学观，成为会思考的公民②”。PISA 2015 则在 2006 年基础上更加明确了科学素养是一种能力，提出科学素养是指：“处理与科学相关事务的能力，对科学和技术做出合理解释，成为有科学思想的批判思维的公民③”，这一定义包含了 3 种能力：科学地解释现象的能力、评价并设计科学探究问题的能力、科学地解释数据和证据的能力（表 4－2）。

以 PISA 2015 年为例，PISA 科学框架涉及的主要内容领域包括：物理科学、生命科学、地球与空间科学、科学技术及互相交叉的一些内容。例如，物质的结构、能量转化、力和运动、生物多样性、基因控制等。能力维度包括：科学地解释现象、评估并设计科学探究以及科学解释数据及证据的能力。并且，PISA 科学素养还从科学态度及背景维度进行了测查。

表 4－2　PISA 2015 项目的科学测评框架

领域	维度			
	内容	能力	情感态度	背景
科学领域	·物理科学 ·生命科学 ·地球与空间科学及相关交叉科学	·科学地解释现象 ·评估并设计科学探究 ·科学解释数据及证据	·对科学的兴趣 ·评价科学探究方法的价值 ·环境意识	应用科学和技术处理个人、地区、国家背景中存在的问题

① Miller J D. Scientific Literacy：A conceptual and empirical review. Daedalus，1983，112（2）：29－48.

② OECD. The PISA 2003 Assessment Framework—Mathematics，Reading，Science and Problem Solving Knowledge and Skills［M］. Paris：OECD，2003：135－139.

③ 王文静，王存宽，周勇．PISA 2015 科学素养内涵变化、价值取向及启示［J］．宁波大学学报（教育科学版），2015，5（3）：120－124.

（2）TIMSS 的科学测评框架

该项目科学学科评价基于科学实践的评价不能脱离背景，要在一定的内容领域下进行评价，并且要通过认知领域的划分及描述说明一系列的思维过程。其中，评价的内容领域有生命科学、自然科学、地球科学、生物学、物理学、化学、地理科学；认知领域有了解、应用、推理。

同时，TIMSS 2011 还重视科学探究的过程，并且认为科学探究的能力评估应当结合内容维度及认知维度进行综合评估，即科学探究被融入对科学内容和技能的掌握和运用中，要求学生掌握科学的知识和方法，并掌握①提出问题及假设；②设计实验；③呈现数据；④分析和解释数据及证据；⑤得出结论并做出解释等一系列过程及能力（表 4－3）。

表 4－3　TIMSS 2011 项目的科学测评框架

领　域	维　度	
	内　容	认　知
科学领域	·地球科学 ·生命科学 ·物理、化学、生物 ·自然科学	·了解 ·应用 ·推理

（3）NAEP 的科学测评框架

该项目分别在 1996 年、2001 年、2005 年、2009 年、2011 年对科学课程进行了监测。科学监测的主要目标（以 NAEP 2011 为例），旨在评估学生在物理科学、生命科学、地球和空间科学的三大知识领域，以及 4 个科学实践的能力（表 4－4）。它们通过测量学生可能如何运用科学内容描述了学生如何运用科学的知识 。

表 4－4　NAEP 2011 项目的科学测评框架

领　域	维　度	
	内　容	科学实践
科学领域	·物理科学 ·生命科学 ·地球与空间科学及相关交叉科学	·识别科学原理 ·运用科学原理 ·运用科学探究 ·运用技术设计

其中，三大内容领域的内容如下。

1）物理科学：物质的性质、能源的类型、能量的转移、物体的状态及运动、力与运动等概念。

2）生命科学：包括组织和发展，能量转换、遗传和繁殖等相关概念。

3）地球和空间科学：包括地球的历史、材料、属性和构造，地球系统中的能源等相关概念。

四个科学实践能力的内容如下。

1）识别科学原理的能力：重点培养学生在三大知识领域中的每个基本原理的了解、认识、记忆、定义和描述的能力。

2）运用科学原理的能力：重点培养学生利用科学知识准确地解释和预测自然界中观察到的现象的能力。

3）运用科学探究的能力：重点培养学生设计、批判性思维及评价科学探究；能够采取恰当的数据类型并论证结果的能力。

4）运用技术设计的能力：重点培养学生在系统中运用科学的知识和技能，为解决现实世界中的实际问题提供建议的能力。

（4）比较以上三大国际测评项目中的科学素养测评框架

其共同之处在于如下三方面。

1）框架中均包含了内容领域、能力/认知领域。

2）内容领域都包含了物理科学及物质科学相关的主题。

3）认知领域都注重对科学原理的理解、分析，对现象的解释、科学探究的能力。

TIMSS、NAEP 均提出将科学实践融入对内容掌握的过程中对认知水平的描述，通过科学探究让学生自己构建科学的知识体系，生成对科学的理解。

其不同之处在于以下三方面。

1）测试内容范围不同：PISA 重在培养学生应对社会的能力，故在测试内容上不限于课堂所学知识；TIMSS 着重考查各国课程中的共同内容，故测试内容是各国科学教育内容的交集。

2）测试框架重点不同：PISA 重在能力指标，TIMSS 重在内容指标，NAEP重在科学实践。

3）测试指标不同：PISA 不仅从内容、认知维度进行了测查，还从科学情境、科学态度全方位对科学素养做出了评价指标。

（三）国内学生初中学业水平测试介绍

对于我国现阶段，中考是义务教育阶段学生学业成就水平评价的重要考试。同时，兼有测试毕业生学业成就水平及测试升入高中后继续学习潜能的功能。中考是一项标准参照考试，起到测试学生学业成就水平的作用。标准参照考试是与既定标准进行比较，判断学生是否达到标准，是学生自身的比较，关键在于确定自己是否达到了规定的标准。同时，中考又要起到甄别选拔的作用，其又是常模参照考试。常模参照考试是考查学生在整个团体中所处的位置，从而起到选拔的作用。

随着新课改的不断深入，2011 年新课标颁布，其中规定了各科目在各维度需要达到的基本标准。同时，《基础教育课程改革纲要（试行）》第七条规定："国家课程标准是教材编写、教学、评估和考试命题的依据，是国家管理和评价课程的基础。应体现国家对不同阶段的学生在知识与技能、过程与方法、情感态度与价值观等方面的基本要求，规定各门课程的性质、目标、内容框架，提出教学和评价建议①。"由此，中考朝着侧重基于标准的评价发展。这也是新一轮课改的方向。

（四）国内义务教育阶段物理学科测评框架

1. 物理学科测评核心概念的发展沿革

义务教育物理课程作为科学教育的组成部分，是以提高全体学生科学素养为目标的自然科学基础课程。此阶段的物理课程不仅应注重科学知识的传授和技能的训练，而且应注重对学生学习兴趣、探究能力和创新意识，以及科学态度、科学精神方面的培养。

我国科学素养的概念发展，正如中国科普研究所李大光指出："不同于国外科学素养的研究是基于科技发展提出的一系列问题，科学家、哲学家、社会家进行广泛的讨论，并由学术界将研究结果以学术报告的形式发表，从而进一步带动更深入的讨论……是在国家确定了建设小康社会的任务和目标之后才意识到人的素质在达到这一目标时将起到重要作用②。"国内对科学素养的相关研究更多是从借鉴国外的思想和模型逐步发展的。

我国首先关注的是公民科学素养的调查。从 1989 年开始，中国科学技术协会对中国公众科学素养进行了广泛的调查和研究，旨在了解中国公众对科学技术的认识、理解和态度。

1999 年，中国科学技术协会提出通过 50 年的科普工作和科学素质建设工程，即"2049 行动计划"；2006 年，国务院办公厅印发了《全民科学素质行动计划纲要（2006—2010—2020 年）》，指出具有科学素养的公民应了解必要的科技知识，掌握基本的科学知识、方法，梳理科学思想，崇尚科学精神，并具有运用科学知识处理实际问题、参与公共事务的能力③。

---

① 中华人民共和国教育部．教育部关于印发《基础教育课程改革纲要（试行）》的通知［EB/OL］．（2001－06－08）［2019－10－16］．http：//old. moe. gov. cn//publicfiles/business/htmlfiles/moe/s8001/201404/xxgk_167343. html.

② 李大光．中国公众科学素养研究 20 年［J］．科技导报，2009，27（7）：104－105.

③ 全民科学素质行动计划纲要（2006—2010—2020 年）［M］．北京：人民出版社，2006.

此外还有诸多理论研究（表4－5），着重对科学素养的内涵进行了讨论分析。

表4－5　科学素养内涵的讨论

研究学者及出版物	研究重点
钟启泉《现代教学论发展》	科学素养的6个范畴
郭元婕《科学素养之概念辨析》	科学素养内涵不断发展的原因和规律
林雁冰《科学探索、科学素养和科学教育》	科学素养与科学教育的关系
张红霞《科学素养教育意义及本土化诠释》	对科学素养进行了本土化定义，并阐述了我国素质教育的关键点和核心内容
陈发俊《美国的公民素养测评指标体系的形成与演变》	论述了米勒公民科学素养测评指标体系的产生背景、形成过程、演变历程及其国际应用，并揭示了其对当前我国公民科学素质测评指标建设的意义
谢红晖《科学素养概念化进程及特征探究》	论述科学素养概念的形成过程，以及科学素养概念化过程中呈现出的特征和趋势

逐渐地，视野从全体公民素养聚焦到青少年科学素养的培养工作，科技部于2000年制定了《2001—2005年中国青少年科学技术普及活动指导纲要》《2001—2005年中国青少年科学技术普及活动内容与目标》。在两份文件中，科学素养从4个方面给予界定：①科学态度；②科学知识和技能；③科学方法和能力；④科学行为习惯。

《科学（7—9年级）课程标准》提出，科学课程（7—9年级）旨在培养学生科学素养，要学习必要的和基本的科学知识与技能，并通过科学探究的学习方式，让学生体验科学探究活动的过程和方法，发展初步的科学探究能力；培养学生良好的科学态度、情感与价值观，使学生初步认识科学的本质，以及科学、技术与社会的关系，形成保护自然的意识和社会可持续发展的意识，培养社会责任感；并且使学生养成健康的生活方式，合理地解决个人生活、工作和社会决策中所遇到的问题，以及终身发展奠定基础①。

2. 义务教育阶段物理学科培养目标

义务教育物理课程旨在提高学生的科学素养，让学生：

（1）学习终身发展必需的物理基础知识和方法，养成良好的思维习惯，在分析问题和解决问题时尝试运用科学知识和科学研究方法；

（2）经历科学探究过程，具有初步的科学探究能力，乐于参加与科学技

① 中华人民共和国教育部．全日制义务教育科学（7—9年级）课程标准：实验稿［S］．2001.

术有关的活动，有运用研究方法的意识；

（3）保持探索科学的兴趣与热情，在认识自然的过程中获得成就感，能独立思考、敢于质疑、尊重事实、勇于创新；

（4）关心科学技术的发展，具有环境保护和可持续发展的意识，树立正确的世界观，有振兴中华、将科学服务于人类的使命感与责任感。

综上所述，对于义务教育阶段物理课程标准中的科学素养主要从科学知识与方法、科学探究、科学精神和态度、科学应用 4 个方面予以体现。

其中，科学知识与方法表现为对物理学科核心概念、规律及基本的物理方法原理的认识和理解，是其他三方面能力的基础和载体，是全面形成科学素养的基础；科学探究表现为“提出问题、猜想与假设、制订计划与设计实验、进行实验与收集证据、分析与论证、评估、交流与合作”等构成的一个完整的科学规律探索过程；科学精神和态度表现为对物理科学的兴趣及实事求是、尊重实证、尊重规律等的科学研究态度；科学应用表现为运用物理科学知识、方法解决日常生活及社会实践中遇到的现实问题的意识及能力。

3. 义务教育阶段物理学科测评框架

通过对课标的分析，对物理课程的测评框架梳理（表 4 –6）：可以看出，当前对物理学科的测试主要从内容维度、认知维度、情感态度价值观维度进行考查。其中，内容维度划分为科学内容和科学探究，并且将科学探究融入科学内容中进行考查。认知维度按照了解、认识、理解 3 个维度划分。

表 4 –6　物理测评框架

领　域	维　度			
	内　容		认　知	情感态度价值观
物　理	科学内容 ·物质 ·运动和相互作用 ·能量	科学探究 ·提出问题 ·猜想与假设 ·制订计划与设计实验 ·实验与证据收集 ·分析与论证、评估 ·交流与合作等 科学探究贯穿在科学内容中予以考查	·了解 ·认识 ·理解	·科学态度的养成 ·对科学的兴趣及求知欲等

与国际大型监测项目的科学测试框架比较发现以下几方面的异同。

（1）科学测试内容一致。当前课标中规定的物理内容领域涵盖了 TIMSS、NAEP 中涉及的三大内容领域。

（2）科学探究的测试方式一致。与 TIMSS 类似，课标认为科学探究应体现在教学过程中，并且融合在科学知识及技能中综合考查。

(3) 包含了情感态度价值观的测查。与 PISA 类似，优于 TIMSS、NAEP，课标规定了在情感态度价值观方面科学素养的目标。

通过对已有研究的梳理，当前对中考物理试题的研究主要集中于内容一致性研究、试题中某个专项题目的研究、多年试题比较分析研究、命题思路的研究等偏质性研究（表 4 -7）。

表 4 -7　已有中考物理试题研究列举

领　域	作者或作品
中考物理试卷与课标一致性的研究	孙晓丽（2015）；张俊杰（2015）；王树红（2015）；李媛（2014）等
中考物理中某一专项题目的研究	《2013 中考物理科学探究试题研究》《中考物理科学探究能力评价特点研究》《中考物理实验操作考查内容及特点分析》等
多年中考试题质性比较研究	《天津市近 10 年物理试题的研究》《近年大连市中考物理试卷整体分析》《2011 年各地中考试卷的比较研究》等
命题思路解读的研究	《实验探究求创新　强化过程见成效——2012 年山西省中考物理命题思路解读》《对 2013 年河北省物理学科中考命题的分析及复习建议》《课程变革呼唤“中考物理命题思路”的转变》

经过对前人文献的梳理，中考物理试题研究多采用试卷分析法、经验总结法进行质性分析及一般信度、效度分析，鲜有文献关注当前中考物理试题反映的现实结构是什么等问题。由此，本研究关注中考物理试题的因子结构，以期为中学物理教育教学改革及评价提供意见及建议。

三、研究意义

（一）理论意义

1. 拓展中考物理试题的研究视角

目前对于中考物理试题的研究主要集中于：与课标一致性的研究，中考物理试题的整体分析及研究，针对特定类型试题，如科学探究试题、实验试题等的专门研究及中考物理试题命题思路解读等角度。较少有人从学生作答情况为出发点对中考物理试题进行分析和研究。本研究则以学生对试卷的作答反应为研究起点，对中考物理试题进行分析，以期为中考物理试题的研究分析拓展新的研究视角。

2. 丰富中考物理试题的研究方法

以往对中考物理试题的研究多采用文献分析法等质性研究方法，系统地采用量化研究方法对试题进行分析的研究鲜有发表。本研究则采用因子分析的方法，对试题结构进行探索和分析，以期丰富对中考物理试题的研究方法。

（二）现实意义

1. 为物理教育教学改革提供研究起点和现实依据

在当前已有的大型测试中，中考既要承担测试学生学业水平，又要是高利害的选拔性考试，中考试题能否很好地在这两个方面做出平衡，是否既能反映出学生义务教育阶段的所学，又能为选拔学生提出依据则既是当前物理教育改革的工作起点，又是对当前物理教育教学的反馈。

2. 为下一阶段中考物理试题命题提供意见和建议

通过对中考物理试题运用量化统计方法进行系统分析，发现当前中考物理试题中可能存在的问题，为下一阶段中考物理试题的命题提供意见和建议。

第二节　研究设计与方法

一、研究对象

本文基于北京市某区教育考试中心提供的某年该区中考物理学科的学生作答反应数据，将该区学生在某年北京市高级中等学校招生考试物理考试中的作答反应作为研究对象，按照 50% 的比例随机抽取样本 2238 例，进行研究。

该试卷卷面题目数量为 38 题。题目类型有选择、填空、实验与探究题、计算题，分值分别为单项选择题 28 分、多项选择题 12 分、填空题 12 分、实验与探究题 35 分、计算题 13 分。卷面总体分值为 100 分，作答时间为 120 分钟。

该试卷考试内容覆盖了八年级、九年级所有内容，符合考纲要求。其中，物质部分包含 4 道题，运动与相互作用部分包含 26 道题，能量部分包含 8 道题，科学探究的具体内容包含在上述单元中。题目统计及题型分布见表 4 - 8、表 4 - 9。

表4-8 试卷测试点统计-1

内容维度	题目分布	题目类型
（一）物质	4、9	单项选择
	30、31	实验探究
（二）运动与相互作用	2、3、5、6、7、8、11、12、13、14	单项选择
	15	多项选择
	19、20、22、23、24	填　空
	25、26、27、29、30、32、33、34、35	实验探究
	38	计　算
（三）能量	1、10	单项选择
	16、17、18	多项选择
	21	填　空
	28、36	识图作图
	31	实验探究
	37	计　算

表4-9 试卷测试点统计-2

认知维度	题目分布
了解（包括认识）	1、2、3、4、6、7、8、9、10、11、12、15、16、17、19、20、25、26、27、28、29、30、31、32、33、34、35
理　解	13、14、18、21、22、23、24、36、37、38

二、研究目的及问题

（一）研究目的

本研究旨在通过利用测验数据完成以下研究。

1. 对中考物理试题做因素结构分析，通过模型比较，检验中考物理试卷中以下内容。

（1）只有1个因素：基本物理能力。

（2）两个因素：物质、运动和相互作用、能量。

（3）两个因素：了解、理解。

（4）其他可能的因素结构。

2. 基于对试题结构的分析，对今后中学物理教育教学实践与改革提出意见和建议。

（二）研究问题

基于以上研究目的，本研究主要研究问题为以下两点。

1. 探索中考物理试卷结构是如何的？

2. 基于对试题结构的分析，对今后中学物理教育教学实践与改革有哪些意见和建议？

三、研究方法

（一）探索性因素分析

因素分析（factor analysis）是多元统计分析中一种降维的方法，即通过因素分析可以抽取变量间的共同因素，以较少的构念代表原来较为复杂的数据结构[①]。而探索性因素分析（exploratory factor analysis，EFA）可以将无序的变量重新排列及组合，按照一定的逻辑排列聚类。由此，EFA 的方法适合用于探索潜在的因子结构，构念新的假设，发展新的理论。

本研究采用 SPSS 20.0 软件包进行探索性因素分析。在进行探索性因素分析时要做到：①因素分析的适合度检验，即检验数据是否适合进行因素分析；②在给定的 n 个观测变量下确定合适的因子个数；③求因子负荷矩阵；④做因子旋转（图 4－1）。

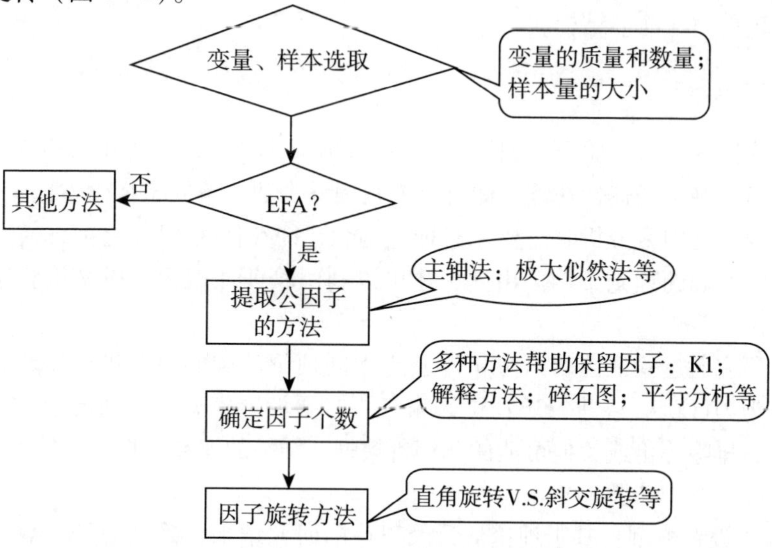

图 4－1　探索性因素分析流程

① 吴明隆．问卷统计分析实务［D］．重庆：重庆大学出版社，2012.

其基本步骤如下。

（1）检验 EFA 方法适宜性：KMO 取样适切性量数及 Bartlett 球形检验。

（2）选择适当的方法提取公因子：因素抽取可用方法有 7 种：主成分分析法、未加权最小二乘法、广义最小二乘法、极大似然法、主轴因子法、α 因子萃取法、映像因素萃取法。由于主成分分析法是方差取向的统计方法，即其重点在于解释数据的变异量，故本研究在因素抽取时采用主成分分析法。

（3）因子个数取舍：因子个数取舍常用5 种方法，特征值大于1、解释方差总量、碎石图、平行分析、竞争模型比较。本研究以特征值等于 1 为判别基准，自由抽取因子或者限定因子个数抽取因子，并在基本分析基础上，结合碎石图、竞争模型比较进行进一步判断。

（4）因子旋转：选取共同因子转轴的方法有两大类，正交旋转法及斜交旋转法。有研究表明：根据实际数据检验结果，采用正交旋转法与斜交旋转法的结果差异不大[①]，故本研究采用正交旋转法。

其中，抽取后的因子结构可能会有题项不够适切、因子不易命名等情况。一般在问卷编制时需要删除题项后再进行进一步探索，但是由于本研究运用探索性因素分析的目的是探索发现可解释、符合理论基础的简单结构，并且，研究对象是一套已经施测的完整试卷，故不做题目删除。在不删除题目的情况下，通过自由探索及不断缩减因子个数以发现可解释、可命名、基本符合理论基础的内在简洁结构。

（二）验证性因素分析

同为因素分析，验证性因素分析（confirmatory factor analysis，CFA）具有因素分析的基本描述性功能，即可以缩减因子个数。不同于探索性因素分析，在进行验证性因素分析时需要先有理论构念，即在使用 CFA 之前，使用者需要有非常明确的理论架构。由此，才可以利用验证性因素分析来检验这些理论假设。

本研究通过验证性因素分析对基于不同理论基础的模型进行比较。采用的软件为 MPLUS。在进行验证性因素分析时要设置模型、识别模型、模型拟合评价、排除等价或其他可能的非等价模型、结果的解释和报告（图 4－2）。

1. CFA 基本步骤

（1）设置模型：基于理论假设及以往的研究结果，确定因子个数及题项

---

① Kim J O，Mueller C W. Factor Analysis：Statistical Methods and Practical Issues. CA：Sage Publications，1979.

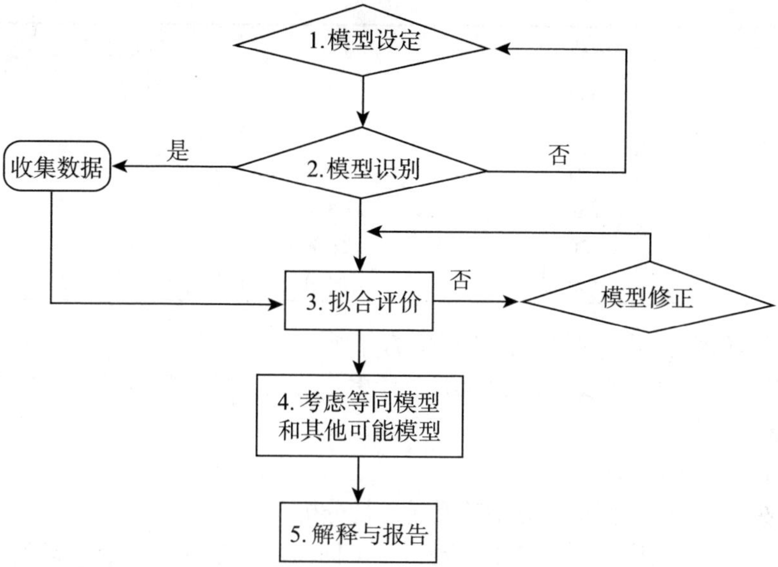

图4－2　验证性因素分析流程

与因子之间的归属关系。

（2）识别模型：检验所设定的模型是否能够识别，即理论模型是否存在合适的解。其必要条件之一是为潜变量制定单位。在Mplus中采用固定负荷法，固定指标负荷为1。

（3）参数估计：模型估计的方法有极大似然法、稳健极大似然估计（MLM）、稳健加权最小二乘法（WLSMV）等多种方法。鉴于本研究变量存在类别变量，故采用稳健加权最小二乘法（WLSMV）。

（4）数据准备：对数据进行核查，是否存在奇异值。

（5）模型拟合评价：评价模型与数据的拟合效果，需要用到多个拟合指标，其指标及其评价标准如表4－10所示。

表4－10　模型拟合性评价指标及评价标准

指标名称		评价标准
绝对拟合指标（Absolute fit index）	x^2	越小越好
	x^2/df	小于3，拟合较好；小于5，可以接受
	GFI	大于0.9
	RMSEA	小于0.05，越小越好

（续　表）

指标名称		评价标准
相对拟合指标 （Relative fit index）	NFI	大于 0.9，越接近 1 越好
	TLI	大于 0.90，越接近 1 越好
	CFI	大于 0.90，越接近 1 越好
	AIC	越小越好
	BIC	越小越好
	WRMR	小于 1.0，越小越好

诸多研究表明，对模型拟合评价的各项指标临界值的判定至今没有定论，并且对模型的评价需要根据实际综合考虑，故以上模型拟合评价指标设定标准为基本参考。

2. CFA 研究程序

（1）了解试卷概况，对试卷质量进行分析。

（2）因子结构分析：基于试卷，从不同角度构建模型，通过模型拟合指数的比较对模型进行比较评价，从而总结出中考物理试卷中潜在的结构。

其中，研究将样本学生分别随机分为两组，一组学生用于探索性因素分析，发现可能潜在的因子，构建潜在因子结构模型；另一组学生用于验证性因素分析，检验各个模型的拟合水平。

①单因素结构：物理能力。从整体上来看，试卷总体测试的是物理相关的内容及能力。因此，首先将所有题目归属于一个因子，即物理能力的单维模型。

②内容三因素结构：物质、运动和相互作用、能量。中考物理试卷覆盖的内容，依据课程标准中内容维度的划分为物质、运动和相互作用及能量三大部分。

③认知两因素结构：了解、理解。结合课程标准中对认知水平的划分以及 2014 年北京市中考物理考试说明中提供的双向细目表，将认知水平划分为“了解”“理解”两个层次，即构建认知维度的两因素结构模型。

④可能的因素结构。通过探索性因素分析，发现试卷中潜在的因素结构。

⑤新模型构建：基于理论，并结合①～③模型比较结果，以及探索结构模型④的结果，构建新模型。同时，比较模型得出最优模型。

（3）最后，根据模型比较的结果，对中考物理考试反映出学生对课程标准规定的内容、能力掌握程度，以及试题真实的结构展开讨论与分析，对今后中学物理教育教学实践与改革提出意见和建议。

本研究采用 SPSS 20.0 和 MPLUS 7 进行数据分析。

第三节 研究结果

一、试卷初步统计分析

（一）试卷一般分析

根据学生作答计分点特征，分析用题目中的第29~32题、35题均按照小题计分，本次研究将其作单题处理。故本次研究中题目数量为46题。针对试各题考查的知识点、认知水平对试卷进行一般分析，如表4-11所示。

表4-11 试题的一般分析

题项	认知水平	一级维度	二级维度	题项	认知水平	一级维度	二级维度
item0101	了解	能量	能源与可持续发展	item0306	理解	运动和相互作用	质量和密度、浮力、简单机械
item0102	了解	运动和相互作用	声现象	item0401	了解	运动和相互作用	电磁现象
item0103	了解	运动和相互作用	简单电现象	item0402	了解	运动和相互作用	简单机械
item0104	了解	物质	热现象	item0403	了解	运动和相互作用	力
item0105	了解	运动和相互作用	电与热	item0404	了解	能量	电流定律、电工和电功率
item0106	了解	运动和相互作用	力				
item0107	了解	运动和相互作用	家庭电路	item0501	了解	物质	热现象
item0108	了解	运动和相互作用	压强	item0502	了解	运动和相互作用	声现象
item0109	了解	物质	物质的结构与物体的尺度	item0503	了解	物质	质量和密度
				item0504	了解	运动和相互作用	电流定律
item0110	了解	能量	内能和热量	item0505	了解	物质	质量和密度
item0111	了解	运动和相互作用	声现象	item0506	了解	物质	质量
item0112	了解	运动和相互作用	简单电现象	item0507	了解	物质	质量和密度
item0113	理解	运动和相互作用	电流定律	item0508	了解	物质	质量和密度
item0114	理解	运动和相互作用	物体的浮沉条件	item0601	了解	运动和相互作用	简单电现象
item0201	了解	运动和相互作用	电磁现象	item0602	了解	运动和相互作用	电流定律
item0202	了解	能量	内能和热量	item0603	了解	运动和相互作用	浮力
item0203	了解	能量	功和能	item0604	了解	运动和相互作用	简单机械
item0204	理解	能量	功和能	item0605	了解	运动和相互作用	声现象
item0301	了解	运动和相互作用	简单电现象	item0606	了解	运动和相互作用	声现象
item0302	了解	运动和相互作用	声现象	item0607	了解	运动和相互作用	声现象
item0303	理解	能量	内能和热量	item0701	理解	能量	电功和电功率
item0304	理解	运动和相互作用	压强	item0801	理解	能量	电功和电功率
item0305	理解	运动和相互作用	电流定律	item0901	理解	运动和相互作用	浮力

（二）试卷质量分析

试卷题目中，属于较易难度（$P\geqslant 0.7$）的题目数量有 33 题，中等难度（$0.4\leqslant P<0.7$）题目有 9 题，较难（$P<0.4$）题目有 4 题，试卷难度分布基本合理。

试卷题目中区分度为 0.3～0.4 的有 1 题；其他题目区分度均在 0.4 以上，试卷各题区分度良好。

试卷质量较高，内部一致性信度达到 0.937，在 0.80 以上；通过降维分析，发现该试卷有 4 个主要成分，这 4 个主要成分解释的方差占了总方差的 50.07%，该试卷具有良好的信效度（表 4－12）。

表 4－12　试题质量分析

题　项	难　度	区分度	均　值	标准差	题　项	难　度	区分度	均　值	标准差
item0101	0.95	0.51	1.89	0.45	item0306	0.33	0.45	0.65	0.94
item0102	0.94	0.56	1.89	0.46	item0401	0.82	0.59	1.63	0.77
item0103	0.96	0.40	1.93	0.37	item0402	0.90	0.66	1.79	0.61
item0104	0.98	0.41	1.95	0.30	item0403	0.95	0.48	1.91	0.42
item0105	0.97	0.41	1.93	0.36	item0404	0.78	0.79	2.64	0.79
item0106	0.95	0.49	1.89	0.45	item0501	0.94	0.49	1.89	0.46
item0107	0.96	0.50	1.92	0.40	item0502	0.88	0.73	1.83	0.49
item0108	0.83	0.62	1.67	0.75	item0503	0.87	0.74	0.87	0.33
item0109	0.97	0.42	1.94	0.35	item0504	0.76	0.81	1.65	0.66
item0110	0.92	0.62	1.83	0.55	item0505	0.90	0.54	0.90	0.30
item0111	0.90	0.49	1.80	0.61	item0506	0.93	0.63	0.93	0.26
item0112	0.91	0.53	1.82	0.58	item0507	0.88	0.70	0.88	0.33
item0113	0.71	0.58	1.41	0.91	item0508	0.75	0.73	0.75	0.43
item0114	0.55	0.38	1.10	1.00	item0601	0.79	0.69	0.79	0.41
item0201	0.54	0.58	2.19	1.10	item0602	0.47	0.62	0.94	1.00
item0202	0.53	0.62	2.10	1.17	item0603	0.56	0.69	1.13	0.99
item0203	0.42	0.64	1.92	1.19	item0604	0.75	0.73	1.49	0.87
item0204	0.30	0.59	1.98	0.97	item0605	0.84	0.69	0.84	0.37
item0301	0.95	0.56	1.90	0.44	item0606	0.68	0.47	0.68	0.47
item0302	0.88	0.65	1.76	0.65	item0607	0.79	0.71	0.79	0.41
item0303	0.83	0.66	1.66	0.75	item0701	0.57	0.87	3.80	1.77
item0304	0.86	0.72	1.71	0.70	item0801	0.24	0.87	3.63	2.16
item0305	0.61	0.59	1.22	0.98	item0901	0.12	0.82	3.73	2.66

二、试卷因子结构探索

本研究运用探索性因素分析进行因子结构探索，以探索发现可解释、符合理论基础的简单结构，以此初步分析结果为后续建模提供思路及依据。

（一）因素分析适宜性检验

对变量相关性进行检验，并采用 KMO 取样适切性量数及 Bartlett 球形检验，以此判断是否适合做因素分析。

（1）在变量相关矩阵中，变量间最好不要完全低相关或完全高相关。变量间相关太低则很难抽出共同因素；相关太高则很容易只抽出一个共同因素。因此，变量间相关如果要抽出多个共同因素，则需要变量间呈现出既有低相关、又有高相关。

（2）KMO 用于比较变量间简单相关系数和偏相关系数的指标。KMO 值越接近于 1，意味着变量间的共同因素越多，越适合作因子分析。Kaiser（1974）给出了常用的 KMO 度量标准（表 4－13）。Bartlett 球形检验净相关系数矩阵是否为单元矩阵。若净相关系数矩阵是单元矩阵表示变量间的净相关系数均为 0，变量的数据信息适合做因素分析。

表 4－13　KMO 度量标准

KMO 统计量值	判别说明
≥0.9	非常适合
≥0.8	适合
≥0.7	尚可
≥0.6	不太适合
≥0.5	不适合
<0.5	极不适合

变量相关矩阵如表 4－14 所示，结果显示变量间既存在较低相关，也存在较高相关，例如，第 36、第 37、第 38 题之间存在较高相关。

表 4－14　变量相关矩阵

题　项	item0101	item0102	item0103	item0104	item0105	item0106	item0107	item0108	item0109
item0101	1.00								
item0102	0.38	1.00							
item0103	0.40	0.42	1.00						
item0104	0.35	0.32	0.41	1.00					
item0105	0.47	0.35	0.37	0.38	1.00				
item0106	0.41	0.36	0.33	0.26	0.35	1.00			
item0107	0.42	0.48	0.41	0.39	0.36	0.51	1.00		
item0108	0.36	0.36	0.29	0.28	0.29	0.40	0.33	1.00	
item0109	0.41	0.41	0.38	0.34	0.43	0.41	0.48	0.24	1.00
item0110	0.44	0.47	0.34	0.31	0.32	0.42	0.43	0.44	0.35
item0111	0.27	0.34	0.23	0.30	0.25	0.31	0.33	0.31	0.24
item0112	0.28	0.32	0.23	0.24	0.28	0.34	0.33	0.35	0.33
item0113	0.18	0.22	0.18	0.18	0.16	0.22	0.18	0.29	0.15
item0114	0.12	0.13	0.10	0.09	0.06	0.13	0.08	0.18	0.10
item0201	0.33	0.24	0.22	0.21	0.22	0.28	0.26	0.29	0.20
item0202	0.25	0.30	0.21	0.23	0.17	0.27	0.28	0.33	0.20
item0203	0.23	0.25	0.18	0.19	0.16	0.25	0.25	0.34	0.18
item0204	0.30	0.29	0.22	0.26	0.25	0.28	0.29	0.32	0.25
item0301	0.50	0.42	0.42	0.33	0.35	0.47	0.51	0.37	0.43
item0302	0.41	0.39	0.36	0.28	0.33	0.41	0.34	0.41	0.31
item0303	0.35	0.34	0.26	0.25	0.21	0.37	0.34	0.43	0.24
item0304	0.42	0.44	0.38	0.29	0.32	0.45	0.34	0.45	0.29
item0305	0.20	0.24	0.15	0.13	0.17	0.22	0.21	0.26	0.17
item0306	0.08	0.13	0.08	0.07	0.06	0.11	0.12	0.20	0.08
item0401	0.35	0.33	0.27	0.26	0.24	0.34	0.33	0.33	0.29
item0402	0.42	0.46	0.40	0.31	0.29	0.42	0.46	0.41	0.34
item0403	0.35	0.46	0.32	0.27	0.35	0.40	0.51	0.27	0.40
item0404	0.45	0.51	0.42	0.36	0.38	0.49	0.45	0.48	0.41
item0501	0.35	0.39	0.37	0.25	0.30	0.38	0.45	0.28	0.43
item0502	0.45	0.56	0.40	0.39	0.38	0.50	0.47	0.48	0.42
item0503	0.42	0.46	0.32	0.25	0.29	0.46	0.38	0.46	0.34
item0504	0.41	0.50	0.35	0.34	0.31	0.46	0.41	0.49	0.31
item0505	0.37	0.35	0.31	0.23	0.26	0.35	0.41	0.29	0.29
item0506	0.41	0.48	0.41	0.36	0.37	0.43	0.49	0.38	0.40
item0507	0.37	0.39	0.32	0.29	0.35	0.42	0.45	0.42	0.40
item0508	0.33	0.37	0.26	0.26	0.27	0.32	0.32	0.44	0.26
item0601	0.27	0.34	0.27	0.25	0.24	0.34	0.34	0.42	0.23
item0602	0.18	0.21	0.15	0.14	0.16	0.20	0.17	0.30	0.14
item0603	0.23	0.26	0.18	0.17	0.18	0.25	0.21	0.33	0.16

KMO 取样适切性量数及 Bartlett 球形检验结果如表 4－15 所示，KMO 值为0.978，指标统计量大于0.80，说明变量间有共同因素存在，适合做因素分析。并且 Bartlett 球形检验的卡方值28552.024 为（$df = 1035$），显著性水平为

$P = 0.000$，达到 <0.05 显著性水平，可拒绝虚无假设，即变量间的净相关矩阵为单元矩阵，适合进行因素分析。

表 4－15 KMO 与 Bartlett 球形检验结果

指标		数值
KMO 抽样适切性参数		0.978
Bartlett 球形检验	卡方值	28552.024
	自由度	1035
	显著性水平	0.000

（二）因素提取

采用主成分分析法，自动抽取特征值大于 1 的因子，采用正交旋转法旋转因子矩阵，分析结果发现，自由抽取 4 个因子，并且前 4 个因子的解释总变异量为 52.145%（表 4－16）。但是由于第四个因子只包含 5 个题项，该四因子结构不良。

表 4－16 旋转因子负荷与方差贡献率（四因子）

因子	题目数	因子负荷	解释方差比例	累计解释方差比例
F1	13	0.754～0.458	38.890	38.890
F2	17	0.750～0.309	7.501	46.391
F3	11	0.711～0.395	3.270	49.660
F4	5	0.696～0.537	2.458	52.145

进一步考虑将四因子结构优化为三因子结构。固定因子个数为 3，进行强制抽取，结果如表 4－17 所示。分析结果发现，3 个因子的解释总变异量达到 49.660%，抽取三因子的结果如下。

表 4－17 探索性因素分析结果（三因子）

题项	因子		
	F1	F2	F3
item0503	0.74		
item0701	0.74		
item0504	0.69		
item0304	0.66		
item0404	0.65		
item0502	0.63		
item0605	0.63		
item0508	0.62		
item0507	0.61		
item0303	0.61		

（续　表）

题　项	因　子		
	F1	F2	F3
item0604	0. 61		
item0402	0. 61		
item0607	0. 59		
item0601	0. 52		
item0110	0. 49		
item0401	0. 49		
item0302	0. 47		
item0108	0. 45		
item0112	0. 40		
item0606	0. 33		
item0107		0. 70	
item0109		0. 69	
item0301		0. 68	
item0403		0. 62	
item0105		0. 61	
item0103		0. 61	
item0501		0. 60	
item0101		0. 60	
item0506		0. 57	
item0104		0. 56	
item0102		0. 55	
item0106		0. 53	
item0505		0. 42	
item0111		0. 40	
item0901			0. 73
item0801			0. 69
item0602			0. 67
item0306			0. 66
item0305			0. 64
item0603			0. 62
item0113			0. 61
item0203			0. 58
item0204			0. 58
item0114			0. 55
item0201			0. 45
item0202			0. 42

第一个因子上有 20 题，第二个因子上有 14 题，第三个因子上有 12 题，每个因子上归属题目数量符合要求（表 4 - 18）。

表 4－18　旋转因子负荷与方差贡献率

因　子	题目数	因子负荷	解释方差比例	累计解释方差比例
F1	20	0.741～0.328	20.258	28.856
F2	14	0.702～0.404	16.066	36.324
F3	12	0.730～0.423	13.336	49.660

结合碎石图（图 4－3），确定 3 个因子的结构是适合的。

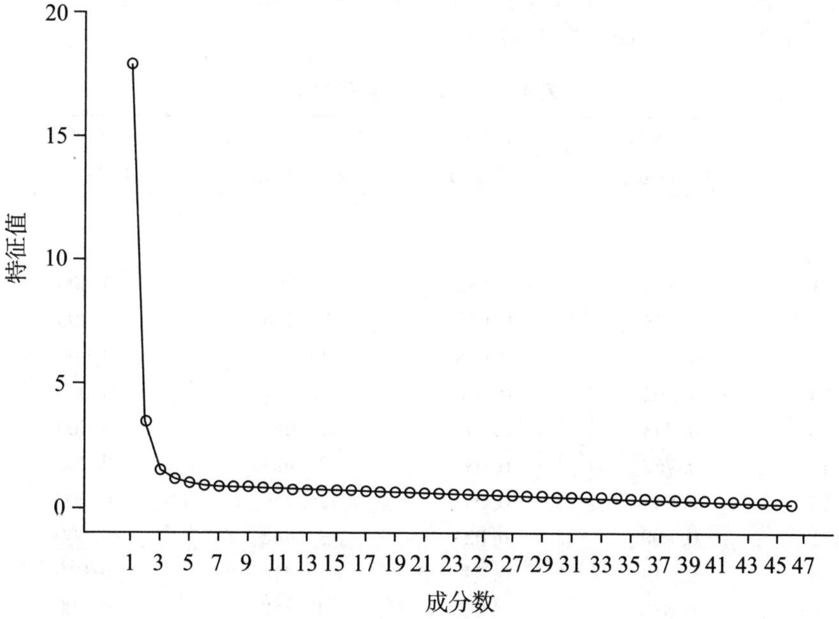

图 4－3　碎石图

（三）因子命名

因子一方差贡献率为 20.258%，包括题项为 20 项。在 20 项题目中，有 19 项主要涉及对物理科学知识、概念及原理、规律的识记。故该因子命名为科学知识与方法。

因子二方差贡献率为 16.066%，包括题项为 14 项。所有题项难度系数均在 0.90 以上。故该因子命名为难度。

因子三方差贡献率为 13.336%，包括题项为 12 项。其中，有 9 项涉及将物理科学知识及原理运用到题目情境中以解决问题，即这 9 项需要学生在基本公式及概念的基础上，结合题目给出的情境，对题目进行深入分析，运用科学思维予以解答。故该因子命名为科学应用。

三、模型构建及验证

利用另一组学生的试卷作答反应对模型进行验证性因素分析。

（一）模型一：单因素结构——物理能力

由于从整体上来看，试卷总体测试的是物理相关的内容及能力。故设计的第一个模型将所有题目归属于一个因子，即物理能力的单维模型。该模型中所有题项的因子载荷如表4－19所示。

表4－19　模型一因子载荷

因子	回归系数 (Estimate)	标准误 (S. E.)	t 值 (Est. /S. E.)	P 值 (Two－Tailed P－Value)
F1				
BY				
Y1	0.820	0.032	25.865	0.000
Y2	0.888	0.023	38.426	0.000
Y3	0.709	0.048	14.632	0.000
Y4	0.902	0.028	32.294	0.000
Y5	0.798	0.042	19.049	0.000
Y6	0.762	0.037	20.624	0.000
Y7	0.837	0.032	26.356	0.000
Y8	0.808	0.023	34.448	0.000
Y9	0.814	0.042	19.416	0.000
Y10	0.880	0.022	40.859	0.000
Y11	0.719	0.035	20.755	0.000
Y12	0.793	0.029	27.306	0.000
Y13	0.704	0.028	25.575	0.000
Y14	0.459	0.036	12.924	0.000
Y15	0.701	0.024	29.048	0.000
Y16	0.730	0.022	33.410	0.000
Y17	0.749	0.020	37.880	0.000
Y18	0.649	0.025	25.610	0.000
Y19	0.893	0.025	35.752	0.000
Y20	0.877	0.020	44.477	0.000
Y21	0.831	0.021	39.056	0.000
Y22	0.922	0.014	64.218	0.000
Y23	0.732	0.024	30.470	0.000
Y24	0.618	0.032	19.327	0.000
Y25	0.773	0.025	31.407	0.000

（续 表）

因子	回归系数 (Estimate)	标准误 (S. E.)	t 值 (Est. /S. E.)	P 值 (Two - Tailed P - Value)
Y26	0.892	0.020	45.157	0.000
Y27	0.832	0.037	22.654	0.000
Y28	0.914	0.010	95.197	0.000
Y29	0.787	0.036	22.040	0.000
Y30	0.938	0.012	79.613	0.000
Y31	0.969	0.010	98.096	0.000
Y32	0.933	0.009	103.671	0.000
Y33	0.819	0.026	31.219	0.000
Y34	0.950	0.014	66.843	0.000
Y35	0.959	0.011	89.216	0.000
Y36	0.925	0.011	84.556	0.000
Y37	0.880	0.016	55.306	0.000
Y38	0.839	0.014	58.292	0.000
Y39	0.895	0.011	79.270	0.000
Y40	0.908	0.013	67.516	0.000
Y41	0.895	0.016	57.290	0.000
Y42	0.676	0.025	27.152	0.000
Y43	0.882	0.016	55.924	0.000
Y44	0.743	0.020	37.781	0.000
Y45	0.825	0.015	54.823	0.000
Y46	0.803	0.018	44.373	0.000

该试卷所有题目在该模型中载荷范围是 0.618 ~ 0.969，模型拟合结果如表 4 - 20 所示。

表 4 - 20　模型一拟合指标

Model	卡方 (χ^2)	自由度 (df)	卡方自由度之比 (χ^2/df)	比较拟合指数 (CFI)	Tucker-Lewis 指数 (TLI)	近似误差均方根 (RMSEA) (90%　C. I.)	加权残差均方根 (WRMR)
模型一	1915.2*	989	1.94	0.987	0.986	0.029（0.027　0.031）	1.171

该模型 RMSEA 小于临界值 0.05，CFI、TLI 值大于 0.90 的临界值，但 WRMR 值大于 1.0 的临界值，模型拟合较差。

（二）模型二：内容三因素结构——物质、运动和相互作用、能量

本研究构建的第二个模型基于内容维度划分为三因素模型。因为中考物理试卷的命制是依据课标的，课标中按照内容维度划分的为物质、运动和相

互作用及能量三大部分，故模型二构建内容维度的三因素结构。

与模型一类似，该模型3个因子上各题项的因子载荷均较高（表4-21）：在物质维度上因子载荷为0.791～0.963；在运动和相互作用维度上因子载荷为0.459～0.939；在能量维度上因子载荷为0.646～0.910。

表4-21 模型二因子载荷

因子	回归系数（Estimate）	标准误（S. E.）	*t* 值（Est./S. E.）	*P* 值（Two-Tailed *P*-Value）
F1				
BY				
Y1	0.818	0.032	25.634	0.000
Y10	0.877	0.022	40.458	0.000
Y16	0.727	0.022	32.966	0.000
Y18	0.646	0.025	25.617	0.000
Y21	0.828	0.022	38.140	0.000
Y28	0.910	0.011	84.850	0.000
Y44	0.740	0.020	37.293	0.000
Y45	0.822	0.015	54.001	0.000
F2				
BY				
Y4	0.907	0.028	32.319	0.000
Y9	0.818	0.042	19.425	0.000
Y29	0.791	0.036	22.164	0.000
Y31	0.974	0.010	97.906	0.000
Y33	0.823	0.026	31.521	0.000
Y34	0.954	0.014	67.291	0.000
Y35	0.963	0.011	91.003	0.000
Y36	0.930	0.011	85.602	0.000
F3				
BY				
Y2	0.888	0.023	38.450	0.000
Y3	0.709	0.048	14.627	0.000
Y5	0.798	0.042	19.043	0.000
Y6	0.762	0.037	20.623	0.000
Y7	0.838	0.032	26.348	0.000
Y8	0.808	0.023	34.480	0.000
Y11	0.719	0.035	20.765	0.000
Y12	0.793	0.029	27.309	0.000

（续　表）

因子	回归系数（Estimate）	标准误（S. E.）	t 值（Est. /S. E.）	P 值（Two – Tailed P – Value）
Y13	0.704	0.028	25.579	0.000
Y14	0.459	0.035	12.927	0.000
Y15	0.701	0.024	29.025	0.000
Y17	0.749	0.020	37.865	0.000
Y19	0.894	0.025	35.717	0.000
Y20	0.878	0.020	44.532	0.000
Y22	0.923	0.014	64.218	0.000
Y23	0.732	0.024	30.472	0.000
Y24	0.618	0.032	19.337	0.000
Y25	0.773	0.025	31.399	0.000
Y26	0.892	0.020	45.174	0.000
Y27	0.832	0.037	22.657	0.000
Y30	0.939	0.012	79.676	0.000
Y32	0.934	0.009	103.677	0.000
Y37	0.880	0.016	55.376	0.000
Y38	0.839	0.014	58.270	0.000
Y39	0.895	0.011	79.268	0.000
Y40	0.908	0.013	67.602	0.000
Y41	0.895	0.016	57.309	0.000
Y42	0.676	0.025	27.149	0.000
Y43	0.882	0.016	55.897	0.000
Y46	0.803	0.018	44.328	0.000

3 个因子之间存在高相关 $r = 0.991 \sim 0.997$，如表 4 – 22 所示。

表 4 – 22　模型二因子相关

项　目	能　量	运动和相互作用	物　质
能　量	1	—	—
运动和相互作用	0.991	1	—
物　质	0.997	0.992	1

模型拟合结果如表 4 – 23 所示。

表 4 -23　模型二拟合指标

Model	卡方 (χ^2)	自由度 (df)	卡方自由度之比 (χ^2/df)	比较拟合指数 (CFI)	Tucker-Lewis 指数 (TLI)	近似误差均方根 (RMSEA) (90%　C. I.)	加权残差均方根 (WRMR)
模型二	1911.0*	986	1.94	0.987	0.986	0.029 (0.027　0.031)	1.169

该模型 RMSEA 小于临界值 0.05，CFI、TLI 值大于 0.90 的临界值，但 WRMR 值大于 1.0 的临界值，模型拟合较差。

（三）模型三：认知两因素结构——了解、理解

本研究构建的第三个模型基于认知维度划分为两因素模型。因为中考物理试卷的命制是依据课标的，依据 2011 版《义务教育物理课程标准》将各物理内容标准的认知水平划分为“了解”“认识”和“理解”3 个层次，每个层次所使用的行为动词如下：了解（了解、知道、描述、说出、列举、举出）；认识（认识）；理解（能区分、说明、解释、理解、计算）。此外，结合 2014 年北京市中考物理考试说明中提供的双向细目表，将认知水平中的认识水平与了解水平合并，划分为“了解”“理解”两个层次，即构建认知维度的两因素结构模型。

该模型 3 个因子上各题项的因子载荷均较高（表 4 -24）：在了解维度上因子载荷为 0.677 ~0.960；在理解维度上因子载荷为 0.472 ~0.959。

表 4 -24　模型三因子载荷

因子	回归系数 (Estimate)	标准误 (S. E.)	t 值 (Est. /S. E.)	P 值 (Two - Tailed P - Value)
F1				
BY				
Y1	0.821	0.032	25.878	0.000
Y2	0.888	0.023	38.431	0.000
Y3	0.710	0.049	14.635	0.000
Y4	0.904	0.028	32.352	0.000
Y5	0.799	0.042	19.060	0.000
Y6	0.763	0.037	20.632	0.000
Y7	0.838	0.032	26.365	0.000
Y8	0.809	0.023	34.451	0.000
Y9	0.815	0.042	19.426	0.000
Y10	0.880	0.022	40.873	0.000
Y11	0.720	0.035	20.769	0.000

（续 表）

因子	回归系数 (Estimate)	标准误 (S. E.)	t 值 (Est. /S. E.)	P 值 (Two - Tailed P - Value)
Y12	0.794	0.029	27.319	0.000
Y15	0.702	0.024	29.050	0.000
Y16	0.731	0.022	33.412	0.000
Y17	0.750	0.020	37.881	0.000
Y19	0.894	0.025	35.770	0.000
Y20	0.878	0.020	44.475	0.000
Y25	0.774	0.025	31.423	0.000
Y26	0.893	0.020	45.174	0.000
Y27	0.833	0.037	22.679	0.000
Y28	0.914	0.010	95.331	0.000
Y29	0.788	0.036	22.055	0.000
Y30	0.939	0.012	79.666	0.000
Y31	0.970	0.010	98.123	0.000
Y32	0.934	0.009	103.764	0.000
Y33	0.820	0.026	31.244	0.000
Y34	0.951	0.014	66.885	0.000
Y35	0.960	0.011	89.302	0.000
Y36	0.926	0.011	84.605	0.000
Y37	0.881	0.016	55.359	0.000
Y38	0.840	0.014	58.247	0.000
Y39	0.896	0.011	79.189	0.000
Y40	0.909	0.013	67.533	0.000
Y41	0.896	0.016	57.309	0.000
Y42	0.677	0.025	27.183	0.000
Y43	0.883	0.016	55.927	0.000
F2				
BY				
Y13	0.727	0.028	25.935	0.000
Y14	0.472	0.036	13.071	0.000
Y18	0.671	0.026	25.944	0.000
Y21	0.861	0.022	39.738	0.000
Y22	0.959	0.014	66.468	0.000
Y23	0.756	0.024	31.666	0.000
Y24	0.636	0.033	19.557	0.000
Y44	0.768	0.020	38.655	0.000
Y45	0.853	0.015	56.069	0.000
Y46	0.830	0.019	44.811	0.000

两个因子之间存在高相关 $r=0.954$，如表 4 – 25 所示。

表 4 – 25　模型三因子相关

	了　解	理　解
了　解	1	—
理　解	0.954	1

模型拟合结果如下（表 4 – 26）：

表 4 – 26　模型三拟合指标

Model	卡方 (χ^2)	自由度 (df)	卡方自由度之比 (χ^2/df)	比较拟合指数 (CFI)	Tucker-Lewis 指数 (TLI)	近似误差均方根 (RMSEA) (90%　C. I.)	加权残差均方根 (WRMR)
模型三	1874.3*	987	1.90	0.987	0.987	0.028（0.026　0.030）	1.152

该模型 RMSEA 小于临界值 0.05，CFI、TLI 值大于 0.90 的临界值，但 WRMR 值大于 1.0 的临界值，模型拟合较差。

（四）模型四：因子探索结构

按照探索性因素分析所得的试卷结构，验证该模型（科学知识与方法、难度、科学应用）。该模型在科学知识与方法因子上载荷为 0.679 ~ 0.970；在难度因子上载荷为 0.731 ~ 0.976；在科学应用因子上载荷为 0.478 ~ 0.934（表 4 – 27）。

表 4 – 27　模型四因子载荷

因子	回归系数 (Estimate)	标准误 (S. E.)	t 值 (Est. /S. E.)	P 值 (Two – Tailed P – Value)
F1				
BY				
Y8	0.811	0.023	34.520	0.000
Y10	0.881	0.022	40.928	0.000
Y12	0.795	0.029	27.361	0.000
Y20	0.879	0.020	44.479	0.000
Y21	0.833	0.021	39.086	0.000
Y22	0.924	0.014	64.388	0.000
Y25	0.776	0.025	31.480	0.000
Y26	0.894	0.020	45.274	0.000
Y28	0.916	0.010	96.307	0.000
Y30	0.939	0.012	79.778	0.000
Y31	0.970	0.010	98.374	0.000
Y32	0.935	0.009	104.216	0.000

（续　表）

因子	回归系数 (Estimate)	标准误 (S. E.)	t 值 (Est. /S. E.)	P 值 (Two - Tailed P - Value)
Y35	0. 960	0. 011	89. 649	0. 000
Y36	0. 928	0. 011	85. 054	0. 000
Y37	0. 882	0. 016	55. 446	0. 000
Y40	0. 910	0. 013	67. 718	0. 000
Y41	0. 897	0. 016	57. 436	0. 000
Y42	0. 679	0. 025	27. 223	0. 000
Y43	0. 884	0. 016	55. 979	0. 000
Y44	0. 745	0. 020	37. 978	0. 000
F2				
BY				
Y1	0. 844	0. 032	26. 253	0. 000
Y2	0. 912	0. 024	38. 443	0. 000
Y3	0. 731	0. 049	14. 797	0. 000
Y4	0. 924	0. 029	32. 387	0. 000
Y5	0. 820	0. 042	19. 711	0. 000
Y6	0. 785	0. 037	20. 981	0. 000
Y7	0. 860	0. 032	27. 034	0. 000
Y9	0. 835	0. 042	19. 952	0. 000
Y11	0. 744	0. 035	21. 379	0. 000
Y19	0. 916	0. 025	36. 837	0. 000
Y27	0. 854	0. 037	23. 362	0. 000
Y29	0. 810	0. 036	22. 610	0. 000
Y33	0. 845	0. 026	32. 290	0. 000
Y34	0. 976	0. 015	66. 413	0. 000
F3				
BY				
Y13	0. 735	0. 027	26. 802	0. 000
Y14	0. 478	0. 036	13. 266	0. 000
Y15	0. 730	0. 024	30. 353	0. 000
Y16	0. 760	0. 021	35. 682	0. 000
Y17	0. 781	0. 019	40. 251	0. 000
Y18	0. 680	0. 026	26. 325	0. 000
Y23	0. 763	0. 024	31. 777	0. 000
Y24	0. 640	0. 032	19. 808	0. 000
Y38	0. 870	0. 015	58. 248	0. 000
Y39	0. 934	0. 012	76. 468	0. 000
Y45	0. 872	0. 015	57. 168	0. 000
Y46	0. 852	0. 019	45. 153	0. 000

该模型3个因子之间存在中高度相关 $r=0.846 \sim 0.970$，如表4－28所示。

表4－28　模型四因子相关

项　目	科学知识与方法	难　度	科学应用
科学知识与方法	1	—	—
难　度	0.970	1	—
科学应用	0.939	0.846	1

模型拟合结果如表4－29所示。

表4－29　模型四拟合指标

Model	卡方 (χ^2)	自由度 (df)	卡方自由度之比 (χ^2/df)	比较拟合指数 (CFI)	Tucker-Lewis 指数 (TLI)	近似误差均方根 (RMSEA) (90%　C. I.)	加权残差均方根 (WRMR)
模型四	1610.6*	986	1.63	0.991	0.991	0.024 (0.022　0.026)	1.029

该模型 RMSEA 小于临界值 0.05，CFI、TLI 值大于 0.90 的临界值，WRMR 值接近 1.0 的临界值，模型拟合尚可。

(五) 模型五：物质、运动和相互作用、能量、难度

通过之前因子结构探索的结果，发现有难度因子，则本研究在模型二的基础上，增加难度因子，划分为物质、运动和相互作用、能量、难度的四因子模型。

在物质维度上因子载荷为 0.928～0.971；在运动和相互作用维度上载荷为 0.460～0.942；在能量因子上载荷为 0.648～0.913；在难度因子上载荷为 0.728～0.981（表4－30）。

表4－30　模型五因子载荷

因子	回归系数 (Estimate)	标准误 (S. E.)	t 值 (Est. /S. E.)	P 值 (Two－Tailed P－Value)
F1				
BY				
Y10	0.879	0.022	40.516	0.000
Y16	0.729	0.022	33.022	0.000
Y18	0.648	0.025	25.677	0.000
Y21	0.830	0.022	38.361	0.000
Y28	0.913	0.011	83.963	0.000
Y44	0.745	0.020	37.305	0.000
Y45	0.826	0.015	53.811	0.000

（续　表）

因子	回归系数（Estimate）	标准误（S. E.）	t 值（Est. /S. E.）	P 值（Two – Tailed P – Value）
F2				
BY				
Y31	0. 971	0. 011	90. 496	0. 000
Y35	0. 961	0. 011	84. 525	0. 000
Y36	0. 928	0. 011	86. 708	0. 000
F3				
BY				
Y8	0. 811	0. 023	34. 574	0. 000
Y12	0. 797	0. 029	27. 385	0. 000
Y13	0. 706	0. 028	25. 643	0. 000
Y14	0. 460	0. 036	12. 951	0. 000
Y15	0. 703	0. 024	29. 071	0. 000
Y17	0. 751	0. 020	38. 053	0. 000
Y20	0. 881	0. 020	44. 721	0. 000
Y22	0. 926	0. 014	64. 807	0. 000
Y23	0. 734	0. 024	30. 568	0. 000
Y24	0. 619	0. 032	19. 366	0. 000
Y25	0. 776	0. 025	31. 518	0. 000
Y26	0. 896	0. 020	45. 317	0. 000
Y30	0. 942	0. 012	80. 415	0. 000
Y32	0. 937	0. 009	104. 610	0. 000
Y37	0. 883	0. 016	55. 808	0. 000
Y38	0. 840	0. 014	58. 271	0. 000
Y39	0. 896	0. 011	79. 205	0. 000
Y40	0. 910	0. 013	67. 656	0. 000
Y41	0. 898	0. 016	57. 646	0. 000
Y42	0. 678	0. 025	27. 170	0. 000
Y43	0. 885	0. 016	56. 168	0. 000
Y46	0. 809	0. 018	44. 271	0. 000
F4				
BY				
Y1	0. 843	0. 032	26. 210	0. 000
Y2	0. 913	0. 024	38. 482	0. 000
Y3	0. 728	0. 049	14. 800	0. 000
Y4	0. 923	0. 029	32. 239	0. 000
Y5	0. 818	0. 042	19. 642	0. 000
Y6	0. 783	0. 037	20. 921	0. 000

（续 表）

因子	回归系数（Estimate）	标准误（S. E. ）	t 值（Est. /S. E. ）	P 值（Two – Tailed P – Value）
Y7	0. 860	0. 032	27. 038	0. 000
Y9	0. 834	0. 042	19. 945	0. 000
Y11	0. 740	0. 035	21. 308	0. 000
Y19	0. 918	0. 025	36. 793	0. 000
Y27	0. 854	0. 037	23. 275	0. 000
Y29	0. 809	0. 036	22. 537	0. 000
Y33	0. 844	0. 026	32. 201	0. 000
Y34	0. 981	0. 015	65. 790	0. 000

该模型 3 个因子之间存在高相关 $r=0.946\sim0.991$，如表 4 – 31 所示。

表 4 – 31　模型五因子相关

项　目	能　量	物　质	运动和相互作用	难　度
能　量	1	—		
物　质	0. 990	1	—	—
运动和相互作用	0. 989	0. 991	1	—
难　度	0. 955	0. 975	0. 946	1

模型拟合结果如表 4 – 32 所示。

表 4 – 32　模型五拟合指标

Model	卡方（χ^2）	自由度（df）	卡方自由度之比（χ^2/df）	比较拟合指数（CFI）	Tucker-Lewis 指数（TLI）	近似误差均方根（RMSEA）（90%　C. I. ）	加权残差均方根（WRMR）
模型五	1834. 0*	983	1. 87	0. 988	0. 987	0. 028（0. 026　0. 030）	1. 133

该模型 RMSEA 小于临界值 0. 05，CFI、TLI 值大于 0. 90 的临界值，但 WRMR 值大于 1. 0 的临界值，模型拟合较差。

（六）模型六：了解、理解、难度

通过之前因子结构探索的结果，发现有难度因子，则本研究在模型三的基础上，增加难度因子，划分为了解、理解、难度的三因子模型。

在了解维度上载荷为 0. 701 ~ 0. 970；在理解维度上因子载荷为 0. 472 ~ 0. 957；在难度维度上因子载荷为 0. 729 ~ 0. 981（表 4 – 33）。

表 4-33　模型六因子载荷

因子	回归系数 (Estimate)	标准误 (S. E.)	t 值 (Est. /S. E.)	P 值 (Two - Tailed P - Value)
F1				
BY				
Y8	0. 809	0. 023	34. 510	0. 000
Y10	0. 881	0. 022	40. 895	0. 000
Y12	0. 794	0. 029	27. 322	0. 000
Y15	0. 701	0. 024	29. 062	0. 000
Y16	0. 731	0. 022	33. 425	0. 000
Y17	0. 750	0. 020	37. 889	0. 000
Y20	0. 878	0. 020	44. 474	0. 000
Y25	0. 774	0. 025	31. 450	0. 000
Y26	0. 893	0. 020	45. 217	0. 000
Y28	0. 915	0. 010	95. 892	0. 000
Y30	0. 939	0. 012	79. 719	0. 000
Y31	0. 970	0. 010	98. 509	0. 000
Y32	0. 934	0. 009	103. 875	0. 000
Y35	0. 960	0. 011	89. 540	0. 000
Y36	0. 926	0. 011	84. 605	0. 000
Y37	0. 881	0. 016	55. 382	0. 000
Y38	0. 840	0. 014	58. 340	0. 000
Y39	0. 895	0. 011	79. 343	0. 000
Y40	0. 908	0. 013	67. 586	0. 000
Y41	0. 896	0. 016	57. 392	0. 000
Y42	0. 677	0. 025	27. 186	0. 000
Y43	0. 883	0. 016	55. 991	0. 000
F2				
BY				
Y13	0. 726	0. 028	26. 023	0. 000
Y14	0. 472	0. 036	13. 089	0. 000
Y18	0. 671	0. 026	25. 976	0. 000
Y21	0. 859	0. 022	39. 715	0. 000
Y22	0. 957	0. 014	66. 353	0. 000
Y23	0. 754	0. 024	31. 669	0. 000
Y24	0. 635	0. 032	19. 565	0. 000
Y44	0. 773	0. 020	38. 826	0. 000
Y45	0. 856	0. 015	56. 306	0. 000
Y46	0. 835	0. 019	44. 567	0. 000

（续　表）

因子	回归系数 (Estimate)	标准误 (S. E.)	t 值 (Est. /S. E.)	P 值 (Two - Tailed P - Value)
F3				
BY				
Y1	0.844	0.032	26.222	0.000
Y2	0.913	0.024	38.488	0.000
Y3	0.729	0.049	14.785	0.000
Y4	0.924	0.029	32.339	0.000
Y5	0.819	0.042	19.639	0.000
Y6	0.783	0.037	20.907	0.000
Y7	0.860	0.032	27.013	0.000
Y9	0.834	0.042	19.923	0.000
Y11	0.740	0.035	21.308	0.000
Y19	0.917	0.025	36.750	0.000
Y27	0.853	0.037	23.279	0.000
Y29	0.809	0.036	22.540	0.000
Y33	0.844	0.026	32.184	0.000
Y34	0.981	0.015	65.977	0.000

该模型3个因子之间存在高相关 $r=0.889\sim0.967$，如表4－34所示。

表4－34　模型六因子相关

项　目	了　解	理　解	难　度
了　解	1	—	
理　解	0.967	1	—
难　度	0.963	0.889	1

模型拟合结果如表4－35所示。

表4－35　模型六拟合指标

Model	卡方 (χ^2)	自由度 (df)	卡方自由度之比 (χ^2/df)	比较拟合指数 (CFI)	Tucker-Lewis 指数 (TLI)	近似误差均方根 (RMSEA) (90%　C. I.)	加权残差均方根 (WRMR)
模型六	1791.6*	986	1.82	0.988	0.988	0.027 (0.025　0.029)	1.113

该模型RMSEA小于临界值0.05，CFI、TLI值大于0.90的临界值，但WRMR值大于1.0的临界值，模型拟合较差。

（七）模型七：科学知识与方法、科学应用

在模型四中，难度因子所包含题目涉及概念的基本运用，并且模型中科

学知识与方法和难度两维度之间存在高相关。由此，将模型四中的难度因子和科学知识与方法因子合并，构建科学知识与方法及科学应用的二因素模型。

在科学知识与方法维度上载荷为0.681～0.970；在科学应用维度上载荷为0.478～0.938（表4－36）。

表4－36　模型七因子载荷

因子	回归系数（Estimate）	标准误（S. E.）	t值（Est. /S. E.）	P值（Two－Tailed P－Value）
F1				
BY				
Y1	0.823	0.032	25.910	0.000
Y2	0.890	0.023	38.450	0.000
Y3	0.712	0.049	14.647	0.000
Y4	0.905	0.028	32.417	0.000
Y5	0.801	0.042	19.107	0.000
Y6	0.765	0.037	20.672	0.000
Y7	0.840	0.032	26.386	0.000
Y8	0.812	0.024	34.506	0.000
Y9	0.816	0.042	19.456	0.000
Y10	0.882	0.022	40.889	0.000
Y11	0.723	0.035	20.815	0.000
Y12	0.796	0.029	27.366	0.000
Y19	0.895	0.025	35.836	0.000
Y20	0.880	0.020	44.535	0.000
Y21	0.835	0.021	39.150	0.000
Y22	0.925	0.014	64.522	0.000
Y25	0.777	0.025	31.496	0.000
Y26	0.894	0.020	45.300	0.000
Y27	0.835	0.037	22.728	0.000
Y28	0.916	0.010	95.899	0.000
Y29	0.790	0.036	22.097	0.000
Y30	0.940	0.012	79.877	0.000
Y31	0.970	0.010	98.193	0.000
Y32	0.936	0.009	104.500	0.000
Y33	0.822	0.026	31.315	0.000
Y34	0.951	0.014	66.889	0.000
Y35	0.960	0.011	89.620	0.000
Y36	0.929	0.011	85.466	0.000
Y37	0.884	0.016	55.656	0.000

（续　表）

因子	回归系数（Estimate）	标准误（S. E.）	t 值（Est. /S. E.）	P 值（Two - Tailed P - Value）
Y40	0. 912	0. 013	67. 950	0. 000
Y41	0. 898	0. 016	57. 515	0. 000
Y42	0. 681	0. 025	27. 307	0. 000
Y43	0. 886	0. 016	56. 091	0. 000
Y44	0. 746	0. 020	38. 056	0. 000
F2				
BY				
Y13	0. 735	0. 028	26. 709	0. 000
Y14	0. 478	0. 036	13. 249	0. 000
Y15	0. 730	0. 024	30. 267	0. 000
Y16	0. 760	0. 021	35. 644	0. 000
Y17	0. 781	0. 019	40. 199	0. 000
Y18	0. 679	0. 026	26. 283	0. 000
Y23	0. 763	0. 024	31. 687	0. 000
Y24	0. 640	0. 032	19. 818	0. 000
Y38	0. 872	0. 015	58. 011	0. 000
Y39	0. 938	0. 012	75. 758	0. 000
Y45	0. 867	0. 015	56. 804	0. 000
Y46	0. 843	0. 019	45. 375	0. 000

2 个因子之间存在高度相关 $r = 0.924$，如表 4 - 37 所示。

表 4 - 37　模型七因子相关

项　目	科学知识与方法	科学应用
科学知识与方法	1	—
科学应用	0. 924	1

模型拟合结果如表 4 - 38 所示。

表 4 - 38　模型七拟合指标

Model	卡方（χ^2）	自由度（df）	卡方自由度之比（χ^2/df）	比较拟合指数（CFI）	Tucker-Lewis 指数（TLI）	近似误差均方根（RMSEA）（90%　C. I. ）	加权残差均方根（WRMR）
模型七	1713. 7*	988	1. 73	0. 990	0. 989	0. 025（0. 023　0. 027）	1. 081

该模型 RMSEA 小于临界值 0. 05，CFI、TLI 值大于 0. 9 的临界值，但 WRMR 值大于 1. 0 的临界值，模型拟合较差。

四、模型比较

在对模型进行比较时，首先要对每个模型的基本拟合指标进行综合分析，卡方与自由度之比、CFI、TLI 及 RMSEA 值与临界值进行比较。对于拟合指标基本符合要求的模型，用信息指数 WRMR 进行比较。

本研究在构建模型时，首先基于理论及研究基础从不同方面构建了模型一至模型四，随后在模型一至模型四的基础上进行新的模型构念得到模型五至模型七。无论是基于基本理论研究还是在该基础上重新构念的模型，到底哪个模型是最优的，需要基于以上模型比较选出较优模型。

各模型的拟合检验结果如表 4－39 所示。

表 4－39　模型比较

项　目	模型一	模型二	模型三	模型四	模型五	模型六	模型七
因子 1	基本物理能力	物质	了解	科学知识与方法	物质	了解	科学知识与方法
因子 2	—	运动和相互作用	理解	科学应用	运动和相互作用	理解	科学应用
因子 3	—	能量	—	难度	能量	难度	—
因子 4	—	—	—	—	难度	—	—
χ^2	1915.2*	1911.0*	1874.3*	1610.6*	1834.0*	1791.6*	1713.7*
df	989	986	987	986	983	986	988
x^2/df	1.94	1.94	1.90	1.63	1.87	1.82	1.73
CFI	0.987	0.987	0.987	0.991	0.988	0.988	0.990
TLI	0.986	0.986	0.987	0.991	0.987	0.988	0.989
RMSEA	0.029	0.029	0.028	0.024	0.028	0.027	0.025
WRMR	1.171	1.169	1.152	1.029	1.133	1.113	1.081

通过综合分析每个模型的拟合指标，对构建的 7 个模型进行比较：发现模型四优于模型一至模型三，模型七优于模型五至模型六。将模型四与模型七比较，卡方检验和模型拟合指数显示两模型之间差异显著（$2\Delta x^2/2\Delta df$ = 51.7**）。比较两模型的各项评价指标，模型四的观测数据与模型拟合更好（χ^2 = 1610.6*，df = 986；RMSEA = 0.024，CFI = 0.991，TLI = 0.991，WRMR = 1.029）。由此，选取模型四为本研究的最佳模型。

五、试卷科学探究维度分析

经因子结构探索及验证性分析，未发现试卷中包含科学探究维度。由此，采用定性分析的方法，旨在探索发现试卷题目中是否从科学探究的维度进行了测查。本研究采用海伦（Herron，1971）设计的评定量表进行评价（表4－40）。该量表从问题、过程和方法、答案是给定的还是开放的角度进行评价。将3个因素划分为0～3个等级。

第〇级：将问题、方法、答案均提供给学生。

第一级：将问题和方法提供给学生，学生自行寻找答案。

第二级：提供问题，学生设计研究方案及步骤并寻求解答。

第三级：学生在探究环境下，在没有任何提示情况下，自行找寻需要的理论。

表4－40　海伦量表

层　次	问　题	过程和方法	答　案
第〇级	提供	提供	提供
第一级	提供	提供	开放
第二级	提供	开放	开放
第三级	开放	开放	开放

将试卷中的所有题目对照该量表进行分析，发现所有题目具提供了问题，部分提供了过程与方法，并且答案是唯一的。不符合量表中提到的第一至三级中，答案是开放性质这一特性。故而归纳试卷中题目并未从科学探究角度进行测查。

第四节　讨论与分析

一、对最优模型的讨论与分析

研究发现，试卷的结构基本上是从科学知识与方法、科学应用两个维度划分的。其中，科学知识与方法主要指对基本知识、物理核心概念的记忆、理解和基本的运用；科学应用主要涉及基于基本的物理知识和技能，利用物理方法、物理思维，解决与生活相关的实际问题。这与当前的课标要求是一致的。

物理学科作为科学教育的重要组成部分，其学科教育的核心在于培养学生的科学素养。通过对比国际大型测评项目 PISA、NAEP、TIMSS 科学测评框架发现，各项目将重点均放在了科学能力上。尽管测试的指标不尽相同，但都包含了科学内容、科学方法两个重要的方面。当前，课标中所要求的义务教育阶段物理学科评价的框架，包含了科学内容、认知、情感态度价值观。本研究从试卷作答的结果入手进行分析，明确了当前中考物理试卷考查的重点在科学知识与方法、科学应用两方面，即中考物理试卷从整体上可以体现对物理核心概念的认识和了解，也可以体现出将物理科学应用、物理思维迁移运用到身边的生活及社会实践中。这表明，当前物理学业水平考试评价重视能力立意，旨在考查学生真实的科学学科能力。

二、对基于理论构建模型的讨论与分析

本研究中，基于理论构建了 3 个模型。其中，模型一是基于一套物理试卷考查的，应当是与物理能力相关的构念设计的。结果发现，各项目均聚合到了一个因子上，并且载荷较高。这表明，试卷从整体上测查的是与物理相关的。模型二是基于该地区考试大纲及课标中要求：考试内容分为物质、运动和相互作用、能量（科学探究的内容包含在了前三部分中）所构建的。结果发现，3 个因子之间存在高相关，特别是能量与两个因子之间相关性极高 $r=0.997$，表明二者并非两个较为独立的因子，两维度上的题目可能考查的是同一个内容。模型三同模型二一样，也是基于考试大纲及课标要求：各部分知识的不同层次能力要求，了解、理解所构建的。结果发现，因子之间存在高相关 $r=0.954$，表明两个维度差异性和独立性不够明显。通过对 3 个模型的模型拟合检验，3 个模型的拟合指标均较差，模型构念不良好。

这表明，从该试卷的学生作答反应角度来衡量，试卷所考查的内部结构不能很好地反映课标规定的内容维度、认知维度。这一结果与以往的研究结果一致。在陈宁对初中物理内容标准与中考之间的一致性研究中发现，中考物理试卷与课标中的内容标准一致性不高①；在李媛对初中物理考试与内容标准的一致性研究中发现，试卷与课标内容表中一致性较高②；在杨柳青、孙永超等人的研究中发现，无论是内容主题还是认知水平，中考物理试题与课标的一致性程度都不够③。

---

① 陈宁. 一致性研究：初中物理内容标准与中考之间的关系［D］. 南京：南京师范大学，2011.

② 李媛. 一致性研究：初中物理考试与内容标准之间的比较［D］. 南京：南京师范大学，2014.

③ 杨柳青，孙永超，王德才，等. 中考物理试卷与物理内容标准之间的一致性［J］. 教育测量与评价，2014，5（3）：120－124.

三、对试卷中难度因子的讨论与分析

通过探索性因素发现，试卷中存在难度因子。将模型二与增加了难度因子的模型五进行比较，发现模型五较模型二有较好的改善；相应的比较模型三和模型六，模型六较模型三有较好的改善，即在增加难度因子后，模型结构趋向良好。这说明，难度因子很可能是试卷结构之一。进一步，模型四与模型七的比较，模型七的表现较模型四表现差。模型七将难度因子和科学知识与方法因子合为一个因子，但是模型拟合度反而降低。这也证实了试卷中是存在难度因子的。

进一步分析，在难度因子中的试题难度水平在 0.9 以上。深入分析这些题目发现，学生基于个体成长经验或生活常识即可正确作答，与学科拟测查的内容和水平要求关系较弱。中考兼具水平监测和选拔的双重功能，故中考需要测查学生在初中毕业时是否达到课标的要求，是一种能力测试。对于学科能力测试，试题是否能够反映该学科核心能力是关键。在试卷题目数量有限的情况下，试卷中每一道题目都要准确且高效地反馈出拟测查的目标。明确学科核心能力的内涵与外延，以及关键指标，使试题能够精准地落在所要考查的目标关键能力上，是保证试题准确高效的途径之一。

第五节　总结与建议

一、研究结论

1. 本研究发现中考物理试卷中存在科学知识与方法、科学应用的内在因子结构。

2. 本研究结果不支持中考物理试卷按照内容维度划分结构。

3. 本研究结果不支持中考物理试卷按照认知维度划分结构。

4. 本研究发现中考物理试卷中存在难度因子。

二、研究贡献

本研究的贡献主要体现在以下几点。

第一，拓展了中考物理试卷分析研究的方法和思路。当前对中考物理试卷的分析很多研究关注的是质性分析，而本研究通过对试卷进行探索性因素分析及验证性因素分析，从量化的角度对试卷进行了客观的探索和讨论。发现了试卷内在更为本质的组成。这为今后对中考物理试题的研究提供了新的思路和方法。

第二，发现了中考物理试卷考查的内在结构，为今后中考物理课程教学改革、评价提供了现实依据。本研究通过构建多个理论模型，以及对改良模型的验证分析，发现数据支持试卷是按照科学知识与方法及科学应用维度组成的。

第三，发现了试卷中存在独特的难度因子，为今后提高试题编制技术提供了依据。本研究在模型分析中发现了独特的难度因子在试卷中起到了重要作用。关于试卷中的难度设置在以往的文献中有很多研究，但都是基于事前的设计。本研究从试卷的学生作答反应终端为起点，发现了难度在题目上的固着性还不够，由此，可以为未来中考试题的编制提供相关依据。

三、建议

（一）进一步明确测试框架

在研究过程中发现，试卷部分题目在多个因子上均有载荷，且载荷相当。这与测试框架不无关系。如果能够有细化、可操作化的测试框架，就可以提高题目命制的精准度。当前，我国中考物理命题实行区域划分，各地区以课程标准为主要依据自行命题。由于课程标准属于指导性、上位的政策文件，无法对知识、能力等各维度进行细致划分，对各测查维度没有良好的结构化及操作化描述，为了更好地落实课标中对知识、能力的要求，在中考物理命制题目之初，需要围绕物理核心素养，依据课程标准，设计出具有可操作性的指标框架，并以此指导命题。

（二）进一步调整评价指标

基于本研究的发现可知，科学知识与方法、科学应用可能是试卷中潜在的结构，与当前已有内容及认知维度划分符合程度不高。因此，可以尝试借鉴国际已有评价项目对科学素养概念的理解，结合我国科学教育及物理教育发展的现实，以界定科学核心素养、明确物理学科核心素养为研究起点。并在此基础上，开展文献研究、现场调研，收集物理教育、科学教育、心理学、教育学、教育统计与测量学等方向专家广泛的意见。此外，通过多轮小规模测试，获得进一步调整并细化评价指标的实证依据。通过系统的评价指标研制，力求指标明细化，深入设计形成以培养物理核心素养为目标的评价指标体系。

（三）进一步提高试题命制技术

研究发现，试卷中难度水平在 0.9 以上的题目成为单独的因子出现。进一步分析这些题目发现，学生基于个体成长经验或生活常识即可正确作答，与学科拟测查的内容和水平要求关系较弱。由此，在未来试题设计开发时，从指标框架的制定、细目表的制定到命题人员的学科背景、统计测量背景、心理学背景的要求等多方面下功夫，注重拟考查指标的内涵和解构分析，更好地使题目反映学科能力指标的本质属性，进一步提高试卷质量。

第六节　研究不足与展望

一、研究不足

本研究对中考物理试题进行了初步的因子结构分析，并基于本研究的结果发现，提出了一些对中考物理课程改试题编制及教育教学改革的一些意见及建议。但是由于能力有限、时间限制、经验的缺乏及其他因素的影响，还存在以下不足。

1. 由于研究条件的限制，本研究只收集了北京 1 个区域的学生作答反应为研究对象。故本研究取样有所局限。

2. 本研究在研究方法上仅借助了简单的探索性因素分析和验证性因素分析，未进行深入的量化分析，并且缺乏相应的质性分析。

3. 本研究仅针对我国九年级北京地区的中考试卷做了分析，由于科学素养是在国际背景下发展起来的，故本研究缺乏国际比较。

二、研究展望

本研究旨在从中考物理试题的学生作答反应终端出发，探索出试卷可能的潜在结构，为未来物理教育教学改革、中考试题命制、教材编制等提出一些现实基础和理论依据。基于此，未来研究可以在以下几个方向进行深入研究。

1. 由于中考物理试题地区差异性较大，但是为了能够得到更为普遍的概括，未来研究可以考虑扩大样本范围及数量，收集更多地区的中考物理试题及学生作答反应情况。

2. 由于试卷内容、结构及题目类型诸多，需要用不同的方法进行数据处理，未来可以使用多种适宜的统计方法进行多途径量化分析，以期得到更稳定的结果。

3. 单纯的量化分析更多体现了数据的支持，未来可以考虑将量化分析与质性分析相结合，增加研究的厚度。同时，如果条件允许，还可以考虑加入小样本的学生出声思维访谈，使对试卷的整体结构及试题有更准确的分析和把握。

为了更好地为我国物理教育教学改革提供依据，未来可以考虑收集国际相关科学素养测评资料做对比研究。

第五章　北京市近10年中考物理试题能力结构的研究

第一节　绪　　论

一、研究背景

初中升学考试（以下简称“中考”）是学生在接受九年义务教育后的一次终端测验，其主要目的是检测初中毕业生在知识和能力方面是否达到教育目标。由于中考涉及众多学生的毕业及升学，又对义务教学阶段的教学发挥着十分关键的导向作用，具有重大的社会影响力。一直以来，我国中考选用各省、直辖市自主命题的方式。各地区在中考命题上的特点及考试科目、分值、时间等方面都具有一些差别，形成显著的地方性。近年来，随着我国教育改革进入“深水区”，北京市中考的改革在备受关注的境况下如火如荼地进行着，如何准确地掌握中考物理命题方向？如何发挥中考物理命题的导向作用？显然，这些都是亟待研究和探讨的重要问题。

联合国教科文组织的报告《学会生存——教育的今天与明天》提出：“我们目前处在科技快速发展的时代，这体现在知识不停地变化，不断地创新，这要求教育不应该把目光停留于知识的转移和储存，应该致力于让学生掌握和学习获得知识的方法与能力，学会学习①。”《义务教育课程标准》在物理学科的课程目标中强调了对能力的考查，《中考考试说明》也凸显了能力培养的要求。由此可见，对学生能力的培养应是义务教育的核心任务，对教育质

① 联合国教科文组织国际教育发展委员会．学会生存——教育的今天与明天［M］．北京：教育科学出版社，1996.

量的评价应以能力为取向。本节将从物理能力理论出发，分析近10年来北京市中考物理试卷中能力的考查情况，进而为北京市中考物理命题及初中物理教学提供建议。

二、研究现状

（一）国内研究现状

1. 评析1年的中考试题

赵雪露在《2015年北京市中考物理试题分析及思考》①一文中对2015年北京市中考物理试题进行了分析，包括题量、题型、知识点、难度，文章最后提出了初中物理教学的建议。陈红梅等人在《强化实际应用　突出科学实践——2016年山西省中考物理命题思路解读》② 一文中结合试题分析了试卷的命题意图，总结了命题思路及教学建议。王小兰的《湖北省黄冈市2013年中考物理试题分析与备考策略》③ 将2013年的黄冈市中考物试卷作为研究样本，在卷面情况和试题结构方向上进行了研究，结合具体题目总结了学生的失分原因，最后提出了中考备考策略。

该类文章将研究重点放在试卷考查的内容及权重上，较为详尽地研究某一份中考试卷，但是该类论文对该地区中考物理试卷系统的研究重视程度有所欠缺，缺乏对命题思路的演变分析。

2. 研析中考试题中的一类题型

董青的《中考物理科学探究试题研究》④ 将科学探究题作为研析题型，对近10年来福州市的此类题型进行研究，首先对科学探究题的满分值、题量等方面进行整体的统计分析，再对科学探究要素进行编码，对各探究要素考查情况进行统计。接下来以2014年的试卷为样本，对科学探究试题与课程标准的相关性进行了分析。得出结论为探究试题与课程标准中对科学探究的要求一致性较低。通过分析10年中考科学探究试题与《义务教育课程标准》相关性的趋势，发现对于《义务教育课程标准》中规定学生通过探究活动来获取科学知识愈发受到科学探究试题考查的重视。公丽云的《从北京中考看电

---

① 赵雪露．2015年北京市中考物理试题分析及思考［J］．北京教育学院学报（自然科学版），2015（4）：44－49.

② 陈红梅，孔建斌，李汶锋．强化实际应用　突出科学实践——2016年山西省中考物理命题思路解读［J］．教育理论与实践，2016，36（35）：3－6.

③ 王小兰，陈瑞安，干海涛，等．湖北省黄冈市2013年中考物理试题分析与备考策略［J］．黄冈师范学院学报，2014，34（3）：66－69，73.

④ 董青．中考物理科学探究试题研究［D］．福州：福建师范大学，2016.

阻的测量方法》① 分析了近几年北京市中考物理实验中对电阻测量实验的考查方式，提出了实验教学策略建议。陈静的《北京中考物理“科普阅读题”的命题与备考研究》② 将科普阅读题的主题范围、考查方式及能力考查情况进行了分析，将分析结果结合中考改革提出启示。

该类文章通过分析一类题型在1年或近几年的考查内容的变化，从而得出这种题型考查的趋势及其变化，但是缺乏对试卷在几年内的整体分析，因此不能反映中考物理试卷命题的整体变化趋势。

3. 探寻几年内中考命题趋势

王秀梅的《天津市近十年中考物理试题的研究》③ 从题型和物理知识的分布两个方面进行研究，通过总结各题型所占分值、各部分知识点所占的频数，将不同题型的命题特点及趋势进行归纳，再与课程标准相对比，从中研究新课程改革的目的及意义，以及对初中物理教学的指导。邹丽华的《近年大连市中考物理试卷整体分析》④，以2006—2011年大连市内中考考生的物理成绩作为研究样本，将中考物理试卷的题型结构、信度、效度、难度、总频率作为分析方向，对上述几方面进行系统的研究，从而得出结论：近几年中考物理试卷在维持大范围稳定的情况下有小幅度变化，试卷质量一直处于较高的水平，试卷难度系数和学生成绩的水平处理得较为均衡。

党越的《新课标下2013—2015年贵阳市中考物理试卷分析》⑤ 将2013—2015年中考物理试卷作为分析样本，进行较为系统的分析，分别从试卷的结构、与课程标准与中考指标体系的一致性、典型例题等方面展开研究，并充分参考一线教师的意见。研究结果认为试卷结构稳定，命题思想于新课改的基本方针相一致，部分试题知识点考查水平与课标不符合并提出了相应的命题建议。

该类文章通过对几年内的中考物理试卷进行系统的分析，通常从试卷的结构、题型、分值、信度、效度等方面考查试题的质量及是否符合课程标准的要求。缺乏从物理能力考查角度分析试卷的文章，鉴于对学生能力的培养是中学阶段的十分重要的教学目标，同样是物理教学的应有之义，因此，对

① 公丽云，彭聪．从北京中考看电阻的测量方法［J］．教育实践与研究：中学版（B），2016，27（9）：74－78.

② 陈静．北京中考物理“科普阅读题”的命题与备考研究［J］．湖南中学物理，2016，31（10）：42－44.

③ 王秀梅．天津市近十年中考物理试题的研究［D］．天津：天津师范大学，2015.

④ 邹丽华．近年大连市中考物理试卷整体分析［J］．大连教育学院学报，2012，28（2）：23－25.

⑤ 党越．新课标下2013—2015年贵阳市中考物理试卷分析［D］．贵阳：贵州师范大学，2016.

中考物理试题从能力考查的角度进行分析是必不可少的。

与中考相比，高考试卷的研究内容更为全面、系统。有鉴于此，本文借鉴参考了数篇从能力角度研究高考物理命题的论文。

4. 高考试题能力分析

王雁冰的《2012 年北京高考物理试题能力分析》① 以物理能力理论为依据，对 2012 年北京市高考物理试题从物理知识考查和物理能力考查两个维度进行统计分析，得出 2012 年北京高考物理试题在对学生物理能力方面所考查的权重和占比分布。分别统计试卷的各题型物理能力考查情况，然后对高考物理试题从命题方面和物理教学方面提供建议。臧宁的《2010—2012 全国高考理综卷中物理试题的能力评价功能研究》② 对 3 年内的高考物理试题能力评价功能进行分析，对物理能力进行限定并以考查层次的不同为依据划分为5 个层次不同的等级，根据指定的物理能力标准对试卷进行评价研究。寻找 3 年内物理能力考查的一般规律，并且将全国理综大纲卷与新课标卷从能力考查的角度进行对比分析。

庄园的《高考物理试题能力结构的研究》③ 依据 SOLO 理论，将 3 年的新课标Ⅰ卷、天津卷、上海卷和重庆卷作为研究样本，从横向和纵向两个维度对能力的考查情况进行统计，接下来将得到的结果进行分析和比较，从横向分布来看，发现高考物理试卷分析、综合能力是考查的重点，对实验能力和数学能力的考查比重也较为稳定；从纵向分布来看，所占比例最大的为多点结构水平的题目，占比第二位的是关联结构水平的题目，以上占比表明对学生掌握知识点的全面性，以及将多个知识点有机整合的能力更加受到命题者的重视。客观题重点考查知识点面，主观题重点考查能力。在知识层面上，对力学和电磁学能力层次的考查情况分布较为均匀，热学、光学和原子物理学则倾向于以基础知识为主，对高层次能力的考查较少。

山丽娟的《高考物理试卷能力结构研究》④ 将 3 年中全国二卷、北京卷和上海卷的高考物理试题作为研究样本，结合 SOLO 理论将高考物理试题分为单一结构水平（U）、多元结构水平（M）、关联结构水平（R）和扩展的抽象水平（E）4 个不同的层次。通过研究近 3 年高考物理试题我们发现，在关联结构水平（R）层次试题所占比例有所下降，扩展的抽象水平（E）层次试题所占比例升高，且多个省市的变化趋势基本一样，这表明近年来

① 王雁冰．2012 年北京高考物理试题能力分析［D］．北京：首都师范大学，2013.

② 臧宁．2010—2012 全国高考理综卷中物理试题的能力评价功能研究［D］．开封：河南大学，2013.

③ 庄园．高考物理试题能力结构的研究［D］．哈尔滨：哈尔滨师范大学，2016.

④ 山丽娟．高考物理试卷能力结构研究［D］．上海：华东师范大学，2011.

学生的创新能力、迁移能力和推理能力更加受到命题者的重视。新课改提倡的三维目标和以培养学生能力为中心的教育理念，在全国范围内得到有效的推广。

该类文章选取不同的能力理论为依据对高考物理试卷进行分析，具有比较完备的理论基础，既有针对不同地区命题能力结构的横向分析，也有针对近年来同一地区命题能力结构分布趋势的纵向研究，研究过程有理有据、横纵贯穿。

（二）国际评价标准

国际学生评价项目（PISA）是国际上应用最为广泛的学生学业评价标准之一，统一选取 15 周岁年龄的学生作为取样的标本，对学生从阅读素养、科学素养和数学素养 3 个方面进行考查，并且在世界范围内各个国家之间进行比较研究[①]。从样本年龄上来看，测试对象与我国中考针对的初中毕业生的年龄相当，从测试内容和对学生能力的考查情况来看，也与我国中考较为相似。

安珍的《基于 PISA 2015 科学框架的中考物理试题分析》[②] 以 PISA 作为评价标准对山东省 6 个地区的中考物理试题进行评价，发现不同地区的物理试题在 PISA 各方面要求的达标程度均不同，且存在一定的差距，对科学情景的考查较为单一，对学生认知及能力的考查也相对片面。作者建议中考物理命题者应注重对 PISA 理念的运用，构建更加丰富、复杂试题情景，对学生的认知要求和能力要求做出更深入的研究，以期对学生这两方面进行更加全面的考查。

周兆富在《PISA 测试对以能力立意中考命题的启示》[③] 一文中将 PISA 测试所用的试题与多个城市的中考物理试题进行对比分析，发现 PISA 测试往往针对一个情景从不同的角度提问，答案也不是固定的，相对于我国中考物理所用的试题更加具有开放性的特点，注重从多个角度考查学生的分析与思考能力，对学生的创造能力也有更高的要求，更加有助于培养学生运用科学方法的能力和科学素养的提升。

通过对比 PISA 和我国中考物理对学生能力的考查情况，可以发现二者同中有异。首先，两者都是利用考生已经学习并且熟悉的知识去解决问题；其次，突出考查学生利用物理科学方法的能力，例如利用控制变量法、转

---

① OECD. Measuring Student Knowledge and Skills：A New Framework assessment［R］. Paris：OECD Publishing，1999：60.

② 安珍. 基于 PISA 2015 科学框架的中考物理试题分析［D］. 曲阜：曲阜师范大学，2017.

③ 周兆富. PISA 测试对以能力立意中考命题的启示［J］. 物理通报，2014（12）：89－93.

化法等；最后，中考所考查的内容还没有完全与国际标准一致，在问题解决过程中，国际标准相较于中考的问题情境更为复杂，对学生能力的层次要求更高。

第二节 理论基础

一、中考能力理论的内涵

（一）物理能力的要求

《物理教学大纲》对学生的能力要求如下：培养学生的观察能力、实验能力、科学思维能力及分析和解决实际问题的能力①。

在《初中物理课程标准》的课程目标中提出培养学生科学探究能力、想象力、分析概括能力、思维能力及运用科学方法的能力，但并未对各能力做出具体的界说②。

（二）中考考试说明对能力的要求③④

《北京市高级中等学校招生考试考试说明》（简称《中考说明》）由北京考试院各区的教研员与一线教师专家合作共同编写，文件体现了当年北京市中考命题思想及方向，是中考命题人的命题依据（表5－1）。

表5－1 中考考试说明中物理能力考查要求的对比

能 力	2007年中考说明	2017年中考说明
观察能力	可以有目的地观察、辨别观察对象的主要特点和它显现的前提	可以有目的地观察、辨别观察对象的主要特点和它显现的前提

① 中华人民共和国教育部．全日制普通中学物理教学大纲（试验修订版）［M］．北京：人民教育出版社，2000：1.

② 中华人民共和国教育部．义务教育物理课程标准［M］．北京：北京师范大学出版社，2011.

③ 北京教育考试院．北京市高级中等学校招生考试考试说明（2007年）［M］．北京：北京理工大学出版社，2006.

④ 北京教育考试院．北京市高级中等学校招生考试考试说明（2017年）［M］．北京：北京理工大学出版社，2017.

（续 表）

能　力	2007 年中考说明	2017 年中考说明
实验探究能力	能依据研究目的和已有条件设计实验，能准确选择并且使用实验器材，能准确记载实验数据，能依据物理现象和实验总结出一般的科学规律，能运用科学术语、简易的图表等叙述实验结论	可以在平时生活、自然现象或实验观察中提出与物理相关的问题；能对科学探究的过程和也许出现的研究结果进行合理的推想猜测；能依据物理现象和实验事实归纳出一般的科学规律；能根据评估的结论改进探究方案；能清晰地表述探究的问题、过程及结果
初步的分析概括能力	可以从众多的物理现象和事实中分辨出有关因素和无关因素，寻找共同特点，进而得出物理概念和规律	能通过搜集到的信息资源（证据），对众多的物理现象和事实进行简单的归类及比较，分辨有关因素和无关因素，寻找共同特点，进而得出物理概念和规律
运用物理知识解决简单问题的能力	能利用物理知识解释简单的物理现象，能利用观察实验的方法解决简单实际问题，能利用数学工具解决一般的物理问题	能利用物理知识解释现象，能利用观察、实验的方法解决问题，能利用数学解决有关的问题

通过分析近 10 年的《中考说明》发现，自 2007 年起，《中考说明》提出了对能力 4 个方面的要求，这 4 个方面分别为观察能力、实验探究能力、初步的分析概括能力、运用物理知识解决简单问题的能力。并且将每项能力的具体含义进行了介绍，首次将能力要求具体化，这一重大变化说明北京市中考开始突出对学生能力的考查。

（三）中考考试说明中物理能力考查要求的比较

通过对比 2007 年和 2017 年的北京市《中考说明》我们可以看到，中考能力考查要求在框架上没有变化，但是在能力要求的细节处理上发生了变化。2017 年《中考说明》按照科学探究的步骤对实验探究能力进行了细化，增加了考查学生从生活和实验中提出可探究问题并且能够对探究方向推测与假设的能力，将实验探究能力的灵活性和独创性置于更重要的位置，这说明对学生实验探究能力提升了标准。

相对于《九年义务教育全日制初级中学物理教学大纲》（简称《初中物

理教学大纲》）和《义务教育物理课程标准》对学生能力的考查要求，《中考说明》缺少对学生的想象能力和运用科学方法的考查要求。想象力为科学探究的重要成分，是创造的基础，想象引导着发明创造的产生，帮助学生补充认知缺陷。例如对磁场这类不可见、不可接触却客观存在的事物，原子这类微观、抽象的事物，都需要学生运用想象力进行学习及理解。与此相应，物理的学习过程中也是培养学生想象力的首要方式，因此对学生想象能力的培养与考查必不可少。

科学方法在物理教学中有着十分重要的作用，对物理科学方法的掌握和熟练运用往往能让学生在解决问题时快速形成正确的解题思路。上海总结课改经验，得出下结论："能力与方法是密切相关的。[①] 通常来说，人们达成任务能力的水平与其对方法掌握的自觉及熟练水平呈正相关。能力的核心就是方法，方法对能力水平发挥着决定性的影响[②]"。这充分表明，物理科学方法为物理能力的主要成分，因此，中考也应注重对学生科学方法的考查。

综上所述，北京市中考物理《考试说明》中对学生的能力要求标准较低且较为片面，无法达到对学生物理能力的考查目标。

二、物理能力理论

（一）物理能力理论结构

对于物理能力理论，《初中物理教学大纲》《义务教育物理课程标准》《中考说明》所提出的能力要求并不完全一致，我们需要一个能力理论将三者统一起来。林崇德指出："学科能力为学生的智力、能力与某一学科之间的有机融合，是学生智力、能力在某一学科中的详尽呈现。[③]" 邢红军将形式教育说与实质教育说统一起来，建构了"智力—技能—认知结构"的一般能力理论。再将该理论中智力包含的思维力、观察力、想象力，技能中包含的操作技能、心智技能，认知结构中的知识与科学方法这 7 个重要因素，与物理学的 5 个基本特点相互联系，进而形成物理能力理论。物理能力理论包括观察、实验能力、物理想象能力、物理思维能力、物理运算能力、运用物埋知识和科学方法的能力[④]。构建过程遵照清晰的理论思路，构思充分

---

① 浙江省教育学会中学物理教育分会．高中物理教育研究［M］．杭州：浙江教育出版社，1995：2.

② 张民生．中学物理教育学［M］．上海：上海教育出版社，1999：32.

③ 林崇德．论学科能力的建构［J］．北京师范大学学报（社会科学版），1997（1）：5－8.

④ 邢红军，陈清梅．物理能力的基本理论研究［J］．首都师范大学学报（自然科学版），2006（4）：27－32，38.

并且周密。既具备一般能力要求，又包含物理学科特征，从而较好地体现了物理能力的本质。

（二）物理能力理论的界说①

1. 观察、实验能力

依据物理能力理论，智力中包括观察力，技能中包括操作技能。从物理学科的特点来看，实验是物理学的基石。观察和实验是进行物理探究时使用的基础方法及手段，同时是人们在认识物理世界、寻找物理规律时最常用的方法，很多物理现象和理论都是在实验中发现，又在实验中得以验证的，也是我们检验物理规律正确性的唯一途径。因此，我们把能力理论中的观察、操作技能和实验是物理学的基础联系起来，从而形成观察、实验能力。

2. 物理想象能力

依据物理能力理论，想象力是智力的重要组成成分。想象，是人类大脑在外界因素的影响下，已有的表象经过组合与改造从而孕育新形象的过程。从物理学的观点来说，想象力是物理智慧中最生动、最妙不可言的成分。预见性的想象力能够帮助我们快速、准确地分析物理过程，进而达到创造性地解决问题的目的。因此，我们把能力理论中的想象力与物理学科的特征联系起来，形成了物理想象能力。

3. 物理思维能力

依据能力理论，思维力是能力的主要组成成分。思维过程主要包括分析、抽象、综合、概括等；思维形式有推理和判断。一直以来，我国在物理教育中着力培养学生的逻辑思维能力，却忽略了对直觉思维的培养。逻辑思维遵循思维的逻辑规律和规则，相对于直觉思维更加容易传授和表达。但是，直觉思维在创造性解决问题方面有着逻辑思维无法比拟的作用。

依据物理学科的特点，当人们研究复杂问题时，除利用实验和逻辑思维的方法外，对直觉思维的利用是必不可少的。爱因斯坦指出："物理学家的最高职责是获取那些一般的基础规律。要寻找出这些规律，往往不能找到确定的逻辑思路，需要拥有与经验共鸣而产生的自觉，才能得到那些定律②"，深刻地揭示了直觉思维具有的独特价值。因此，我们把能力理论中的思维能力与物理学的特性联系起来，构建成为物理思维能力。

4. 物理运算能力

在能力理论中，心智技能是能力中的一种，它包括心算、精算、估算、

---

① 邢红军，陈清梅．物理能力的基本理论研究［J］．首都师范大学学报（自然科学版），2006（4）：27－32，38.

② 爱因斯坦．爱因斯坦文集［M］．许良英，李保恒，赵中立，译．北京：商务印书馆，1977：284.

按规范步骤解题、依据程序理解概念及规律等。熟练地掌握心智技能可以在解决问题时迅速找到问题的关键，选择最为简便的解题途径，从而快速地学习新知识。

物理学是需要缜密计算的定量学科，数学是物理最基础的研究工具，物理学中一些研究方法也体现着数学思想，因此，物理学与数学有着非常紧密的联系。有鉴于此，把能力理论中的心智技能与物理学是需要精密计算定量的学科相互联系，形成物理运算能力。

运用数学处理问题的要求为：领悟表达式和图像的物理意义，能够应用图像表达和解决问题，应用数学进行计算及推理，熟练掌握和运用定量计算、定性分析和半定量分析的方法。

5. 运用物理知识和科学方法的能力

学生在能够熟练运用科学方法后，则会习惯于运用科学方法学习新知，当知识与科学方法在学生头脑中形成认知结构后，就拥有了能力的属性。由此，学生可以更加迅速地获取知识，深入并且全面地理解知识，形成更加稳固的知识体系。因此，掌握并运用科学方法，对学生能力的发展发挥着巨大的影响。

根据物理学科的特点，物理学科的基本结构包括物理学的基本概念、基本规律和基本方法，对它们的实际应用则是其价值所在。有鉴于此，笔者把一般能力理论中的知识和科学方法与物理学的应用特点相互联系，形成运用物理知识和科学方法的能力。

三、物理能力理论的深化研究

（一）观察、实验能力

观察，从其条件上分类，可分为自然观察和实验观察两大类。自然观察是在自然发生的状态下考查观察对象，实验观察是在改变和操控研究条件下考查研究对象，使其本来面目可以更明显地凸显出来。在物理学科中观察的主要目的在于收集、发现科学事实，获得与研究对象相关的信息，建立物理理论。除人体眼睛外，也可借助观察仪器进行观察。在初中物理中要求学生具有从以下几方面进行观察的能力。

（1）对物体的物理现象或表面形式联系的观察。

（2）对物体的物理现象或内部结构联系的观察。

（3）观察物理现象或物体的动力学和功能。

实验是人们利用实验器材来控制和模拟实验现象，排除无关的因素，依据研究目的凸显出最为主要的因素，在最适合的条件下研究其具有的规律的一种活动。在初中物理中要求学生能够理解实验原理，运用实验仪器完成物理实验操作，设计简单的物理实验。

将观察、实验能力与智力、技能和认知结构相对应，与物理学是一门实验科学相联系，并结合初中生的认知水平，可以将观察、实验能力分为以下几方面。

（1）观察读数能力、实验操作能力、数据处理能力、图表绘制能力。

（2）实验设计能力、排除故障能力。

（3）实验推理能力。

（二）物理想象能力

想象是人类大脑对先前存在的图像重新加工和转化，重塑新形象的心理经历。物理想象力是以学习物理的过程中已有的知识点及图像为依据，在接触到新的知识和事物时在大脑中进行加工和转化，通过一系列的心理活动创设性地建构了一种全新的认知结构。

想象在物理学的发展与学习的进程中发挥着非常关键的作用。物理学中的理想化模型、理想过程、理想实验都是在事实经验基础上，以一定理论为支持建构起来的确定、生动、具体化的理想化形象。

依据邢红军提出的物理能力理论，结合初中生认知特点，物理想象可分为以下几个要素。

（1）形成物理情景解决问题的能力。

（2）对物理情景进行动态的想象的能力。

（3）形成物理问题的空间几何形象的能力。

（4）抽象为理想化模型的能力。

（三）物理思维能力

思维是一种高层次的认识活动。从心理学方面来说，思维是人类大脑对自然事物的一种间接的、总括的和动态的反映。从哲学角度看，思维是人类大脑对自然世界进行探索和发现的过程，与客观实在相互辩证统一，它是人类大脑对事物本质属性、内在规律、事物之间联系的理解。它建立在知觉之上，超越知觉，属于认识过程的高级阶段①。

思维的本质是人类大脑对自然事物及其特征的主动的、间接的和总括的反映。物理思维通过物理事实、物理情景在头脑中形成明确的物理图像，经过不断地完善、合理重建，从感性认识过渡到理性认识，从而在头脑中全面

---

① 乔际平，邢红军．物理教育心理学［M］．南宁：广西教育出版社，2003：2.

并且深入地了解事物的本质①。

物理思维能力根据思维时是否依照固定的逻辑方式和逻辑法则可以分为运用物理直觉思维的能力及运用逻辑思维的能力。所谓逻辑思维，是指人脑在进行思维过程中，密切地遵从思维的逻辑法则，通过逐步推理得出结论。逻辑思维模式是层层递进的，有清晰的步骤，包括一系列严格和连贯的归纳及推演的过程。在物理探究中，逻辑思维是必不可少的基础工具，但其自身也有不可规避的限制性。比如，在提出新的假说、构造理论体系等方面，仅靠逻辑思维通常会力不从心，此时，直觉思维则发挥着主导作用。直觉思维，是指人类大脑对研究对象的属性和与其他事物的相互关系的理解，以及迅速并且直观做出决定的思维方式。它不是一种层层递进的逻辑推理，而是对整体问题的直接把握，迅速突破问题的核心点。因此，直觉思维具有跨越性、全体性和假设性的特点，直觉思维的独特之处让其在物理学中有着重要的认知功能，包括创造功能、选择功能、联系功能和预见功能，有助于培养学生思维的深刻性、灵活性、批判性、独创性和敏捷性②。

与邢红军的物理能力理论相联系，可以将思维能力具化为以下几方面。

1. 分析与综合能力

分析能力是将思维的研究对象按照一定的规律分解为它的组成要素，然后分别检测和分析，对它们的相互联系及制约关系的研究，分析各要素对研究对象的作用，从而分析它们对研究对象发展变化的影响，进而揭示事物内涵的能力。

综合能力是在分析的基础之上，将研究对象全部的组成要素重新结合为一个整体，进而掌握事物的内涵及规律。在物理思维能力中，分析与综合是对立统一的，它们之间既有差别，又有关联，不可分割。

2. 比较与分类能力

比较是一种抽象的思维方法，用来判断事物之间的差别及共同之处。分类是以比较为基础，依据事物共性和差异性，将它们分成不同范畴的思维方式。

3. 抽象与概括能力

为了探寻和总结事物的内涵和规律，需要依据研究对象和问题的特征，从我们研究的角度来看，忽略其他次要的、不相关的因素，提取出主要的、本质的因素进行研究，并且将这类事物共有的、本质的属性联系起来，就可以形成一个框架明晰、主旨突出、便于分析的全新形象，此类过程称之为抽

---

① 中华人民共和国教育部．普通高中物理课程标准（实验）［M］．北京：人民教育出版社，2003：7－9.

② 阎金铎，郑军，余国祥．物理课程论［M］．南宁：广西教育出版社，1996：6.

象与概括能力。

4. 归纳与演绎能力

归纳是由一些个别的、特殊的案例推断出一般规律的思维方式，即从个别到一般。演绎是由一般规律判断得出个别事物特性的能力。

5. 推理和判断能力

推理是基于一种判断或几种判断来获得另一种未知的判断的思维方式。推理又分为归纳推理、演绎推理和类比推理。

（四）物理运算能力

物理运算能力的运用是建立在一定的数学概念、规则和定理的基础上，再根据已知量计算出结果。物理运算是利用物理定律、公式使用和计算给定的数据。总的来说，在物理运算中各物理量都有其特殊的意义，不再仅仅是一个没有意义的数字，它需要依据现实情况进行分析和判断，最终才能得到正确的结论；另外，在实际运算过程中还需要合理的使用操作技巧和方法，减少数据操作的难度。

依据邢红军提出的物理能力理论，技能中包括心智技能。计算、估算等都属于心智技能，结合初中生认知水平特点，将物理运算能力分为以下三方面。

1. 精确计算与估算能力。
2. 理解和应用函数图像能力。
3. 定量计算与定性分析能力。

（五）运用物理知识和科学方法的能力

知识和科学方法同为能力的重要成分，并且物理学是具有方法论性质的科学，因此，在解决问题过程中，需要知识和科学方法相互作用。

科学方法是人们在认识客观世界时而采用的途径和手段，物理科学方法是人们在观察、认识物理现象的过程中，进行物理实验，归纳、验证物理规律时常用的手段和途径。物理科学方法也有丰富的内容，初中运用的物理科学方法有演绎推理法、假设法、隔离法、等效法、理想模型法、转换法、比例法、图示法、整体法、极值法、控制变量法、对称法、图像法、类比推理、近似法等①。这些隶属强认知方法，教师应该主动传授给学生，另外还有弱认知方法即思维方法，如抽象、分析、推理、综合、判断、概括、比较、假设、

---

① 孙伟平．两种互补的思维方式：逻辑思维和直觉思维［J］．湖南师范大学社会科学学报，1989（1）：48－52.

分类等。只有知识与方法相结合才能更好地进行科学方法的教学。

1. 知识生成方法的能力。
2. 科学方法本质。
3. 综合应用知识和方法的能力。

第三节　研究设计

一、研究目的

北京市义务教育课程改革起源于2001年，在新课程改革背景下的北京市中考物理命题，更加重视对学生能力的考查。本文旨在通过统计近10余年北京市中考物理试卷中物理能力各维度的考查情况，分析各年份物理能力结构的变化趋势，从而发现当前中考物理命题存在的不足，希冀对新中考改革下的北京市中考物理命题提供建议，并且为一线物理教师在日常的教学工作中更加有效地培养学生物理能力提供有益启示。

二、研究内容

本次研究中笔者选取2008—2018年北京市中考试题作为研究对象。从物理能力考查的角度对试卷进行分析。首先，对比中考考试说明提出的能力要求和邢红军提出的物理能力理论，选取较为合理的能力理论作为理论基础，并且对选取的物理能力理论做更加详细的细化研究，使之与中考试题相对应。接下来以近10年的中考物理试题能力考查数据为整体数据样本，分别统计每道题对应考查的能力维度，再按以下3个步骤进行。

1. 以1年的中考物理试题为1个小数据样本，按题型进行分析，分析每类题型中不同维度能力的考查覆盖率。

例：设2008年A能力在单选题中的能力覆盖率为$X_{\text{A/单选}}$

$$X_{\text{A/单选}}=\frac{\text{涉及A能力考查的单选题数}}{\text{单选题总数}}$$

以此类推。

2. 以1年的中考物理试题为1个小数据样本，分析1年试卷中不同维度能力的考查覆盖率。

例：设2008年单选题分值百分比为$Y_{\text{单选}}$、多选题分值百分比为$Y_{\text{多选}}$、计

算题分值百分比为 $Y_{计算}$，以此类推。

2008 年试卷中 A 能力考查覆盖率（设为 $Z_{A/2006}$）

$$= X_{A/单选} \times Y_{单选} + X_{A/多选} \times Y_{多选} + X_{A/计算} \times Y_{计算} + \cdots$$

3. 以近 10 年的中考物理试题能力考查数据为整体数据样本分析同一种能力在不同年份的覆盖率变化。

对比分析 $Z_{A/2008}$、$Z_{A/2009}$、$Z_{A/2010}$、$Z_{A/2011}$…

依据每类题型中不同维度能力的考查覆盖率，结合典型题的对比分析，可以发现各类题型能力考查的侧重与不足、能力考查是否全面，从而总结各题型能力结构规律；通过分析各维度能力在近 10 年中考物理命题中的覆盖率的变化，可以发现近 10 年能力考查变化特点，据此分析北京市近 10 年中考物理试题的命题趋势。最后根据研究结果提出相应的中考命题的建议及教学建议。

三、研究方法

1. 文献研究法

收集关于中考和物理能力方面的期刊和论文，认真阅读后将文献加以分类，总结文献中的研究方法、研究思路，对本文的研究提供理论上的支持，寻找并分析已有研究的不足，确定自己的研究方向。

2. 内容分析法

对中考物理试题的能力考查情况进行统计，将统计结果记录并进行计算，从而得出结论。

3. 比较研究法

将所得的数据进行各方面的比较。包括对近 10 年中考试题能力考查情况的纵向比较，以及对不同题型能力考查情况的横向比较，对得出能力结构的分布特点，总结规律起到了很大作用。

第四节　北京市中考物理试题能力结构分析

一、各题型能力结构分析

（一）对选择题的分析

选择题是最为普遍的客观性试题，它拥有评价客观、迅速的特点。主要考查学生对物理现象的了解、对物理概念的剖析及对物理规律的融汇。考试采用选择题能够扩大试卷的容纳量，宽泛地覆盖知识点（表5－2、图5－1）。

表5－2　2007—2017年中考物理试卷选择题型能力考查覆盖率

年　份	能力考查覆盖率/%					
	物理想象能力	物理思维能力		物理运算能力	运用物理知识和物理方法的能力	
		直觉思维	逻辑思维		运用物理方法	运用物理知识
2007	0	0	100	16.7	25	100
2008	5.9	0	100	23.5	29.4	100
2009	0	0	100	25	37.5	100
2010	8.3	0	100	25	50	100
2011	0	0	100	12.5	43.8	100
2012	8.3	0	100	6.25	43.8	100
2013	8.3	0	100	12.5	37.5	100
2014	0	0	100	11.1	38.9	100
2015	5.6	0	100	16.7	56.3	100
2016	10.5	0	100	15.8	42.1	100
2017	6.7	0	100	10.5	42.1	100

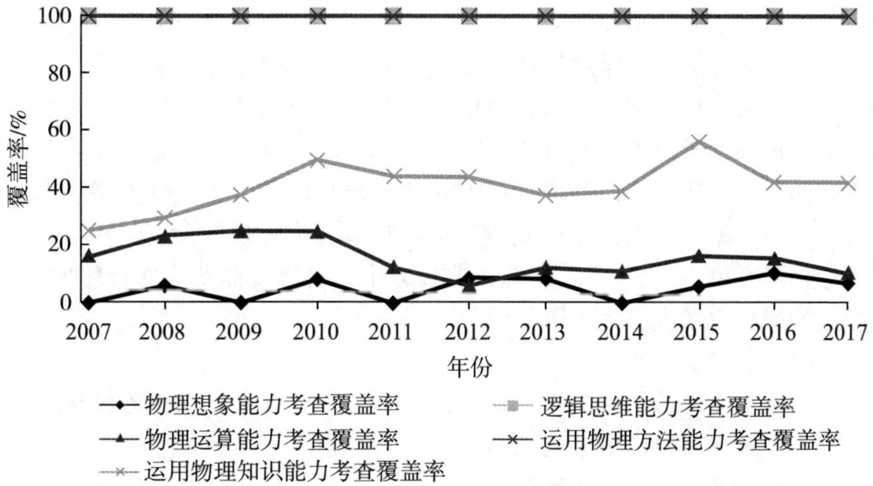

图5－1　2007—2017年中考物理试卷选择题型能力考查覆盖率折线图

由图5－1可知，选择题侧重于考查逻辑思维能力、运用物理方法能力，一般考查物理运算能力，较少考查物理想象能力，物理实验能力和物理直觉思维能力均未考查。通过比较10年中考物理试题的能力考查趋势，发现选择题对运用物理方法能力的考查比例自2010年起上升，对物理运算能力的考查比例自2011年起下降。这种变化表明，北京市中考物理选择命题开始增强对运用物理方法能力的考查，弱化物理运算能力的考查。

(2007年15题)

图5－2是昊昊利用器材进行锻炼的画面，其中$OA:OB=5:6$，在水平横杆A端系有1根细绳，通过1个定滑轮悬挂着物块M，横杆AB可围绕固定点O在竖直平面内转动。昊昊站在水平地面上时产生的压强为1.2×10^4 Pa，当昊昊用力抬起横杆B端恰好让横杆处于平衡状态时，其对横杆B端会产生400 N竖直向上的作用力，此时昊昊对水平地面的压强为1.5×10^4 Pa。此时在物体M下方再加挂一个物体N，他需要用更大的力去抬起横杆B端，当AB在水平位置再次达到平衡状态时，昊昊对横杆B端竖直向上的作用力记为T_1，此时昊昊对水平地面的压强是4.1×10^4 Pa，此时细绳对横杆A端产生的拉力记为T_2。依据以上条件，选项中计算结果正确的为（　）。

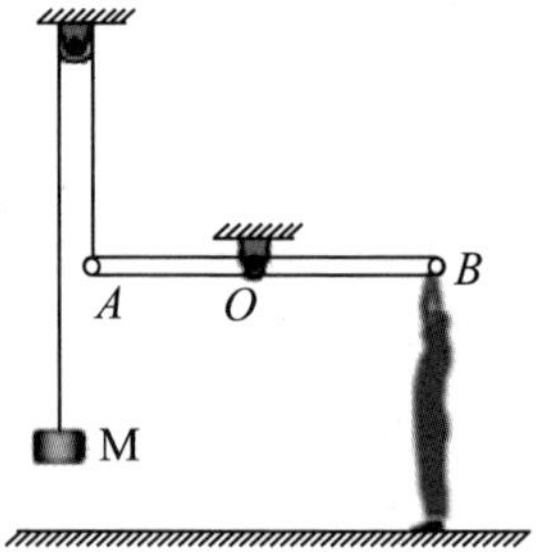

图5－2

A. 物块M的质量约为480 kg　　B. 小强的质量为60 kg

C. T_1的大小为780 N　　D. T_2的大小为1600 N

本题考查了对压强、重力的理解和计算，以及杠杆的平衡条件等物理知识。主要考查学生的物理运算能力中的精确计算与估算能力。物理思维能力中的分析与综合能力。通过物理思维能力分析出运用杠杆平衡条件计算物体的重力及绳对横杆A端的拉力，根据压强的变形公式计算出昊昊的受力面积和重力，再根据压力等于F_1+G，就可以求出F_1。通过物理运算计算个物理量之间的数学表达式。在解题过程中并没有涉及物理想象力等更高层次的能力要求，但是需要多次运用公式进行数学计算，运算量较大，花费时间多且能力结构考查单一。自2010年起，选择题中不再出现需要多次计算的题目，选择题物理能力考查更为均衡。

(2012年12题)

在一个水平地面上放有甲、乙、丙、丁4个形状完全一样的圆柱形玻璃箱，在4个玻璃箱内分别装有质量完全一样的液体。其中，甲、乙、丁玻璃箱中的液体密度一样。如果把小球B放在甲玻璃箱的液体中，则小球A静止时处于漂浮状态，此时甲玻璃箱对地面的压力记为F_1；若把小球B用1小段质量可以忽略不计的细线与乙玻璃箱的底部进行连接，并使小球浸没在乙玻璃箱的液体中，小球B静止时乙玻璃箱对地面的压力记为F_2；如果把小球B放在丙玻璃箱的液体中，小球B静止时处于悬浮状态，这时丙玻璃箱对地面的压力记为F_3；如果把小球B放在丁玻璃箱的液体中，用1根质量可以忽略不计的细杆压住小球B，让细杆完全浸没，并且与玻璃箱底面不发生接触，小球B静止状态下丁玻璃箱对桌面的压力记为F_4。那么下面判断正确的是（　　）。

A. $F_2 < F_1 = F_3 < F_4$　　B. $F_1 = F_2 = F_3 < F_4$

C. $F_1 = F_3 < F_2 < F_4$　　D. $F_1 = F_2 = F_3 = F_4$

本题考查了物体的浮沉条件及其应用、阿基米德原理等物理知识点。主要考查学生物理想象力、运用科学方法的能力，以及物理思维能力、物理运算能力。本题文字描述物理情境，需要学生运用物理想象能力构建物理情境；本题考查运用科学方法的能力中整体法的应用，如果学生能将液体、玻璃箱和小球视为一个物体进行受力分析，就可以将物理问题由复杂变为简单，从而快速的解题。选取哪几个物体当作一个整体过程中，也需要运用物理思维能力中的比较与分类能力，在比较压力大小过程中考查学生物理运算能力中的定性分析能力。本题对学生物理能力的考查较为全面。

［对比］以上两题分别作为2007年、2012年单选的压轴题，通过这两道选择题目的对比，我们可以发现，在选择题中对物理运算能力的考查形式由原先的定量计算为主，更多的变为定性讨论。增加了对运用物理科学方法的能力及物理想象能力的考查。

(2016年19题)

如图5－3所示，一个球形物体自A点起在静止状态下开始竖直下落，运动的速度越来越大，依次经过图中的B、C两点。如果A、B之间与B、C之间的间隔相等，那么以下选项中准确的是（　　）。

A. 球形物体在下落的时间内动能保持不变

B. 球形物体在C点时比在B点时的重力势能小

C. 球形物体所受的重力在AB段做的功与在BC段做的功相等

D. 球形物体所受的重力在AB段做功的功率比在BC段做功的功率小

图5－3

本题综合考查功、功率大小的比较，以及动能和势能大小的变化等知识点。主要考查运用物理知识和科学方法的能力和物理运算能力中的定性分析能力。影响动能的两个因素分别是物体的质量及速度，影响重力功率大小的因素是重力做功的大小和做功所用的时间，学生需要运用科学方法中的控制变量法判断动能变化和重力做功的功率大小，控制其中一个量不变，看另一个量的变化，再运用物理运算能力中的定性分析能力得出结果。

(2007 年 12 题)

以下是对生活中常见物品的质量或者长度的估测，这里面最接近实际的是（ ）。

A. 正常成年人的鞋子的长度约为 41 cm

B. 初中物理课本的长度约为 0. 25 m

C. 一支普通铅笔的质量约为 490 g

D. 一个普通鸡蛋的质量约为 0. 29 kg

本题考查根据日常经验估测长度、质量，是中考物理选择题中的典型题目，考查次数较多。本题主要考查学生物理运算能力中的估算能力、运用物理方法能力中的近似法，要求学生对日常生活中常见的物体具有初步的估测能力，体现物理联系生活实际。

（二）对填空题的分析

填空形式简单，在题中关键处留有空白，通常以陈述句形式考查学生对物理概念及规律与应用的对应关系，要求学生把答案直接填在空白处，或者填在图上（表 5 -3）。自 2016 年起填空题退出北京市中考物理试卷。

表 5 -3　2007—2017 年中考物理试卷填空题型能力考查覆盖率

年份	能力考查覆盖率/%						
	观察、实验能力	物理想象能力	物理思维能力		物理运算能力	运用物理知识和物理方法的能力	
			直觉思维	逻辑思维		运用物理方法	运用物理知识
2007	0	0	0	12	66. 7	8. 3	100
2008	0	14. 3	0	7	71. 4	14. 3	100
2009	0	0	0	7	42. 9	0	100
2010	0	0	0	7	57. 1	0	100
2011	0	0	0	7	42. 9	0	100
2012	0	0	0	7	42. 9	14. 3	100
2013	0	0	0	7	42. 9	14. 3	100
2014	0	0	0	6	33. 3	16. 7	100
2015	0	0	0	6	50	16. 7	100
2016	0	0	0	8	50	0	100
2017	0	0	0	0	0	0	100

由图5-4可知，填空题侧重考查学生的逻辑思维能力和物理运算能力，对物理想象能力及运用物理知识和科学方法能力考查得较少，对观察、实验能力和物理直觉思维能力均未能考查到。通过分析近10年填空题在各个能力维度的考查情况，发现其对运用科学方法的能力自2012年起略有增加，对物理运算能力的考查有下降的趋势，但其物理能力考查范围仍然较为局限。因此，笔者认为填空题的取消符合中考物理命题的发展规律。

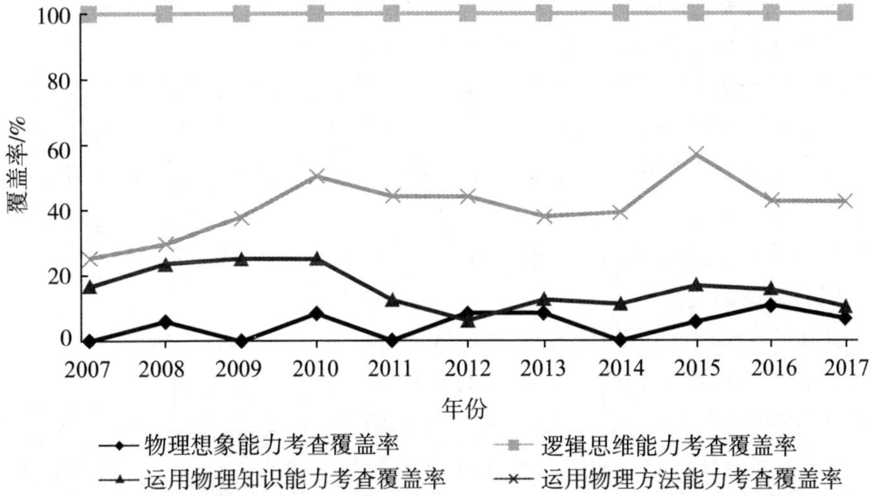

图5-4　2007—2017年中考物理试卷填空题型能力考查覆盖率折线图

(2008年21题)

将1根阻值为200 Ω的电阻丝持续通电200 s的时间，期间通过电阻丝的电流为2 A，则电流在这段时间内产生的热量为______J。

本题考查了焦耳定律及其运算，主要考查物理运算能力。通过简单的分析知道电阻丝的电阻、通过的电流、通电时间，运用焦耳定律来计算电阻在这段时间内电流产生的热量。考查了物理运算能力中的定量运算能力，能力考查结构单一。

(2015年21题)

广播机、电视、电话都是利用______波传递远程信息的。

本题考查电磁波的传播，主要考查物理思维能力的比较与分类能力。学生需要根据电磁波的定义准确归类，能力考查结构比较单一，并且属于较低层次的能力考查。

(2014年21题)

在如图5-5所示的电路中，电源两端的电压保持不变，其中定值电阻R的阻值为R_1。若闭合开关S，将滑动变阻器接入电路中的阻值调为10 Ω，此

时电压表的示数为 U_2。这时断开开关 S，将电阻 R 换成另外一个阻值为 $3R_2$ 的电阻，重新闭合开关 S，调整滑动变阻器滑片 P，让电压表的读数依旧是 U_2，那么这时滑动变阻器接入电路中的电阻值为______ Ω。

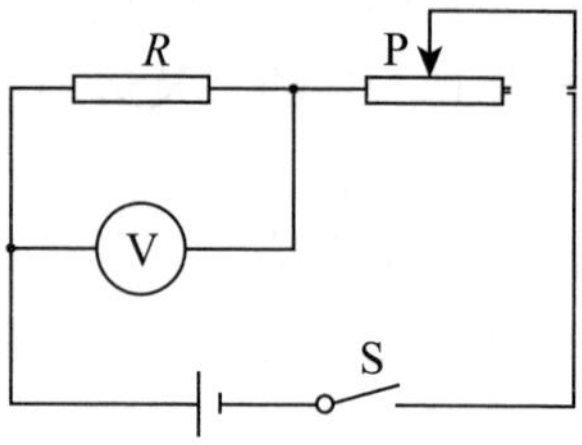

图 5－5

本题在知识方面考查了欧姆定律的应用。能力方面主要考查学生的物理思维能力、运用物理知识和科学方法的能力，以及物理运算能力。学生需要运用物理思维能力中的判断与推理能力判断当定值电阻变大后，电压表示数不变的情况下滑动变阻器向哪个方向移动。运用科学方法中的控制变量法保持电源电压不变，依据欧姆定律，运用物理运算能力中的定量运算和定性分析能力便能知道开关闭合、断开两种情况下电路中电流的关系，进而求出两种情况下总电阻的关系，由此求出连入电路中滑动变阻的阻值。

（2012 年 24 题）

如图 5－6 所示，圆柱形玻璃缸 A 和 B 分别放在水平地面上，两个玻璃缸的底面积分别为 300 cm^2 和 150 cm^2。A 玻璃缸中装有 0.3 m 高的水，B 玻璃缸中盛有 0.4 m 高的乙醇。如果分别从两个玻璃缸中抽取出质量同为 m 的水和乙醇，余下的水对 A 玻璃缸底部的压强记为 $P_{水}$，余下的乙醇对 B 玻璃缸底部的压强记为 $P_{酒精}$。当质量 m 的取值在__________之间时，才可以实现 $P_{水} > P_{酒精}$。（$\rho_{乙醇} = 0.8 \times 10^3\ kg/m^3$）

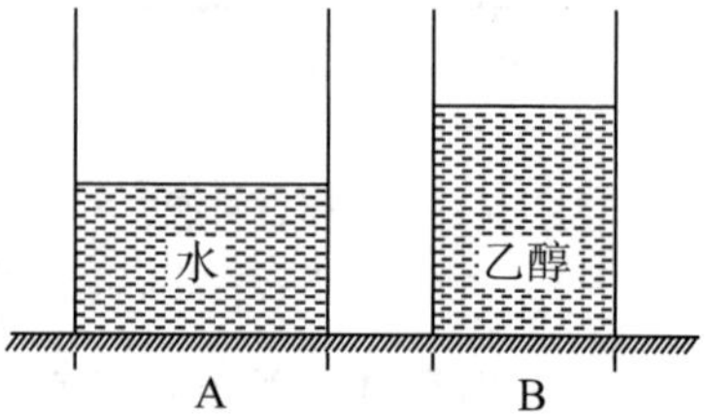

图 5－6

该题在知识点方面考查了学生对液体压强的理解和对密度公式的应用，在能力方面主要考查学生物理思维能力分析与综合能力和物理运算能力。先运用液体压强的公式求出抽取出来的液体质量范围值，这要求学生能够较好地运用物理运算能力中的精确计算与估算能力，接下来利用公式 $F = PS$ 来推断两种液体对容器底部的压力的大小关系时，需要运用学生物理思维能力中的分析与综合能力。

（三）对作图、实验题命题的分析

作图题要求学生运用物理知识正确画出要求的图像，实验题主要考查学生对实验原理的理解和灵活应用、正确读数，依据描述的实验现象进行数据处理、分析判断、归纳总结（表 5－4、图 5－7）。

表5-4　2007—2017年中考物理试卷作图、实验题能力考查覆盖率

年份	能力考查覆盖率/%						
	观察、实验能力	物理想象能力	物理思维能力		物理运算能力	运用物理知识和物理方法的能力	
			直觉思维	逻辑思维		运用物理方法	运用物理知识
2007	30	12.82	3	100	33.02	17.16	100
2008	34	12.41	3	100	44.55	26.25	100
2009	34	12.57	3	100	38.47	33.92	100
2010	34	15.18	0	100	42.72	35.47	100
2011	34	12.73	0	100	39.83	29.95	100
2012	34	14.57	0	100	43.34	28.25	100
2013	34	15.56	0	100	36.97	25.97	100
2014	35	14.34	0	100	31.44	27.56	100
2015	35	15.37	0	100	40.24	43.76	100
2016	38	18.95	4	100	29.7	36.48	100
2017	48	14.13	4	100	24.12	41.25	100

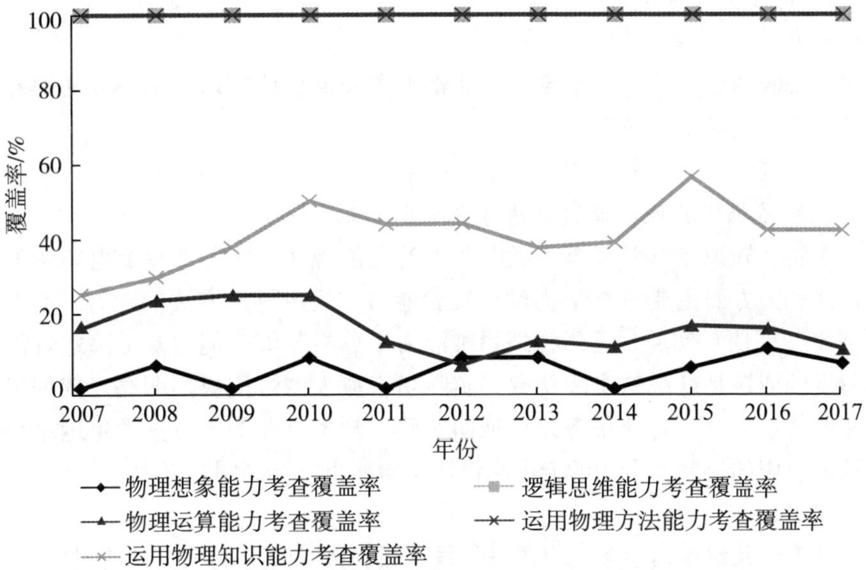

图5-7　2007—2017年中考物理试卷实验题型能力考查覆盖率折线图

由图5-7可知作图、实验题着重考查学生的观察、设计实验能力，逻辑思维能力，一般考查运用科学方法的能力和物理计算能力，对于物理想象能力考查较少，未考查直觉思维能力。通过梳理，发现作图、实验题对运用科学方法能力的考查呈现上升趋势，对物理运算能力的考查有下降趋势，作图题在2007年开始并入实验探究题。

(2007年25题)

请在图5－8中画出物体A所受重力G时的示意图。

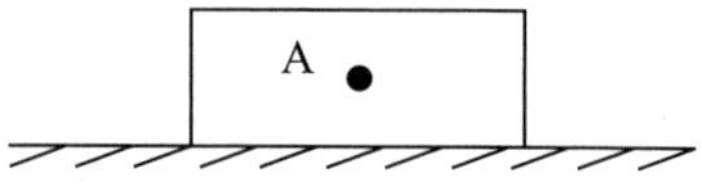

图5－8

本题考查重力示意图的画法，要求学生运用观察能力找到物体重心，然后运用图表绘制能力沿重力方向画1条带箭头的线段表示这个力。能力考查结构较为单一，没有涉及更高层次能力的考查。

(2007年35题)

小琳用图5－9所示电路图研究串联电路的规律进行实验，闭合开关发现，灯L_2更亮，灯L_1相对偏暗。她对这个情况提出猜想：电流是从电源正极出发的，依次经过灯L_2、灯L_1，电流会逐渐变小，因此灯L_2较亮，灯L_1相对较暗。小亮则认为小琳的解释是不正确的，他只利用图中的实验器材设计了1个实验，并根据实验现象就可以证明小琳的解释不正确。请你完成以下问题。

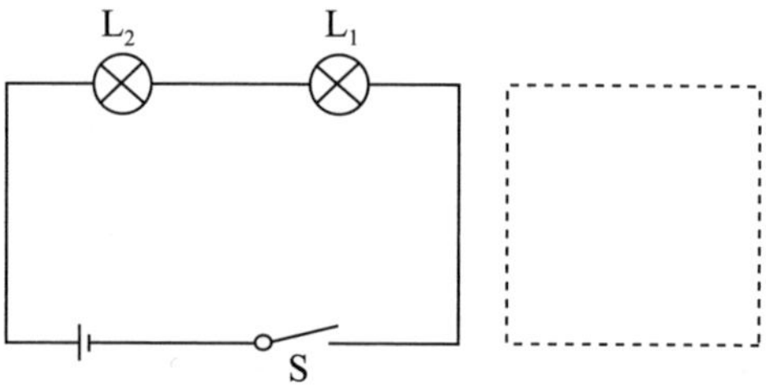

图5－9

(1) 请在右侧的虚线框中，画出小亮实验中设计的电路图。

(2) 依据实验现象证明小琳的解释不正确。

本题在知识点方面考查串联电路中的电流规律、实际功率及电路图的设计。在能力方面主要考查学生设计实验能力，运用科学方法的能力。本题属于证实（证伪）实验，运用物理思维能力中分析与综合能力知道决定灯泡亮暗程度的应该是灯泡的实际功率，实际功率愈大的灯泡更加明亮。依据串联电路的特点为电流处处相等设计证明实验、画出电路图，考查学生运用科学方法能力中的控制变量法的能力和设计实验能力、绘制图表能力。

(2015年38题)

这天学校组织同学参观中国科学技术馆，大家在“探究与思考A厅”中见到一个非常有意思的“物体上滚”的实验现象。通过观察发现，将双圆锥体轻轻地放在倾斜轨道的最底端，就能看到双圆锥体从静止向轨道高处滚去的神奇现象。这个实验现象十分奇特，同学们展开了激烈探讨。小明觉得

"双圆锥体上滚"能用眼睛观察到，是真实的；小琳觉得"双圆锥体上滚"不是真实的，双圆锥体不会自发地从低处往高处运动。小明和小琳为了证明自己的想法正确，将两根木条放在水平桌面上，将木条左端抬高，形成1个倾斜轨道，将双圆锥体置于轨道右侧，如图5－10甲所示，从静止状态释放后双圆锥体向轨道高处滚去，最后在轨道左侧停下，如图5－10乙所示。这个实验现象与二人在科学馆看到的一样。

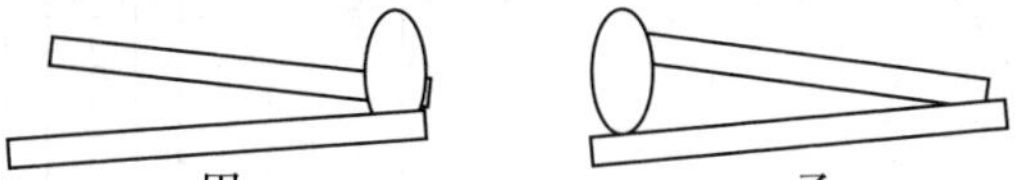

图5－10

请同学们依据图5－10甲、乙所示的实验，选用恰当的实验工具，通过测量确定小明和小琳谁的想法准确，并且对你的测量方案做出必要的解释。

本题考查了重力（方向）、能量转化与能量守恒在实验中的应用，主要考查观察、实验能力，运用科学方法能力和物理想象能力。本题属于开放性数据支持的证实（证伪）实验，没有给定实验器材，双圆锥体也是比较新颖的实验器材，需要学生运用物理想象能力构建物理情景。学生需要根据能量转化与能量守恒的知识，运用物理思维能力中的判断与推理能力判断物体不会自由上行。物体在向上运动时，其重心随之升高，物体向下运动时，其重心随之降低。判断物体是否真的升高，需要测量出重心高的变化。运用观察、实验能力设计实验方案，设计实验着重考查运用刻度尺测高度的能力。

［对比］以上两题分别作为2007年、2015年的证实（证伪）实验题，通过对比两道题目，我们可以发现2015年的题中所需的实验器材需要自己将题目中的物理情景和物理知识联系起来探寻，命题更加具有新颖性、开放性、生态化的特点，这种变化表明物理实验题越发注重对学生想象力的考查，要求学生能够灵活地设计实验方案。

(2008年33题)

如图5－11所示为当导体两侧电压不变时，经过导体的电流随导体电阻改变规律的图像。请同学依据图像推断，当导体的电阻为60 Ω时，那么此时经过此导体的电流为A。

本题知识点考查欧姆定律与图像问题的判断。主要考查观察、实验能力，运用物理方法能力中的图像法和物理运算能力中的精算与估算能力。运用图像法在图像中准确地读出一组数据，考查学生观察图像的能力。根据欧姆定律计算出导体两端电压进而求出通过导体的电流，考查了学生物理运算能力。

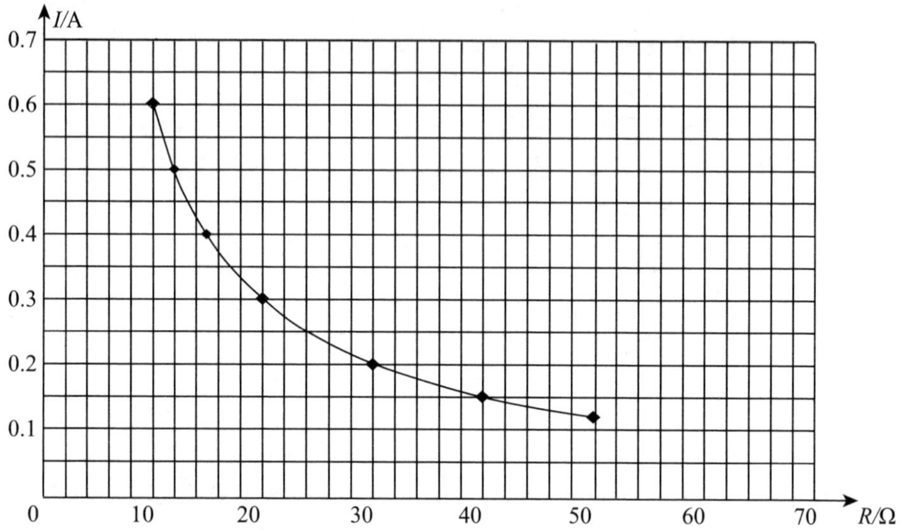

图 5－11

(2015 年 34 题)

现有甲、乙两个不同牌子的保温杯，小亮想知道这两个牌子的保温杯在装水时的保温效果，他按照科学探究的步骤，明确了具体的研究问题，选用了恰当的工具，在控制无关变量的条件下，在实验室中进行了实验，获取了在一定时间中，甲、乙两个保温杯内水温改变的实验数据，按照实验数据绘制出的图像，如图 5－12所示。请你依据图像的信息解释下面的问题：

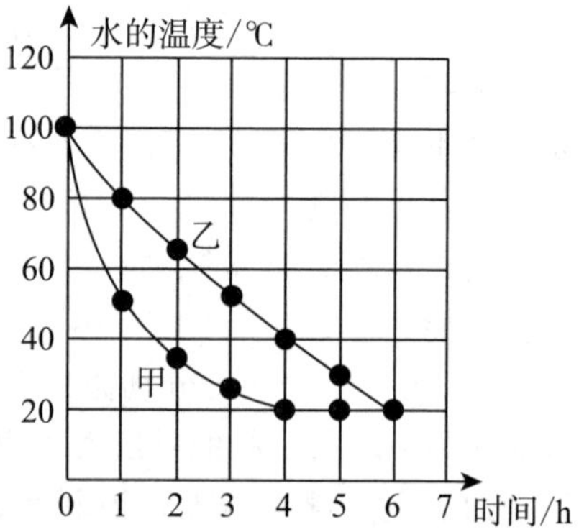

图 5－12

(1) 小明探究的问题中的自变量是_____。

A. 保温杯的品牌　　　B. 水冷却的时间　　　C. 水的温度

(2) 请对比甲、乙两个保温杯的保温效果：_____。

A. 甲保温杯的保温效果好

B. 乙保温杯的保温效果好

C. 甲、乙两种保温杯的保温效果一样好

(3) 依据图像估测在本实验中第 5 小时的室温：_____℃。

本题为探究型实验综合题，考查学生的观察、实验能力，运用科学方法能力中的图像法和控制变量法，物理思维能力中的判断与推理能力。(1) 问需要根据探究的问题确定问题的自变量，考验学生物理思维能力中判断与推理能力。(2) 问需要观察图像，运用控制变量法可知在保证水的初始温度和甲、乙保温杯中水的质量是相同的情况下，在一样的时间内，乙的水温比甲下降得慢，由此可以判断乙保温杯的保温效果更好。(3) 问需要观察水的温度随时间的变化，总结出规律，就可以判断出室内温的高低，考查了学生的图像读取能力。

[对比] 以上两题分别作为2008年、2015年观察图像的实验题，通过两道题目的对比，我们能够发现实验题开始增加了对运用科学方法能力的考查，同时减少了对物理运算能力的考查；更加注重联系生活实际，实现了物理实验题从理论到实际的转变。

(四) 对计算题的分析

物理计算题是根据题目中所给定的条件，运用物理定律和公式对物理量进行数学运算，从而算出结果。2007—2017年中考物理试卷计算题型能力考查覆盖率见表5-5。

表5-5　2007—2017年中考物理试卷计算题型能力考查覆盖率

年份	能力考查覆盖率/%						
	观察、实验能力	物理想象能力	物理思维能力		物理运算能力	运用物理知识和物理方法的能力	
			直觉思维	逻辑思维		运用物理方法	运用物理知识
2007	0	0	0	100	100	0	100
2008	0	0	0	100	100	0	100
2009	0	0	0	100	100	0	100
2010	0	0	0	100	100	0	100
2011	0	0	0	100	100	0	100
2012	0	0	0	100	100	0	100
2013	0	0	0	100	100	0	100
2014	0	0	0	100	100	0	100
2015	0	0	0	100	100	0	100
2016	0	0	0	100	100	50	100
2017	0	0	0	100	100	0	100

由图 5-13 可知，近 10 年来计算题能力考查结构稳定。以考查学生的逻辑思维能力和物理运算能力为主，对直觉思维、物理想象能力均未考查到。

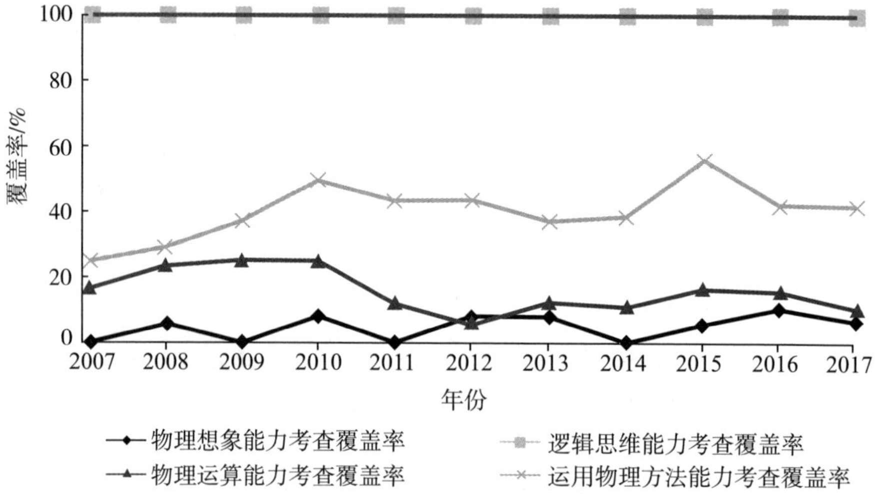

图 5-13　2007—2017 年中考物理试卷计算题型能力考查覆盖率折线图

(2009 年 39 题)

在图 5-14 所示的电路中，电源两端的电压 U 一直保持一定。在仅闭合开关 S_1 的情况下，此时电压表的读数是 U_1，电流表的读数 I_1 是 1 A，电阻 R_1 消耗电功率 P_1 是 4 W，电阻 R_2 消耗电功率为 P_2。当开关 S_1、S_2 全部闭合的情况下，此时电压表的读数是 U_2，电流表的读数为 I_2，电阻 R_2 消耗电功率是 P_2'。已知 $P_2 : P_2' = 1:4$，$U_1 : U_2 = 2:1$。求：

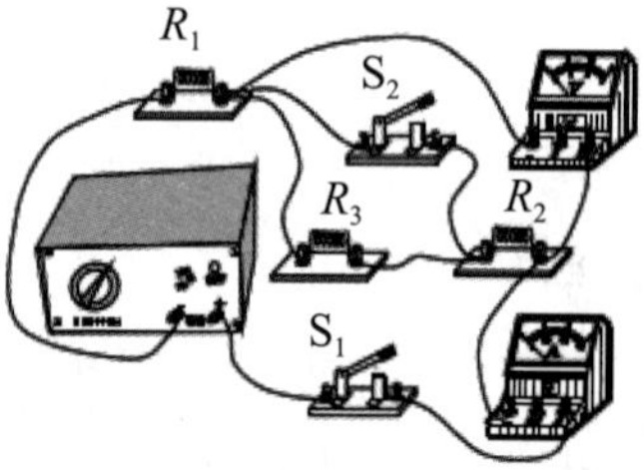

图 5-14

(1) 计算电流表的示数 I_2 为多少安？

(2) 电源电压 U 为多少伏？

(3) 在开关 S_1、S_2 全部闭合的情况下，通电 5 分钟，电阻 R_2 放出的热量一共为多少焦？

本题在知识点方面综合考查焦耳定律、欧姆定律及其应用等。在能力方面主要考查物理运算能力和物理思维能力。运用物理思维能力中的推理与判断能力确定不同开关状态下电压表与电流表测量的物理量。(1) 问根据 R_2 在不同情况下消耗的功率之比，进而计算出电流值比，得出结果；(2) 问根据电压的比值求出电阻 R_2 的阻值，运用欧姆定律就可以计算出得电压的数值；(3) 问根据上述两问求出的电流和电阻，最后运用焦耳定律出总热量。三问均主要考查了物理运算能力。

(2015 年 43 题)

在实验桌上放有 1 个电学器件，该器件是由两个定值电阻 R_1、R_2 并联组成，并且被封闭在 1 个完全透明的玻璃罩内，如图 5－15 所示，a、b 则是该器件的两个外露接线柱，已知电阻 R_1 的电阻值为 20 Ω，电阻 R_2 的额定电压为 6 V。该小组同学测量了通过该电学器件的电流 I 和其两端电压 U 的数值，按照数据制成如图 5－15 中乙所示的图像。

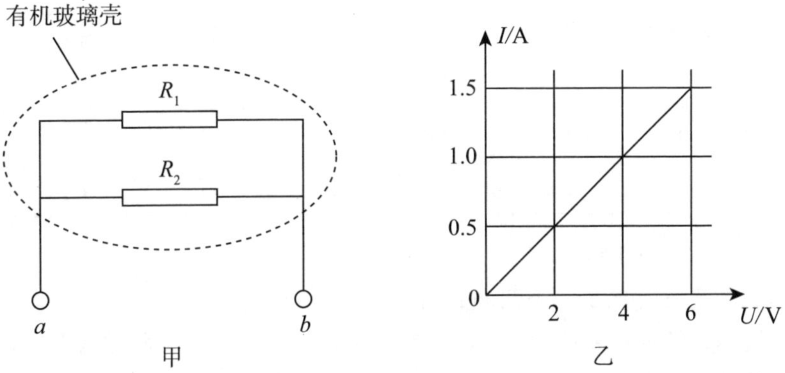

图 5－15

求：(1) 电阻 R_2 的阻值；(2) 计算电阻 R_2 的额定电功率。

本题在知识点方面考查欧姆定律的应用和电功率的计算。在能力方面主要考查学生物理运算能力、物理思维能力，以及运用科学方法能力。解题时需要同学根据此元件电流和其两端电压关系的图像，找到在某一电压下所对应的电流数值，考查了学生运用科学方法能力中的图像法；运用欧姆定律计算总电阻值，根据并联电路的电阻特点计算 R_2 的阻值及电功率，考查了学生物理运算能力中的精算与估算能力，对欧姆定律和电功率的综合应用考查了学生的物理思维能力中的分析与综合能力。

[对比] 以上两题分别为 2009 年和 2015 年的电学计算题。观察发现计算题涉及多个知识点的综合运用，考查学生物理思维能力及物理运算能力。通过对比可以发现 2015 年的计算题增加了对运用科学方法能力的考查，计算量相对减少，重视知识点的实际应用。

(五) 对简答题命题研究

简答题通常是围绕一个真实的物理现象或者通过阅读一段真实的背景资

料，借助问题的形式要求考生进行书面回答。北京市中考物理的简答题保留真实的情景，属于原始物理问题。

通过表 5 - 6 我们发现，自 2009 年起，北京市中考物理题命开始取消简答题。由表 5 - 6 可知，简答题主要考查学生的物理想象能力、直觉思维能力和逻辑思维能力，属于较高层次的能力考查。

表 5 - 6　2007—2017 年中考物理试卷简答题能力考查覆盖率

年份	能力考查覆盖率/%						
	观察、实验能力	物理想象能力	物理思维能力		物理运算能力	运用物理知识和物理方法的能力	
			直觉思维	逻辑思维		运用物理方法	运用物理知识
2007	0	100	100	100	0	0	100
2008	0	100	0	100	100	0	100

（2007 年第 38 题）

这天，亮亮发现了一个问题，将钢铁材料做成的金属块放进水中会下沉，但同样用钢铁做成的轮船却能够在水上漂浮，请同学们用所学过的物理知识帮助亮亮解释这个问题。（$\rho_{钢铁}=7.9\times10^3\ kg/m^3$）

分析：学生在解答该题时要从文字描述中获取信息，形成漂浮和下沉的物理图景，建立物理模型，考查学生物理想象能力中构建物理情景的能力，并且需要依靠直觉思维迅速提取头脑中物体浮沉条件等相应的物理概念和规律，之后运用提取的信息进行逻辑推理和分析。本题保留真实情境，属于原始物理问题，能够全面地考查学生的物理能力，尤其是对物理想象能力、物理直觉思维等高层次能力的考查，是习题所无法比拟的。

（六）对科普阅读题的分析

科普阅读题通常以前沿科技为背景或者以科学发展史为背景，要求学生利用题干中所提供的信息，通过对阅读资料的分析与综合，解释题目中提出的问题。

通过对表 5 - 7 的梳理发现，科普阅读题自 2015 年进入北京市中考物理试卷，主要考查学生的逻辑思维能力和物理想象能力，对直觉思维也有一定的考查，考查学生在一定时间内快速提取信息的能力及运用物理知识的能力，能对学生的物理能力进行全面的考查。

表5-7　2007—2017年中考物理试卷科普阅读题能力考查覆盖率

年份	能力考查覆盖率/%						
	观察、实验能力	物理想象能力	物理思维能力		物理运算能力	运用物理知识和物理方法的能力	
			直觉思维	逻辑思维		运用物理方法	运用物理知识
2015	0	50	50	100	50	0	100
2016	0	50	50	100	50	0	100

(2016年39题)

阅读《福船》回答39题（材料略）

请同学依据上述材料，回答以下问题：

(1) 根据以上面描述，福船采用了________的技术从而大大提高了船身的整体抗沉性能。请同学展开想象，就福船的这个技术设计原理，请举例说明在生活中还可应用于哪些方面。

(2) 船只的排水量是测量一个年代造船能力的重要标准。小亮通过查文献获知：哥伦布在远航南美洲时，其中最大的船只满载时的排水量为233 t，小亮想知道郑和远洋时乘坐海船的排水量 m。他依据文献中海船的信息计算出排水体积 $V=53\ m\times13\ m\times3.9\ m=2687.1\ m^3$，经过估算得出排水量约为2687 t。请同学写出这种估算方法不正确的原因，并写出正确的估算方法。

分析：本题考查学生浮力及其应用等知识点，主要考查学生的物理思维能力、物理想象能力、物理运算能力。(1) 问要求学生具备找出关键词并于文中迅速搜索此词的能力，通过物理思维能力中的分析与综合能力得出福船采用的技术，运用物理想象能力列举其应用，考查了学生物理想象能力、迁移能力与创造能力。(2) 问需要学生以新知识水密隔舱技术与旧认知结构为基础，借助推理判断能力确定其计算的排水体积的不合理性，进而运用阿基米德原理得出估算的方法，考查学生物理运算能力中的精算与估算能力和用知识处理具体情境问题的能力。本题材料新颖、贴近事实且信息量大，能实现学生能力的多方面发展。

二、各维度能力在10年内覆盖率的变化分析

通过统计各维度能力在近10年中考物理命题中的覆盖率的变化，可以发现近10年能力考查变化特点，据此分析北京市近10年中考物理试题的命题趋势（表5-8、图5-16）。

表 5-8　2007—2017 年中考物理试卷各维度能力考查覆盖率

年　份	能力考查覆盖率/%						
	观察、实验能力	物理想象能力	物理思维能力		物理运算能力	运用物理知识和物理方法的能力	
			直觉思维	逻辑思维		运用物理方法	运用物理知识
2007	30	12.82	3	100	33.02	17.16	100
2008	34	12.41	3	100	44.55	26.25	100
2009	34	12.57	3	100	38.47	33.92	100
2010	34	15.18	0	100	42.72	35.47	100
2011	34	12.73	0	100	39.83	29.95	100
2012	34	14.57	0	100	43.34	28.25	100
2013	34	15.56	0	100	36.97	25.97	100
2014	35	14.34	0	100	31.44	27.56	100
2015	35	15.37	0	100	40.24	43.76	100
2016	38	18.95	4	100	29.70	36.48	100
2017	48	14.13	4	100	24.12	41.25	100

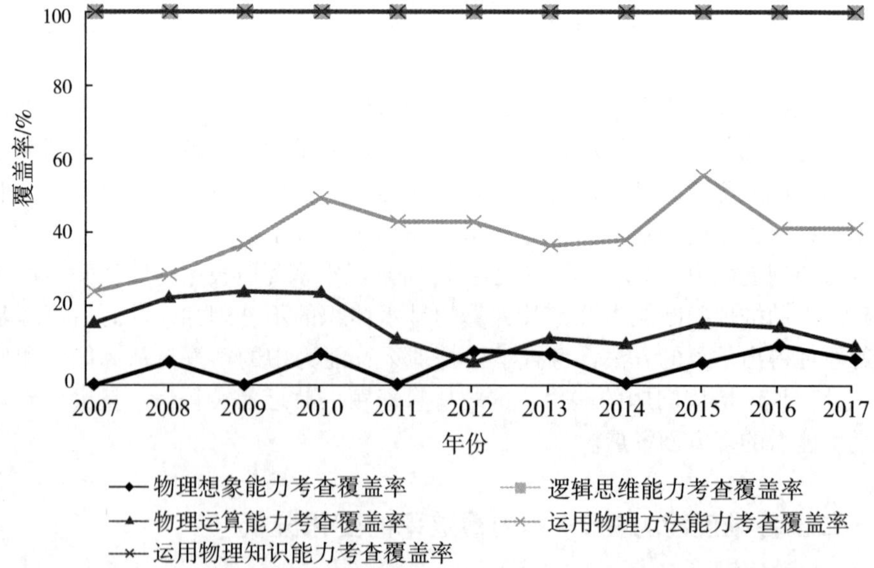

图 5-16　2007—2017 年中考物理试卷能力考查覆盖率折线图

由图 5-16 可知，观察、实验能力由 2009 年的 30% 逐渐增加到 2017 年的48%，呈现逐年递增的趋势；物理想象能力在各年份中考查比例普遍偏低，为2.82%～13.84%，自2010年起简答题取消后，由2010年的7.74%降到2.82%；物理思维能力中的逻辑思维能力考查覆盖率达到100%，而对直觉思维能力考查普遍偏低，为0～3%；物理运算能力在各年份的考查比例为24.1%～44.5%，每年略有波动，整体呈现递减的趋势；运用科学方法能力在各年份的考查比例为17.6%～42.52%，呈现递增的趋势，尤其自2015年起，科学方法的考查范围达40%以上。

第五节　研究结果的分析与讨论

一、研究结论

（一）各题型能力结构分布

1. 选择题的能力考查以物理思维能力、运用科学方法能力、物理运算能力为主。其中运用物理科学方法能力中对控制变量法的考查居多，其他方法的考查较少。物理运算能力由定量计算为主逐渐向定性分析转变，对物理想象能力的考查始终较少。

2. 填空题以考查学生物理思维能力和物理运算能力为主，对运用科学方法能力考查较少，基本没有对学生物理想象力及观察、实验能力的考查，能力考查结构单一，无法满足对学生各方面能力的综合考查。

3. 物理实验题主要考查物理观察、实验能力，物理思维能力，运用物理方法的能力，一般考查物理运算能力。对运用科学方法的能力考查比重有增加的趋势，对物理运算能力的考查逐渐减弱。值得关注的是，近两年的实验试题有增加考查想象能力的趋势，尤其体现在创新实验题中。但是相对于其他能力，想象能力所占比例仍然较少。探究性实验比例增加，题目实现了从死板到灵活、从理论到实际、从背诵到探究的转变。但是依然缺乏对物理直觉思维的考查。由于局限于纸笔测验，物理实验题只能考查观察及设计实验能力，停留在理论应用层面，不能考核物理实验操作能力。因此，并不能完全评价学生实验的真实水平。

4. 计算题能较好地考查学生的物理运算能力及物理思维能力中的分析与综合能力。然而每年的计算题都给出了直观的图示来辅助解答，无法对物理想象能力、直觉思维进行评价。笔者认为，计算题直观图可以去掉，可以仅用文字描述题干，让学生运用物理想象自主构建物理情境，依靠直觉思维提取头脑中的已有知识解决问题。这样就可以创造一定的想象和思考空间，对学生的物理想象能力和直觉思维能力进行考查。

5. 简答题源于真实情景，能够考查学生的直觉思维能力、物理想象能力及分析概括等多种逻辑思维能力，有着计算题无法替代的作用。通过分析近年来其他省市对简答题的命题，不乏一些思路开阔、情景新颖的好题，彰显了其在对学生能力考查中的独特之处。因此，笔者认为，取消简答题并不是中考物理命题的正确方向，而是命题思想的倒退。

6. 科普阅读题能够全方位地对学生能力进行考查，在能力方面主要考查学生物理想象能力、物理思维能力、运用物理方法能力，突破了传统物理考试命题以逻辑推理、运算为出发点，考查能力范围较窄的局限，在传统考查形式基础上采用了多维度的考查形式，尤其很好地考查了学生的物理想象能力和创造能力。因此，科普阅读题的出现是北京市中考物理命题的必然趋势。

（二）各维度能力在10年内覆盖率的变化

1. 观察、实验能力呈现逐年递增的趋势。这说明北京市中考物理对观察、实验能力的考查愈发重视。但是由于局限于纸笔测验，其考查形式较为单一，无法通过真实实验操作对学生的实验操作能力进行考查。增加的仅仅是理论上的实验能力的考查，而对实验操作能力的考查却一直是悬而未决。因此，无法完全准确地评价学生的真实实验水平。

2. 物理想象能力在各年份中考查比例普遍偏低。自2009年起简答题取消，这使本来就寥寥可数的物理想象能力考查在北京市中考物理试题中所剩无几，这体现着命题思想的倒退。直到近两年科普阅读题的出现，才使物理想象能力的考查比例略有提升。但综合来看，物理想象能力的考查范围相较于其他能力仍然较少，不能达到对学生想象能力的考查要求。

3. 物理思维能力在近10年来的结构比较稳定，一直十分注重对逻辑思维的考查，这是因为无论是物理规律的形成或者是物理定律的发掘，还是物理理论的创造或是物理实验的顺利完成，逻辑思维能力在其中都发挥着举足轻重的作用。总之，逻辑思维能力在物理学习中发挥着十分关键的作用。因此，在中考物理中重视考查学生的逻辑思维能力不失为明智之举。然而，对直觉思维能力的忽略一直是北京市中考物理命题中存在的现象。在2015年以前，仅在简答题中考查过学生的直觉思维能力，北京市中考物理试题对直觉思维的考查随着简答题的取消而消失。直到科普阅读题的出现，能够考查学生一定的直觉思维，但是其考查程度远远不够，对物理思维能力考查的不平衡使学生精于逻辑，匮于灵感，创造力不足。

4. 物理运算能力在各年份中考查的覆盖率每年略有波动，整体呈现递减的趋势。尤其自2016年起，计算题数量减少，难度降低，进一步弱化了对物理运算能力的考查。数学在物理学的发展过程中发挥着十分关键的作用，是用来精确描述物理过程和物理意义的特殊语言，是解决物理问题的基本工具，所以对物理运算能力的考查是必不可缺的，但是也应分清主次，过于烦琐的数学计算往往会使学生忽略其与物理意义或物理过程的对应关系，从而颠倒了物理学与数学的主次关系。适当地减少数学计算，减轻学生负担的同时会更加凸显出物理本质。因此，物理运算能力考查的弱化使北京市中考物理能力结构更加趋于合理。

5. 运用科学方法能力在各年份中考查的覆盖率呈现递增的趋势。尤其自2015年起，科学方法考查的覆盖率明显升高，可见北京市中考物理命题对物理科学方法的重视程度。科学方法对学习物理知识和培养物理能力都起着举足轻重的作用，对科学方法的熟练运用更能提高学习知识和培养能力的效率，为学生的终身学习做好铺垫。因此，在中考物理试题中加大对科学方法的考查力度着实为有益之举。但是值得关注的是，目前试题中所考查的物理科学方法多为控制变量法，以及转化法、考查归纳法、替代法，而对其他物理方法涉及较少，考查内容不够多元化。

总体来说，北京市中考物理试题能力结构趋于平衡，对运用科学方法的能力的考查在“数量”上逐渐提升，但在“质量”上还有待提高，弱化对物理运算能力的考查，更加注重凸显物理本质，但是对于物理想象能力与直觉思维的考查还是较为不足。

二、对北京市中考物理命题的建议

（一）中考物理命题应使物理方法的考查多元化

《义务教育物理课程标准》要求在过程与方法维度上培养学生运用科学方法的能力。因此，中考物理命题应重视考查学生应用物理方法的能力。初中生应掌握的物理方法包括：演绎推理法、假设法、隔离法、等效法、理想模型法、转换法、比例法、图示法、整体法、极值法、控制变量法、对称法、图像法、类比推理法①。

通过对北京市近10年中考物理试题的梳理，我们发现，目前试题中考查的物理方法主要为控制变量法，一般考查转化法、归纳法、替代法，其他方法涉及甚少，说明对物理方法的考查较为狭窄，建议在增加科学方法考查力

① 廖伯琴. 中学物理课程改革的目标与实施［M］. 北京：高等教育出版社，2003：53.

度的同时，使物理方法的考查更加多元化。这样不但可以更加全面考查学生运用科学方法的能力，还可以强化物理科学方法教育的意识，从而有效引导物理教学走向发展的道路。

（二）中考物理命题应引入原始物理问题

原始物理问题，是指对自然界及社会生活、生产中客观存在且未被加工过的物理现象的描述。而习题则是把物理现象经过一定程度抽象后加工出来的练习作业①。原始物理问题来自切实的生活场景，以文字描述的方式呈现，不提供任何数据，答案开放性较强，学生很难通过模仿来解决。2010 年之前的中考物理简答题便是定性的原始物理问题。通过分析发现，解决原始物理问题包括 7 个表征过程，每个表征层次都有与之相应的物理能力要素，能够全面地考查学生的物理能力，尤其对学生的物理想象能力、直觉思维能力及运用科学方法能力等较高层次能力的考查效果是习题所无法替代的。由此看来，在北京市中考物理命题中引入原始物理问题是好的命题方向。

自从物理新课程改革以来，物理学科强调“从生活走向物理，从物理走向社会”的理念，中考物理试题也相应地发生了一定的转变，在命题中越发注重与生产实际相融合，开放性的科学探究类题目也日益增多。近两年中，部分开放性探究物理实验题和科普阅读题保留了实际问题原来的真实情境，可以看作原始物理问题。在解决此类试题的过程中，学生首先需要通过认真审读与查看，探寻出问题中包含的已知信息与隐藏的条件，鉴于原始物理问题拥有隐蔽性的特征，解决问题的必要条件时常不能被轻易知道，这就要求学生拥有较强的物理思维能力，能够有效地分析、提取出有价值的信息。因此，在教育评价方面能够考查学生更高层次的能力，这是经过抽象的物理习题所不具备的功能。在中考物理试卷中引入原始物理问题是一个好的发展趋势，建议继续加大对原始物理问题的考查力度。

（三）中考物理实验命题应当突破纸笔测验

近年来，北京市中考物理实验分值不断增加，但其考查形式仍然停滞于纸笔测验，无法考查实验能力中的关键部分——实验操作能力。物理实验操作能力是学生在获取物理知识、解决物理问题和科学探究过程中，依据一定的目的和任务，利用实验器材，充分运用能够寻找到的信息，通过真实的实验操作，制订实验方案并且实现计划的能力。主要包括基本仪器的读数、操

---

① 于克明．谈“原始问题”与能力培养［J］．大学物理，1997（5）：44－46.

作使用；实验器材的组装及连接；实验过程中故障的排除。实验操作是实验的核心步骤，因此实验操作能力在物理实验能力中占据重要地位，通过实验操作也最能体现出学生的综合物理能力。因此，建议北京市中考物理命题引入实验操作考试，在实验操作考试中全方位地考查学生的物理实验能力，引起学生对实验操作的重视，加强动手能力的培养。

真实实验操作考试迟迟未能进入北京市中考，原因可能是在举行实验操作考试过程中需要较多的人力、物力，评价过程主观性强等。通过研究发现，在中考中加入了实验操作考试的省市所占比例越来越大，一些省市将物理实验操作考试引入中考并且录入总成绩，例如山西省晋中市、安徽省、辽宁省大连市、河南省郑州市等①。通常由县（市）教育行政部门统一组织实施，采用现场集中测试，学生独立操作，考试内容包括选择实验器材、完成实验方案、观察实验现象、分析处理实验数据、撰写实验报告及整理实验器材等，考生依照次序提前抽签确定自己的实验考试题目，接下来前往准备室准备实验方案、待考，实验操作结束后，由评委教师现场打分，并且在现场向考生公布考试成绩。另外在考场安装录像监视器，安排纪检人员巡视，保证考场纪律。展望未来，可以运用现代技术手段，如DIS实验传感器实现实验操作的数字化监控，实现实验操作监考的无人化和即时性。因此，在中考中加入物理实验操作考试是可以实现的，是未来中考物理命题改革之重。

（四）注重对学生物理想象能力的考查

通过对近10年北京市中考物理试题能力分析我们发现，对物理想象能力的考查远远不够。物理想象能力在物理能力中有着重要的作用，然而北京市《中考说明》中没有对物理想象能力作出要求，《中考说明》作为指导中考物理命题的“指挥棒”，对物理想象能力的忽略会直接导致中考物理试题缺乏对学生物理想象能力的考查。因此，《中考说明》应深入研究物理想象能力的价值并且将其纳入能力考查标准。

想象能力是人类创新过程中最重要的成分，想象力的提高对学生的物理学习也有很大帮助，并且初中是学生想象力发展的关键阶段，在物理学习中提升学生的想象力是十分必要的。因此，在中考物理命题中应该注重对学生想象能力的考查。笔者建议《中考说明》深入研究物理想象力的作用和价值，使其对学生能力考查要求更加全面，提高对物理想象能力的考查标准。

针对近年来选择题、实验题、计算题均未有效地考查到学生的物理想象能力，笔者认为应适当调整考查方式，可以多用文字描述题干，省略不必要

---

① 周婷婷．中考物理实验操作考查内容及特点分析［D］．重庆：西南大学，2012.

的直观图，让学生运用物理想象自主构建物理情境，增加命题的开放性，留给学生想象的空间。

（五）注重对学生直觉思维的考查

北京市中考物理命题在学生直觉思维的考查甚少，而《中考说明》对物理思维的说明中仅包括初步的分析概括能力，对逻辑思维缺乏进一步的界说，对直觉思维没有提及，直接影响直觉思维的考查。青少年思维具有跳跃性，更加契合直觉思维的特点，并且在一些创造性研究中直觉思维有着逻辑思维无法比拟的价值。因此，《中考说明》对学生的物理思维能力的要求有待改进，建议加大对直觉思维能力的考查力度。

笔者认为直觉思维能力的考查应与其他能力综合起来。运用直觉思维能力首先要求学生具有敏锐的物理观察能力，这样学生才能够快速地抓住物理问题的核心，进而产生正确的直觉物理思维。丰富的想象力可以更加充分地调动学生的直觉思维，强大的概括归纳能力会在人们分析拥有相同属性的问题时，迸发性地归纳出问题的本质规律，从而产生直觉思维。因此，直觉思维与其他能力的并驾齐驱，能达到一举多得的效果，让学生的物理能力得到全方位的发展。

鉴于目前中考物理试题以习题为主，建议在结合初中生的物理能力情况下，增加保留真实情景的原始物理问题，依靠直觉思维提取头脑中的已有知识解决问题。这样就可以还学生一定的想象和思考空间，对学生的物理想象能力和直觉思维能力进行考查。

三、对初中物理教学的建议

（一）在教学中注重培养学生的物理直觉思维

直觉思维具有非常重要的认知功能，并且在培养学生创造性的思维品质方面也具有独特的价值。对比现在中考命题及考试说明的能力要求来看，目前对学生物理直觉思维的培养比较匮乏。有鉴于此，应该加强一线教师对直觉思维的认知，明确其在物理能力理论中的价值。

培养学生直觉思维能力，第一，应给予直觉思维足够的重视，通过物理学使我们清楚地认识到直觉思维的重要性。在教学中教师要善于启发学生提出猜想，大胆推测。第二，有结构地呈现教材，有秩序、有结构的信息更容易激发学生的物理直觉思维。第三，培养学生在头脑中建立丰富的物理表象，有助于发展学生的物理直觉思维。第四，鼓励学生有组织地推测，从部分信息闪念感知事物的全貌能达到拓展学生的物理直觉思维的目的；第五，运用原始物理问题具有生态型、隐蔽性的特点，让学生多接触原始物理问题，从而激发学生的直觉思维①。

（二）显化物理科学方法教学

中考对物理科学方法考查力度的增加说明对科学方法教育愈发重视。但是在传统的物理教学中，通常对物理科学方法采取隐性处理的方式，让学生在学习过程中自然地去领悟，但在实际教学中学生往往无法很好地参悟其本质。因此，物理科学方法教育在初中阶段应当采取显性模式，显性教育是在涉及科学方法的运用时，教师专门针对科学方法进行教学，明确地指出这个科学方法的名字，并且讲授与之相关的知识，让学生了解物理方法的形式，领悟方法的内涵，明确方法的适用条件，让学生有针对性地接受科学方法的练习②。如此，才能有效提升学生运用科学方法的能力。

（三）运用适当的物理实验教学策略

物理是一门以实验为基础的学科，通过数据分析我们发现，物理实验可以全面培养学生各维度的物理能力，因此物理实验是提高学生物理能力的重要途径。教师应该更新传统的物理教学观念，运用恰当的实验教学策略提升学生的物理能力。例如，教师为学生提供探究情境，使他们生成假设，通过实际的操作去验证假设是否成立、其他预测是否可行。麻省理工学院（MIT）的物理实验室向本市的中学生开放，允许他们在特定的时间内进入实验室，开展探究性的实验操作，体验科学家们进行探究的过程，充分借助实验器材以达到培养学生物理能力的目的③。开放物理实验室，能够让物理教学得以延展，学生将平时操作起来困难的实验，在更加专业的实验室中得以完成，在实验室中激发和检验学生的创新想法，让学生拥有广阔的成长空间。运用以上教学策略可以更好地在实验中培养学生的想象能力、实验操作能力、运用物理科学方法能力和直觉思维能力。

（四）在教学中引入原始物理问题

原始物理问题拥有生态性、开放性的特点，这就导致了学生在解决原始

---

① 邢红军. 论物理教育中的直觉思维及其对教学的启示［J］. 课程·教材·教法，2004（4）：39－44.

② 李正福，李春密，邢红军. 从隐性到显性：物理科学方法教育方式的重要变革［J］. 课程·教材·教法，2010，30（12）：71－74.

③ Rebecca M S，Keith A N. Opening lab doors to high school students：key to a successful engagement［J］. Physics Education，2005，40（4）：347－354.

物理问题的过程中能够探索新鲜事物和寻找灵感，能够培养学生物理想象力、物理直觉思维能力及运用科学方法的能力。建议教师在教学中要尝试将原始物理问题引入课堂。利用原始物理问题导入新课，激发学生求知欲望的同时，还能够培养学生构建物理情景的物理想象力。相较于习题，通过解决原始物理问题的方式不但可以巩固新课，更能提高学生运用物理知识、科学方法的能力。鼓励学生发现、解决身边的原始物理问题，培养学生敏锐的观察能力。在课堂教学中通过原始物理问题进行教学，让真实情景呈现在学生面前，使学生充分领悟到物理真谛的同时也全面地提高了学生的物理能力。

第六章　2017年北京市中考物理试题能力结构分析与探讨

第一节　引　　言

一、研究背景

（一）中考的意义与价值

中考，即初中学业水平考试，是为了检验初中生能否达到学业水平的水平型考试，是义务教育的终结性评价。中考考试结果同时又是高级中学选拔学生的重要依据。中考作为我国招生考试制度体系的重要组成部分之一，是联结初高中教育的要道，也是连接义务教育和非义务教育的阶梯桥梁，还是评价学校办学质量、了解学生学习成果的重要手段。人们对于中考改革的紧张感、敏感性和关注度不亚于高考。中考肩负着选拔人才的重任，具备对初中教学重要的指导和引领作用。中考命题对学生的考查不仅要涵盖基础知识、技能和方法几个命题内容，更要尽可能公平地、全方位地评价学生多方面的能力，进而有效推动义务教育阶段的课程改革，切实发挥中考对日常教学的指导和引领作用①。

（二）北京市中考改革现状

2016年5月，北京市新中考改革方案正式出台。改革方案将于2018年夏季启动实施。即将参加2018年中考的学生已于2017年秋季学期完成了选考科目的志愿填报，并开始进行所选学科的备考。新中考在考试内容、考试方

① 陶本友．浅谈中考物理试题应发挥的效能［J］．教学与管理，2014（1）：77－79.

式和选考科目等方面都作出了重大变革，以适应未来基础教育发展的需要和社会人才的培养需求。

在选考科目方面，新的改革方案不会如往常那样限制规定语文、数学、外语、物理、化学为考试科目，语文、数学、外语和体育4门定为必考科目，另外学生可从物理、生物（化学）、历史、地理、思想品德5门中选3门作为中考考核科目。但需要注意的是，学生必须从物理和生物（化学）中选取1～2门；同时从地理、历史、思想品德中选取1～2门。这样供给学生选考的组合方案有9种。而最终的成绩从高至低顺次依照100%、80%、60%的分值权重进行核算。很多学者认为，这种选考方式为那些不太擅长理科的学生们增加了竞争优势，更有益于学生全面且均衡发展。

另外，新改革方案的又一创新点是关于考试内容和考试方式的调整。方案要求：在供选择的5门学科中，每门设置10分的综合性社会实践活动或开放性科学实践的考核内容。这意味着中考越发重视对学生实践能力的考量，也要求在日常教学中，师生不能再拘泥于课堂教学模式，而应多把课上所学应用到社会课堂上，继续“深造”。

新的中考改革方式对学生和家长而言，既是机遇又是挑战。最终的选考方式不仅对眼前的中考成绩有所影响，而且决定了高中深入学习的内容，进而影响未来大学的择选。因而，学生需结合自身情况和对未来的初步规划合理进行选考。

（三）中考物理命题的机遇和挑战

物理学作为自然科学领域的关键构成，致力研究物质构成、各物体间的相互作用及物理运动规律。物理学的研究范围广泛，与很多学科都交叉渗透，也是很多专业学科的基础。物理教育可以发展学生多方面的能力，而处于基础教育阶段的物理学习，更能给学生的终身学习打下坚实基础。因此，初中物理教育教学的关键性显而易见。而作为检测初中物理教学成果的中考物理命题，势必要在中考变革的背景下，做出相应的调整和完善，以正确把握中考物理命题方向、对学生的物理能力进行有效评价，指引物理教学走向发展的正确道路。

中考改革方案的实施，给中考物理命题带来了巨大的机遇和挑战。物理成为选考科目而不是之前的必考科目，命题构成也发生了较大变化，这表现为中考物理命题将突破纸笔测验的束缚，其中90分为笔试分值，而剩余的10分为科学实践活动分值。这就要求，命题人员在命制90分的笔试题目时需充分发挥纸笔测验的优势，规避纸笔测验的不足。尽可能全方位评价学生的物理能力。而剩余10分的社会实践活动和科学实践设置要着力考查学生的动手操作技能和实践能力。中考试题的命题能力结构决定着命题的质量，这也是需要我们着重关注的地方。

二、研究价值

中考物理命题一直是学者们研究的热点话题。本研究不同于以往关于中考物理试题聚焦于试题知识结构、难易程度、试卷效度或信度抑或是与课程标准一致性、复习策略等常规的研究。力求在理论的基础上，立足于能力立意角度，选取合理的能力划分标准，仔细分析每道物理试题的能力考查类型及层次，尽可能从量化及质性两方面的研究得出有价值的信息。因此，本研究既具有理论研究价值又具有实践研究意义。

（一）理论研究价值

本研究着眼于中考物理命题的能力结构，即分析命题对学生的能力考查情况。需要分析对比多种物理能力理论，选取合适的能力理论并加以细化研究，之后制定合理的能力结构量表（能力归类标准），这为分析物理命题的能力结构研究提供了一定的理论研究思路的借鉴。

（二）实践研究价值

仔细分析中考物理命题的能力结构，明确命题的能力考查情况，不但可以为日常的物理教学指引方向，还能洞悉目前的物理教育对学生能力培养的欠缺，为中考物理试题的命制乃至理科试题的命制提供一定的意见和建议。以满足中考改革的的要求，真正全方位考查学生多个方面的能力，实现选拔目标。因此，研究中考物理命题的能力结构有着重大的实践价值。

三、国内研究现状

在确定了本研究的主体和研究落脚点之后，为了对该领域即中考物理试题的研究现状有一个全面而准确的认识，笔者通过中国知网查询了大量的文献，力求从中吸取研究经验、有选择性地学习和借鉴相关研究思路、方法及理论依据。通过文献检索发现，关于中考物理试题的研究，大多来自中学物理教师。他们凭借自身丰厚的物理教学经验，能够敏锐地寻找到问题的所在，并在相关理论的指导下结合一定的实证开展研究。也有少数研究是来自在校硕士研究生，他们也能够凭借扎实的理论对研究问题提出独到的见解。

首先，以“中考物理试题的能力结构”为主题在中国知网上搜索文章，发现并无相关研究，说明关于中考物理试题的能力结构研究目前处于空白期。之后以“北京”“中考物理”为关键词在中国知网上查阅文献，发现仅有几篇文章是关于北京市中考物理试题的研究（截至2018年1月初）。

赵雪露在《2015年北京市中考物理试题分析及思考》中具体分析了北京市2015年的物理中考试题命题特点。作者通过具体示例，清晰说明了试题存在题干阅读量剧增、题目灵活多变及实验难度提高几个命题特征[①]。洞察了2015年试卷的改革之处，并为之后的物理教学提供了独到的改进建议。两位一线物理教师主要从试题所考查的知识点、命题思想及试题难易程度3个角度出发，对北京市2017年的中考物理试题的典型创新题目做出了评析，对2017年中考物理命题给予了高度肯定[②]。另有几篇文章是关于解题技巧的讨论，主要以中考物理真题为例，内容包括初中欧姆定律变化量问题、电阻的测量方法，以及利用数学方法破解中考物理试题的重难点试题。这类研究的经验性较强，但是理论性较弱。通过网上搜索，笔者获悉北京市某中学物理教师对2017年中考物理试题做了相关评析。其主要从试题的总体难度、题量、呈现方式等角度，以及试题的命题特征方面进行了思考。其评价较为客观和全面，从“标准”、考试说明的要求及目前对人才发展需求等方面充分肯定了此次命题的创新。该文分析细致入微、深入浅出，由于结合具体题目评析而更易于理解。然而，该评析关于能力考查情况的评价主要提及“思维能力”“科学探究能力”和其他技能的说明，但是具体的基本技能并没有阐述清楚。其对试题的能力考查情况的分析仍然缺乏一定的理论依据，经验性较强。

还有几篇是关于北京市中考物理试题中某类题型的分析和探讨。郭芳敏锐地抓住了近两年新出现的科普阅读题，通过对一道科普阅读题的详细讲解过程，为其他教师开展科普阅读教学提供了一些思路和启示，力求规避一些教师走入“科普阅读”教学中存在的误区[③]。陈静在对北京市中考物理试卷“科普阅读题”的命制与备考研究中，首先清晰地介绍了科普阅读题命题的政策背景，其次分析了命题题材的主题范围、考查方式与能力考查类型，最终探讨了科普阅读题对中考命题改革的启发[④]。其中分析科普阅读题对物理能力

---

① 赵雪露．2015年北京市中考物理试题分析及思考［J］．北京教育学院学报（自然科学版），2015（4）：44－49．

② 郭红，潘莹莹．2017年北京市物理中考试题评析［J］．新课程教学（电子版），2017（7）：32－38．

③ 郭芳．例谈教师如何指导学生做好“科普阅读”［J］．新课程教学（电子版），2016（10）：35－37＋39．

④ 陈静．北京中考物理“科普阅读题”的命题与备考研究［J］．湖南中学物理，2016，31（10）：42－44．

的考查思路值得借鉴和学习。李晶则以 2016 年的全部实验探究题为研究对象，分析了北京市实验探究题的命题特点并给予了一定的教学和备考建议，突出强调了在日常的物理教学中要注重培养学生的物理探究能力①。

仅以“北京市中考物理试题”为研究内容的文章还是屈指可数的。为了获得更多的参考资料，并且更加全面地了解目前在全国范围内关于中考物理试题的研究情况，笔者又以“中考物理试题”为主题进行文献检索，发现相关文章不胜枚举。为了能够更有效地明晰当前的研究现状、了解已有的研究成果，并能够得到更有价值的参考，笔者主要选取了来自中学物理六大期刊（《中学物理教学参考》《物理教学》《中学物理》《物理教学探讨》《物理教师》《物理通报》）的有关文献和硕博论文进行梳理。相关文章的研究方向大概涉及以下几个方面。

（1）对某些中考物理试题的质疑和商榷

很多中学物理教师凭借敏锐的洞察力，针对一些试题的缺陷提出批判，以期望命题者避免重复各种缺陷，保证中考物理命题的科学性。《对中考物理试题缺陷的分析》一文总结了中考物理试题经常出现的几点缺陷②。例如试题的命制缺乏科学性的依据，试题所考查内容超纲，试题题干的文字叙述不清楚而造成歧义，解题的数学推理和运算过程太过麻烦，让题目失去了原有的物理价值等。另有一些老师善于利用有缺失的试题，让学生去质疑试题的合理性，培养学生的批判精神，例如《利用命题一“点”失误，培养学生质疑能力》一文，强调培养学生明辨是非，寻求真理精神的重要性，教师通过试题题干数据出现小数点错误这一细微问题引导引导学生辩证地看待命题者的失误，并进行深入剖析，让学生懂得质疑③。

（2）结合中考物理真题讨论某类题型或涵盖某些知识点试题的教学及备考策略

梁秋丽等在《中考声学复习提要》一文中通过总结各地中考试题关于声学的命题特点，对中考物理声学知识的复习提供一定的复习提要建议④。《初中物理中电源、电表的内阻相关题型的解析》则针对近几年各地中考试题中所出现的求电源电压和内阻、求仪表内阻、比较测量值与真实值及分析实验误差等电学常考题目，着重从电源及电表的内部构造、使用原理、解题技巧 3 个方面进行详细解读，力求对电学中有关于电源、电表的试题

---

① 李晶．北京中考物理“实验与探究题”的命题与备考分析——以 2016 年试题为例［J］．湖南中学物理，2016，34（22）：92－94.

② 赵兴华，许诺．对中考物理试题缺陷的分析［J］．物理通报，2011（8）：78－80.

③ 张亮．利用命题一“点”失误，培养学生质疑能力［J］．中学物理，2017，35（20）：51.

④ 梁秋丽，叶晓军．中考声现象复习指要［J］．中学物理教学参考，2017，46（5）：67－70.

做出技巧性解答①。《初中物理“理由”类试题答题方法与技巧》一文的作者针对中考物理复习资料中频繁出现的理由类的实验探究题，找出学生的失分原因，继而凭借多年的教学经验，总结了该类试题解答的四字技巧，即摆、算、比、得②。

（3）对某地区某年中考物理试题的分析与探讨

该类研究往往以某年的中考物理试卷为切入点，选取一定的科学理论依据，能够对试题的难度、素材选择等方面给予透彻的分析。例如《基于物理学科核心素养视角的成都中考物理试题分析》一文则是基于核心素养的培养目标，对成都市 2015 年的中考物理试题进行剖析③。作者认为该年的试题从题型设置、考点素材的选取上充分展现了对物理核心素养内容的考查。试题迎合了物理学与科技和社会紧密联系的主流价值观，符合当前中考物理试题命制的发展态势。储成节从科学方法和科学思维教育的视角，经过解读 2015 年上海市中考某些物理真题，为我们凸显了试题中所包含的比较、分类、分析、归纳等逻辑思维和抽象思维④。但是文中的思维能力分类方式缺乏理论依据，文中提到了在实验操作方法中渗透动作思维，但是真的存在“动作思维”这一思维类型吗？背后的理论根据是什么？作者在文中将思维与方法混为一谈，而且能力立意角度的分析不够规范。这些都是值得商榷的。

（4）系统梳理某地区几年内的中考物理试题特点，以了解命题趋势、提出相应的提高复习效率的备考建议或备考方法

这一类的文章主要是通过对某地区几年内中考物理试题的试题结构、试题内容分布情况、试题高频考点进行对比分析，进一步概括出试题的命题规律，并对今后的教学提出了具有针对性的建议。《济宁市近三年中考物理试题评析及教学建议》则在研究过程中对试题的能力考查情况进行了一定的归纳和整理，即通过分析典型的试题，判别每道试题对学生的能力考查状况，包括考查学生从物理现象分析物理本质的能力、对物理现象的观察能力、实验操作能力、对实验数据的分析与论证能力⑤。这为笔者的研究提供了一定的能力分析参考，但是物理能力分类的具体依据是什么，作者并没有阐述清楚。

---

① 李书鹏．初中物理中电源、电表的内阻相关题型的解析［J］．中学物理教学参考，2017，46（2）：75－76＋2.

② 李臣．初中物理“理由”类试题答题方法与技巧［J］．中学物理，2017，35（20）：34－35.

③ 何铁．基于物理学科核心素养视角的成都中考物理试题分析［J］．物理教学探讨，2016，34（9）：48－51.

④ 储成节．凸显科学方法　渗透科学思维——2015 年上海中考物理试题赏析［J］．中学物理，2016，34（4）：80－81.

⑤ 周岩，盛正民．济宁市近三年中考物理试题评析及教学建议［J］．物理教学探讨，2016，34（4）：48－51.

（5）有关中考物理试题命题的思考和研究，包括剖析命题思想、提出命题策略等

难度是试卷命制必须掌控的影响因素，难度的控制有利于命题质量的提升，邹丽华觉得要依据不同层次高中的录取计划科学地设定试卷难度；可以通过宏观建立试题难度分布模型、微观分析试题难度影响要素、邀请命题专家反复核审 3 种方式有效调控试题难度①。由于物理学独特的实验性，物理实验题始终受到命题者的青睐。物理实验题该如何命制，如何在纸笔测验的局限下发挥其考查学生能力的作用，不同教师给出了不同的见解。《例谈物理中考命题的策略及启示》强调了对学生物理能力考查的重要意义，作者认为中考物理在重视评价基础知识的同时，也要关注对科学探究能力、利用物理思维方法处理实际问题能力的考查，而考查科学探究应该侧重于检测学生进行科学探究的能力、猜想假设的能力，以及设计并操作实验的能力②。何季军在《中考物理实验笔试题命制的实践与思考》提出一些中考实验题存在学生机械记忆就能解答的缺陷，笔试实验题在有效考查学生实验操作技能和方法上，很难真正实现考查目标，因此在命制实验题的时候要注意方案设计、操作细节的提问，命制的题目要开放，也可以尝试现场操作的方式进行实验题的考查③。课程标准中三维目标之“过程与方法”的考查并没有知识与技能的考查容易，因而该目标的考查主要是通过考查学生能力的形成情况，试题如何命制才能有效对该目标进行考核呢？窦兴明认为试题要突出考查学生对物理现象的观察和质疑能力、设计实验的能力、常规试验过程中的操作能力和信息收集能力，对实验数据的分析论证能力、综合运用已掌握的物理认知结构分析解决实际问题的能力④。

除对期刊文章的研究现状进行梳理之外，笔者也阅读了几篇研究中考物理试题的硕士论文。相关硕博论文的研究大致涵盖以下几个方面。

（1）对某年某类题型的研究

《2013 年中考物理科学探究试题研究》一文将研究内容聚焦于受到极大关注的科学探究。其分析了 2013 年来自各地区的 118 份中考物理试卷中的 323 道科学探究题，主要统计了科学探究试题的呈现方式及科学探究题的内容

① 邹丽华．中考物理试题难度的设置与控制［J］．物理通报，2014（3）：107－109，112.

② 彭夷，孙建生．例谈物理中考命题的策略及启示——基于无锡市近年来物理中考命题的实践与思考［J］．物理通报，2016（1）：34－40.

③ 何季军．中考物理实验笔试题命制的实践与思考［J］．中学物理教学参考，2017，46（21）：58－60.

④ 窦兴明．中考物理试题对“过程与方法目标”的考查要点［J］．物理教学，2013，35（6）：44－47.

来源，对科学探究试题的呈现方式有了一定的认识①。而《中考物理科学探究能力评价特点研究》则是聚焦笔试测验，即中考物理评价方式，研究试题关于学生的科学探究能力的考查情况，以中考物理试卷为研究对象，挖掘中考物理科学探究试题在多个方面的特征，最后对科学探究能力的评价改革给予了一定的建议②。

（2）对某地区某年试题的研究

《基于 PISA 2015 科学框架的中考物理试题分析》是在理解有关 PISA 2015 科学素养相关理论之后，把山东省 6 个地市的中考物理真题作为研究文本，根据 PISA 2015 年的科学素养评估内容，研究试题在科学情境、科学知识、科学能力及认知要求四维度的考查特征③。其中以 PISA 理论构建量表的过程给予了笔者一定的启示。

（3）某地区近几年多套中考物理试题的研究

《天津市近十年中考物理试题的研究》则将近 10 年的中考物理试题作为研究对象，主要统计了每年试题的题型、题量、知识点分布，但是并没有对试题的能力考查情况作出详细的说明④。

（4）一致性研究

有些研究是选取义务教育物理课程标准为标准参照，借助于一致性研究工具，计算中考物理试题与课标的一致性系数。王树红在《物理中考物理试题与课程标准的一致性研究》中主要借鉴了 SEC 和韦伯分析模式，采取量化分析的方法，旨在衡量出中考试卷与物理课程标准的符合水平⑤。作者以清晰的数据全方位、多角度地解读了各试卷在内容主题、认知水平等维度同课程标准的一致性情况。其量化研究分析物理试卷的方式值得我们借鉴和学习。

总体来看，目前有关中考物理试题的研究的确不少，但是关于试题能力结构的研究却是凤毛麟角，还没有全面而系统地分析中考物理试题对于学生物理能力考查情况的研究。因此，笔者尝试分析有关高考物理试题能力考查的研究，以期得到借鉴和启示。

惠永在硕士论文《中学生物理能力的评价研究》中对高考物理能力评价功能开展了细致研究。其基于教育心理学、教育评价及能力理论基础，指明了物理《考试大纲》中能力要求的不足⑥。之后选择原始物理问题与传统的

① 刘正阳．2013 年中考物理科学探究试题研究［D］．新乡：河南师范大学，2014.
② 袁令民．中考物理科学探究能力评价特点研究［D］．重庆：西南大学，2010.
③ 安珍．基于 PISA 2015 科学框架的中考物理试题分析［D］．曲阜：曲阜师范大学，2017.
④ 王秀梅．天津市近十年中考物理试题的研究［D］．天津：天津师范大学，2015.
⑤ 王树红．物理中考试题与课程标准的一致性研究［D］．武汉：华中师范大学，2015.
⑥ 惠永．中学生物理能力的评价研究［D］．北京：首都师范大学，2006.

习题评价方式进行比较，说明了习题评价的局限性和原始物理问题评价方式的优越性。王雁冰在其硕士论文《2012 年北京高考物理试题能力分析》中根据邢红军的“物理能力理论”，将 5 种物理能力再一次细化，来具体分析每一道高考题目的知识考查和对学生物理能力的考查，并给予了高考物理命题改进建议①。山丽娟采取 SOLO 分类评价理论将高考物理试题归类于 4 种不同水平类别，以几套不同的高考物理真题为研究样本，分析了这些试卷的物理能力考查趋势②。庄园在《高考物理试题能力结构的研究》中系统而全面地分析了几套高考物理真题的能力考查情况。其根据 SOLO 分类理论，构建了不同类型题的能力量表，并选择了来自 4 个地区不同年份的高考试卷进行试题的能力归类，以能力结构的横向、纵向分布的双重维度记录统算③。最终分析比较了各地试卷的能力结构特征。这 3 篇有关高考试题物理能力的分析与研究为笔者选择能力理论、构建能力分类量表提供了宝贵的借鉴。

综上所述，笔者发现目前对于高考物理试题在能力考查方面的研究颇多，但是对于中考物理试题的研究大多停留在经验层面上，很少以相关的理论为评价标尺对中考物理试题的能力结构进行分析与探讨。所以，笔者将通过对比几种物理能力理论，寻找最合适的物理能力理论作为标准，对 2017 年北京市中考物理试题的能力结构进行分析与研究。

第二节　相关理论基础

为了甄别每道试题关于学生的能力考查类别和能力水平，需要选取合理的能力理论作为标准制定能力结构量表，进而对试题的能力结构进行清晰的归类。因而笔者需要进行能力理论的研究和分析，比较几种不同的物理能力理论，以期选择操作性、理论性最强的理论作为理论依据，进而开展对 2017 年北京市中考物理试题能力结构的分析与研究。

一、能力

教育以推动人的发展为宗旨，而人的发展主要外显为能力的提高。对于能力的内涵，不同领域给出的概念不同，不同的辞典等其他参考资料的定义

① 王雁冰 . 2012 年北京高考物理试题能力分析［D］. 北京：首都师范大学，2013.

② 山丽娟 . 高考物理试卷能力结构研究［D］. 上海：华东师范大学，2011.

③ 庄园 . 高考物理试题能力结构的研究［D］. 哈尔滨：哈尔滨师范大学，2016.

也存在差别。而笔者主要讨论的是教育领域中的能力。能力究竟是什么？心理学为我们做出了这样的解释："能力是人成功完成某类活动所需要的个性心理特征。"能力不是先天形成的，它紧紧依赖于个体经验。能力具有个体差异性，不同人所具备的能力类别和能力水平不同。在教育教学当中，学生需要掌握的能力有哪些？解答这个问题，需要明确能力的组成要素是什么，即解决能力的结构问题。而该问题一直没有获得一个标准型的答案。

对于能力结构的问题，邢红军进行了深入的研究。依于深厚理论基础和丰富实践研究，邢红军统一了"实质教育说"和"形式教育说"，类比电脑中的硬件和软件，提出了"硬能力"和"软能力"，最后构建了"智力—技能—认知结构（知识+科学方法）"能力理论，为教育教学中学生能力的培养指明了方向①。

二、学科能力

在分科教学的模式下，能力培养必须落实在学科教学上，这便有了学科能力的概念。学科能力是什么？心理学家林崇德给出了最详尽的解读。学科能力是学科教育与学生智力发展的有机合成②。学科能力是稳固的心理特征。学科能力既具有能力的一般特点，又具备某种学科独特的性质。林崇德认为，所有的学科能力都需以概括能力为根本，并伴随着思维品质的干预，且以知识为媒介。如若以学科能力构建方式为途径，以一般能力理论为基础，我们便可以构建某种学科的独特的学科能力。

三、物理能力理论

在了解了能力及学科能力的内涵之后，需要进一步认识并选择合适的物理能力理论，为选定试题的物理能力分类标准做准备。

首先，比较一下物理课程标准和中考考试说明关于物理能力的要求。在新的课程标准出台之前，初中物理教学和评价仍然以《义务教育物理课程标准》2011 版和对应的中考物理考试说明为命题根据。那么二者关于学生物理能力的考查标准和要求是怎样的呢？

---

① 邢红军，陈清梅．论"智力—技能—认知结构"能力理论［J］．首都师范大学学报（自然科学版），2005（3）：41－47.

② 林崇德．论学科能力的建构［J］．北京师范大学学报（社会科学版），1997（1）：5－12.

（一）《义务教育物理课程标准》对能力考查的说明①

《义务教育物理课程标准》并未明确提及对学生物理能力的评价要求。目前的标准仍然以三维目标作为培养学生和评价学生的主要依据。具体评价建议如下。

（1）“知识与技能”维度的评价建议

主要评价学生在物理知识和基本实验技能方面的学习情况，判别其水平及层次。在知识方面，着重测评学生对于物理概念、规律和原理的理解，以及解决实际问题的能力。在技能评价方面，重点测评学生的实验技能，包括对基本实验器材和测量仪器的使用能力。此外，标准中提及更好的评价方式是结合学生实验操作的过程开展。

（2）“过程与方法”维度的评价建议

重视评价学生的表现，主要涉及在物理概念、规律、方法学习时的表现。在运用已有的物理认知结构解决问题时的表现。

（3）“情感态度价值观”维度的评价要求

《义务教育物理课程标准》建议，可采取多种评价方法考查学生在情感态度价值观的切实表现和发展情况，具体评价角度这里不再赘述。

（二）2017 年北京市中考物理考试说明关于能力考查的要求

考试说明以《义务教育物理课程标准》中规定的课程目标和课程内容作为依据，并结合实际教学情况而制定。中考物理考试说明对考试目标的具体要求包括 3 个方面。

（1）基础知识

主要涉及对某些物理现象及基本物理概念和物理规律的考查。行为动词是了解和理解。

（2）基本技能

主要是指在科学探究学习中所需要具备的测量、读数、画图和动手实验等技能。

（3）基本能力

基本能力包含 4 种，分别是观察能力、实验探究能力、初步的分析概括能力，以及运用物理知识解决简单问题的能力②。

通过阅读《义务教育物理课程标准》和《北京市高级中等学校招生考试

---

① 中华人民共和国教育部．义务教育物理课程标准［M］．北京：北京师范大学出版社，2011.

② 北京教育考试院．北京市高级中等学校招生考试考试说明（2017）［M］．北京：北京理工大学出版社，2017.

考试说明》（简称《北京中考说明》）内容中关于物理能力评价的要求，可以发现，《义务教育物理课程标准》中并未明确提出对各能力要素的考查建议，其主要叙述的是对于三维目标的评价建议。而考试说明是按照课程标准的基本要求制定的，其关于学生能力的考查主要包括上述 4 种类别。笔者试着以这几种能力为标准制定能力结构量表，并对物理试题进行能力考查归类统计。结果发现有些试题不能有效归类，说明该考试说明的能力理论要求较为单薄。由于以《北京中考说明》中的能力要求为标准并不合适，所以必须选择一个理论性更强的物理能力理论作为标准参照。

（三）物理能力结构的相关理论

教学的终极目标应是提升学生的能力。那么中学物理教育要重点培养学生哪些能力呢？换言之，中学生应该掌握的物理能力有哪些？这就涉及对物理能力结构问题的分析与探讨。到目前为止，并没有一个统一的物理能力结构分类理论，相关学者也是各持己见。

潘浩依据当前的《义务教育物理课程标准》对物理教学的基本要求和建议，结合学生在不同年龄段的心智发展特征提出了中学物理学科能力的三级构成，即掌握物理知识的能力、应用物理知识的能力和形成物理思想的能力①。欧阳映在硕士论文中进行了对物理学科能力的研究，其首先从物理学科的本质、研究问题，物理学科的基本特征、特殊要求等方面初选了 11 个能力要素，之后通过两次对物理教育专家的问卷调查，再分析与筛选之后，构建了物理学科能力的五大要素②。在“核心素养”的教育教学理念下，郭玉英等物理研究者聚焦于物理学科能力表现研究课题，在理论和实证的多重研究下，建构了 3 个维度、9 项一级指标的物理能力表现框架。在通过大量样本测验及测验结果统计之后将学生的物理能力表现划分为 7 级水平。依据学科能力所表现出的学习理解能力、应用实践能力及迁移创新能力，根据物理学科特征又将每一种维度的能力划分为 3 个一级指标，每个一级指标又进一步界定了二级指标的能力要求，有效地推进了物理核心素养的分层评价研究的发展③。

通过什么样的途径构建最科学的、普适的物理能力理论，这是首要问题和根本问题。一直以来，都没有从课程和教学的指导文件中明确看到对学生物理能力发展的统一要求标准。例如《物理高考大纲》从高考命题的角度阐

---

① 潘浩．研究性学习课程实施与物理学科能力培养的实践研究［D］．长春：东北师范大学，2004.

② 欧阳映．中学物理学科能力的研究［D］．上海：华东师范大学，2014.

③ 郭玉英，张玉峰，姚建欣．物理学科能力及其表现研究［J］．教育学报，2016（4）：57－63.

述了高考主要考查的几种能力，包括理解能力、实验能力、分析综合能力及应用数学处理物理问题的能力四个类别，并解释了每种能力的具体含义。而《义务教育物理课程标准》则主要强调了科学探究能力和实验能力培养的关键性。两者都强调了对学生物理能力培养的重视，但具体要求却相差较多。物理能力理论隶属具体的学科能力的范围，因此它就不可以拘泥在经验层面，而必须上升到理论高度。这是在理论研究中十分需要我们关注的问题。只有运用缜密的理论思维及清楚的逻辑思路，将能力理论与物理学科的独特之处交互相关，才能构建出完善的、科学的物理能力理论，才能对学生的能力发展情况进行更有效的预估和评价。

学科能力是学生的智力、能力在特定学科中的详细显露。在这一思想的启迪下，邢红军认为，物理能力理论的构建首要任务是建立普适的能力理论，之后结合物理的学科特征，将两者综合起来。通过这个科学地建立物理能力理论的有效方式，邢红军将形式教育学说与实质教育学说相融合，并结合心理学理论，建构了“智力—技能—认知结构（知识+科学方法）”的一般能力理论。之后又把物理学科的基本特征与能力理论相结合，建构出了物理能力理论。物理学科的基本性质包括科学性、实验性、理论性、定量性、方法论性及应用性。将“智力—技能—认知结构”的一般能力理论与以上描述的多种特征相结合，邢红军教授独到地提出了物理能力理论，几种能力类别包括观察、实验能力，物理想象能力，物理思维能力，物理运算能力，运用物理知识和科学方法的能力①。

综上所述，出于理论性、操作性和实践性的考虑，笔者选择了将这5种物理能力作为试题能力结构的判定标尺，已经具备了横向分析物理试题能力结构的理论基础。能力又有高低之分，即物理能力可以进行分层。所以，可以纵向分析试题的能力结构，即判别学生正确解答某试题所表现出的物理能力水平。这就需要借助SOLO理论，将其作为鉴别试题物理能力层次的理论依据。

四、SOLO分类评价理论

（一）SOLO分类理论的内涵

SOLO，全名为“Structure of the Observed Learning Outcome”。本意为可观察的学习成果结构。该评价理论是由著名教育心理学家约翰·比格斯（John Biggs）和他的同事凯文·科利斯（Kevin F. Collis）最早提出，是一种“以

---

① 邢红军，陈清梅．物理能力的基本理论研究［J］．首都师范大学学报（自然科学版），2006（4）：27－32＋38.

等级描述为特征的质性评价方法”①。SOLO 分类理论源自皮亚杰的认知发展阶段理论。我们知道，皮亚杰将儿童的认知发展过程以年龄划分为 4 个阶段。在此基础上，比格斯的同事把这 4 个阶段细致划分为 5 个阶段，即前思运、初级具体思运、中级具体思运、具体概括思运和形式思运阶段，并开始进行这一理论与一些学科的学习成果评价的实证研究。实践发现，儿童真正的心理发展过程要比这几个阶段复杂得多，儿童不仅在不同学科的心理发展表现不一样，而且其心理发展还会出现倒退现象。因而，比格斯认为，一个人解决某一问题时所呈现出来的思维结构，与这个人在整体上已有的认知结构是没有直接关系的。一个人的总体认知结构是一个不可测的、纯理论上、理想化的概念。比格斯将其命名为“设定的认知结构（Hypothetical Cognitive Structure)”，即 HCS。而一个人解答某一问题时所表露出来的思维结构却是能够检验的，比格斯命名其为“可观察的学习成果结构”，即 SOLO。虽然很难判断学生的认知处在哪一发展阶段上，但是却可以判别学生的思维层次处于哪个水平上，这便是 SOLO 理论大致的起源和内涵。

根据这一思想，比格斯把学习者对某一具体问题的回答由低到高分成了 5 个思维层次。

（1）前结构水平

学习者基本上没有理解问题，不能或不想解决问题，对问题要么不作答，要么答非所问，思维处于空白且混乱的状态，基本上没有逻辑性可言。

（2）单点结构水平

学习者对给定问题没有全方位的理解，只能联想到解决问题某个方面的因素。学习者对问题理解得较浅，只能注意问题的某一个角度，对问题没有进行分析与思考，一有思路就会立即跳跃到答案上去。

（3）多点结构水平

学习者对如何解决问题有了更多的知识储备，能关注问题的多个维度，可以将解决问题的多个独立的因素联系起来。但只能混乱地列出一些相关内容，却不可以对全部的思路进行有机整合。

（4）关联结构水平

学习者对问题的解决有了整体的把握，可以联系问题的多个方面并将这些方面联系起来，初步以宏观系统的高度理解并解决问题。

（5）抽象拓展结构水平

学习者对问题的解决方式渐渐成熟，对问题的思考已经比较全面，能够

---

① John B. Biggs，Kevin F. Collis. 学习质量评价［M］. 高凌飚，张洪岩，主译. 北京：人民教育出版社，2010：27 - 32.

从宏观、系统的角度把控问题并给出解答。学习者不仅能根据理论来剖析问题，对提出的问题进行抽象概括，还能将问题迁移到相干情境里去，且能在新情境中对问题进行创新性的归纳、演绎，使问题本身的意义获得拓展。

SOLO 理论中所叙述的 5 种思维水平具体来讲就是人思维结构的点、线、面、立体、系统的发展过程（图 6－1）。思维网络越繁杂，表明能力水平越高。

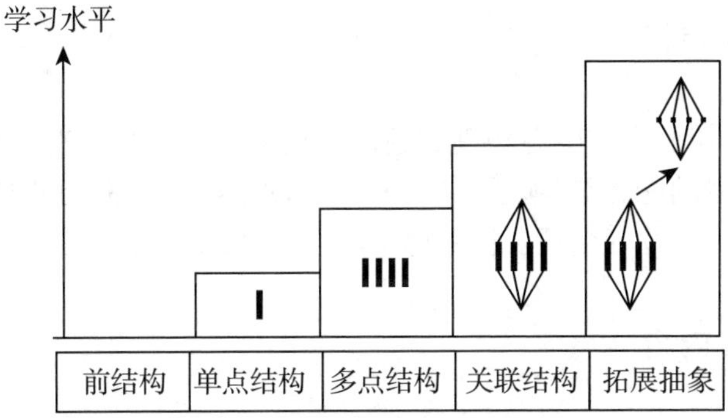

图 6－1　SOLO 理论的 5 种思维水平

（二）SOLO 分类理论在物理能力评价中的应用

我国已有很多学者将 SOLO 理论用于各学科的学习成果评价中。而成功地将 SOLO 应用在物理学科学习评价中的当属高凌飚。

由于我国关于高考物理提出的几种能力要求既不是并列式目标要求又不是台阶式目标要求，因而无法根据这几种能力要求来构建试卷的能力结构。高凌飚从 SOLO 分类理论得到启示，将 SOLO 中抽象的思维操作与具体的物理考试联系起来，对高考物理试卷的能力结构进行了研究与探讨。

为了确定高考物理试卷的能力层次和试题的类型，高凌飚通过具体试题的解读，分析了考查学生在解答高考物理试题时所包含的主要能力因素，以及这些能力因素的复杂或高低程度①。通过对物理试题不同情境的分析及试卷的实际情况，从解答问题所设计的知识储备、知识难易程度、问题情境复杂程度、题干信息量、思维活动的复杂程度，以及数学工具的选择多个细致的角度将高考物理试题划分成 5 个不同的能力层次②。该能力分层方式操作性强、理论和实证依据充分，能够作为笔者区别中考物理试题能力水平的理论依据。

---

① 高凌飚，李勇. 高考物理试卷的能力结构（上）[J]. 中国考试，1999（4）：14－16.

② 高凌飚，李勇. 高考物理试卷的能力结构（下）[J]. 中国考试，1999（5）：29－30.

第三节 研究设计

一、研究目标

掌握2017年北京市中考物理试题所呈现的能力结构情况，洞悉各题型、各知识类别试题的能力结构。结合往年试题的结构把握命题趋势，为新中考改革背景下的中考物理命题及初中物理日常教学提出一定的建议。

二、研究内容

构建物理能力分类量表和能力分层量表，对2017年北京市中考物理试题进行物理能力分类和能力分层统计。了解试题对几种物理能力考查比例，以及各类试题所处的能力层级比例。对比分析选择题和非选择题、实验题和非实验题，以及各知识模块的能力考查情况，为2018年中考物理试题的命制提供一定的建议。

三、研究方法

（一）文献研究法

通过中国知网查找有关“中考物理试题研究”的相关文献找出已有研究的成果和不足，明确自己的研究方向。阅读能力理论和SOLO分类评价理论的相关文献，确定能力结构量表构建的理论依据。

（二）文本分析法

阅读中考物理考试说明和义务教育物理课程标准，了解二者对学生能力评价的要求和建议。以2017年中考物理试题为研究主体内容，对物理试题进行能力考查的类别进行划分，统计试题关于各物理能力的考查情况，以及试题所呈现的能力水平，力求多角度、全方位地掌握2017年北京市中考物理试题的能力结构。

第四节　研 究 内 容

2017 年北京市中考物理试题的基本情况如下：总分值 100 分，包括选择题 60 分（每题 2 分）、非选择题 40 分；实验题 51 分、非实验题 49 分。其中实验题分成了实验选择题和实验解答题两类，其他题型与以往试题结构大体相同。为了统计分析试题的能力结构分布情况，构建物理能力归类、能力分层标准，即建立物理能力量表是开展研究的首要工作。

一、物理能力评价量表的构建

依据邢红军建立的物理能力理论，物理能力类别主要包括物理观察、实验能力，物理想象能力，物理思维能力，物理运算能力，运用物理知识的能力，运用科学方法的能力。以该物理能力理论的能力类别及具体要求为标准，笔者做了细微的处理，制定了物理能力分类量表（表 6 - 1）。

表 6 - 1　物理能力分类量表

物理能力	能力标准界说
物理观察、实验能力	观测、记录仪器示数的观察能力；仪器的选择、安装、调试操作等实验操作能力；实验研究对象、实验原理、实验方法选择等基本技能
物理想象能力	包括空间想象能力、物理情境构建能力和将研究对象抽象为理想化模型的能力
物理思维能力	能够进行分析、综合、概括、抽象、判断、推理（包括归纳、类比和演绎推理）等多种思维活动；能够进行直觉思维与逻辑思维活动①
物理运算能力	精确计算与估算能力；理解和应用函数图像能力；将定量计算和定性分析结合应用的能力
运用物理知识的能力	理解、熟知基础物理概念和物理规律；可以选择并应用物理知识（物理概念、规律）解决实际问题

① 邢红军，刘烁，张抗抗. 核心素养视域下初中生物理能力表现研究［J］. 课程·教材·教法，2017，37（8）：63 - 68.

（续 表）

物理能力	能力标准界说
运用科学方法的能力	掌握多种科学方法包括控制变量法、理想模型法、演绎推理法、比较法等①。能够凭借科学方法的认知途径获得物理知识；可以利用科学方法敏锐地锁定问题的核心，找出问题解决的方式和对策

为了分辨试题对学生物理能力水平要求的高低，笔者又借助高凌飚以SOLO分类为基础的物理能力分层理论制定了试题的物理能力分层评价量表，由于前结构水平的试题并不存在，所以试题的能力水平只包含4个维度，如表6－2所示。

表6－2　物理能力分层量表

能力层级	非实验题	实验题
单点结构水平	题目的信息量非常少，试题的物理情景学生较为熟悉。解答问题所涉及的知识点较简单，仅需回忆1个物理概念或物理规律；所使用的数学工具也很简单	明晰实验目标，理解实验原理、掌握实验方法。掌握实验仪器使用流程（包括选择仪器，选取量程，正确连接电路、安装设备等）。可观察实验现象、准确记录实验数据。可用有效数字合理记录实验结果
多点结构水平	题目信息量适宜，问题的情境仍较为熟知。解决问题所需要的知识点有多个，但知识点间并没有太多联系，而且都比较简单。解题需要经历一定的判别与分析推理过程，所依赖的数学工具仍然不复杂	独立完成实验，即可独立分析实验现象，能根据实验图像提取有用信息；能掌控实验条件、选取合理的实验方案、正确处理实验数据
关联结构水平	试题情境较为庞杂，或题干设置的条件较为隐蔽。学生解答试题需要经过一定的想象、分析或推理等思维过程，整合线索并回顾多个知识点，在总体上掌握思路并获取结果	能得出合理的实验结论，对结果进行反思和研究，通过实验误差分析提出优化的方案

① 乔通，邢红军．初中物理教学中应用物理知识的科学方法教育内容研究［J］．物理教师，2011，32（1）：18－19＋21.

（续　表）

能力层级	非实验题	实验题
拓展抽象结构水平	试题情境新颖独特，学生觉得陌生。学生解答试题要超越问题原有的情境，需要在准确理解知识之上，通过想象、分析、归纳、推理等多重思维过程将所学物理知识和题干信息综合，甚至依赖于抽象思维获得结论，得到的结论或许不单一；必要时还需借助一定的数学工具	能依据已掌握的关于物理实验的认知，独立设计出新的实验方案，并可预判实验结果

二、试题能力结构分析范例

（一）物理能力考查类别范例

1. 考查物理观察、实验能力

（实验选择题 23）在测量金属块密度的实验过程里，兰兰首先将天平放在了水平桌面上，把游码放到标尺左端的零刻线处，之后通过调节平衡螺母，使天平横梁处于水平平衡状态。兰兰把 1 个金属块放置于天平的左盘里，通过调整砝码盘中砝码的数量及游码的位置，使天平的横梁再次水平平衡。右盘中所放置的砝码情况和游码在标尺上的位置如图 6－2 甲所示。然后兰兰将系着细线的金属块放进装有 50 ml 水的量筒中，之后量筒中的水面位置如图 6－2 乙所示。请你根据上述实验过程和实验现象，判断以下 4 个选项中正确的为（　　）。

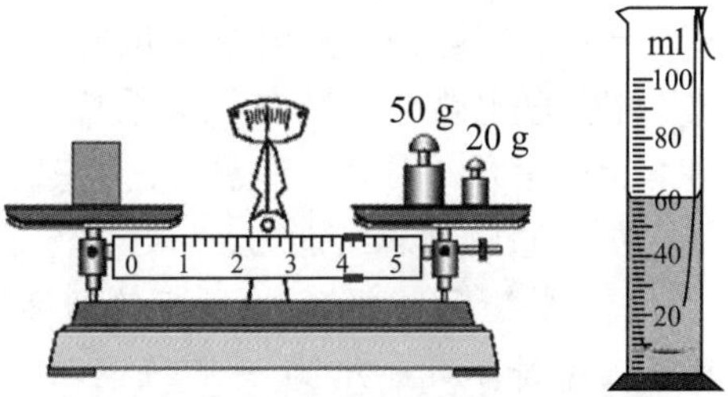

甲　　　　乙

图 6－2

A. 指针指在分度盘中央刻线处静止时，表明天平横梁在水平位置平衡了

B. 金属块的质量为 74 g

C. 金属块的体积为 60 cm^3

D. 金属块的密度为 7.4×10^3 kg/m^3

分析：本题为常规实验题，主要检验了学生对物体密度测量实验的实验过程的掌握情况。解答该试题，学生需要具备观察能力，既要准确读出仪器的示数；还要了解基本的实验操作过程，会使用天平、量筒。因而本题考查

了学生的物理观察、实验能力。

2. 考查物理想象能力

（实验解答题 39）若已知浸在液体中的物体所受浮力为 F，物体排开液体的体积是 V。兰兰认为：在任何条件下，F 都和 V 呈正比关系。请你自选实验器材，设计实验来证明兰兰的观点是不正确的。

分析：本题为一道特征明显的证伪实验题。该题来源于生活实际，题目全是文字表述，没有给出任何的提示图形。需要学生联想生活现象，构建浮力实验的空间想象图景，运用发散性思维并借助一定的逻辑推理来解答。因而该题考查了学生的物理想象能力。

3. 考查物理运算能力

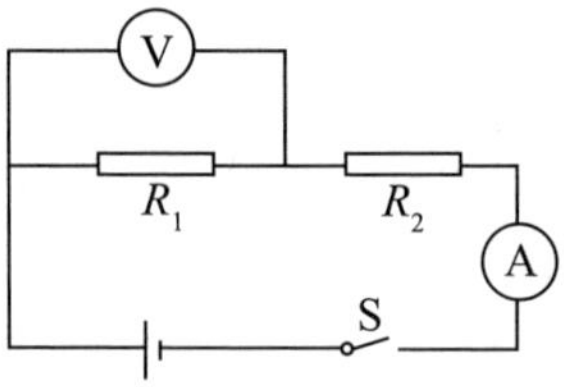

图 6－3

（计算题 44）如图 6－3 所示，已知电源两端的电压 U 不变，电阻 R_1 的阻值是 18 Ω、R_2 的阻值是 6 Ω。在开关 S 闭合之后，电压表的示数是3 V。求：

（1）电流表的示数 I。

（2）电源两端的电压 U。

分析：本题为考查电学知识的常规计算题，主要考查了学生对于欧姆定律、串并联电路电流及电压关系特征的理解情况。解答该题，学生需要具有基本计算能力。因而，本题考查了物理运算能力。

4. 考查物理思维能力

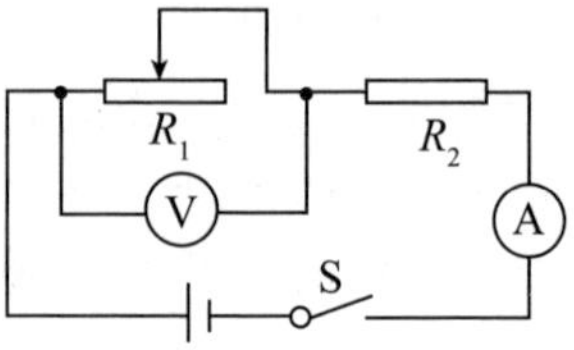

图 6－4

（单选题 14）图 6－4 所示的电路图中，电源两端电压保持不变，R_2 为一定值电阻。闭合开关 S，在滑动变阻器的滑片 P 向右移动后，对于电压表和电流表的示数变化情况，下列几个选项中，叙述正确的是（　　）。

A. 电压表、电流表示数均变大

B. 电压表、电流表示数均变小

C. 电压表示数变大，电流表示数变小

D. 电压表示数变小，电流表示数变大

分析：问题的解决过程时刻伴随着思维活动的参与。本题是基于欧姆定律这一物理规律来编制的，属于典型的电学中的动态电路问题。学生解答本题，需要经历分析题干、抽象及判断等思维活动，需要具备逻辑推理能力。因而本题考查了学生的物理思维能力。

5. 考查运用物理知识的能力

（多选题 19）下列说法中正确的是（　　）。

A. 以行驶的汽车为参照物，路边的树木是运动的

B. 只要物体的位置发生变化，物体的机械能就发生变化

C. 悬浮在盐水中的鸡蛋，受到盐水的作用力的合力为零

D. 用锤子将铁钉钉入木板，锤子对铁钉的作用力与铁钉对锤子作用力大小相等

分析：运用物理知识的能力是解答每一问题的必备能力。本题是对力、运动和能量的基本物理知识的考查。解答本题，学生需提取头脑中的相应的物理概念和规律，了解知识之间的联系，并能对条件进一步分析和判别。因此，本题主要检验了学生运用物理知识的能力。

6. 考查运用科学方法的能力

（实验解答题 37）为了对比活性炭和石英砂这两种材料对泥水过滤效果的不同，兰兰选用的实验器材如下：下端挖出漏水小孔的两个完全一样的透明圆柱体容器甲和乙，活性炭、石英砂、锰砂、鹅卵石这 4 种过滤材料。他在甲容器中顺次放入了活性炭、石英砂、锰砂、鹅卵石 4 种过滤材料，每种材料的厚度都为 4 cm，如图 6－5 甲所示。又在乙容器中顺次放入了石英砂、锰砂、鹅卵石 3 种过滤材料，每种材料的厚度仍为 4 cm，如图 6－5 乙所示。将均匀摇晃过的一瓶泥水等分为两份，分别缓缓地全都倒入甲、乙两个容器里，观察到经容器甲里材料过滤后的泥水比经容器乙里材料过滤后的泥水透明度高。最后兰兰得出结论：活性炭对泥水的过滤效果比石英砂的过滤效果要好。

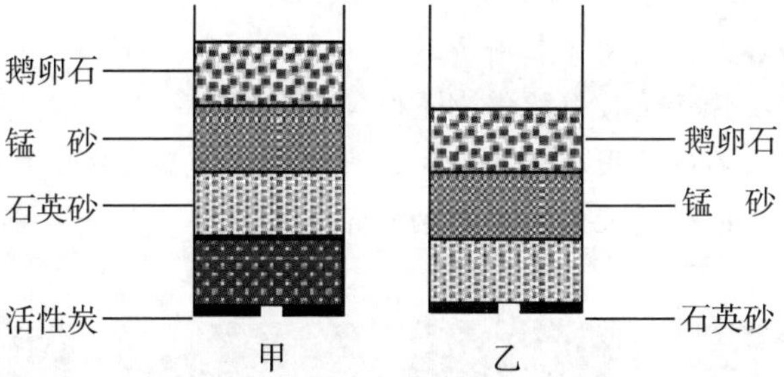

图 6－5

（1）请你写出兰兰在实验过程中的不当之处。

（2）请你针对兰兰在实验过程中的不当之处，写出更正后的步骤。

分析：本题是情境较为新颖的实验题。解答本题，学生需要仔细阅读题干中的实验过程，找出其中的错误点，并能够正确选择科学方法——控制变量法解答该问题。因此，本题考查了运用科学方法的能力。

（二）物理能力分层举例

1. 单点结构能力水平试题

（单选题 1）下列物品中，通常情况下属于导体的是（　　）。

A. 玻璃杯　　　B. 陶瓷碗　　　C. 铁锅　　　D. 塑料勺

（实验选择题 20）如图 6－6 所示：在 4 个光路图里，MM' 是平面镜，PO 是入射光线，ON 是法线，入射角 $\angle PON$ 是 $60°$，那么符合光的反射定律的光路图为（　　）。

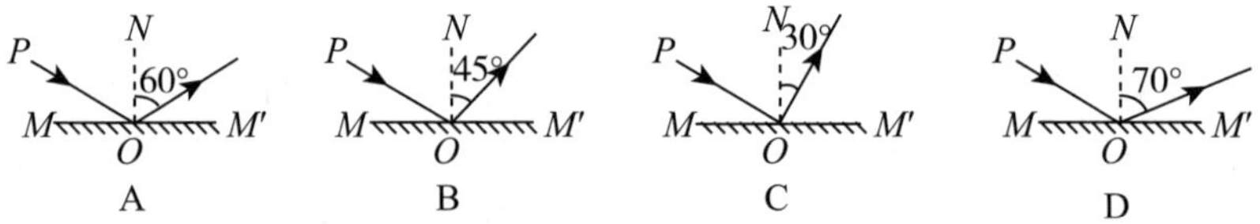

图 6－6

分析：上诉两题分别是对电学和光学知识的简易考查。题干中所描述的情境简单、信息量很少，学生解答只需要回忆“导体与绝缘体的差别、光的反射定律”一个知识点便可。因而这两道试题的能力层次为单点结构水平。

2. 多点结构能力水平试题

（多选题 16）图 6－7 展现了我国古代劳动人民的智慧结晶，对其中所包含的物理知识，以下说法正确的为（　　）。

A. 古代捣谷工具利用了杠杆原理

B. 光沿直线传播是日晷能够测量时间的条件之一

C. 碾谷物的石磨选用厚重的石材，目的是减小石磨对谷物的压强

D. 从两心壶的壶嘴能分别倒出两种不同的液体，这一功能的实现利用了大气压

古代捣谷工具　　日晷　　石磨　　两心壶

图 6－7

分析：本题是多选题，题目给出了 4 个不同的物理现象及应用，所描述的物理情境并不陌生。解答该题，学生需要回忆提取脑海中不同的物理知识，

包括“杠杆的概念”“光沿直线传播”原理、“固体压强”，以及“大气压存在”。但不需要将这些知识点串联起来，无须进行进一步的归纳分析等其他思维活动。因此，本题的能力层次为多点结构水平。

3. 关联结构能力水平试题

（科普阅读题 42）阅读材料《洛阳桥》回答下列问题：

经勘探发觉某块地的承受能力较为微弱，如果想要于这块地建造一座高塔，就很容易发生局部沉降甚至坍塌事故。为了避免局部沉降甚至坍塌事故产生，请你根据洛阳桥成功搭桥的经验，拟出一个解决方案，并叙述你的依据。

分析：科普阅读题的信息量较多，学生需要带着“问题”阅读材料，筛选有用的信息并加以整合。本题《洛阳桥》的物理背景较为陌生，但是解题所需是已有的压强方面的知识。解答本题需要学生理解所学知识，并结合已有的关于减小固体压强规律的认知提出解决方案。因而本题的能力水平为关联结构。

4. 抽象拓展结构水平试题

（实验解答题 41）实验桌上有满足要求的实验器材：弹簧测力计 1 个，2 个所受重力为 1 N 的钩码，带支架的杠杆 1 个。杠杆上相邻刻度的间距均是 0. 05 m，刻度线上下靠近杠杆边缘的地方设有圆形小孔，可以用来悬挂钩码或弹簧测力计，如图 6 – 8 所示。请你利用以上给出的实验器材，设计实验来证明：杠杆在保持水平平衡的时候，如果动力臂 L_1 保持不变，那么满足关系式 $F_1 = kF_2L_2$。其中 F_1 代表动力，k 为常量，F_2 代表阻力，L_2 是阻力臂。请详细按步骤写出实验过程，画出记录实验数据的表格。

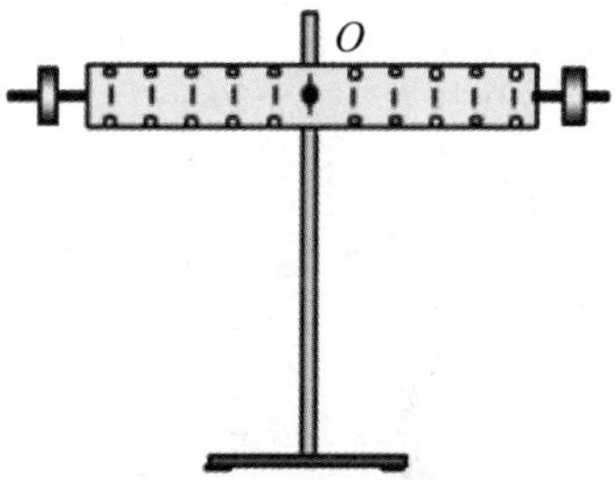

图 6 – 8

分析：本题是难度较大的实验设计题，是以杠杆的平衡原理为基础改编的。物理背景对学生来说既熟悉又生疏。解决本题，需要学生深刻理解杠杆的平衡条件，经过复杂的思维活动后能独立设计出实验方案，完成实验结论的验证。本题对学生的物理能力水平要求很高。因此，本题的能力水平可判定为抽象拓展结构。

三、2017 年北京市中考物理试题能力结构统计与分析

制定了清晰的能力结构量表后，就可以按照相应的量表对试题的能力结构进行逐一归类分析。为了方便记录并统计，笔者用罗马数字 Ⅰ 表示物理观

察、实验能力；Ⅱ表示物理想象能力；Ⅲ表示物理思维能力；Ⅳ表示物理运算能力；Ⅴ表示运用物理知识的能力；Ⅵ表示运用科学方法的能力。用大写字母S代表单点结构水平；M代表多点结构水平；A代表关联结构水平；E代表抽象拓展结构水平的能力层次。另外，笔者将每道试题的分值及知识考点做了统计。详细结果见表6－3至表6－8。

表6－3　单项选择题能力结构明细

题　号	分　值	知识归属	物理能力类别	物理能力层次
1	2	电学	Ⅲ、Ⅴ	S
2	2	光学	Ⅲ、Ⅴ	S
3	2	热学	Ⅲ、Ⅴ	S
4	2	电学	Ⅲ、Ⅴ	S
5	2	热学	Ⅲ、Ⅴ	S
6	2	声学	Ⅲ、Ⅴ	M
7	2	光学	Ⅲ、Ⅴ	M
8	2	力学	Ⅲ、Ⅴ	S
9	2	力学	Ⅲ、Ⅴ	S
10	2	电学	Ⅲ、Ⅴ	M
11	2	热学	Ⅲ、Ⅴ	S
12	2	光学	Ⅲ、Ⅴ	S
13	2	电学	Ⅲ、Ⅴ	M
14	2	电学	Ⅲ、Ⅴ	A
15	2	力学	Ⅲ、Ⅴ、Ⅵ	A

表6－4　多项选择题能力结构明细

题　号	分　值	知识归属	物理能力类别	物理能力层次
16	2	力、光学	Ⅲ、Ⅴ	M
17	2	电、磁学	Ⅲ、Ⅴ	M
18	2	热学	Ⅲ、Ⅴ	M
19	2	力学	Ⅲ、Ⅴ	M

表6－5　实验选择题能力结构明细

题　号	分　值	知识归属	物理能力类别	物理能力层次
20	2	光学	Ⅲ、Ⅴ、Ⅰ	S
21	2	热学	Ⅲ、Ⅴ、Ⅰ、Ⅵ	M

（续　表）

题　号	分　值	知识归属	物理能力类别	物理能力层次
22	2	电学	Ⅲ、Ⅴ、Ⅰ、Ⅵ	A
23	2	力学	Ⅲ、Ⅴ、Ⅰ	A
24	2	光学	Ⅲ、Ⅴ、Ⅰ	A
25	2	声、光、电学	Ⅲ、Ⅴ、Ⅰ、Ⅱ	M
26	2	电学	Ⅲ、Ⅴ、Ⅰ	A
27	2	热学	Ⅲ、Ⅴ、Ⅰ、Ⅵ	E
28	2	电学	Ⅲ、Ⅴ、Ⅰ、Ⅵ	A
29	2	力学	Ⅲ、Ⅴ、Ⅰ、Ⅵ	M
30	2	电学	Ⅲ、Ⅴ、Ⅰ、Ⅵ	A

表 6－6　实验解答题能力结构明细

题　号	分　值	知识归属	物理能力类别	物理能力层次
31	2	力学	Ⅲ、Ⅴ、Ⅰ	S
32	2	电学	Ⅲ、Ⅴ、Ⅰ	S
33	2	力学	Ⅲ、Ⅴ、Ⅰ	S
34	2	电学	Ⅲ、Ⅴ、Ⅰ、Ⅵ	A
35	2	电学	Ⅲ、Ⅴ、Ⅰ、Ⅳ	A
36	3	电学	Ⅲ、Ⅴ、Ⅰ、Ⅱ	A
37	3	力学	Ⅲ、Ⅴ、Ⅰ、Ⅵ	A
38	2	力学	Ⅲ、Ⅴ、Ⅰ、Ⅵ	E
39	3	力学	Ⅲ、Ⅴ、Ⅰ、Ⅱ、Ⅵ	E
40	4	热学	Ⅲ、Ⅴ、Ⅰ、Ⅵ	E
41	4	力学	Ⅲ、Ⅴ、Ⅰ、Ⅵ	E

表 6－7　科普阅读题能力结构明细

题　号	分　值	知识归属	物理能力类别	物理能力层次
42	2	力学	Ⅲ、Ⅴ、Ⅱ	A
43	3	力学	Ⅲ、Ⅴ、Ⅱ、Ⅵ	E

表 6－8　计算题能力结构明细

题　号	分　值	知识归属	物理能力类别	物理能力层次
44	3	电学	Ⅲ、Ⅴ、Ⅳ	A
45	3	力学	Ⅲ、Ⅴ、Ⅳ	A

在细致判别并记录每道试题的能力结构后，需进一步对试题的能力结构以不同角度进行归类统计，以便展开进一步的分析与研究。初步分析表 6－3

至表6－8可知，每道试题的能力结构水平唯一，但每道试题所涉及的能力考查类别并不唯一，有些试题所涉及的知识内容也不单一。因此，笔者选择了如下统计方法。

（1）物理能力考查类别的统计均使用频次。即只要试题考查了某种物理能力，该物理能力的考查频次就增加1次。

（2）从知识类别分类角度统计试题的能力水平情况时，使用频次；从题型角度统计试题的能力水平时，计算分值。所有统计的百分比皆经过了归一化处理。

（一）各题型的物理能力结构明细

为了整体把握试题关于各物理能力的考查情况及试题的能力分层状况，对表6－3至表6－8的数据进行了整合。整合结果如下（表6－9、表6－10）。

表6－9　各题型的物理能力分类考查明细

能力分类	单选题	多选题	实验选择题	实验解答题	科普阅读题	计算题
观察、实验	0	0	11	11	0	0
物理想象	0	0	1	2	2	0
物理思维	15	4	11	11	2	2
物理运算	0	0	0	1	0	2
运用知识	15	4	11	11	2	2
运用方法	1	0	6	6	1	0

表6－10　各题型的能力分层明细

能力分层	单选题	多选题	实验选择题	实验解答题	科普阅读题	计算题
单点结构	18	0	2	6	0	0
多点结构	8	8	6	0	0	0
关联结构	4	0	12	13	2	6
抽象拓展结构	0	0	2	10	3	0

为了方便研究，笔者又从两个不同维度对试题的能力结构进行了统计。

1. 选择题和非选择题的能力结构统计

选择题为客观题的一种，其题干描述解题情境和思路，备选项具有干扰性和迷惑性的特征。经统计可知，本次中考试题的选择题有30道，分值高达60分。由表6－11可知，本套试题的选择题主要考查了运用物理知识的能力、物理思维能力、观察实验的能力及运用科学方法的能力。而之所以能够对学生的观察实验能力进行评价，是因为试卷中设置有实验选择题，这是对以往命题类型有少许程度的创新。物理运算能力考查则主要依托于非实验题，具体来说是计算题考查了学生的物理运算能力。相比选择题，非选择题还在一定程度上考查了物理想象能力。

分析试题在能力水平的分布情况可知，选择题的能力层次水平主要集中于单点、多点及关联结构上；而非选择题的能力水平主要是关联结构和抽象拓展结构（表6－12）。因此，可以判定，学生完成选择题所需要的能力水平较低、思维过程较为简单，而解答非选择题需要更高水平的物理能力，思维活动较为复杂。

表6－11 选择题和非选择题的能力分类考查明细

能力分类	选择题频次	非选择题频次
观察、实验能力	11	11
物理想象能力	1	4
物理思维能力	30	15
物理运算能力	0	3
运用物理知识的能力	30	15
运用科学方法的能力	7	7

表6－12 选择题和非选择题的能力分层明细

能力分层	选择题分值	非选择题分值
单点结构水平	20	6
多点结构水平	22	0
关联结构水平	16	21
拓展抽象结构水平	2	13

2. 实验题和非实验题的能力结构统计

物理学以实验为基础，任何物理原理、规律的发现和检验大多依赖于实验活动。观察、实验能力是物理学习中需紧要掌握的能力。由表6－13可知，非实验题主要考查学生物理思维能力及运用物理知识的能力，极少量题目是对物理想象、物理运算和运用科学方法能力的考查。实验题除考查观察、实验能力，物理思维能力和运用物理知识的能力外，也集中了对运用科学方法能力的考查。通过阅读试题可知，控制变量法的考查最多。而实验题对物理想象能力的考查也有所涉及，可以说实验题的能力考查维度还比较全面。

再次分析试题的能力水平情况，可知实验题的能力水平主要集中在关联结构和抽象拓展结构上，单点和多点结构的题目较少。而非实验题的能力水平集中在单点和多点结构两个层次上，凸显了对物理概念和规律等基础内容的考查（表6-14）。从两类题型处于能力水平的不同来看，学生解答实验题需要较高水平的物理能力，而解答非实验题所经历的思维过程较为简单，所需的能力水平相对要低一些。

表6-13　实验题和非实验题的能力分类考查明细

能力分类	实验题（共22道）	非实验题（共23道）
观察、实验能力	22	0
物理想象能力	3	2
物理思维能力	22	23
物理运算能力	1	2
运用物理知识的能力	22	23
运用科学方法的能力	12	2

表6-14　实验题和非实验题的能力分层明细

能力分层	实验题分值	非实验题分值
单点结构水平	8	18
多点结构水平	6	16
关联结构水平	25	12
拓展抽象结构水平	12	3

（二）各知识模块试题的物理能力结构明细

“声、光、热、电、力”是人们对物理学科知识构成的基本认识。初中物理课标将课程划分成“科学探究”和“科学内容”两大板块。其中，科学内容被进一步划分成“物质”“运动和相互作用”“能量、能量的转化和转移”三大类。如果按照标准中对科学内容的划分方法对试题进行知识归类，则不够细致具体，不易发觉考核内容的重难点之处。因此，笔者还是按照“声、光、热、电、力、磁”这几个知识类别对试题进行统计（表6-15、表6-16）。

表6-15　各知识模块试题的物理能力分类考查频次明细

能力分类	声　学	光　学	热　学	力　学	电　学	磁　学
观察、实验能力	1	3	3	9	9	0
物理想象能力	1	1	0	3	2	0
物理思维能力	2	7	7	16	16	1
物理运算能力	0	0	0	1	2	0
运用物理知识的能力	2	7	7	16	16	1
运用科学方法的能力	0	0	3	7	4	0

表 6－16　各知识模块试题的能力分层考查频次

能力分层	声　学	光　学	热　学	力　学	电　学	磁　学
单点结构水平	0	3	3	4	3	0
多点结构水平	2	3	2	3	4	1
关联结构水平	0	1	0	5	9	0
抽象拓展结构水平	0	0	2	4	0	0

由表 6－15 不难发现，试卷考查知识的重点和难点仍集中在力学和电学上。声学、光学和热学的题数较少，且主要考查的物理能力都是运用物理知识点的能力、物理思维能力，少数题目涉及对物理观察、实验能力及运用科学方法能力的考查。声学、光学和热学题目的能力水平大多是单点和多点结构，有少许热学题目的能力层次处于拓展抽象结构水平上。力学和电学的题数多、知识难度较高，对物理能力的考查较为全面，试题的能力水平也较高。力学关于物理想象能力的考查频次多于电学，二者关于其他物理能力的考查则相差不多；抽象拓展结构水平的力学题目多于电学，这说明力学试题的难度要高于电学试题。

第五节　研究分析与讨论

基于第四节的研究内容，为了深入挖掘 2017 年北京市中考试题的能力结构特征，笔者从以下 5 个角度继续对试题的能力结构进行统计与分析。

一、全部试题的物理能力结构情况

依据表 6－17 和表 6－18，可整体把握命题的能力结构情况。整套试题对学生运用物理知识的能力和物理思维能力的考查最为全面，这也符合客观实际，因为解决物理学科问题必须要具备相应的物理学科知识，且在问题解决过程中始终需要大脑思维活动的参与。其次占据考查重点的是观察、实验能力，这也反映出当前物理教育对培养学生实验能力的极大关注。知识和方法都是学生学习所必须掌握的认知结构，整套试题也对学生运用科学方法能力进行了一定程度的考查。相比之下，物理想象能力和物理运算能力的考查都很少。

通过统计整套试题能力水平的分布情况，可知单点结构、多点结构水平的试题分值比例较为接近，关联结构试题的分值比重最高，抽象拓展结构能力水平的题目最少，分值比例为 15%。这也反映出本次中考物理试题基础题和中等偏上难度题目较多，难题相对较少的特征。

表 6－17　全部试题物理能力考查统计

能力分类	频　次	百分比/%
观察、实验能力	22	16.4
物理想象能力	5	3.7
物理运算能力	3	2.2
物理思维能力	45	33.6
运用物理知识的能力	45	33.6
运用科学方法的能力	14	10.5

表 6－18　全部试题的能力分层统计

能力分层	分　数	百分比/%
单点结构水平	26	26
多点结构水平	22	22
关联结构水平	37	37
拓展抽象结构水平	15	15

二、各题型的能力结构情况

（一）单选题能力结构特点

单选题是纸笔测验方式的主要命题形式，可用来了解学生关于基础知识的把握和判别情况。考生需要从多个答案中进行比较和判断，做出正确解答。本套试题的单选题所占分值为 30 分。由表 6－19 可知，单选题（不包括实验选择题中的单选）的能力考查类别主要是运用物理知识的能力和物理思维能力。阅读试题可知，仅最后 1 道力学题考查了学生运用等效替代方法的能力。单选题的能力层次主要分布在单点结构和多点结构水平上（表 6－20）。这说明单选题的命题内容是以基础知识为依据，而且难度较低。

表 6－19　单选题物理能力分类考查统计

物理能力分类	观察实验	物理想象	物理思维	物理运算	运用物理知识	运用科学方法	总　计
百分比/%	0	0	48.4	0	48.4	3.2	100

表 6－20　单选题能力分层统计

能力分层	单点结构	多点结构	关联结构	抽象拓展结构	总　计
百分比/%	60.0	26.7	13.3	0	100

（二）多选题能力结构特点

多选题的正确选项数目不确定，这意味着解答该试题需要学生具备一定的判断、综合的思维能力，所以多项选择题要难于单选题。本套试题多选题共4道，满分8分，多选不得分，漏选得一半分。由表6－21可以发现，多选题的能力考查类别仅有运用物理知识能力和物理思维能力两种，能力考查结构较单薄。试题的能力水平也全都是多点结构，对学生的能力要求并不高（表6－22）。因而可以断定，多选题仍然以检测基本知识为主，难度一般。

表 6－21　多选题物理能力分类考查统计

物理能力分类	观察实验	物理想象	物理思维	物理运算	运用物理知识	运用科学方法	总　计
百分比/%	0	0	50	0	50	0	100

表 6－22　多选题能力分层统计

能力分层	单点结构	多点结构	关联结构	抽象拓展结构	总　计
百分比/%	0	100	0	0	100

（三）实验选择题能力结构特点

实验选择题的命题类型实质也归属于选择题，考查内容全部为与实验相关的物理概念和规律。本套试卷的实验选择题是以不定项选择方式命题的，通过解答发现题目绝大部分还是多选题。通过能力结构统计可知，实验选择题的能力考查类别主要是观察、实验能力，以及运用物理知识的能力、物理思维能力，完全合乎实验选择题的命题要求（表6－23）。除此以外，部分实验选择题考查了学生运用科学方法的能力，主要包括对控制变量法、比较法和类比法的考查。实验选择题的能力层次主要是多点结构和关联结构水平，有部分试题处于抽象拓展和单点结构水平上（表6－24）。这说明实验选择题的能力层次丰富，难度要高于多选题和单选题。

表 6－23　实验选择题物理能力分类考查统计

物理能力分类	观察实验	物理想象	物理思维	物理运算	运用物理知识	运用科学方法	总　计
百分比/%	27.5	2.5	27.5	0	27.5	15.0	100

表 6－24　实验选择题能力分层统计

能力分层	单点结构	多点结构	关联结构	抽象拓展结构	总　计
百分比/%	6.25	18.75	37.50	6.25	100

（四）实验解答题能力结构特点

“标准”中要求初中生必做的实验有 20 个，且要求实验教学的主要教学方式应是科学探究。“标准”中有阐明对科学探究教学的详细要求，所以实验解答题主要是对科学探究的要素内容进行直接或间接的考查。

由统计表格 6－25 可知，实验解答题的能力考查类别最为全面，这表现为实验解答题除对学生的实验能力、运用物理知识的能力、物理思维能力进行了考查之外，还包含了对运用控制变量方法进行探究能力的考查，另外有两道题涉及了对物理想象能力的考查。而实验解答题的能力层次主要分布在关联结构和抽象拓展结构水平上，抽象拓展结构水平的题目主要是设计实验的内容（表 6－26）。因而可以判定，实验解答题的整体难度高于所有选择题的难度。

表 6－25　实验解答题物理能力分类考查统计

物理能力分类	观察实验	物理想象	物理思维	物理运算	运用物理知识	运用科学方法	总　计
百分比/%	26.2	4.7	26.2	2.4	26.2	14.3	100

表 6－26　实验解答题能力分层统计

能力分层	单点结构	多点结构	关联结构	抽象拓展结构	总　计
百分比/%	20.69	0	44.83	34.48	100

（五）科普阅读题能力结构特点

2015 年，科普阅读题开始进入北京市中考物理考试，这种新题型迅速引起了各方的热切关注。科普阅读题的命题已经过 3 年，每次的命题都在不断地创新、改进。虽然仅仅设置两道，但解答科普阅读题需要学生具备对文字的理解、概括、分析能力，对物理符号、图像的理解力，浏览、略读、精读能力，物理知识的迁移能力与运用能力和创造能力（表 6－27）。与往年不同，2017 年的科普阅读题材料仅有《洛阳桥》一篇。由表 6－28 可知，虽然 2017 年的科普阅读题材料仅有 1 篇，却在有限的命题中考查了学生的物理想象能力和运用科学方法的能力，且两道题的能力水平分别是关联结构和抽象拓展结构，试题的能力级别较高。这说明科普阅读题能够较好分辨学生的能力水平，该题型的引入能够助于提高试卷的命题质量。

表 6－27　科普阅读题物理能力分类考查统计

物理能力分类	观察实验	物理想象	物理思维	物理运算	运用物理知识	运用科学方法	总　计
百分比/%	0	28.6	28.6	0	28.6	14.2	100

表 6－28　科普阅读题能力分层统计

能力分层	单点结构	多点结构	关联结构	抽象拓展结构	总　计
百分比/%	0	0	40	60	100

（六）计算题能力结构特点

近三四年北京市中考物理计算题的计算过程都较为简单。命题所选知识内容固定为力学和电学，具体的物理规律呈现为欧姆定律、电功率计算、焦耳定律、简单机械的使用及机械效率计算。题干信息量简洁明了，物理情境为学生所熟知。

由表 6－29、表 6－30 可知，计算题考查了学生的运用物理概念、规律及物理运算的能力，其能力层次为关联结构水平。学生解答试题需要灵活运用力学和电学的相关规律，明确概念之间的联系和区别，并体会物理与生活实际的紧密关联，但所经历的思维活动并不十分复杂。

表 6－29　计算题物理能力分类考查统计

物理能力分类	观察实验	物理想象	物理思维	物理运算	运用物理知识	运用科学方法	总　计
百分比/%	0	0	33.3	33.3	33.4	0	100

表 6－30　计算题能力分层统计

能力分层	单点结构	多点结构	关联结构	抽象拓展结构	总　计
百分比/%	0	0	100	0	100

三、各知识点的能力结构情况

（一）声学题目能力结构统计

由表6－31、表6－32可知，声学题目的能力层次处于多点结构层次上，说明声学题目较容易。声学题主要考查运用物理知识的能力及物理思维能力，有部分试题涉及了对实验能力和物理思维能力的考查。其能力考查类别涉及较多。

表6－31　声学题目物理能力分类考查统计

能力分类	观察、实验	物理想象	物理思维	物理运算	运用知识	运用方法	总　计
百分比/%	16.67	16.67	33.33	0	33.33	0	100

表6－32　声学题目能力分层统计

能力分层	单点结构	多点结构	关联结构	抽象拓展结构	总　计
百分比/%	0	100	0	0	100

（二）光学题目能力结构统计

光学题目的能力考查类别较丰富，主要包括物理思维能力、运用物理知识的能力，少部分涉及对物理观察、实验能力和物理想象能力的考量（表6－33）。光学试题大多处在单点结构和多点结构两个能力水平上，少部分处于关联结构（表6－34）。

表6－33　光学题目能力分类考查统计

能力分类	观察、实验	物理想象	物理思维	物理运算	运用知识	运用方法	总　计
百分比/%	16.7	5.54	38.88	0	38.88	0	100

表6－34　光学题目能力分层统计

能力分层	单点结构	多点结构	关联结构	抽象拓展结构	总　计
百分比/%	42.86	42.86	14.28	0	100

（三）热学题目能力结构统计

由表6－35与表6－36可知，热学题目涉及了物理思维能力、运用物理知识的能力及观察、实验能力的考查。但其试题的能力层级分布在单点、多点和抽象拓展结构 3 个水平上。有少量试题处于抽象拓展结构的能力水平，说明热学题目具备一定的难度。

表 6－35　热学题目能力分类考查统计

能力分类	观察、实验	物理想象	物理思维	物理运算	运用知识	运用方法	总　计
百分比/%	15.00	0	35.00	0	35.00	15.00	100

表 6－36　热学题目能力分层统计

能力分层	单点结构	多点结构	关联结构	抽象拓展结构	总　计
百分比/%	42.86	28.57	0	28.57	100

（四）磁学题目能力结构统计

由表 6－37、表 6－38 可知，磁学题目只有 1 道，所以其能力考查类别及能力水平都很单一。

表 6－37　磁学题目物理能力分类考查统计

能力分类	观察、实验	物理想象	物理思维	物理运算	运用知识	运用方法	总　计
百分比/%	0	0	50.00	0	50.00	0	100

表 6－38　磁学题目能力分层统计

能力分层	单点结构	多点结构	关联结构	抽象拓展结构	总　计
百分比/%	0	100	0	0	100

（五）电学题目能力结构统计

电学历来是中考物理知识考核的主要内容。由表 6－39 可知，电学题目所考查的物理能力较为全面，但还是侧重于对运用物理知识、物理思维能力及观察、实验能力的考查。表 6－40 清晰地表明，电学题目的能力水平主要处于关联结构上，具余分布在单点和多点结构上。其对基础知识的掌握以及各知识的整合能力要求较高。

表 6－39　电学题目能力分类考查统计

能力分类	观察、实验	物理想象	物理思维	物理运算	运用知识	运用方法	总　计
百分比/%	18.38	4.08	32.65	4.08	32.65	8.16	100

表 6－40　电学题目能力分层统计

能力分层	单点结构	多点结构	关联结构	抽象拓展结构	总　计
百分比/%	18.75	25.00	56.25	0	100

（六）力学题目能力结构统计

力学也是中考物理命题内容的核心构成。由表 6－41 和表 6－42 可知，力学题目的能力考查类别也较为全面，相比于电学题，其对运用科学方法能力的考查比重较高。且力学题在各能力水平上均有分布，能力梯度大。抽象拓展结构的题目比例相对其他题型较多，说明力学题目较难。

表 6－41　力学题目物理能力分类考查统计

能力分类	观察、实验	物理想象	物理思维	物理运算	运用知识	运用方法	总　计
百分比/%	17.31	5.77	30.77	1.92	30.77	13.46	100

表 6－42　力学题目能力分层统计

能力分层	单点结构	多点结构	关联结构	抽象拓展结构	总　计
百分比/%	25.00	18.75	31.25	25.00	100

四、各物理能力的考查分布情况

（一）运用物理知识能力的考查情况

物理概念教学和物理规律教学是物理教学的基本构成。对物理知识的掌握情况历来是试卷命题的重点内容。由表 6－17 可知，本套试题对运用物理知识能力的考查比例最高。这是由于每道试题的解答都需要运用物理知识，因而对该能力考查得最多。

（二）观察、实验能力的考查情况

实验题分值占总分值的一半，皆高于以往试卷的实验题分数比例，这也反映了当前物理教学对培养学生物理实验能力愈发关注。由表 6－17 可知，整套试题的观察、实验能力的考查比例达到 16.4%。本套试卷对观察、实验能力的考查全部集中于实验选择题和实验解答题中，命题的题型有多种。物理学的实验性学科特征，使实验能力成为学生适应未来发展的必备能力。

（三）运用科学方法能力的考查情况

科学方法是我们探寻自然规律的方式和途径。学习知识是掌握方法的基础，而掌握方法又可以增进知识的学习。本套中考物理试题对运用科学方法能力的考查频次比例为 10.5%，通过分析试题的具体内容，可知考查学生科学方法运用能力的试题主要分布在实验题上，对控制变量法的考查居多。此外，由各知识点的能力结构的统计结果可知，只有力学和电学试题考查了科学方法。

（四）物理运算能力的考查情况

由于物理学自身的定量性特点，物理运算能力也是学生必须掌握的物理能力之一。本套试题对于物理运算能力的考量很少，而且运算的过程都十分简单。查阅近 10 年的北京市中考物理试卷我们可以发现，从 2015 年开始，计算题的难度骤降。繁重的数据和计算过程过分突出了对学生计算能力的考查，而对于物理学科来说，错综繁杂的运算能力是不应该被过分考量的。但是，物理运算种类有很多种，包括对于生活中一些物理情景的估算、某些物理问题的心算等。而这次命题对物理运算能力的考查太过单一和浅显，只涉及了对简单运算能力的考查。

（五）物理想象能力的考查情况

想象力是智力的有机构成，是创造力形成的根本要素。在物理学史上，很多重大规律的发现都要归功于想象力。例如，牛顿被苹果砸到能发现引力的存在，阿基米德在泡澡时能“顿悟”出浮力的规律等。

由表 6 - 17 的统计结果可知，本套命题对物理想象能力的考查比例是最低的，仅有 5 道试题，频次比重为 3.7%。由各知识点的能力结构的统计结果可知，少量的声学、光学、电学和力学题目的解答依赖于想象力。分析试题可以发现，这几道试题主要是考查学生的猜想、构建空间的物理图景的想象能力。实验解答题第 36 题和第 39 题的开放性较强，因而给予了学生一定的想象空间；科普阅读题的题干中明确说明要学生展开想象，也在某种程度上对学生的物理想象能力进行了考量。

（六）物理思维能力的考查情况

思维力也是智力的一种，且是智力发展的关键。思维的过程有很多种，思维活动呈现也复杂多样。思维力主要呈现为逻辑思维能力和直觉思维能力。

学生解答任何一道试题都需要思维的参与和支持，从表 6 - 17 的统计结果中可知，思维能力的考查覆盖所有试题，频次比例最高。在对比物理能力分类量表、分析试题的过程中，笔者发现，本套物理试题的解答需要学生经过分析、综合、抽象、概括、判断、推理等逻辑思维过程，问题的解决几乎全部依靠逻辑思维活动的协助，无直觉思维的参与。另外，查看试题的能力水平分布，可以得知，关联结构和抽象拓展结构试题的解答需要学生更多的思维活动的参与。这说明试题的能力水平越高，学生所需的物理思维能力水平就越高。

五、各能力水平的试题分布情况

（一）单点结构水平分布

单点结构水平试题的题干信息量少，涉及的知识点简单，能力要求较低。本套试卷的单点结构试题共有 13 道，分值为 26 分，主要分布于单选题和实验解答题中，少数分布于实验选择题（表 6－43）。由表 6－44 可知，光学、热学、力学和电学都有题目处于单点结构能力水平。

表 6－43　单点结构水平试题的题型分布统计

题　型	单选题	多选题	实验选择题	实验解答题	科普阅读题	计算题	总　计
百分比/%	69.23	0	7.69	23.08	0	0	100

表 6－44　单点结构水平试题的知识点分布统计

知识类别	声　学	光　学	热　学	力　学	电　学	磁　学	总　计
百分比/%	0	23.08	23.08	30.76	23.08	0	100

（二）多点结构水平分布

多点结构水平试题的解答虽然需要学生回想多个知识点，但各个知识点都是孤立的，不需要对其进行综合概括和分析。经过统计得知，本套试题的多点结构水平题目共 11 道，总分值为 22 分，主要分布于选择题中，单选、多选和实验选择题都有分布（表 6－45）。多点结构试题所考核的知识点较全，其中光学、力学和电学的比例最高（表 6－46）。

表 6－45　多点结构水平试题的题型分布统计

题　型	单选题	多选题	实验选择题	实验解答题	科普阅读题	计算题	总　计
百分比/%	36.36	36.36	27.28	0	0	0	100

表 6－46　多点结构水平试题的知识点分布统计

知识类别	声　学	光　学	热　学	力　学	电　学	磁　学	总　计
百分比/%	13.33	20.00	13.33	20.00	26.67	6.67	100

（三）关联结构水平

关联结构层次试题的能力要求较高，需要学生在设定的情境下利用相关知识进行分析和归纳。本试卷的关联结构试题共15道，总分值为37，所占比例最高（表6-47）。关联结构水平的试题几近遍布全部题型，且主要考查力学和电学知识（表6-48）。

表6-47　关联结构水平试题的题型分布统计

题　型	单选题	多选题	实验选择题	实验解答题	科普阅读题	计算题	总　计
百分比/%	10.81	0	32.43	35.14	5.41	16.21	100

表6-48　关联结构水平试题的知识点分布统计

知识类别	声　学	光　学	热　学	力　学	电　学	磁　学	总　计
百分比/%	0	6.67	0	33.33	60.00	0	100

（四）抽象拓展结构水平

抽象拓展水平的试题对学生的能力要求最高，在解题过程中，学生面对陌生的情境、复杂的信息需要利用已有知识对相关内容进行高度概括和归纳。本套试题中抽象拓展结构的试题共6道，分值为15，所占比例最少，且主要分布在实验解答题中，少量分布在科普阅读题和实验选择题里（表6-49）。阅读试题题干可知，设计实验方案的试题呈现抽象拓展的能力水平。

此外，由表6-50可知，抽象拓展结构试题的知识考查主要为力学和热学。这也说明本次命题中力学和热学试题的难度较大。

表6-49　抽象拓展结构水平试题的题型分布统计

题　型	单选题	多选题	实验选择题	实验解答题	科普阅读题	计算题	总　计
百分比/%	0	0	13.33	66.67	20.00	0	100

表6-50　抽象拓展结构水平试题的知识点分布统计

知识类别	声　学	光　学	热　学	力　学	电　学	磁　学	总　计
百分比/%	0	0	33.33	66.67	0	0	100

第六节　研究结论与建议

一、研究结论

（一）本套试题的能力考查维度较为全面，但各能力要素考查力度不均

通过分析 2017 年北京市中考物理试题能力结构的统计结果可知，运用物理知识的能力、物理思维能力的考查覆盖全部试题，考查比例最高；观察、实验能力考查较多；运用科学方法的能力考查力度小；而物理运算能力和物理想象能力的考查比例最低。各物理能力的考查比重相差较为明显。

（二）本套试题的能力分层明显，试题在各能力结构水平上均有分布

分析统计结果可知，本套试卷中各能力水平的试题都有，关联结构水平的试题最多；单点、多点结构的试题，抽象拓展结构的试题分值比例最低。试卷的整体难度呈中等偏上。

（三）各题型的能力结构差别较大，实验解答题的能力结构最为完善

各类题型的能力考查偏重不一样，且能力水平分布也各不相同。其中，实验解答题的能力要素考查最全，其试题能力水平主要呈现为关联结构和抽象拓展结构，说明实验解答题的整体难度较高。

（四）各知识类别试题的能力结构不同，力学和电学试题的能力结构较为完善

各知识类别题目的比重不同，从而导致能力结构相差较多。力学和电学的分值最高，其能力考查类别多，能力水平分布广，关联结构水平和抽象拓展结构的比例皆高于其他知识类别。

二、综合讨论

《北京市高级中等学校招生考试考试说明（2018 年）》物理学科部分所阐述的 2018 年命题的基本情况如下：试卷满分为 90 分，电学和声学依然占据考查内容的主体地位。其中，力学、声学占 36 分，热学有 13 分，电学有 32

分；实验选择题并入单选题和多选题，意味着不再设置不定项选择，单选题分值为 30 分，多选题为 14 分，实验解答题为 36 分，科普阅读题 4 分，计算题 6 分。

针对本套命题的能力结构特征，依据物理能力理论所提出的能力培养要求，结合 2018 年北京市中考物理命题改革和《北京市初中科学类学科教学改进意见》，笔者对北京市中考物理命题及日常的初中物理教学提出了一定的改善建议。

（一）对北京市中考物理命题的建议

1. 中考物理命题应重视对科学方法运用能力的考查

《义务教育物理课程标准》在“过程与方法”的目标维度上强调了学习科学研究方法和应用方法处理问题的重要性。《义务教育物理课程标准》中虽然明确要求在“过程与方法”的维度培养学生的能力，却没有阐明学生需要掌握哪些科学方法。邢红军多年致力于科学方法教育领域的研究，在坚实理论和扎实实证的基础上，提出了在初中物理教学中应用物理知识所涉及的科学方法。主要包括：演绎推理法、隔离法、理想模型法、比例法、整体法、控制变量法、假设法、等效法等①，在一定程度上为科学方法教育摆脱了“无米之炊”的尴尬境地。

具有选拔学生和引导教学双重价值的中考物理命题，理应重视对学生应用科学方法能力的考查。通过统计 2017 年北京市中考物理试题的能力结构发现，本套试题运用科学方法的能力比重较低，控制变量法考查得最多，少量题目涉及了类比法、比较法和等效替代法。这说明试题对科学方法的考查太过单一局限。因而建议加大对科学方法运用能力的考查力度。这样不仅可以更加全面地考查学生的物理能力，还能够在物理教育中深化科学方法教学的意识，有效引导并推动科学方法教育的发展。

2. 中考物理命题应加强对物理想象能力的考查

物理想象能力是物理能力的“灵动”成分。本套试题的物理想象能力考查比重最低，在某种程度上归咎于试题古板的命题模式。学生普遍缺乏创造力，其主要原因便是想象能力培养的缺失。想象是创造的源泉，我国的教育模式导致学生想象力、创造能力较弱。在应试教育下，大多学生在题海中苦苦挣扎，千篇一律的习题限制了学生的发展。

中考物理试题应改进其命题方式，增加其选材范围、注意题干描述时的措辞，创设情境给予学生想象空间。命题方式的改进会极大促进教学的发展，

---

① 邢红军．初中物理科学方法教育［M］．北京：中国科学技术出版社，2015：13－14.

会使师生重视起对物理想象能力的培养。此外，初中学生的课业相比高中并不繁重，教师可以整合多方面的教育资源，努力培养学生的想象能力，让学生时常“脑洞大开”，思维保持活跃的常态。

3. 中考物理命题可适当引入原始物理问题

研究结论表明，实验解答题的能力结构最为完善，而其他试题的能力结构都有缺失。这是由于习题固有的命题形式，使一些物理能力无法得到有效考查。需要改良试题的命题方式，寻找优于习题的其他命题形式。

“所谓原始物理问题，是指对自然界及社会生活、生产中客观存在且未被加工的物理现象的描述”①。而习题则是原始问题经过抽象后加工而成的“变了味”的练习作业。原始物理问题主要源自现实生活，以文字描述的方式呈现，不提供任何数据，答案开放性较强，学生很难通过生搬硬套物理规律来解决问题。查阅资料可知，10 年前的中考物理命题中所设置的简答题较为接近原始物理问题的命题形式，而目前的中考物理试题很难找寻原始问题的影子。

解决原始物理问题需要经历 7 种表征过程②。而习题解决只需经历物理表征、方法表征和数学表征 3 种表征过程。由于原始物理问题的 7 个表征过程对应着不同的物理能力要素，且整个表征过程对学生的物理能力的要求较高，因而原始物理问题可以全面考量学生的物理能力。此外，原始物理问题能够洞察学生思维的深刻性、独创性、批判性和灵活性的特征，这些都是习题很难实现的。如果在试题中引进原始物理问题，就可以全方位考量学生的物理能力，提高试卷的命题质量，于选拔人才方面具有一定的帮助。由此看来，在中考物理试卷中引入原始物理问题具有较高的可行性。

4. 中考物理实验命题应当突破纸笔测验

《义务教育物理课程标准》中建议可以结合实验操作评价学生的实验探究能力。近年来，物理实验题的分值持续递增，但其考查形式仍然停滞于纸笔测验，无法考查实验能力中的关键部分——实验的动手操作能力。因而建议北京市中考物理命题形式突破纸笔测验，引入实验操作考试。

实验操作考试能够全方位考核学生的实验能力。研究发现，实施中考实验操作考试的地区越发增多，一些省市将实验操作考试分数计入中考成绩里③。中考物理实验操作考试通常由相关的教育部门统一安排，采用现场集中测试的方式。其命题主要依据课标评价要求，重点评估学生在独立完成实验

---

① 邢红军，石尧．原始物理问题教学：一个本土化教学理论的创生［J］．教育学术月刊，2016（9）：83－90.

② 邢红军．初中原始物理问题教学研究［M］．北京：中国科学技术出版社，2016：122－123.

③ 周婷婷．中考物理实验操作考查内容及特点分析［D］．重庆：西南大学，2012.

过程中的基本表现。考生需要依照考号次序，由抽签方式确定考核内容，之后在准备室备考。待操作结束之后，由专业的监考教师现场评分，并向考生公布成绩。在条件允许的情况下，安装录像监控系统，并安排纪律检查人员，巡视、协助维护考场秩序和纪律。

北京市作为全国教育资源最丰富的地区，完全有条件实行实验操作考试方式。可以利用现代技术手段，如 DIS 实验传感器实现实验操作的数字化监控，实现实验操作监考工作的无人化和即时性。2018 年中考改革方案的 1 个突出亮点是，每科有 10 分的考核来自科学实践。这就要求学生参与社会实践、走入生活课堂、体验科学和科技等。笔者认为，这 10 分在物理学科的考核上可以设置为动手操作的考查内容，以提升中考物理考试的选拔性，真正考量学生的实验能力。

（二）初中物理教学建议

1. 应重视科学方法的显性教育

目前，重视科学知识、忽视科学方法是我国科学教育始终存在的一个弊端。这种教育取向在某种程度上约束了学生能力的提升。我国的科学教育一直囿于“知识中心”的教育观念，关于科学知识与科学方法的关系、科学方法的教育功能等理论性问题皆缺乏深入而细致的研究，这些都是导致我国科学教育水平长时间处于低落状态的根源①。目前的课程标准仍然只对科学知识进行具体阐述，无科学方法培养的具体要求。“知识中心”的教育观念依然根深蒂固。国际著名期刊《Science》中曾刊登了鲍雷等人采用 FCI、BEMA 和 LCTSR 等测评工具做的有关中美两国学生在物理概念理解和一般科学推理能力的测验。结果发现中国学生对知识的掌握情况比美国学生要好，但科学推理能力与美国学生差异并不明显②。这说明了“知识中心”的教育理念并没有真正促进学生科学能力的发展。“知识中心”向“方法中心”的教育理念转变势在必行。科学方法的导源、突破、建构等多重功能③让我们意识到，必须重视科学方法教育。

虽然我们已经意识到了科学方法教育的重要意义，但是究竟教哪些方法，如何去教又成为困扰我们的两大难题。基于对该问题扎实理论的支持下，邢红军的研究团队对初高中物理科学方法教育内容和教学方式进行了全面而细

---

① 邢红军，陈清梅．从知识中心到方法中心：科学教育理论的重要转变［J］．首都师范大学学报（自然科学版），2011，32（6）：20－26.

② Bao Lei，Cai Tianfan，Kathy Koenig，et al. Learning and Scientific Reasoning［J］．Science，2009（323）：586－587.

③ 邢红军．初中物理科学方法教育［M］．北京：中国科学技术出版社，2015：48－49.

致的研究：科学方法教育内容主要包括物理概念建立、物理规律建立、物理知识获得，以及物理知识运用过程中的科学方法。不同教学过程所涉及的科学方法不同，例如，在物理概念建立过程中的科学方法主要包括直接定义法、比值定义法、实验归纳法、控制变量法等；在物理知识运用中所涉及的方法有演绎推理法、隔离法、理想模型法、控制变量法和图像法等。

长期以来，科学方法的教育方式都是内隐的。隐性教育方式强调潜移默化地影响学生，具体呈现为在教学中不指明科学方法的名称、教师也无须阐释科学方法的内涵。科学方法隐性教育存在很大的缺陷，会使教学目标不明确、教学内容不确定，最终致使教学效果收效甚微。因而，科学方法教育必须摒弃固有的隐性教学模式。采取显性的教学方式，即将科学方法的运用转变成外在的、可操作性的动作。要在概念、规律教学及实验教学中明确指出运用了哪些科学方法，说明该科学方法的含义及运用条件，让学生对科学方法的掌握能力到达触类旁通、举一反三的层次。

2. 应重视对学生思维能力的培养

由研究结论可知，本套命题对物理思维能力的考查比例最高。思维力作为智力的重要构成，是能力提升的关键基础。相关研究表明，思维能力在问题解决中占决定性地位，与其他物理能力息息相关。问题解决的整个过程都要依赖于大脑的思维活动。培养并提高学生的物理思维能力理应受到我们的关注。

在思维教学中，逻辑思维教学的重要意义早已深入人心。逻辑思维活动包括分析、概括、归纳、综合、推理等多种类别。与逻辑思维相对的是直觉思维，而直觉思维的独特价值经常被我们所忽视。很多时候，人们能够发现或者解决一个问题都是基于灵感的启示，这体现了直觉思维的创造性。我们理应意识到直觉思维所独有的创造价值，关注直觉思维教学。

物理思维教学的关键性可想而知，但是《义务教育物理课程标准》中并没有阐明思维教学的价值、思维教学的内容和教学方式。对此，可以借鉴一些物理教育研究者的研究成果进行思维教学工作。邢红军基于科学的研究途径和思路，通过“思维方法—学科方法—学科知识”的“教学途径”，尝试提出了中小学思维教学内容，包括“分析、综合、抽象、概括、比较、判断、假设、推理、直觉、想象”①。另外在教学方式上，邢红军认为思维教学需借助于学科方法教学的途径展开，开展“方法理解”式思维教学方式。即在知识教学的过程中，伴随开展思维方法与学科方法的显化教学，进而切实提高学生的思维能力水平。

---

① 邢红军．中小学思维教学的深化研究［J］．课程・教材・教法，2016，36（7）：33－39＋75.

3. 应重视对学生动手操作技能的培养

教学改进意见对实验教学提出了较高的要求，要求学生完成必做实验，深入理解在实验探究、应用过程中所呈现出的概念之间的关联。“智力—技能—认知结构（知识＋科学方法）”能力理论中明确阐明，能力构成要素之技能主要包括操作技能和心智技能两种。物理学科的学习，必修内容便是实验探究学习。而实验不能局限于书面上的学习，必须落实到真实操作上。目前的物理实验教学，仍然存在仅徘徊在书本里的现象，即仅限于阅读文本、了解实验过程、设计实验方案、解答几道实验笔试题。在大学乃至研究生的实验学课上可以发现，很多学生的动手能力很差，动手意识不强，甚至惧怕动手操作，这说明我们并没有帮助学生从基础教育时期养成一个勤于动手的好习惯。只有真正走进实验室，动手操作实验仪器，进行实验操作，才能真正提高动手操作技能。所以，师生要尽量克服各方面的困难，不要使实验资源闲置不用，尽可能以操作的方式培养实验能力。

4. 可尝试运用原始问题教学方式培养学生多方面的能力

各物理能力并不是相互孤立、毫无关联的。研究表明，各物理能力要素之间均具有较高的相关性，因而需对学生的能力进行全面均衡的培养。实践研究发现，习题教学的固有缺憾导致学生的物理能力无法得到全方位的发展，而原始物理问题的教学方法能有效促进学生多方面物理能力的发展，这主要体现在 7 个表征过程中①。

在定向表征和抽象表征中，学生需确定原始问题性质，通过抽象概括建立出理想模型。该过程需要学生抽象思维活动的参与，且要求学生灵活运用理想化科学方法；在赋值表征过程中，学生需根据已有的认知合理地设置物理量，便于之后的分析计算，这个过程需要形象思维活动的参与；在图像表征过程中，学生需要在物理想象能力的辅助下合理绘制草图；在物理表征过程中，学生需要经历判断的思维活动，选择恰当的物理规律分析问题；在方法表征过程中，学生需选择正确的物理方法和思维方法；在数学表征中，学生需借助于数学工具对问题进行定量的分析。

7 个表征过程包含了对各物理能力要素的要求，这也就意味着解决原始物理问题需要学生多种能力的参与。因此，借助原始问题独特的教学模式，可以同时培养并提升学生的多维能力，达到事半功倍的效果。

---

① 邢红军．初中原始物理问题教学研究［M］．北京：中国科学技术出版社，2016：16－17.

主要参考文献

图　书

[1] A. J. 哈罗，E. J. 辛普森. 教育目标分类学－第三分册－动作技能领域［M］. 上海：华东师范大学出版社，1989.

[2] 鲍尔，费迪. 生态学［M］. 北京：科学出版社，2004.

[3] 彼格斯，科利斯. 学习质量评价 SOLO 分类理论，可观察的学习成果结构［M］. 北京：人民教育出版社，2010.

[4] 北京市教育考试院. 2017 年北京市高级中等学校招生考试说明［M］. 北京：北京理工大学出版社. 2017.

[5] 程书肖. 教育评价方法技术［M］. 北京：北京师范大学出版社，2004.

[6] 陈玉琨. 教育评价学［M］. 北京：人民教育出版社，2014.

[7] 陈琦，刘儒德. 当代教育心理学［M］. 北京：北京师范大学出版社，2012.

[8] 国家研究理事会. 美国国家科学教育标准［S］. 戢守志，等，译. 北京：科学技术文献出版社，1999：6.

[9] 顾明远. 教育大辞典（增订合编本）［M］. 上海：上海教育出版社，1997.

[10] 胡卫平，孙枝莲，刘建伟. 物理课程与教学论研究［M］. 北京：高等教育出版社，2007.

[11] 姜文闵. 简明教育辞典［M］. 西安：陕西人民教育出版社，1988.

[12] 教育部考试中心. 高考物理能力考查与题型设计［M］. 北京：高等教育出版社，1997.

[13] 联合国教科文组织国际教育发展委员会. 学会生存——教育的今天与明天［M］. 北京：教育科学出版社，1996.

[14] 林崇德. 学习与发展——中小学生心理能力发展与培养［M］. 北京：北京师范大学出版社，2011.

[15] 林崇德. 21 世纪学生发展核心素养研究［M］. 北京：北京师范大学出版社，2016.

[16] 林纯镇，吴崇试. 我国赴美物理研究生考试历届试题集解（1980—1984）［M］. 北京：高等教育出版社，1985.

[17] 洛林・W. 安德森. 布卢姆教育目标分类学修订版［M］. 北京：外语教学与研究出

版社，2009.
[18] 类维平. 物理实验教学技能［M］. 哈尔滨：东北林业大学出版社，2004.
[19] 李艳平，申先甲. 物理学史教程［M］. 北京：科学出版社，2003.
[20] 廖伯琴，等. 中学物理课程改革的目标与实施［M］. 北京：高等教育出版社，2003.
[21] 美国科学促进协会. 科学素养的基准［M］. 北京：科学普及出版社，2001.
[22] 宁虹. 教育研究导论［M］. 北京：北京师范大学出版社，2010.
[23]《乔际平教育思想文集》编委会. 乔际平教育思想文集［M］. 北京：首都师范大学出版社，2011.
[24] 乔际平，邢红军. 物理教育心理学［M］. 南宁：广西教育出版社，2003.
[25] 乔际平，梁树森. 中学物理习题教学研究［M］. 北京：北京师范学院出版社，1993.
[26] 孙可平，邓小丽. 理科教育展望［M］. 上海：华东师范大学出版社，2002.
[27] 施良方. 课程理论——课程的基础、原理与问题［M］. 北京：教育科学出版社，1996.
[28] 王较过，李贵安. 物理教学论［M］. 西安：陕西师范大学出版社，2009.
[29] 吴明隆. 问卷统计分析实务［M］. 重庆：重庆大学出版社，2012.
[30] 邢红军. 初中原始物理问题教学研究［M］. 北京：中国科学技术出版社，2016.
[31] 邢红军. 初中物理科学方法教育［M］. 北京：中国科学技术出版社，2015.
[32] 邢红军. 物理教学论［M］. 北京：北京大学出版社，2015.
[33] 肖远军. 教育评价原理及应用［M］. 杭州：浙江大学出版社，2004.
[34] 许国梁. 中学物理教学法［M］. 北京：人民教育出版社，1981.
[35] 爱因斯坦. 爱因斯坦文集［M］. 许良英，李保恒，赵中立，译. 北京：商务印书馆，1977.
[36] 杨振宁. 杨振宁文集［M］. 上海：华东师范大学出版社，1998.
[37] 阎金铎. 物理课程论［M］. 南宁：广西教育出版社，1996.
[38] 阎金铎. 中学物理教材教法［M］. 北京：北京师范大学出版社，1981.
[39] 袁守华. 解题思维的理论和方法［M］. 北京：北京师范大学出版社，2011.
[40] 袁振国. 当代教育学［M］. 北京：教育科学出版社，1998.
[41] 郑青岳. 物理解题理论［M］. 郑州：大象出版社，1996.
[42] 浙江省教育学会中学物理教学分会. 高中物理方法教育研究［M］. 杭州：浙江教育出版社，1995.
[43] 中国社会科学院语言研究所词典编辑室. 现代汉语词典（修订本）［M］. 北京：商务印书馆，1996.
[44] 中华人民共和国教育部. 全日制普通中学物理教学大纲（试验修订版）［M］. 北京：人民教育出版社，2000.
[45] 中华人民共和国教育部. 普通高中物理课程标准（实验）［M］. 北京：人民教育出版社，2003.
[46] 中华人民共和国教育部. 义务教育物理课程标准（2011 年版）［M］. 北京：北京师

范大学出版社，2012.
[47] 张民生. 中学物理教育学 [M]. 上海：上海教育出版社，1999.

期刊论文

[1] Atkin J M, Helms J. Getting serious about priorities in science education. Studies in Science Education, 1993 (21): 1 - 20.
[2] National Commission on Excellence in Education. A nation at risk: The imperative for educational reform [J]. The Elementary School Journal, 1983: 113 - 130.
[3] Bao lei, Cai Tianfan, Kathy Koenig, et al. Learning and Scientific Reasoning [J]. Science, 2009 (323) 586 - 587.
[4] Shen B S P . Science Literacy [J]. American Scientist, 1975, 63 (3): 265 - 268.
[5] Zimmerman C. The Development of Scientific Reasoning: What psychologists contribute to an Understanding of Elementary Science Learning? Paper cornisioned by the National Academies of Cavallo A M L. Meaningful learning, reasoning ability, and students' understanding and problem solving of topics in genetics [J]. Journal of Research in Science Teaching, 1996, 33: 625.
[6] Hurd P D. Science literacy: Its meaning for American schools [J]. Educational Leadership, 1958, 16 (1): 13 - 16.
[7] Jenkins E W. (1990). Scientific literacy and school science education. School Science Review. 71 (256), 43 - 51.
[8] Lawson A E, Alkhoury S, Benford R, et al. What kinds of scientific concepts exist? Concept construction and intellectual development in college biology [J]. Journal of Research in Science Teaching. 2000, 37 (9): 996.
[9] Lawson A E, Johnson M. The validity of Kolb learning styles and Neo - Piagetian developmental levels in College Biology [J]. Studies in Higher Education, 2002, 27 (1): 79.
[10] Taras M. Summative and Formative: Some Theoretical Reflection [J]. British Journal of Education Studies, 2005, 53 (4): 446 - 478.
[11] Stuessy C L . Path analysis: A model for the development of scientific reasoning abilities in adolescents [J]. Journal of Research in Science Teaching, 1989, 26 (1): 41 - 53.
[12] Voogt J, Robin N. A comparative analysis of international frameworks for 21st century competences: Implications for national curriculum policies [J]. Journal of Curriculum Studies, 2012 (44): 3, 299 - 321.
[13] 陈静. 北京中考物理"科普阅读题"的命题与备考研究 [J]. 湖南中学物理，2016，31 (10)：42 - 44.
[14] 陈红梅，孔建斌，李汶锋. 强化实际应用 突出科学实践——2016 年山西省中考物理命题思路解读 [J]. 教育理论与实践，2016，36 (35)：3 - 6.
[15] 陈博，魏冰. 科学素养概念三种取向的界定 [J]. 上海教育科研，2012 (2)：48.
[16] 陈发俊，史玉民，徐飞. 美国米勒公民科学素养测评指标体系的形成与演变 [J].

北京：科普研究，2009（2）：42.
[17] 陈娴，梁玲，梁寒冰. 从改革后的新教材看美国中学物理实验教学的主要特点及发展趋势［J］. 课程·教材·教法，2007（4）：92－96.
[18] 陈浩，吴秋瑛. 基于标准的初中物理实验操作能力表现性评价的构建［J］. 物理教师，2015，36（1）：4－8＋15.
[19] 储成节. 凸显科学方法　渗透科学思维——2015年上海中考物理试题赏析［J］. 中学物理，2016，34（4）：80－81.
[20] 代超群，张新全. 中考数学平面几何创新题探析——从一道中考压轴题谈起［J］，科教文汇，2016（3）：112－113.
[21] 段雨鑫. 初中数学课程标准与中考数学试卷的一致性研究［J］. 北京教育学院学报（自然科学版），2014（9）：21－29.
[22] 邓雪，李家铭，曾浩健，等. 层次分析法权重计算方法分析及其应用研究［J］. 数学的实践与认识，2012，42（7）：93－100.
[23] 窦兴明. 中考物理试题对"过程与方法目标"的考查要点［J］. 物理教学，2013，35（6）：44－47.
[24] 范宏琍，秦掩秀，赵卫平. 关注生活　重视实验　夯实基础　提升能力——2011年山西省中考化学命题思路解读［J］. 教育理论与实践，2011（9）：15－18.
[25] 封三妮. 谈谈中考数学三类试题的答题技巧［J］. 学周刊，2015（6）：183.
[26] 郭红，潘莹莹. 2017年北京市物理中考试题评析［J］. 新课程教学（电子版），2017（7）：32－38.
[27] 郭芳. 例谈教师如何指导学生做好"科普阅读"［J］. 新课程教学（电子版），2016（10）：35－37＋39.
[28] 杜明荣，廖伯琴. 实验与探究能力如何评价——以英国GCE物理A水平考试为例［J］. 课程·教材·教法，2007（8）：87－91.
[29] 高凌飚，李勇. 高考物理试卷的能力结构（上）［J］. 中国考试，1999（4）：14－16.
[30] 高凌飚，李勇. 高考物理试卷的能力结构（下）［J］. 中国考试，1999（5）：29－30.
[31] 高红梅. 美国2061计划简介.［J］. 中小学管理，1997（10）：16－17.
[32] 郭金玉，张忠彬，孙庆云. 层次分析法的研究与应用［J］. 中国安全科学学报，2008（5）：148－153.
[33] 公丽云，彭聪. 从北京中考看电阻的测量方法［J］. 教育实践与研究（B），2016（9）：74－78.
[34] 胡献忠. 新版英国《国家科学教育课程标准》及其启示［J］. 全球教育展望，2001（3）：45.
[35] 蒋鸣. 中学物理实验操作技能的形成与培养策略［J］. 物理实验，2000（6）：24－25.
[36] 林崇德. 论学科能力的建构［J］. 北京师范大学学报（社会科学版），1997（1）：5－12.
[37] 罗国忠. 表现性评价在物理教育中的应用［J］. 物理教学探讨，2004（8）：4－6.
[38] 李志红. 探索新课标背景下的初中生物实验操作考核［J］. 中国教育技术装备，2012（11）：20－23.

[39] 李正福，李春密，邢红军. 从隐性到显性：物理科学方法教育方式的重要变革 [J]. 课程·教材·教法，2010 (12)：71 – 74.
[40] 李春密. 物理实验操作能力的结构模型初探 [J]. 学科教育，2002 (6)：39 – 42.
[41] 李菲菲，刘电芝. 口语报告法及其应用研究述评 [J]. 上海教育科研，2005 (1)：39 – 44.
[42] 李大光，中国公众科学素养研究 20 年 [J]. 科技导报，2009 (7)：104 – 105.
[43] 李书鹏. 初中物理中电源、电表的内阻相关题型的解析 [J]. 中学物理教学参考，2017，46 (2)：75 – 76 + 2.
[44] 李臣. 初中物理“理由”类试题答题方法与技巧 [J]. 中学物理，2017，35 (20)：34 – 35.
[45] 梁英豪. 科学素养初探. [J]. 课程·教材·教法，2001 (12)：59 – 63.
[46] 梁秋丽，叶晓军. 中考声现象复习指要 [J]. 中学物理教学参考，2017，46 (5)：67 – 70.
[47] 李晶. 北京中考物理“实验与探究题”的命题与备考分析——以 2016 年试题为例 [J]. 湖南中学物理，2016，34 (22)：92 – 94.
[48] 何铁. 基于物理学科核心素养视角的成都中考物理试题分析 [J]. 物理教学探讨，2016，34 (9)：48 – 51.
[49] 解红晖. 科学素养概念化进程及特征研究 [J]. 今日教育，2015.
[50] 何季军. 中考物理实验笔试题命制的实践与思考 [J]. 中学物理教学参考，2017，46 (21)：58 – 60.
[51] 朴昌虎. 从“双基”到“四基”，从“两能”到“四能”的转变 [J]. 延边教育学院学报，2016 (12)：63 – 66.
[52] 彭夷，孙建生. 例谈物理中考命题的策略及启示——基于无锡市近年来物理中考命题的实践与思考 [J]. 物理通报，2016 (1)：34 – 40.
[53] 乔通，邢红军. 初中物理教学中应用物理知识的科学方法教育内容研究 [J]. 物理教师，2011，32 (1)：18 – 19 + 21.
[54] 孙伟平. 两种互补的思维方式：逻辑思维和直觉思维 [J]. 湖南师范大学社会科学学报，1989 (1)：48 – 52.
[55] 孙云晓，赵霞. 中国儿童想象力危机报告 [J]. 少年儿童研究，2009，22：4 – 10.
[56] 陶本友. 浅谈中考物理试题应发挥的效能 [J]. 教学与管理，2014 (1)：77 – 79.
[57] 王亮亮. 数学学科（ 北京中考）评价体系的实践探究 [J]. 数学通报，2015 (8)：56 – 59.
[58] 吴成军. 基于生物学核心素养的高考命题研究 [J]. 中国考试，2016 (10)：25 – 31.
[59] 王磊. 学科能力构成及其表现研究——基于学习理解、应用实践与迁移创新导向的多维整合模型 [J]. 教育研究，2016 (9)：83 – 92.
[60] 王磊，支瑶. 化学学科能力及其表现研究 [J]. 教育学报，2016 (8)：46 – 55.
[61] 王荣桥. 解读中考化学识图题 [J]. 化学教学，2015 (1)：87 – 91.
[62] 王文静，王存宽，周勇. PISA 2015 科学素养内涵变化、价值取向及启示 [J]. 宁波大学学报（教育科学版），2015，5 (3)：120 – 124.

[63] 王健，王聪，刘志爽．生物学科能力及其表现研究［J］．教育学报，2016（4）：64－72.
[64] 王小兰，陈瑞安，干海涛，尹建武．湖北省黄冈市2013年中考物理试题分析与备考策略［J］．黄冈师范学院学报，2014，34（3）：66－69＋73.
[65] 邢红军，陈清梅．论“智力—技能—认知结构”能力理论［J］．首都师范大学学报（自然科学版），2005（3）：41－47.
[66] 邢红军．论物理教育中的直觉思维及其对教学的启示［J］．课程·教材·教法，2004（4）：39－44.
[67] 赵凯华．物理教育与科学素质培养［J］．大学物理，1995（8）：2－6.
[68] 许冉冉，胡扬洋，邢红军．我国物理习题教学思想的回顾与反思．北京教育学院学报（自然科学版）［J］．2016（9）：42－47.
[69] 邢红军，石尧．原始物理问题教学：一个本土化教学理论的创生［J］．教育学术月刊，2016（9）：83－90.
[70] 邢红军，陈清梅．从知识中心到方法中心：科学教育理论的重要转变［J］．首都师范大学学报（自然科学版），2011，32（6）：20－26.
[71] 邢红军，陈清梅．物理能力的基本理论研究［J］．首都师范大学学报（自然科学版），2006（4）：27－33.
[72] 邢红军，陈清梅．对原始物理问题教学的思考［J］．中国教育学刊，2006（8）：67－69.
[73] 姜宇，辛涛，刘霞，等．基于核心素养的教育改革实践途径与策略［J］．中国教育学刊，2016（6）：29－32.
[74] 邢红军．论原始物理问题的教育价值及其启示［J］．课程·教材·教法，2005（1）：56－61.
[75] 邢红军．自组织表征理论：一种物理问题解决的新理论［J］．课程·教材·教法，2009（4）：60－64.
[76] 邢红军，石尧，胡扬洋，田海霞．初中原始物理问题测量工具：编制与研究［J］．课程·教材·教法，2015（2）：69－73.
[77] 邢红军．物理教育的生态化及其对物理课程改革的启示［J］．教育科学研究，2010（1）：59－61＋64.
[78] 邢红军．原始物理问题教学：物理教育改革的新视域［J］．课程·教材·教法，2007（5）：51－57.
[79] 邢红军，刘烁，张抗抗．核心素养视域下初中生物理能力表现研究［J］．课程·教材·教法，2017，37（8）：63－68.
[80] 邢红军．论杨振宁科学思想的教育价值及其对物理教育的启示［J］．教育研究，1995（7）：58－61.
[81] 邢红军．中小学思维教学的深化研究［J］．课程·教材·教法，2016（7）：33－39＋75.
[82] 邢红军，刘利．物理教学促进中学生思维品质的发展研究［J］．课程·教材·教法，2013，23（7）：99－104.
[83] 许冉冉，胡扬洋，邢红军．我国物理习题教学思想的回顾与反思［J］．北京教育学院学报（自然科学版），2016（9）：42－47.
[84] 于克明．谈“原始问题”与能力培养［J］．大学物理，1997，16（5）：44－46.

[85] 杨柳青，孙永超，王德才，胡象岭. 中考物理试卷与物理内容标准之间的一致性 [J]. 教育测量与评价，2014，5 (3)：120－124.

[86] 殷建华，解问鼎. 中学生物理实验操作能力测评系统的设计与应用研究 [J]. 中国电化教育，2016 (12)：73－77.

[87] 杨机衡，陶琳. 中学物理实验在动作技能领域的教学目标分类体系 [J]. 学科教育，1997 (6)：19－22.

[88] 周武雷，蔡托，潘晓慧. 基于原始物理问题的大学物理教学实践 [J]. 大学物理，2010，29 (6)：45－50.

[89] 周兆富. PISA 测试对以能力立意中考命题的启示 [J]. 物理通报，2014 (12)：89－93.

[90] 周岩，盛正民. 济宁市近三年中考物理试题评析及教学建议 [J]. 物理教学探讨，2016，34 (4)：48－51.

[91] 张军朋. 中学物理实验教学目标的分类、测量与评价初探 [J]. 课程·教材·教法，1996 (1)：35－38.

[92] 张华. 论核心素养的内涵 [J]. 全球教育展望，2016 (4).

[93] 朱星，林木欣. 物理实验能力考核研究 [J]. 华南师范大学学报（自然科学版），1997 (1)：101－108.

[94] 邹丽华. 近年大连市中考物理试卷整体分析 [J]. 大连教育学院学报，2012，28 (2)：23－25.

[95] 邹丽华. 中考物理试题难度的设置与控制 [J]. 物理通报，2014 (3)：107－109＋112.

[96] 钟启泉. 学业评价：省思与改革——以日本高中理科的“学习评价”改革为例 [J]. 教育发展研究，2013，33 (10)：50－55.

[97] 赵兴华，许诺. 对中考物理试题缺陷的分析 [J]. 物理通报，2011 (8)：78－80.

[98] 张亮. 利用命题一“点”失误，培养学生质疑能力 [J]. 中学物理，2017，35 (20)：51.

学位论文

[1] 安珍. 基于 PISA 2015 科学框架的中考物理试题分析 [D]. 曲阜：曲阜师范大学，2017.

[2] 陈宁. 一致性研究：初中物理内容标准与中考之间的关系 [D]. 南京：南京师范大学，2011.

[3] 陈桂芳. 中学生物理实验能力的调查与研究 [D]. 成都：四川师范大学，2007：7.

[4] 臧宁. 2010—2012 全国高考理综卷中物理试题的能力评价功能研究 [D]. 开封：河南大学，2013.

[5] 段雨鑫. 中考题中数学生活化试题特征和应对策略研究 [D]. 重庆：重庆师范大学硕士论文，2016.

[6] 董青. 中考物理科学探究试题研究 [D]. 福州：福建师范大学，2016.

[7] 党越. 新课标下 2013—2015 年贵阳市中考物理试卷分析 [D]. 贵阳：贵州师范大

学，2016.
[8] 郭雨. 高中物理实验学习评价指标体系的构建 [D]. 西安：陕西师范大学，2016.
[9] 惠永. 中学生物理能力的评价研究 [D]. 北京：首都师范大学，2006.
[10] 侯建芳. 高中学生解决原始物理问题与物理习题的表征对比研究 [D]. 北京：首都师范大学，2007.
[11] 侯春霞. 中考数学试题研究 [D]. 北京：首都师范大学，2007.
[12] 金绪进. 中学物理实验操作评价研究与实践 [D]. 武汉：华中师范大学，2003.
[13] 罗国忠. 初中生科学探究能力评价方式的比较研究 [D]. 重庆：西南大学，2007.
[14] 刘烁. 运用原始物理问题测量初中生物理能力的研究 [D]. 北京：首都师范大学，2006.
[15] 刘正阳. 2013 年中考物理科学探究试题研究 [D]. 新乡：河南师范大学，2014.
[16] 吕彤. 中美二套高中物理教材的比较研究 [D]. 苏州：苏州大学，2008.
[17] 李岩. 中美高中物理教材栏目设置的比较及启示 [D]. 长春：东北师范大学，2012.
[18] 马海琳，中考数学命题改革及其对教学的影响 [D]. 长春：东北师范大学，2006.
[19] 欧阳映. 中学物理学科能力的研究 [D]. 上海：华东师范大学，2014.
[20] 朴月凤. 法国高中物理教材研究 [D]. 天津：天津师范大学. 2014.
[21] 潘浩. 研究性学习课程实施与物理学科能力培养的实践研究 [D]. 长春：东北师范大学，2004.
[22] 石尧. 初中原始物理问题量表的编制研究 [D]. 北京：首都师范大学，2014.
[23] 山丽娟. 高考物理试卷能力结构研究 [D]. 上海：华东师范大学，2011.
[24] 吴双飞. 高中物理实验探究能力的评价研究 [D]. 成都：四川师范大学，2011.
[25] 吴芳. 中学物理教学中学生科学探究能力的评定 [D]. 金华：浙江师范大学，2005.
[26] 王秀梅. 天津市近十年中考物理试题的研究 [D]. 天津：天津师范大学，2015.
[27] 王树红. 物理中考试题与课程标准的一致性研究 [D]. 武汉：华中师范大学，2015.
[28] 王雁冰. 2012 年北京高考物理试题能力分析 [D]. 北京：首都师范大学，2013.
[29] 袁令民. 中考物理科学探究能力评价特点研究 [D]. 重庆：西南大学，2010.
[30] 姚勇. 运用原始问题促进中学物理科学方法教育的研究 [D]. 北京：首都师范大学，2007.
[31] 周婷婷. 中考物理实验操作考查内容及特点分析 [D]. 重庆：西南大学，2012.
[32] 周艳丽. 新课程标准下对中学物理实验评价体系的研究 [D]. 南京：南京师范大学，2011.
[33] 朱建明. 数学课程标准下的中考研究 [D]. 南京：南京师范大学，2005.
[34] 朱汝葵. 着眼于提高学生科学素养的初中化学教材分析 [D]. 上海：华东师范大学，2009.
[35] 张雅君. 表现性评价在初中物理科学探究中的应用 [D]. 武汉：华中师范大学，2016.

［36］张青霞. 利用原始物理问题培养学生构建物理模型能力的教学实践研究［D］. 福州：福建师范大学，2014.
［37］宗先汉. 初中生解决原始物理问题与物理习题的比较研究［D］. 北京：首都师范大学，2016.
［38］庄园. 高考物理试题能力结构的研究［D］. 哈尔滨：哈尔滨师范大学，2016.